NEULATEINISCHES JAHRBUCH

The Neulateinisches Jahrbuch (= NlatJb), indexed in ERIH PLUS, publishes scholarly articles and shorter gleanings on Neo-Latin authors and topics, as well as editions of Neo-Latin texts. Other standard sections of NlatJb are reviews, reports and proposals of scholarly projects, as well as announcements of other initiatives in the area of Neo-Latin studies.

Contributions may be submitted in any of the following languages: English, French, German, Italian, Latin, and Spanish.

An abstract in English (regardless of the language of the article) of about 150 words, and about six keywords, also in English, should introduce the texts in section I.

Manuscripts should be sent in electronic form (in Word-, rtf- or pdf-format) to the Editor-in-Chief: m.laureys@uni-bonn.de

The receipt of every incoming manuscript will be promptly acknowledged.

Deadline for submitting contributions: December 31, for inclusion in the following year's volume, space permitting.

Every submitted article will be subjected to a double-blind peer-review process. As soon as this evaluation process has been concluded, the author will be informed whether his/her paper has been accepted or rejected. In the case of rejection, the decision will be final, and there will be no further correspondence with the author about it. If a contribution is accepted for publication, the editors may still suggest such corrections or modifications as they see fit. These suggestions will be communicated in an evaluation report. The revised text should be submitted no later than two months afterwards via e-mail as a Word- or rtf-file (and, in addition, a pdf-file, when special characters have been used) to the Editor-in-Chief and to the Production Editor: steiner-weber@uni-bonn.de When formatting their texts, authors should painstakingly respect the guidelines on the website:

www.philologie.uni-bonn.de/ueber-uns/neulateinisches-jahrbuch-journal-of-neo-latin-language-and-literature.

Please note:
NlatJb cannot guarantee to publish reviews of books sent unsolicited.

NEULATEINISCHES JAHRBUCH

Journal of Neo-Latin Language and Literature

Gegründet von
Marc Laureys und Karl August Neuhausen†

Herausgegeben von
Marc Laureys

Band 25
2023

GEORG OLMS
VERLAG

Die Deutsche Nationalbibliothek verzeichnet diese Publikation in der Deutschen Nationalbibliografie; detaillierte bibliografische Daten sind im Internet über http://dnb.d-nb.de abrufbar.

ISBN 978-3-487-16657-5
eISBN 978-3-487-42461-3

1. Auflage 2023

Besuchen Sie uns im Internet
olms.de

In memoriam

Craig Kallendorf (1954–2023)

It is with great sadness that the world of Neo-Latin studies has learned of the passing away of Craig Kallendorf, Professor in the Department of English at Texas A&M University, which he joined after the completion of his PhD at the University of North Carolina at Chapel Hill in 1982 and to which he remained attached ever since. This institutional stabilitas loci contrasts with Craig's omnipresence in the international res publica litterarum: he traveled regularly to libraries, attended many conferences and workshops and other kinds of academic occasions all over the world – always with the same cheerful presence and kindness that he showed to everyone who had the pleasure of meeting him.

Craig Kallendorf was an immensely prolific scholar. The festschrift *Habent sua fata libelli. Studies in Book History, the Classical Tradition, and Humanism in Honor of Craig Kallendorf*, edited by Steven Oberhelman, Giancarlo Abbamonte, and Patrick Baker (Leiden / Boston, 2022) counts "26 monographs, editions, translations, and textbooks, as well as over 65 articles and book chapters (not to mention innumerable reference entries)" (p. 1). Among those, his life-long studies of Virgil's 'Nachleben', both via literary imitation and in its materiality (in the form of printed editions and commentaries), deserve pride of place. They span more than 30 years, from 1989, when Craig analyzed rhetorical reading strategies with regard to the *Aeneid* from Francesco Petrarca to Cristoforo Landino in his monograph *In Praise of Aeneas. Virgil and Epideictic Rhetoric in the Early Italian Renaissance* (Hanover / London), to 2020, which saw the publication of the relatively slim but extremely condensed overview of Virgil's printing history in *Printing Virgil. The Transformation of the Classics in the Renaissance* (Leiden / Boston). This latter book is a kind of preliminary version of the Virgilian entry in the *Catalogus translationum et commentariorum* on which Craig had been working for many years and of which he sadly could not witness the publication. His most controversial monograph was probably *The Other Virgil. 'Pessimistic' Readings of the Aeneid in Early Modern Culture* (Oxford 2007). Even if he will not have convinced every reader that the pessimistic second voice (and further voices) that have been postulated by the 'Harvard school' had a prehistory in the Renaissance, his analyses of Latin, Spanish and English epic texts (by among others Filelfo, Milton, Shakespeare and Juana Inés de la Cruz) are lucid and thought-provoking proof of his learning and inventiveness. His second Oxford monograph, on the other hand, *The Protean Virgil. Material Form and the Reception of the Classics* (Oxford 2015), sets a methodologically brilliant example of how complex it is to pursue material-based reception history in the sense he understood it: it comprises the study of manuscripts, printed editions, commentaries, and illustrations and even includes the transformation of Virgil's text into the digital era. Craig was convinced that in order to get a true overview of Virgil's (or, in fact, any author's) reception history, one needs to see as many books as possible in as many versions as possible, which includes studying not only the printing history of an author's entire work, but also individual and collective readers' responses, both in the form of personal annotations and in printed commentaries. This kind of study requires diligence, overview, patience and endless curiosity – all virtues that Craig possessed in the highest degree. How groundbreaking his research in the field of the Virgilian tradition has been can also be witnessed from the fact that his collected articles in that field were brought together twice in variorum collections: *The Virgilian Tradition. Book History and the History of Reading in Early Modern Europe* (Aldershot / Burlington, 2007) and *The Virgilian Tradition II. Books and Their Readers in the Renaissance* (London / New York, 2022).

Craig was keen on promoting a better theoretical foundation of the study of Neo-Latin. As president of the International Association of Neo-Latin Studies, he used his Presidential Address to make a call for critical awareness of adequate methodology: "How do we define the object of our studies? What methods are suitable? How have scholars acted until now, and how should we act in the future?" And in a programmatic review article of 2016 (Recent Trends in Neo-Latin Studies, in: Classical Quarterly 69 [2016], 617–629), he surveyed new approaches he considered worthwhile. Yet this open-minded interest in new research methods and theoretical approaches never favoured theory for theory's sake. In his first monograph (*In Praise of Aeneas* [see p. 5], 166), he wrote that "[t]he great danger with any theoretical approach to literature, it seems to me, is that it tends to ultimately become reductive." This quotation characterizes his belief that theory should be chosen according to the needs of the texts, not superimposed on them, and should be applied with taste and without ideological bias.

Many readers will know Craig Kallendorf's name also from two other successful publications: the *Companion to the Classical Tradition* (Malden, Mass. etc., 2010) and the edition of four *Humanist Educational Treatises* (Cambridge, Mass., 2002) that he produced for the then still young I Tatti Renaissance Library series (including Pier Paolo Vergerio's *The Character and Studies Befitting a Free-Born Youth*, Leonardo Bruni's *The Study of Literature*, Enea Silvio Piccolomini's *The Education of Boys* and Battista Guarino's *A Program of Teaching and Learning*). Furthermore, as Richard Thomas has pointed out (in *Habent sua fata libelli* [see p. 5], 12), the intellectual generosity of Craig Kallendorf shows itself in the fact that he published no fewer than four bibliographies: the annotated *Latin Influences on English Literature from the Middle Ages to the Eighteenth Century* (1982), *A Bibliography of*

Venetian Editions of Virgil, 1470– 1599 (1991), *A Bibliography of Renaissance Italian Translations of Virgil* (1994), and the *Bibliography of the Early Printed Editions of Virgil 1469–1850* (2012). His role as an author of several substantial entries on humanism and humanists for the digital Oxford Bibliographies deserves special mention. Another major service to the field was his role as a long-standing editor of Neo-Latin News, to which he also contributed a sheer endless amount of book reviews (in addition to the ones he wrote for other journals such as Renaissance Quarterly).

Craig Kallendorf also was an active member of many organizations and societies. He was elected by the International Association for Neo-Latin Studies (IANLS) as its First Vice-President from 2009 until 2012 and as President between 2012 and 2015. For the Renaissance Society of America (RSA), he served as representative to the Council since 1991, as the editor of text and reprint series (since 2011), and as a member of the Executive Board (2009–2015). But even more importantly, he was a very generous colleague and friend to many scholars all over the world: he regularly opened his private library to those who needed it and was willing to offer advice and constructive criticism. Moreover, he always showed a lively interest in the person he was in contact with, also and especially with regard to early-career researchers, for whom his advice and encouragement could make all the difference. Similarly, his qualities as a teacher were famous: he taught with deep knowledge and enthusiasm for his subject matter and huge respect for anyone who wanted to learn more about it.

For some years Craig had known that he was seriously ill. He coped with this news in an admirably calm and determined way. Richard Thomas' overview of Craig's life and work in the 2022 festschrift *Habent sua fata libelli* [see p. 5], a warm eulogy for a friend which shortly after its appearance turned into a touching and immensely commendable 'in memoriam', ends with an email written by Craig in which he announces his illness, but nonetheless expresses his belief that "All is well, really". Many colleagues have received similarly comforting emails by Craig in recent years. His faith, his books, his Virgil, his many friends and above all his family were a source of comfort to him – the dedication to his son in the volume of *Humanist Educational Treatises* [see p. 6] is a touching proof of that. As long as he possibly could, he continued to work on his projects, also as a way of keeping his head up and showing the world that he was determined to withstand fate.

During the tough times of the COVID crisis, the Renaissance Society of America proposed two special sessions in his honour during the Dublin conference of 2021. Some of the most distinguished scholars in the field gladly contributed to these sessions (some of the papers that were delivered on this occasion ended up in the aforementioned festschrift) and many more came to participate as audience. Craig was visibly touched by the event – the digital format of the conference allowed him to join from his home and to deliver a brief speech with words of gratitude at the end of the session. But it should really be *us* to thank *him* for all he has done for the field of Neo-Latin studies. The combination of painstaking philological acumen, methodological open-mindedness and interpretational creativity characterizes Craig Kallendorf's œuvre, which will remain a rich treasure trove of knowledge, a sprinkling source of inspiration and a fine example of academic virtue for many scholars and many, many years to come.

Christoph Pieper Leiden University/The Netherlands
C.Pieper@hum.leidenuniv.nl

I. Commentationes

Die *Fridericeis* des Priamus Capotius (1488) Ein Neubeginn antikisierender Epik im deutschsprachigen Raum?

THOMAS HAYE

Abstract:

In 1488, the Sicilian poet Priamus Capotius (d. 1517), an acquaintance of Konrad Celtis, stayed at the University of Leipzig, where he wrote a *Fridericeis*. The text of 666 verses is addressed to the Saxon Elector Frederick the Wise (1463–1525) and glorifies his ancestor, Frederick I (1257–1323), Margrave of Meissen and Landgrave of Thuringia, who had led a successful defensive struggle against the German kings Adolf of Nassau (1292–1298) and Albrecht I of Habsburg (1298–1308). In its close reference to the epic poetry of pagan antiquity, the text marks an important step in the reactivation of the genre within the German-speaking lands.

Keywords:

Priamus Capotius, epic, Frederick the Wise, Meissen, Thuringia.

1. Einleitung

Alles begann mit einem Biss. Dem Biss einer liebenden Mutter in die Wange ihres Kindes. Als Margarethe von Staufen, die Tochter Kaiser Friedrichs II., am 24. Juni 1270 von ihrem Ehemann verstoßen wurde und sich daher von ihrem damals zwölfjährigen Sohn verabschieden musste, soll sie ihm, so die Legende, in ihrem Schmerz in die Wange gebissen haben. Dieser Sohn mit dem Beinamen „der Gebissene" (bzw. „der Freidige"; 1257–1323)[1] herrschte später als Friedrich I., Markgraf von Meißen und Landgraf von Thüringen.[2] Sein Machtanspruch war lange Zeit umstritten, und er musste ihn in zähen Kämpfen sowohl innerhalb der wettinischen Dynastie als auch gegenüber den deutschen Königen Adolf von Nassau (1292–1298) und Albrecht von Habsburg (1298–1308) verteidigen.

Die militärischen Ereignisse des langjährigen Konfliktes sind schnell erzählt: Im Frühjahr 1294 zieht Adolf mit einem überwiegend aus Söldnern bestehenden

---

[1] „Freidig" = „kühn", „mutig", „wild".

[2] Vgl. Kurt Blaschke, Friedrich I. der Freidige, in: Lexikon des Mittelalters 4 (1999), 949; Hertha Wagenführer, Friedrich der Freidige, 1257–1323. Diss. phil. Göttingen 1936 (zum Biss vgl. dort 15); Franz X. Wegele, Friedrich der Freidige, Markgraf von Meißen, Landgraf von Thüringen, und die Wettiner seiner Zeit (1247–1325). Ein Beitrag zur Geschichte des deutschen Reiches und der wettinischen Länder. Nördlingen 1870.

Heer nach Thüringen und Meißen.[3] Die äußerst brutal vorgehenden Truppen stammen überwiegend aus rheinischen Gegenden, weshalb sie von den Mitteldeutschen pauschal als „Schwaben" bezeichnet werden.[4] Adolf beendet den Feldzug im Winter, lässt allerdings Besatzungstruppen zurück. Im Folgejahr beginnt ein zweiter Feldzug. Die Schwaben belagern schließlich im Januar 1296 Freiberg und erobern Stadt und Burg unter Einsatz von Bestechung. Die auf Friedrichs Seite stehenden Verteidiger werden teils niedergemetzelt, teils gefangen genommen. Als Gegenleistung für ihre Freilassung muss der Markgraf die Stadt Meißen und weitere Orte an Adolf übergeben.[5] Dieser setzt als Statthalter in der Markgrafschaft Meißen seinen Vetter Heinrich von Nassau (den späteren Grafen Heinrich III. von Nassau-Siegen) ein; die Herrschaft über Thüringen erhält formal Friedrichs Vater, Landgraf Albrecht II. („der Entartete"; gest. 1314/1315).

Da Friedrich seine Macht verloren hat, flüchtet er 1296 nach Tirol, kehrt jedoch zwei Jahre später in die Mark zurück und nimmt Heinrich von Nassau gefangen. Nachdem Adolf am 2. Juli 1298 verstorben ist, besetzen böhmische Truppen im Auftrag des neuen deutschen Königs Albrecht die Mark. Friedrichs Einfluss bleibt begrenzt. 1306 stationiert Albrecht im Pleißenland ein weiteres ‚Schwaben'-Heer, das unter dem Befehl des Küchenmeisters Heinrich von Nortenberg (Landvogt von Nürnberg) steht. Im Winter 1306/1307 belagern die Eisenacher mit Rückendeckung Albrechts die Wartburg, auf der sich der alte Landgraf Albrecht der Entartete und Friedrichs Familie aufhalten. Doch die Wartburg wird entsetzt, die Belagerung abgebrochen. König Albrecht schickt weitere Truppen nach Thüringen, die unter dem Kommando des Grafen von Weilnau stehen. Die Wartburg wird erneut bedroht; doch Friedrich rettet seine Familie heimlich aus der Festung. Allmählich wendet sich das Blatt. Bald darauf nimmt er den feindlichen Grafen gefangen.

Schließlich kommt es am 31. Mai 1307 in Lucka bei Leipzig zur entscheidenden Schlacht,[6] in der Friedrich und sein Bruder Dietrich IV. von der Lausitz den Sieg davontragen. Der gegnerische Feldherr Heinrich von Nortenberg und weitere Adlige geraten in Gefangenschaft. Spätestens im November 1307 gelingt die Rückgewinnung der wegen der Silbergruben äußerst wichtigen Stadt Freiberg. Zwar sammelt König Albrecht schon im Verlaufe des Jahres im Rheinland neue Truppen, doch da sein Sohn, König Rudolf von Böhmen, im Juli stirbt, sagt er den Feldzug ab. Kurz darauf verschiebt sich die politische Lage noch

[3] Zu den militärischen Auseinandersetzungen vgl. Wegele (wie Anm. 2), 188–294.
[4] Vgl. Wegele (wie Anm. 2), 188f.
[5] Wegele (wie Anm. 2), 217.
[6] Vgl. Kurt Blaschke, Lucka, Schlacht bei, in: Lexikon des Mittelalters 5 (1999), 2163.

weiter zu Friedrichs Gunsten: Sein Bruder Dietrich stirbt (1307), sein Vater Albrecht der Entartete verzichtet endgültig auf die Herrschaft (1307), König Albrecht scheidet ebenfalls aus dem Leben (1308), und es gelingt die Rückgewinnung der Stadt Eisenach (1308). Von nun an herrscht Friedrich allein und unangefochten über die wettinischen Lande.

Das wechselvolle und am Ende erfolgreiche Leben dieses deutschen Territorialfürsten, welcher immerhin als letzter männlicher Spross der berühmten Stauferdynastie gelten durfte, bot dem Mittelalter hinreichendes Material für eine literarische Verherrlichung. Es sollte jedoch noch mehr als eineinhalb Jahrhunderte dauern, bis sich ein lateinischer Dichter des interessanten Stoffes annahm.

2. Priamus Capotius und sein literarisches Œuvre

Als Enkel des staufischen Kaisers Friedrich II. führte Friedrich der Gebissene den Titel eines ‚Königs von Jerusalem und Sizilien'.[7] Es ist daher eine seltsame Fügung des Schicksals, dass seine Taten im späten 15. Jahrhundert nicht etwa von einem Thüringer oder Sachsen, sondern von einem Sizilianer besungen werden. Dieser, mit Namen Priamus Capotius, wird um die Mitte des Jahrhunderts in Marsala geboren. Gemäß humanistischer Mode bevorzugt er als Erwachsener zur Bezeichnung seiner Herkunft den antiken Stadtnamen („Lilybaeum") und nennt sich daher „Lilybita". Den Ort seines Studiums kennen wir nicht; die familiären Verhältnisse liegen ebenfalls im Dunkeln. Wir wissen lediglich, dass er ein Dutzend Kinder hatte. Eine vielleicht in Rom entwickelte Bekanntschaft mit den humanistisch inspirierten Dichtern Bohuslaus Hassenstein und Konrad Celtis mag ihn dazu motiviert haben, die Alpen zu überqueren und sein Glück in Leipzig zu suchen, wo er in den Jahren 1487/1488 an der Universität nachweisbar ist. Wohl erst nach diesem Intermezzo folgt ein Jura-Studium (vermutlich in Italien), das Capotius mit dem Titel eines Doktors beider Rechte abschließt.

Zu einem unbekannten Zeitpunkt kehrt er in die sizilianische Heimat zurück und macht dort als Jurist, nicht etwa als Dichter Karriere. Spätestens seit 1511 arbeitet er als hochrangiger, auf Lebenszeit ernannter ‚avvocato fiscale' am königlichen Schatzamt in Palermo. Als Mitglied des Sacro Consiglio und der Magna Curia Regis ist Capotius für die Wahrung der finanziellen Interessen des Königs zuständig und daher in der Bevölkerung verhasst. Das Amt birgt also nicht nur erhebliche materielle und soziale Vorteile, sondern, wie die Folgezeit

---

[7] Zum Autor vgl. Nicola D. Evola, Un umanista siciliano del sec. XV: Priamo Capozio, in: Archivio storico siciliano 9 (1957), 205–213; Claudio Mutini, Capozio, Priamo, in: Dizionario Biografico degli Italiani 18 (1975), 691f. (beruht weitgehend auf Evola); Gustav Bauch, Geschichte des Leipziger Frühhumanismus mit besonderer Rücksicht auf die Streitigkeiten zwischen Konrad Wimpina und Martin Mellerstadt. Leipzig 1899, 21–23 u. 32.

bestätigt, auch große persönliche Risiken. Im Jahr 1516 revoltieren lokale Adlige gegen den Vizekönig Ugo Moncada. Dieser muss zusammen mit den Mitgliedern des Sacro Consiglio, unter ihnen auch Capotius, von Palermo nach Messina fliehen. Sie schlagen dem König Steuererleichterungen vor, um die aufgebrachte Bevölkerung zu besänftigen; doch dieser lehnt ab. Capotius kehrt nun unter dem neuen Vizekönig Ettore Pignatelli nach Palermo zurück, obwohl sich die Aufstände ausweiten. Im Sommer 1517 ruft Giovan Luca Squarcialupo in der Hauptstadt die Republik aus. Die Mitglieder des Gerichtshofes der Heiligen Inquisition werden getötet. Zudem macht man Jagd auf Capotius, den wichtigsten Repräsentanten der königlichen Finanzverwaltung. Er taucht unter und versteckt sich zwei Tage lang im Haus einer armen Frau, welches nahe der Kirche San Giovanni dei Tartari liegt. Dort wird er am 26. Juli 1517 entdeckt, vom Mob durch die Straßen geschleift, verstümmelt und schließlich getötet.

Die lateinische Poesie des Capotius ist, soweit überliefert, fast gänzlich im Leipziger Kontext entstanden. Dort erscheint – bei Moritz Brandis[8] und auf den 21. November 1488 datiert[9] – jene *Fridericeis*, welche einen Ausschnitt aus dem Leben Friedrichs des Gebissenen behandelt.[10] Das aus lediglich sechs Quartbogen bestehende Büchlein enthält ausschließlich diesen Text.

Etwa zur selben Zeit (1487/1488) veröffentlicht Capotius, wohl ebenfalls in Leipzig, eine *Oratio metrica in alma Lipsensi* (sic) *universitate habita*.[11] Indem der Autor hier Friedrich I./IV. den Streitbaren (gest. 1428) als Kriegsherrn und Begründer der Leipziger Universität feiert, stellt er sich ebenfalls in den

---

[8] Vgl. Ursula Altmann, Die Leistungen der Drucker mit Namen Brandis im Rahmen der Buchgeschichte des 15. Jahrhunderts. Diss. phil. masch. Berlin (HU) 1974, 37–39 u. 57; Moritz Brandis ist nicht zu verwechseln mit dem Drucker Lucas Brandis; zu diesem vgl. Ferdinand Geldner, Brandis, Lucas, in: Neue Deutsche Biographie 2 (1955), 525f.; Otto Mühlbrecht, Brandis, Lucas, in: Allgemeine Deutsche Biographie 3 (1876), 249.

[9] Mutini (wie Anm. 7), 691, verliest sich beim Datum des Drucks: „… MLXXXVIII [sic ma 1488]“. Im Kolophon steht jedoch nicht „M“, sondern nur die Kürzung „etc.“. Wie nicht unüblich, werden also das Millennium und die Jahrhunderte gar nicht genannt, sondern nur das Dezennium und die Jahre („88“).

[10] GW 6026; benutztes Exemplar: BSB München, Ink C-96 (Digitalisat unter: https://daten.digitale-sammlungen.de/~db/0004/bsb00041719/images/index.html; letzter Zugriff: 17.04.2023). Das Gedicht wird – mit einigen Fehlern, Begradigungen und stillschweigenden Konjekturen – wieder abgedruckt bei Gottfried Immanuel Grundig / Johann Friedrich Klotzsch (Hrsg.), Sammlung vermischter Nachrichten zur Sächsischen Geschichte. Bd. 5. Chemnitz 1770, 351–371. Vorlage dieses Wiederabdrucks war ein Dresdener Exemplar, das von Georg Fabricius (1516–1571), dem Rektor der Meißener Fürstenschule, mit einigen handschriftlichen Erläuterungen versehen worden war (Grundig / Klotzsch geben sie in Fußnoten wieder). Dieses Dresdener Exemplar liegt heute als Raubgut in Moskau und ist nicht einsehbar.

[11] GW 6025; wieder abgedruckt bei Grundig / Klotzsch (wie Anm. 10), 373–380.

panegyrischen Dienst der wettinischen Dynastie. Glaubt man dem Titel sowie den performativen Aussagen von Pro- und Epilog, so hat der Autor das Gedicht an der Universität in Gegenwart von Professoren und Studenten rezitiert.

Eine weitere poetische Tätigkeit lässt sich erst wieder drei Dezennien später greifen. Im Jahre 1516 publiziert der Arzt Gian Giacomo Adria (gest. 1560) in Palermo ein Werk *De topographia inclyte civitatis Mazarie*,[12] zu dem Capotius ein aus acht Versen bestehendes Parergon *In laudem scriptoris* beiträgt.[13] Die im Haupttext gerühmte Stadt Mazara (del Vallo), aus der Adria stammt, liegt nur etwa zwanzig Kilometer von Marsala, dem Geburtsort des Capotius, entfernt, weshalb man hier einen lokalpatriotischen Hintergrund vermuten darf. Adria leitet im Jahr 1517 das städtische Krankenhaus in Palermo und ist dem Dichter zweifellos persönlich bekannt.

Ferner soll Capotius nach einem Zeugnis Adrias zu einem unbekannten Zeitpunkt auch ein *Regis Lusitaniae opus de continentia* verfasst haben.[14] Aus chronologischen Gründen müsste das Werk zum Lobe Manuels I. (König von Portugal 1495–1521) geschrieben sein.

3. Aufbau und Inhalt der *Friderіceis*

Die 666 Hexameter umfassende *Fridericeis*, das poetische Hauptwerk des Capotius, setzt im epischen Ton mit einem teils vergilianisierenden, teils an Coripp[15] erinnernden Prolog ein, in dem Phoebus und Calliope um Unterstützung und Inspiration angerufen werden (vv. 1–10):[16]

---

[12] Zum Autor vgl. Roberto Zapperi, Adria, Gian Giacomo, in: Dizionario Biografico degli Italiani 1 (1960), 307.

[13] Gian Giacomo Adria, De topographia inclyte civitatis Mazarie. Palermo: Giovanni und Antonino Pasta, 1516.

[14] Vgl. Evola (wie Anm. 7), 205 u. 210; Grundig / Klotzsch (wie Anm. 10), 349.

[15] Vgl. Coripp., Ioh., praef., 18–19: „Virtutesque viri victaque bella tonant. // Nutat in angusto discors fortuna poetae"; vgl. ebd., 1–7: „Signa duces gentesque feras Martisque ruinas, // Insidias stragesque virum durosque labores // Et Libycas clades ac fractos viribus hostes // Indictamque famem populis laticesque negatos, // Utraque letifero turbantes castra tumultu, // Turbatos stratosque cano populosque subactos, // Ductorem et magno signantem facta triumpho."

[16] Alle Zitate sind dem Druck des Jahres 1488 entnommen; zum besseren Verständnis werden hierbei allerdings die Interpunktion sowie die Groß- und Kleinschreibung weitgehend an die Regeln der deutschen Rechtschreibung angepasst, ferner wird zwischen „u" und „v" differenziert. Die Verszählung ist von mir ergänzt. Bei den Zitaten werden nur solche Similien und sprachlichen Vorlagen nachgewiesen, die programmatischen oder motivprägenden Charakter haben.

<F>ortune duplices cursus agitataque bella
Virtutesque[17] viri,[18] qui tot variantia casus[19]
Tempora quodque fuit durum, crudele, nefandum,
Adversum, stabili superavit pectore et armis,
Et domitos populos canimus nova frena coactos
Imperiumque pati[20] flexoque recumbere vultu.
Phebe, novis faveas ceptis, ornataque lauro
Caliope, Aonia diffundas tempora limpha.

Der Text behandelt somit das turbulente Schicksal und die siegreichen Taten eines dem vergilischen Aeneas vergleichbaren Helden, dessen Name hier allerdings – ähnlich wie bei Vergil – noch nicht erwähnt wird. Aufgrund des Titels weiß der Leser bislang lediglich, dass es sich um einen „Friedrich“ handelt. Da das Gedicht 1488 in Leipzig veröffentlicht wird, muss der dortige Leser natürlich an die vielen gleichnamigen Fürsten der wettinischen Dynastie und insbesondere an den aktuell regierenden Kurfürsten von Sachsen, Friedrich III. den Weisen (1463–1525; Kf. ab 1486), denken. Er kann somit bei Lektüre des Prologs keinesfalls ausschließen, dass er ein episierendes Lobgedicht auf den Landesfürsten in Händen hält. Tatsächlich wird dieser nun angesprochen (vv. 9–12):

Friderice, decus mundi, celeberrime princeps,
Da mihi per latos proavorum currere campos,[21]
Ensifer imperii, Phebee signa cohortis
Suscipe. Pierio volitemus ad ethera cursu.

Capotius überträgt hier dem aktuellen Herrscher die Rolle des Widmungsnehmers und bittet ihn nicht so sehr um Inspiration denn um die Erlaubnis, die wettinischen Vorfahren zu besingen. Entsprechend der epischen Exordialtopik präsentiert er sich dabei als ein Soldat, der gleichsam mit der Feder für seinen Fürsten in die Schlacht zieht. An diesem Punkt der Lektüre hat der Leser immer noch keine konkreten Informationen über das Thema und den Inhalt des Textes. Gleichwohl lässt der Autor nun die Erzählung beginnen (vv. 13–16):

---

[17] Der letzte Buchstabe vor dem Enklitikon ist in der Inkunabel gekürzt, wobei das Kürzungszeichen im Text unterschiedslos für „m“ und „s“ verwendet wird (vgl. v. 584: „validos … hostes“). Grundig / Klotzsch (wie Anm. 10) lösen kommentarlos zu „Virtutesque“ auf; alternativ wäre jedoch „Virtutemque“ grundsätzlich denkbar.

[18] Capotius zeigt eine gewisse Affinität zur Alliteration, die ebenfalls durch Coripp beeinflusst sein dürfte.

[19] Grundig / Klotzsch (wie Anm. 10) drucken „cursus“.

[20] Vgl. Stat., silv., 2, 5, 3: „Imperiumque pati …“.

[21] Vgl. Coripp., Ioh., 4, 471: „Gaudet et in latos luctatur currere campos“.

Postquam fata deum superique potentia celi
Immeritas stravere acies, pars terga revincti,
Pars mento tetigere solum vitamque vomentes[22]
Purpureo latas fedarunt sanguine terras,[23] // …

Die Narration setzt also mit einer tiefen Krise ein: Die Götterwelt hat dafür gesorgt, dass die Angehörigen eines nicht näher bezeichneten Heeres in einer – ebenfalls nicht namentlich genannten – Schlacht teils getötet, teils gefangen genommen worden sind. Der Dichter führt nun mit Hilfe eines epischen Vergleichs den Protagonisten ein (vv. 17–23):

Qualis sanguineo victus certamine taurus[24]
Per scopulos, per saxa furit, rumore cavernas
Mugituque replet, quom cornibus ethera pulsat,
Arboreos truncos lateque sonantia saxa,
Sic Friderici sevus fera pectora agebat
In diversa furor, vastis rumoribus auras
Diffudit lateque sonans circumstetit ether.

Ein Friedrich, dessen Identität vom Dichter nicht näher bestimmt wird, irrt also wie ein verwundeter Stier brüllend durch die Wälder (hierbei verweist das zentrale Motiv der Raserei auf das epische Genre). Der spezifische, über die Niederlage hinausgehende Grund für die Wut wird im Folgenden erläutert (vv. 24–27):

Ut victos captosque dolis, ut fortia tacto
Defecisse solo sotiorum corpora vidit
Hostis et insidias inimicaque numina[25] divum,
Talia cum gemitu non equa mente profatur:

Friedrich sieht also, wie seine Freunde durch eine feindliche Hinterlist niedergemetzelt worden sind. Zugleich registriert er, dass die Gegner ihm nachstellen und auch die Götter ihm ihre Gunst entzogen haben. In dieser Situation wendet er sich in einer Rede an den höchsten Gott (vv. 28–58) und beklagt, dass er nun gezwungen sei, mitzuerleben, wie die treuen Gefährten in seiner Abwesenheit teils getötet, teils gefangen genommen werden (vv. 28–31):

Magne sator rerum, summi moderator Olimpi,
Qui celum terrasque, fretum, flammasque gubernas,

[22] Alliteration.
[23] Vgl. Coripp., Ioh., 4, 350: „… dent sanguine terras".
[24] Motivische Vorlage ist Lucan., Phars., 2, 601–602.
[25] Grundig / Klotzsch (wie Anm. 10) drucken „numine".

Men absente meos immiti morte peremptos
Conspitiam sotios, quorum pars altera capta est?

Der Dichter repliziert hier somit das bereits zuvor (vv. 14–16) verwendete Motiv der Gefangennahme bzw. Tötung. Friedrich fragt sich, was für ein erbärmliches Schicksal ihn nun in den verbliebenen Lebensjahren noch erwarte (vv. 32–34):

Crudelis Lachesis,[26] quid adhuc mea stamina restant
Inconsumpta colo? Miseros mihi digeris annos.
Nonne satis fuerat? …

Er sei doch in so vielen Kämpfen zum Sterben bereit gewesen und hätte sich jederzeit ohne Widerspruch in die Unterwelt begeben (vv. 34–39; das Motiv der epischen Katabasis wird hier angedeutet). In seiner Verzweiflung trägt sich der Held sogar mit dem Gedanken, mitten in die Scharen der übermächtigen Feinde zu stürmen, um so im Tode wieder mit den Freunden vereint zu sein (vv. 40–44):

Quid mihi nunc misero restat? Mens anxia torpet,
Torpescunt artus, torpent sine sa<n>guine vene.
Anne ibo et medios rumpam moriturus in hostes
Hanc animam sociisque meis per tela, per umbras
Ibo comes similique sequar[27] vestigia gressu?

Der Protagonist stimmt jetzt eine Klage über die Wankelmütigkeit der Fortuna an (vv. 45–54; zum Motiv vgl. v. 1). Doch statt den Tod zu suchen, zeigt er sich am Ende entschlossen, die Härten des Schicksals unbeugsam zu ertragen, auch wenn sie noch viele Jahre und sogar bis zum Ende seines Lebens andauern sollten (vv. 55–58):

Sed paciar, quodcumque feres, crudele, nefandum.[28]
Tu modo me nullo gaudebis tempore victum
Subiectumque. Tuos didici tam ferre labores,
Ipsa licet perstes cuntos inimica per annos.

Hiermit endet die Rede. Zwar ist inzwischen die Nacht hereingebrochen, doch findet Friedrich keinen Schlaf (vv. 58–63). Stattdessen irrt er weiter durch die Wildnis und schaut, ob er nicht einen einzelnen Soldaten des gegnerischen Heeres aufspüren könne, um ihm im Schutz der Dunkelheit die Kehle durchzuschneiden (vv. 62–68). Diesen würde er dann als Opfer darbringen für jene ge-

---

[26] Vgl. Coripp., Ioh., 3, 338–339.
[27] Alliteration.
[28] Zur Formulierung vgl. v. 3.

fallenen Freunde, die in der Unterwelt am Ufer des Totenflusses umherirrten und ihn noch nicht zu überqueren wagten (vv. 68–71). Doch als der Protagonist einen Hügel erklommen hat (vv. 72–73),[29] erblickt er in der Ferne überraschenderweise eine ihm bekannte Person (vv. 74–77):

Nec[30] procul in silvis errantem vidit Herasmum
Ferrea vincla manu pedibusque innexa gerentem,
Qui quondam grandi conscripsit prelia versu,
Aptus Apollineis fidibus Martisque furori.

Capotius charakterisiert den an Händen und Füßen gefesselten Erasmus als Soldaten und Dichter, der sich im Genre des Heldenliedes betätigt habe. Wie im Falle Friedrichs, so wird auch hier die Person nicht näher beschrieben. Im ehemals Dresdener Exemplar der Inkunabel von 1488 hatte der Meißener Rektor Georg Fabricius hierzu handschriftlich notiert: „Erasmus von Harras hat sein Son erschossen uff der Jagt.“[31] Die Quelle dieser Information lässt sich nicht identifizieren. Die Familie von Harras ist ein thüringisches Adelsgeschlecht (Wohnsitz Lichtenwalde), das seit dem 13. Jahrhundert zu den Vasallen der wettinischen Markgrafen zählt.[32] Auch zu Fabricius' Zeiten ist es noch in Dresden präsent. So wird 1562 ein Eustach von Harras in der Frauenkirche bestattet.[33] Ein Familienmitglied namens Erasmus ist allerdings nicht belegt. Doch möglicherweise hat Fabricius die Textstelle missverstanden: „Erasmus“ ist vermutlich gar kein Vorname, sondern die latinisierte Form des Familiennamens „Harras“. Der von Capotius porträtierte wäre dann vielleicht Albrecht von Harras, der in den 1280er Jahren bezeugt ist.[34]

Nach jetzigem Wissensstand hat sich kein Angehöriger der Familie Harras als Heldenepiker hervorgetan. Der Leser des Jahres 1488 dürfte zudem kaum Informationen über die Geschicke dieser Familie im ausgehenden 13. Jahrhundert besessen haben. Allerdings mag es eine mündliche, legendenhafte Tradition innerhalb der Familie gegeben haben. Als Capotius den Text verfasste, war Unter-

[29] Vgl. Verg., Aen., 1, 180–181.
[30] Konj. Haye; „Hec“ im Druck des Jahres 1488; Grundig / Klotzsch (wie Anm. 10) konjizieren in einer Fußnote „Hic“.
[31] Grundig / Klotzsch (wie Anm. 10), 353, Anm. d.
[32] Vgl. Ernst Heinrich Kneschke, Neues allgemeines Deutsches Adels-Lexicon. Bd. 4. Leipzig 1863, 208f.
[33] Vgl. Paul Gottlob Hilscher (Hrsg.), Der Sammler für Geschichte und Alterthum, Kunst und Natur im Elbtale. Bd. 1. Dresden 1837, 314f.
[34] Vgl. J. Leitzmann, Diplomatische Geschichte der ehemaligen Grafen von Beichlingen, in: Zeitschrift des Vereins für thüringische Geschichte und Alterthumskunde 7 (1870), 177–242, hier 205; Johann Heinrich Zedler (Hrsg.), Grosses vollständiges Universal-Lexicon. Bd. 12. Halle / Leipzig 1735, 615f.

marschall Dietrich von Harras (gest. 1499) ein enger Berater des Herzogs und meißnischen Markgrafen Albrecht des Beherzten (1443–1500).[35]

Als Friedrich den gefesselten Erasmus erblickt, spricht er ihn an und erkundigt sich nach seinem Schicksal und Zustand (vv. 78–84):

Exclamat lacrimans: „Que te indignatio divum
Hos dedit in nexus? Quis fortia terga coegit?
Mene fugis? Consiste gradus. An vivis? An ipse
(Fare, age) per Stygios lucos tenuatus oberras?
Siste pedem casusque tuos stragemque meorum
Commemora, que tanta viros Fo<r>tuna[36] sequta est.
Sed prius exolvam connexaque vincula rumpam."[37]

Wie man diesen Versen entnehmen kann, gehörte Erasmus offenbar jener Truppe befreundeter Ritter an, die von den Gegnern niedergemetzelt bzw. gefangengenommen worden sind. Nachdem er durch Friedrich von den Ketten befreit worden und wieder zu Kräften gekommen ist (vv. 85–88), antwortet Erasmus in einer langen Rede (vv. 89–230), die man in funktionaler Hinsicht als Botenbericht verstehen kann. Einleitend versichert er, kein Geist zu sein (vv. 89–91):[38]

O lux, Germane spes o fidissima genti,[39]
Vivo equidem nec me crudelibus occupat umbris
Tartareus Flegeton nec tristia regna revisi.

Die Seelenlage des Erasmus entspricht jener düsteren Stimmung, wie sie zuvor auch Friedrich (die Hoffnung des deutschen Volkes!) artikuliert hat. – Der Freund wäre lieber tot als noch länger ein so elendes Leben führen zu müssen (vv. 92–94):

Quam melius stabiles rupissent fila sorores
Et caput hoc Stygiis mersissent fata tenebris.
Quid miser ingratam compellor ducere vitam?

Im Folgenden berichtet Erasmus von den Ereignissen, die stattgefunden haben, nachdem Friedrich die Truppe verlassen hat: Noch in derselben Nacht habe man merkwürdige Vorzeichen wahrnehmen können (vv. 95–101). Diese habe

---

[35] Vgl. Heinrich Theodor Flathe, Harras, Dietrich von, in: Allgemeine Deutsche Biographie 10 (1879), 639f.

[36] Der Buchstabe „r" fehlt im Druck des Jahres 1488.

[37] Nicht nur hier tendiert der Dichter zum Binnenreim.

[38] Vorbild ist das Treffen zwischen Andromache und Aeneas bei Verg., Aen., 3, 310–319.

[39] Grundig / Klotzsch (wie Anm. 10) verstehen den Vers offenbar anders und drucken: „O lux germane. spes o fidissima genti".

der – unter ihnen weilende – „vates" Melstas als göttliche Ankündigung einer drohenden Schlacht gedeutet (vv. 102–104) und daher die Gefährten in einer Rede (vv. 104–108) zu den Waffen gerufen. Hierauf hätten die Soldaten ihre Rüstungen angelegt (vv. 108–121). Einer von ihnen, so Erasmus, habe sich zudem Hahnenfedern an den Helm gesteckt (v. 113): „Ille leves galli configit[40] vertice pennas." Georg Fabricius hat hierzu in seinem Exemplar vermerkt: „Die Hansen steckten Hahnen Federn auff."[41] Die Quelle dieser Hintergrundinformation ist wiederum unbekannt. Gemeint sein dürfte das meißnische Adelsgeschlecht Hahn (Hane / Hain / Hayn), dessen Angehörige einen Helm trugen, welcher mit einem Kranz aus Hahnenfedern verziert war.[42] Hier könnte insbesondere auf Helmann von Hayn angespielt werden, der in den 1290er Jahren als Berater des Landgrafen aufgetreten ist.[43]

Als sich die Truppen rüsteten, so erzählt Erasmus weiter, habe sich der verschlagene Opheltes,[44] ein offenbar böhmischer Adliger (vgl. vv. 172–173), an die versammelten Truppen gewandt (vv. 122–129) und die folgende, defätistische Rede gehalten (vv. 129–157): Sie sollten die Schlacht vermeiden, da das aus Franken und Böhmen bestehende Heer des Königs Adolf in der Überzahl sei und sie daher besiegen werde (vv. 135–142). Auch habe der Markgraf verboten, sich auf eine Schlacht einzulassen (vv. 143–145). Stattdessen sollten sie sich in die am Fluss Mulde liegende Stadt Freiberg zurückziehen, welche auf einem hohen Felsen stehe und von Markgraf Otto[45] mit einer Mauer bewehrt worden sei (vv. 146–150). Dort könnten sie sich und die Stadt verteidigen (vv. 151–152). Eile sei geboten (vv. 153–157).

Erasmus berichtet ferner, dass die Soldaten den Worten des Opheltes geglaubt hätten und in die Stadt gezogen seien (vv. 158–167). Diese sei jedoch aufgrund eines Verrats bereits von Schwaben und Böhmen besetzt gewesen, ohne dass die thüringischen Truppen dies bei ihrem Einzug bemerkt hätten (vv. 168–179). Dann seien die Feinde während des nächtlichen Schlafes über sie hergefallen

---

[40] Grundig / Klotzsch (wie Anm. 10) drucken „confingit".

[41] Grundig / Klotzsch (wie Anm. 10), 354, Anm. f.

[42] Vgl. Georg Adalbert von Mülverstedt, J. Siebmacher's grosses und allgemeines Wappenbuch. Bd. 6, 6. Nürnberg 1884, 63; Ernst Heinrich Kneschke, Neues allgemeines Deutsches Adels-Lexicon. Bd. 4. Leipzig 1863, 154.

[43] In dieser Funktion belegt bei Wegele (wie Anm. 2), 177.

[44] Zum Namen vgl. Verg., Aen., 9, 201. Bei Capotius liegt allerdings auch eine Anspielung auf den gleichnamigen Knaben (später: Archemoros) in der griechischen Mythologie vor. Sein Tod wurde als Zeichen interpretiert, das den unglücklichen Ausgang des Kriegszuges der Sieben gegen Theben ankündigte. Vgl. Stat., Theb., 4–6.

[45] Otto der Reiche (1125–1190), Markgraf von Meißen; vgl. v. 403.

und hätten sie teils niedergemetzelt, teils gefangen genommen (vv. 179–195).[46] Er selbst, d.h. der Soldatendichter Erasmus, sei durch Orpheus, welchen er in diesem Augenblick im Traum gesehen habe, geweckt und auf die chaotische Situation aufmerksam gemacht worden (vv. 196–201).[47] Sogleich habe er nach seinen Waffen gerufen, doch seien ihm diese zuvor heimlich entwendet worden (vv. 202–203). So habe er sich unbewaffnet in den Kampf gestürzt und den gegnerischen Mennon[48] getötet, dessen Schwert an sich genommen und weitere Feinde attackiert (vv. 203–209).[49] Dann habe er gesehen, wie die beiden Thüringer Astolfus[50] und Serranus,[51] welche das Stadttor bewachten, niedergemacht und die anderen, noch schlafenden Gefährten entweder getötet oder in Ketten gelegt worden seien (vv. 210–218). Sein eigenes Schwert sei im Kampf zerbrochen, so dass man ihn schließlich überwältigt und gefesselt habe (vv. 219–223). Doch plötzlich sei der geflügelte Gott Merkur unter Donner erschienen,[52] habe ihn in die Luft gehoben und in der Einsamkeit der Berge ausgesetzt (vv. 224–228). So irre er hier schon den dritten Tag gefesselt umher (vv. 229–230).

Hiermit endet die Rede des Erasmus. Die beiden Freunde sehen nun, wie sich ihnen unten im Tal zwanzig schwäbische Soldaten nähern (vv. 231–234). Ihr Anführer namens Istmon[53] verspricht seinen Gefährten reiche Beute, da nun die Thüringer besiegt seien und auch Markgraf Friedrich bald den Tod finden werde (vv. 236–244). Es folgt eine ausgedehnte Schlachtszene (vv. 245–265), in der geschildert wird, wie Friedrich über diese Schwaben herfällt und mehrere von ihnen (u.a. Curius[54] und Mossus) tötet. Als er sieht, dass Cappis die Rüstung des Erasmus trägt, erschlägt er auch diesen Gegner und gibt sie seinem Freund zurück (vv. 257–265).

Nun schleichen sich die beiden heimlich an Freiberg heran und überwinden nachts die Mauern der von den Feinden besetzten Burg (vv. 266–279). Friedrich gelobt, seine toten Freunde zu rächen (vv. 280–283) und stürzt sich dann zusammen mit Erasmus erneut in den Kampf.[55] Dieser tötet den Schwaben

[46] Zum Motiv vgl. vv. 14–16 u. 28–31.
[47] Vgl. die Parallele bei Verg., Aen., 2, 268–303.
[48] Nach dem bei Ovid vielfach erwähnten Memnon; vgl. auch bereits Verg., Aen., 1, 489.
[49] Vgl. die Beschreibung des nächtlichen Kampfes bei Verg., Aen., 2, 314–401.
[50] Wohl benannt nach dem legendenhaften Paladin Karls des Großen; vgl. z.B. Luigi Pulci (*Morgante*; ab 1478) und Matteo Maria Boiardo (*Orlando Innamorato*; ab 1483).
[51] Als Name eines Kämpfers vgl. Ugolino Verino, *Paradisus* (geschrieben spätestens 1468), 839.
[52] Vgl. etwa die Parallele bei Verg., Aen., 1, 297.
[53] Wohl benannt nach der griechischen Bezeichnung für eine schmale Landbrücke.
[54] Als Personenname in der Dichtung vgl. z.B. Ov., fast., 5, 131.
[55] Ein Vorbild ist die Aristie der beiden jungen Helden Nisus und Euryalus; vgl. Verg., Aen., 9, 314–445.

Rhesus (v. 287),[56] Friedrich hingegen den Elis (v. 288),[57] ferner den (namenlosen) königlichen Standartenträger (vv. 289–290; vielleicht ist Heinrich von Nassau gemeint) sowie den Verräter Opheltes (vv. 291–294). Im Blutrausch suchen die beiden Freundc auch nach König Adolf (vv. 298–300). Doch ertönt plötzlich eine himmlische Stimme, die den Markgrafen auffordert, mit dem Gemetzel aufzuhören und stattdessen das Land zu verlassen (vv. 300–302). Die beiden können sich in ihrer Wut zwar kaum zurückhalten, in den Palast einzudringen; doch schließlich verlassen sie widerwillig die Stadt (vv. 303–306).[58] Friedrich hat allerdings nicht vergessen, dass sich seine Gefährten weiterhin in Gefangenschaft befinden (vv. 307–313). Daher schickt er seinen Berater Menescens[59] zu Adolf, um zu eruieren, ob man sie mit Waffengewalt befreien könne oder Lösegeld zahlen müsse (vv. 314–316). Menescens berichtet ihm (vv. 317–332), dass die Thüringer extrem gut bewacht würden und ein Überfall nicht in Frage komme (vv. 317–324). Nur durch eine Geldzahlung könnten die Gefangenen ihre Freiheit zurückgewinnen und den habgierigen König danach im Kampf besiegen (vv. 325–322).

Daraufhin ordnet der Markgraf an, dass die Städte und Burgen des Landes das Lösegeld aufbringen sollen, und zieht in die Fremde (vv. 323–338). Der Dichter beschreibt nun, wie Friedrich tatsächlich die Freilassung der Freunde erreicht, worauf ein hochemotionales Wiedersehen folgt (vv. 339–351). Sodann hält der Markgraf eine aufmunternde Rede (vv. 353–359):

> Non lacrimis, socii, duri fera causa doloris
> Pellitur, at[60] validis tristis mucronibus ira
> Deficiet. Vario mutantur tempora cursu.
> Mictite corde metum. Nam si perversa catervas
> Evicit Fortuna dolo, superabimus armis.
> Nam video montes proiectaque saxa Suevo[61]
> Et nitidum video spumantem sanguine Helistrum.

Das Versprechen des Sieges wird hier ohne weitere Erläuterung durch einen Hinweis auf die Berge, die von Schwaben besetzten Felsen und den Fluss Elster begründet. Sodann wechselt Capotius den Schauplatz der Erzählung: Während sich die Thüringer zur nächtlichen Ruhe begeben, sieht Gottvater im Himmel

---

[56] Als Kämpfer erwähnt z.B. bei Ov., epist., 1, 39, und met., 13, 98.

[57] Nicht als Einzelkämpfer, aber als Name einer griechischen Stadt, welche stellvertretend für deren Kämpfer steht, erwähnt etwa bei Stat., Theb., 4, 238.

[58] Als Vorbild der gesamten Szene vgl. Verg., Aen., 2, 567–804.

[59] Eine spätmittelalterliche Verschreibung des Namens Menestheus; vgl. z.B. Stat., Theb., 6, 661 u.ö.

[60] Grundig / Klotzsch (wie Anm. 10) drucken „et".

[61] Alliteration.

eine traurige Pallas Athene und erkundigt sich freundlich nach dem Grund ihres seelischen Zustandes (vv. 360–370). Diese zögert zunächst mit ihrer Antwort (vv. 371–372), hebt dann aber doch zu einer langen Rede (vv. 373–474) an:[62] Sie warte immer noch auf die Einlösung eines Versprechens, welches aus der Zeit Karls des Großen herrühre (vv. 375–380):

Fata iacent promissa quidem, quo tempore Magnus
Carolus armorum terrebat fulmine mundum
Sternebatque manu montes et menia[63] et amnes
Et victor latis geminabat funera campis,
Irruerat, valido Germanas turbine terras[64]
Quassabat ...

Karl ist somit damals siegreich in Deutschland eingefallen und hat es verheert. Dem Leser des Jahres 1488 fällt es nicht schwer, die Attacke dieses fränkischen (!) Königs gedanklich mit dem Verhalten Adolfs von Nassau zu parallelisieren. Nur ein Mann, so führt Pallas weiter aus, habe damals erfolgreich Widerstand geleistet (vv. 380–386):[65]

... Solus Saxonum milibus huius
Misenaque manu Vitchindus pectora pressit.
Concutiens Gallas stricto mucrone catervas,
Prelia terdenis pugnando protulit annis,
Donec continuis monitis et numine divum
Ultima cum Gallis Germania federa iunxit.
Tum posuit bellis finem, tum pace quievit.

Der berühmte Widukind, welcher hier gemäß einer seit dem 14. Jahrhundert nachweisbaren Genealogie als Ahnherr der Wettiner porträtiert wird,[66] habe somit dreißig Jahre lang mit seinen Landsleuten die Gallier, d.h. die ausländischen Invasoren, aufgehalten. Erst die – sc. christlichen – Götter hätten diesen Krieg beendet, allerdings nicht etwa durch eine Niederlage der meißnischen Sachsen, sondern durch ein Bündnis, das – so die Suggestion – Gallier und Germanen als gleichberechtigte Partner schlossen. Capotius verdreht hier also auf der Basis seiner spätmittelalterlichen Quellen die historischen Fakten gleich dreifach: Erstens wird der geographische Schwerpunkt der Résistance von Westfalen nach Meißen verschoben. Zweitens erscheint Widukind gleichsam als Ahnherr

[62] Vgl. die Rede der Venus bei Verg., Aen., 1, 229–253.
[63] Alliteration.
[64] Alliteration.
[65] Auch in diesen Versen ist die hohe Zahl an Alliterationen bemerkenswert.
[66] Vgl. Otto Posse (Hrsg.), Urkunden der Markgrafen von Meissen und Landgrafen von Thüringen 948–1099. Leipzig 1882, 116f.

der Meißner Markgrafen und damit als Friedrichs Vorbild bzw. Vorläufer. Drittens ist der langjährige Abwehrkampf angeblich erfolgreich gewesen: Der Meißner Widukind wird nicht etwa militärisch besiegt, sondern von Gott dazu bewegt, das Christentum anzunehmen und mit den fränkischen Galliern eine Vertragspartnerschaft einzugehen. So beendet er letztlich freiwillig den Krieg.

Nach diesem Friedensschluss, so erzählt Pallas weiter, habe sie sich an Gott gewandt und ihn darum gebeten, dass er den Meißnern ein bestimmtes Schicksal zusage (v. 387). Hieran wolle sie ihn nun – d.h. im ausgehenden 13. Jahrhundert – erinnern (v. 388). Die mächtigen und kriegerischen Meißner und Sachsen lägen ihr sehr am Herzen; sie habe diese für sich – sc. als Schützlinge – ausgewählt (vv. 389–391). Und Gott habe damals ihrem Gesuch stattgegeben und für die Meißner das folgende Schicksal bestimmt (vv. 392–393):[67]

Nach dem Tode des Widukind werde ein Adalbert kommen und dessen gleichnamiger Sohn (vv. 393–395),[68] danach Dietrich (vv. 396–398)[69] sowie Dedo,[70] welcher die Saale mit Blut füllen werde (vv. 398–499). In späterer Zeit würden dann Dietrich (v. 402),[71] Timo (v. 402),[72] ein weiterer Dedo (v. 403),[73] Otto (v. 403)[74] sowie der Böhmenbezwinger Dietrich (vv. 404–405)[75] folgen, ferner Heinrich (vv. 404–407)[76] und Herzog Albrecht (vv. 408–409).[77] – Alle diese angekündigten Helden, so konstatiert Pallas rückblickend (sc. am Ende des 13. Jahrhunderts), seien tatsächlich erschienen (vv. 409–410). Doch jetzt entstehe der Eindruck, dass Gott den vorgesehenen Ablauf ändere (vv. 411–412). Welches Verbrechen habe Friedrich (sc. der Gebissene) denn begangen, so dass er sich den Tod wünsche? (vv. 413–414). Obwohl ein aufrechter Charakter, habe er seine Gefährten und Städte verloren (vv. 414–415). Was bleibe denn nun noch? Dass Friedrich sterbe und somit alle Hoffnung dahin sei? (vv. 415–419). Dass die Welt zerstört und die natürliche Abfolge rückwärts laufe? (vv. 418–420). Dass der Fürst und mit ihm Tausende untergingen, obwohl er doch der

[67] Vgl. Jupiters Vorschau bei Verg., Aen., 1, 257–296; vgl. ferner Anchises' Vorschau bei Verg., Aen., 6, 756–853.

[68] Beide historisch nicht belegt.

[69] Dietrich I. (gest. um 970/980).

[70] Dedo I., Graf von Wettin (ca. 960–1009).

[71] Dietrich II., als Dietrich I. Markgraf der Lausitz (ca. 990–1034).

[72] Thimo der Tapfere (gest. ca. 1100), Graf von Wettin.

[73] Dedo IV. (ca. 1090–1024), Graf von Wettin, Markgraf der Lausitz.

[74] Otto der Reiche (1125–1190), Markgraf von Meißen.

[75] Dietrich der Bedrängte (Dietrich III.; 1162–1221), Markgraf von Meißen.

[76] Heinrich III. der Erlauchte (ca. 1215–1288), Landgraf von Thüringen und Markgraf von Meißen.

[77] Albrecht II. der Entartete (ca. 1240–1314/1315), Landgraf von Thüringen und Markgraf von Meißen, Vater des Protagonisten Friedrich.

Ahnherr berühmter Nachfahren sein sollte? (vv. 421–422). Es sei ihr, Pallas, doch damals von Gott versprochen worden, dass Friedrich eines Tages die Schwaben besiegen und viele von ihnen töten werde (vv. 423–427). Und dass auch sein gleichnamiger Sohn[78] militärisch ähnlich erfolgreich sein werde, indem er Deutschland in Furcht versetze, Thüringen unterwerfe[79] und danach Frieden wahre (vv. 430–434). Anschließend werde dessen Erbe Friedrich[80] das von herkynischen Wäldern beschattete Frankenland zur Kapitulation und Übertragung der Kurfürstenwürde zwingen (vv. 435–441). Sodann werde dessen gleichnamiger Sohn[81] als Kurfürst die Böhmen schlagen (vv. 442–445):

Hinc erit ille ferox, patris qui nomen habebit
Consimilesque animos. Discedet prata Bohemo
Sanguine et undantes[82] turbabit funere rivos
Ensifer imperii …

Ferner sei vorherbestimmt, dass die kriegerischen Taten dieses Friedrich von den Dichtern besungen würden (vv. 445–448):

… Phebeo numine cuius
Bellica dulcisoni cantabunt facta poete,
Quo duce Pegasides linquent Helicona sorores,
Pyerio[83] placidam lustrantes carmine Lipsim.

Pallas spielt hier auf die vom sächsischen Kurfürsten Friedrich (I./IV. der Streitbare) initiierte Gründung der Universität Leipzig im Jahre 1409 an. Da ihn Capotius 1487/1488 in seiner poetischen *Oratio metrica in alma Lipsensi universitate habita* verherrlicht hat, spricht er an vorliegender Stelle somit über sich selbst.

Des weiteren erwähnt Pallas in ihrer Rede Friedrichs – namenlosen – Nachfolger,[84] der ebenfalls die Böhmen geschlagen habe (vv. 449–453). Nach dessen

[78] Friedrich II. der Ernsthafte (1310–1349), Landgraf von Thüringen und Markgraf von Meißen.
[79] Im sog. Thüringer Grafenkrieg, 1342–1345.
[80] Friedrich III. der Strenge (1332–1381), Landgraf von Thüringen und Markgraf von Meißen; er besiegte den Sternerbund.
[81] Friedrich IV./I. der Streitbare (1370–1428), Kurfürst von Sachsen; er kämpfte 1420/1421 gegen die Hussiten.
[82] So konjizieren stillschweigend Grundig / Klotzsch (wie Anm. 10); in der Inkunabel steht „nudantes".
[83] Konj. Haye; „Pyeria" im Druck des Jahres 1488 (so auch bei Grundig / Klotzsch [wie Anm. 10]).
[84] Wohl Friedrich II. der Sanftmütige (1412–1464), Herzog und Kurfürst von Sachsen; angespielt wird auf den Vertrag von Eger (1459).

Tod würden die Brüder Ernst[85] und Albrecht[86] die Herrschaft übernehmen und sowohl den Ungarn als auch den Sycambern Furcht einflößen (vv. 454–459). Der harte Kampf gegen diese Feinde werde die Stadt Erfurt mit Trauer erfüllen (vv. 460–461). Danach werde Friedrich,[87] der Sohn des Ernst, schon in jungen Jahren die Herrschaft übernehmen (vv. 462–467). Sie, Pallas, warte dann auf ihn (vv. 468–471). – Gottvater möge dafür sorgen, dass diese ihr fest zugesagte Ahnenreihe tatsächlich eingehalten werde (vv. 472–474).

Mit der Nennung des aktuellen Herrschers Friedrich des Weisen hat Capotius seine eigene Gegenwart erreicht. In der Erzählung nimmt hierauf Gott seiner Tochter die Sorge (vv. 475–476), indem er mit folgender Rede (vv. 477–509) antwortet:[88] Er werde sein Versprechen einhalten und sich der Thüringer weiterhin annehmen (vv. 477–481). Dieser Friedrich (gemeint ist der Protagonist Friedrich der Gebissene) werde die Schwaben am Ende besiegen (vv. 482–486). Ferner werde er, Gottvater, weitere Herrscher schicken (v. 487): Nach dem Tode des Kurfürsten Ernst und seines Sohnes Friedrich (III. des Weisen) werde das Eiserne Zeitalter enden und die Goldene Ära beginnen (vv. 488–491). Die Ketzerei der Böhmen (sc. Hussiten) finde ebenfalls ihr Ende (vv. 493–494). In dieser friedlichen Epoche überhäufe man die Dichter mit Geschenken (vv. 495–496; zweifellos ebenfalls eine autoreflexive Hoffnung des Verfassers Capotius). Hierauf folge der ruhmreiche Ernst,[89] der gleichnamige Sohn, über den sich das an der Elbe gelegene Dresden freue (vv. 497–503). Sodann herrschten dessen Sohn Johann[90] und weitere Fürsten (vv. 504–509).

Nach dieser Rede entsendet Gottvater den Boten Merkur zu Friedrich dem Gebissenen und befiehlt diesem, die Cherusker (sc. Thüringer) zu den Waffen zu rufen (vv. 510–514).[91] Friedrich sammelt nun seine Truppen und rückt vor, um die gefallenen Freunde zu rächen (vv. 515–532). Die Schwaben ziehen ihnen aus der Stadt Freiberg entgegen (vv. 533–539). Zu Beginn des Kampfes bittet Friedrich um göttlichen Beistand (vv. 540–544) und tötet anschließend den Schwaben Glaucus (vv. 545–548)[92]. Hierauf intensiviert sich die Schlacht (vv.

---

85 Ernst (I.) (1441–1486), Kurfürst von Sachsen.

86 Albrecht der Beherzte (1443–1500), Herzog von Sachsen.

87 Friedrich III. der Weise (1463–1525), Kurfürst von Sachsen.

88 Vgl. Verg., Aen., 1, 257–296.

89 Ernst II. von Sachsen (1464–1513; Sohn des Ernst I.), im Jahre 1488 gewählter Erzbischof von Magdeburg und Administrator von Halberstadt.

90 Johann der Beständige (1468–1532; Sohn des Ernst I.), ab 1525 Kurfürst von Sachsen.

91 Vgl. Verg., Aen., 1, 297.

92 Als Name eines Kämpfers vgl. z.B. Verg., Aen., 6, 483 u.ö.

549–564). So erschlägt der Thüringer Hemon[93] die Schwaben Remus,[94] Emesus[95] und Eufarion,[96] wird aber seinerseits von Henfordus[97] getötet (vv. 565–573). Emphereus[98] metzelt diesen hierauf nieder und begräbt unverzüglich die Leiche seines Freundes Hemon (vv. 574–579). Auf beiden Seiten gibt es hohe Verluste (vv. 580–587). Heurialus[99] erschlägt Timon,[100] Friedrich wiederum tötet Acron,[101] Polibus[102] und Medon[103] (vv. 588–593). Viele Schwaben, unter ihnen Silvanus[104] und Celenus,[105] fallen gegen die vorrückende Jugend von Meißen und Sachsen (vv. 594–600). Schließlich fliehen die Gegner zurück in die Stadt bzw. Burg (vv. 601–615). Friedrich versucht unter größter Anstrengung einzudringen (vv. 616–638), doch die eingeschlossenen Schwaben, Böhmen und Nürnberger leisten Widerstand (vv. 639–642). Erst als ein alter Turm kollabiert und in den Graben fällt, können die Meißner durch die entstandene Verteidigungslücke stürmen, so dass die Besatzer kapitulieren müssen (vv. 643–661). Der siegreiche Friedrich bringt hierauf nicht nur den Göttern Jupiter (sc. Gottvater) und Juno (sc. Maria) Opfer dar, sondern die Thüringer und Sachsen danken auch der Pallas, d.h. der Bildung und speziell der Universität Leipzig (vv. 662–666).

4. Literaturgeschichtliche Einordnung

Es liegt auf der Hand, dass Priamus Capotius mit seinem poetischen Werk wie nicht wenige andere zeitgenössische Künstler die Gunst Friedrichs des Weisen zu erwerben versucht.[106] Insbesondere eine dauerhafte und gut bezahlte Anstellung an der Universität Leipzig dürfte sein Ziel gewesen sein. Als Thema seines Gedichts wählt er einen gleichnamigen Urahn (sc. Friedrich den Gebissenen) aus, der zwar zahlreiche Schicksalsschläge erlitten, doch am Ende den Sieg davongetragen hat. Zudem ist dieser Vorfahr der Enkel eines Kaisers und – sc.

---

93 Als Name eines Kämpfers vgl. Stat., Theb., 7, 644 u.ö.
94 Als Figur in der Poesie vgl. z.B. Verg., georg., 2, 533 u.ö.
95 Vielleicht gebildet nach der gleichnamigen Stadt (Homs).
96 Nach dem griechischen Namen Eupharion.
97 Vielleicht gebildet nach dem antiken Namen Euphorbus.
98 Spätmittelalterliche Verschreibung aus Amphiaraus; vgl. Stat., Theb., 1, 399 u.ö.
99 Vgl. die Figur des Euryalus bei Verg., Aen., 5, 294 u.ö.
100 Vielleicht gebildet nach Tydeus; vgl. Stat., Theb., 1, 402 u.ö.
101 Vielleicht gebildet nach Actor; vgl. Stat., Theb., 10, 250 u.ö.
102 Vielleicht gebildet nach Polynices; vgl. Stat., Theb., 1, 165.
103 Vermutlich gekürzt aus Hippomedon; vgl. Stat., Theb., 1, 44 u.ö.
104 Als Name in der Poesie vgl. z.B. Verg., Aen., 8, 600.
105 Vermutlich gebildet nach Celaeno; vgl. z.B. Verg., Aen., 3, 211 u.ö.
106 Vgl. Ingetraut Ludolphy, Friedrich der Weise, Kurfürst von Sachsen (1463–1525). Leipzig 2006, 118; Bernd Stephan, Ein itzlichs Werck lobt seinen Meister. Friedrich der Weise, Bildung und Künste. Leipzig 2014, 254.

1269 – ein Aspirant auf die italienische Königskrone gewesen. In einem solchen Heros können sich Friedrich der Weise und seine gesamte Familie somit angemessen verherrlicht fühlen.

Die Erzählung des Gedichts lehnt sich nur locker an die historischen Ereignisse der Jahre 1296 bis 1307 an. Als rhetorisch versierter Poet komprimiert Capotius das Geschehen, er wählt aus und montiert die Ausschnitte zu einem eigenständigen Kunstwerk. Es ist daher auch nicht auf den ersten Blick ersichtlich, auf welche schriftlichen Quellen er sich im Einzelnen stützt. Zumindest liegen im Jahr 1488 und speziell in Leipzig noch keine inhaltlich einschlägigen Ausgaben von Quellen zur thüringisch-sächsischen Geschichte im Druck vor. Capotius muss somit handschriftliches Material ausgewertet haben (z.B.: *Chronica S. Petri Erfordensis moderna*, *Chronica Reinhardsbrunnensis*, *Chronica Thuringorum*). Hier ist als Hauptquelle an das ab 1485 am Stift St. Thomas in Leipzig entstehende *Chronicon Misnensis terrae* zu denken, welches die Basisdaten geliefert haben dürfte.[107]

Doch geht es dem Autor ohnehin nicht um einen nüchternen historischen Bericht. Schon der Titel des Werkes (*Fridericeis*) evoziert das Genre des Epos, welches nach zeitgenössischem Verständnis innerhalb der lateinischen Poesie für ein entweder ‚mythisch-heroisches' oder ‚imperiales' Personal reserviert ist. Nicht nur die Namen einiger Protagonisten, sondern auch das Eingreifen pseudo-paganer Götter (die der Leser des 15. Jahrhunderts natürlich christlich-allegorisch interpretiert) und die wichtigsten Bauformen (Rede, Vergleich, Traum, Himmelsszene, Prophezeiung, Schlachtbeschreibung, göttliche Botschaft etc.) verweisen auf die antike Epik und speziell auf Vergil.[108] Auch die Sprache ist deutlich durch die *Aeneis* geprägt (vgl. z.B. v. 632: „Arma virosque simul …").[109]

Capotius setzt somit alles daran, als ein Epiker und speziell als ein zweiter Vergil aufzutreten. Im Jahr 1488 ist jeder Intellektuelle in Deutschland schon aufgrund schulischer Ausbildung mit der *Aeneis* bestens vertraut. Doch anders als in Italien werden zu dieser Zeit nördlich der Alpen noch keine Epen produziert, in denen ein mittelalterlicher oder zeitgenössischer Herrscher im antikisierenden Gewand verherrlicht würde. Im deutschen Sprachraum sind die Stauferepen

---

[107] Vgl. Johann Burchard Mencke (Io. Burchardus Menckenius) (Hrsg.), Scriptores rerum Germanicarum praecipue Saxonicarum. Bd. 2. Leipzig: Johann Christian Martini, 1728, hier 327–330 (zu den Jahren 1294–1307).

[108] Vgl. bereits Evola (wie Anm. 7), 209.

[109] Evola (wie Anm. 7), 209, nennt als Quellen bzw. Vorbilder die Dichter Lukrez, Vergil, Horaz und Ennius. Mutini (wie Anm. 7), 691, wiederholt diese partielle Fehleinschätzung: „… oscillante tra la rude espressività di Ennio e l'accurata rifinitezza dell'esametro virgiliano". Tatsächlich werden neben Vergil insbesondere Ovid, Statius und Lucan sowie wohl auch Coripp rezipiert.

des Hochmittelalters längst vergessen und noch nicht wiederentdeckt. Allerdings existiert im späteren Mittelalter eine schmale Tradition episierender Gedichte, in denen die Begründer von Landesherrschaften poetisch gefeiert werden (vgl. z.B. das *Lippiflorium* des Justinus von Lippstadt). Dabei dient die antikisierende Verhüllung früherer Gestalten und Ereignisse der Legitimation aktuell herrschender Fürsten und Dynastien. In diese Tradition gehört auch Capotius: Nicht etwa die pagane Antike, sondern die mittelalterliche antiquitas stellt ihm ein geeignetes Material bereit, mit dessen Hilfe er die Wettiner verherrlichen kann.[110] Eine exklusiv humanistische ‚Antikebegeisterung' manifestiert sich darin somit nicht. Nur in der sprachlichen und literarischen Gestaltung ist Capotius – wie so viele Autoren des Mittelalters – ganz der paganen Poesie verpflichtet.

Anders als seine italienischen Landsleute, deren martialisch-heroische Lieder er zum Teil gekannt haben dürfte, strebt Capotius mit der *Fridericeis* keine epischen Dimensionen an. Das Werk zeigt keine gattungstypische Bucheinteilung (6 / 10 / 12 libri) und lässt sich mit seinen 666 Hexametern allenfalls als Kurzepos ansprechen.[111] Ungewöhnlich bleibt jedoch die Intensität der antikisierenden Überformung.

Es ist nicht auszuschließen, dass Capotius der weiteren Entwicklung des epischen Genres einen nicht unwichtigen Impuls gegeben hat. Denn 1497 publiziert Konrad Wimpina ebenfalls in Leipzig sein Gedicht über die heroischen Taten des sächsischen Herzogs Albrecht des Beherzten (1443–1500).[112] Das in drei Bücher gegliederte und 1.879 Hexameter umfassende Werk folgt ebenfalls dem Konzept, dynastische Geschichte und zeitgeschichtliche Panegyrik im Stile vergilianischer Epik zu präsentieren. Es ist denkbar, dass Wimpina die wenige Jahre zuvor veröffentlichte *Fridericeis* des Capotius gekannt hat. Und während dieser nur ein Miniatur-Epos vorlegt, das eher die Möglichkeiten des Genres aufzeigt denn diese konkret realisiert, rückt jener hinsichtlich des Umfanges und der Ausführlichkeit deutlich näher an das vergilische Vorbild heran.

Wimpina hat sein Gedicht als Dank für eine ihm wenige Jahre zuvor übertragene Kollegiatur verfasst. Es gibt hingegen keinen Beleg dafür, dass Capotius von Friedrich dem Weisen ebenfalls für sein Werk angemessen belohnt und etwa an der Leipziger Universität mit einer gut dotierten Stelle bedacht worden

---

[110] Zu dieser Methode vgl. Karl A. E. Enenkel / Konrad A. Ottenheym (Hrsg.), The Quest for an Appropriate Past in Literature, Art and Architecture. Leiden / Boston 2019.

[111] Zur mittelalterlichen Tradition vgl. Patryk Ryczkowski, Das mittellateinische Epyllion. Studien zur Kleinform der epischen Dichtung im Mittelalter. Bern u.a. 2021.

[112] Konrad Wimpina, Illustrissimi … domini Alberti Saxonie ducis etc. bellorum illustriumque actorum epithoma. Leipzig: Wolfgang Stöckel, 1497 (GW: M51699).

wäre. Zu einem unbekannten Zeitpunkt kehrt er nach Italien zurück, macht Karriere in der sizilianischen Finanzverwaltung und erleidet schließlich 1517 einen schrecklichen Tod. Das epische Intermezzo der Leipziger Jahre scheint zu dieser Zeit längst vergessen zu sein.

Thomas Haye Universität Göttingen
thomas.haye@phil.uni-goettingen.de

The Rumor of Scipio Africanus' Divine Birth in Petrarch's *Africa**

PAUL K. HOSLE

Abstract:

In this essay, I explore a sophisticated example of Petrarch takin over two prose sources, Livy's *Ab Urbe Condita* and Aulus Gellius' *Noctes Atticae*, in his discussion of Scipio Africanus' divine birth in his epic poem *Africa*. Petrarch skilfully combines both texts and carefully avoids both the former's emphatic rejection of and the latter's qualified neutrality toward the tale, without however endorsing its full veracity. Evoking Fama (Rumor), Petrarch deepens Vergil's notion of Fama as singing of truth and fiction in equal measure by reframing the stakes of the question in accordance with his own interpretative categories ('sermo' vs. 'sensus'). The story, although not taken as historical fact, is understood as a most fitting reflection of Scipio's supreme virtue, which far surpasses what can be expected of humans.

Keywords:

Petrarch, Livy, Aulus Gellius, Vergil, *Africa*, Fama, Scipio Africanus.

Of the many Vergilian influences on Petrarch's incomplete epic *Africa* the repeated presence of Fama deserves special mention. Fama of course makes her most famous appearance in book 4 of the *Aeneid*, where she spreads the rumor of Aeneas and Dido's love affair with an equal measure of truth and fiction (Aen., 4, 190: "pariter facta atque infecta canebat"). Unsurprisingly, Fama figures in the exactly corresponding situation in Petrarch's poem, where she spreads the news of Massinissa's rash and morally dubious marriage to Syphax's wife Sophonisba (*Africa* 5, 273–285). But Petrarch by no means limits himself to this literary echo. As part of his sweeping and ambitious book *Rumour and Renown*, Philip Hardie tracks a number of the occurrences of "fama" in the work, linking the recurring theme to Petrarch's personal interest in fame and glory. For he writes, "In general *Fama*-as-rumour plays a less prominent and complex role in the *Africa* than in the *Aeneid* … this reflects the predominant bias of Petrarch's interest in *fama*, directed more to ethics, poetic immortality, and the revival of classical tradition, and less to issues relating … to fictionality".[1] Without denying that 'fama' in the sense of 'fame' occupies far more of Petrarch's attention throughout the *Africa* and his entire corpus, this down-

---

* I would like to express my gratitude to Vittorio Hösle and the journal's external readers and editorial team for their thorough comments that improved this text. Any remaining lapses are my own. Throughout the essay, I have provided my own translations.

[1] Philip Hardie, Rumour and Renown: Representations of 'Fama' in Western Literature. Cambridge 2012, 464.

playing of the prominence of Fama qua Rumor with respect to Petrarch's epic might be considered surprising in light of the explicit metapoetic reflections on truth in poetry that we find on several occasions in the work, most importantly in 9, 92–102.[2] Moreover, Petrarch uses dreams throughout the poem to reflect on how deeper truths can be hidden in oneiric visions.[3] The issue of truth and fiction is hence of profound importance for Petrarch, and Hardie himself grants certain examples.[4] In this essay, I will explore one particularly sophisticated example of Petrarch using Fama to reflect on questions of fictionality in his prose sources. As far as I can tell, the depth of Petrarch's conceptual reflection and intertextual engagement in this specific case has not been fully understood.

By way of setting the stage for my argument, it will be helpful first to consider a passage in the second book of the *Africa*. Book 2 continues Scipio Africanus' dream, initiated in the prior book, in which he is counseled by his father Publius Cornelius Scipio. As part of the lengthy exchange between father and son, the former prophesies to the latter that he will defeat Hannibal in battle only to meet him once again later in Ephesus. This prompts the following commentary (2, 94–97):[5]

> Fama quidem mendax falsa cum laude[6] nefandos
> Equat iniqua bonis. Facinus dum grande, tremendum,
> Horrendum dictu invenit, canit orba per Orbem,
> Nec dirimit causas
>
> For indeed mendacious Rumor with false praise inequitably equates the wicked with the good. When she has discovered a deed grand, terrifying

---

[2] The issue of truth in the *Africa* is the subject of Paul Colilli, La poetica dell'aletheia nell'«Africa» del Petrarca. Rovito 1993.

[3] Simone Marchesi, Petrarch's Philological Epic (*Africa*), in: Victoria Kirkham / Armando Maggi (ed.), Petrarch: A Critical Guide to the Complete Works. Chicago 2009, 113–130, at 123–128. See further Paul K. Hosle, A Note on the Status of Ennius' Dream in Petrarch's *Africa*, in: Illinois Classical Studies 48 (forthcoming).

[4] Most importantly, Hardie (as in n. 1), 466–468 treats the example provided by Enrico Fenzi, Scipione, Annibale e Alessandro nell'«Africa» del Petrarca, in: Giornale storico della letteratura italiana 148 (1971), 481–518, discussed below.

[5] For the Latin text of the *Africa*, I follow Rebecca Lenoir (ed.), Pétrarque: L'Afrique. Grenoble 2002.

[6] Most manuscripts have "lance" "pair of scales", and this is the text supported in Pierre Laurens (ed.), Pétrarque: L'Afrique: Affrica I–V. Paris 2006, 43, 214. While "laude" is the lectio facilior and thus perhaps more suspect, a corresponding passage from the beginning of Petrarch's *Vita Scipionis* (i.e., *De Viris Illustribus*, 21, 1, 4), cited in Laurens 214, speaks of the mixture of "laudes" with respect to the two generals. In any event, the sense is not fundamentally altered.

and horrendous to say, bereaved she sings it throughout the world, nor does she parse the motives.

Strictly speaking, what is at stake here is ethical confusion. Petrarch has in mind the famous anecdote which he would have known most directly from the primary historical source of his poem. In Livy *Ab Urbe Condita* 35, 14, Scipio and Hannibal discuss amicably amongst themselves who the greatest generals of history were. Hannibal lists first Alexander the Great, secondly Pyrrhus, and thirdly himself. When Scipio laughs and asks what he would have replied had he defeated Scipio, Hannibal replies that he would have placed himself first in rank, at which Scipio is moved with emotion. Petrarch takes strong issue with the suggestion that the two generals can engage in such a way on symmetrical terms and thinks that Livy's version allows the commanders to appear too much to be on the same scale of reference. Scipio's friendly laughter in Livy, 35, 14, 11 is qualified by Petrarch's deflating "Verum illa iocosum / Qualiacumque tibi risum fortasse movebunt; / Nil aliud" (2, 108–110: "But those comments, of whatever kind they be, will perhaps stir up a jocose laughter in you; nothing more.") To be sure, Petrarch himself will claim in *Africa*, 7, 161–214, in the context of Hannibal and Scipio's face-to-face meeting before their respective armies, that these two generals are the greatest that the world has seen, and each is described as sharing respect for the other. But critically, he will compare the scene to a renewal of the Giants' "indigna bella" (7, 164–165) against Jupiter, so that moral equivocation is thereby avoided. Even more generous to Hannibal are Scipio's own words after the battle of Zama in which the Roman asserts and then doubles down on Hannibal's superiority over Alexander and Pyrrhus (8, 102–111, 156–209). But also here Scipio, while praising certain noble characteristics of Hannibal, reflects on his lack of piety (8, 133).[7] We are subsequently led by Laelius to understand that Scipio stands even higher than Hannibal (8, 220–231).[8]

As Enrico Fenzi has astutely noted,[9] what helps Petrarch bring Fama into the picture in 2, 94–97 is that Livy himself adduced prior sources for his story: "Claudius, secutus Graecos Acilianos libros … tradit …" (35, 14, 5: "Claudius,

---

[7] Cf. also Thomas G. Bergin / Alice S. Wilson (ed.), Petrarch's Africa. New Haven 1977, 267: "And of course on both military and moral grounds the reader will perceive that Scipio is himself superior to Hannibal."

[8] If Alexander, Pyrrhus and Hannibal are like Lucifer, Arcturus and Bootes, Scipio is like the sun, which stands without peer (8, 220–225). This is not in fact so different from Livy, 35, 14, 12, which states that Scipio was moved by Hannibal's comment that he would rank himself first had he defeated Scipio, "quod e grege se imperatorum velut inaestimabilem secrevisset."

[9] Fenzi (as in n. 4), 500–502.

following the Greek books of Acilius, reports …").[10] Livy follows Claudius Quadrigarius,[11] himself dependent on the Greek annals of Acilius, thereby signaling a certain degree of distance from his own account.[12] Petrarch, Fenzi argues, exploits this to suggest that Livy's sources are embodiments of a mendacious and morally undiscerning Fama. It is then by vindicating Scipio's reputation that Petrarch can later justly be termed a future second Ennius who will sing of Scipio's deeds motivated only by love of truth (2, 454 "solus amor veri"). Here we can see Petrarch moved by "l'esigenza di presentare la propria opera *non* come nuova manifestazione della Fama … ma come l'adesione sincera, amorosa e moralmente prescritta all'espressione concreta della più alta virtù antica."[13] Hence, by condemning Fama, Petrarch signals to the reader that he is polemically taking issue with his source text.

If in the example just adduced Petrarch uses the negative image of deceptive Fama to give voice to spurious traditions that he wishes to correct, in the case to which I now turn Petrarch shows more subtlety still. In book 4, Gaius Laelius, asked by Syphax to tell about the character and person of Scipio, reports the story of his supernatural birth according to which his mother was impregnated by Jupiter who would make his appearances in the form of a serpent. He is aware that the story is on the surface incredible, so he is compelled to qualify the truth-value of the story. Salient here is the degree to which Laelius avoids coming down on any one side too strongly. Thus he says (4, 100–103):

Stat vera fateri:
Non illum nostro iuvenem de more creatum
Dixeris; atque ideo non omnia falsa locuta est
Fama virum super astra levans

---

[10] I cite Livy according to the editions of Robert Seymour Conway / Stephen Keymer Johnson (ed.), Titi Livi Ab Urbe Condita: Tomus IV. Libri XXVI–XXX. Oxford 1963 and Alexander Hugh McDonald (ed.), Titi Livi Ab Urbe Condita: Tomus V. Libri XXXI–XXXV. Oxford 1965.

[11] At least, this is the most common supposition of scholars, although some cast doubts. For a defense of the position that Claudius Quadrigarius is the referent here, see Alfred Klotz, Der Annalist Q. Claudius Quadrigarius, in: Rheinisches Museum für Philologie 91 (1942), 268–285, at 270–272.

[12] Cf. A. Haimson Lushkov, Narrative and Notice in Livy's Fourth Decade: The Case of Scipio Africanus, in: Classical Antiquity 33 (2014), 102–129, at 107: "In itself, the report of a variant tradition through source citation is a regular occurrence in Livy's history, but in this case, Livy goes out of his way to demonstrate the distance between his own text and that of his sources."

[13] Fenzi (as in n. 4), 502.

> It stands to profess the truth: you would say that that youth was not begotten according to our manner; and so not everything that Rumor has spoken is false, Rumor who lifts the man above the stars.

The opening confidence expressed in "Stat vera fateri" is quickly softened although not negated by the following "non omnia falsa locuta est / Fama", which seems to imply that the rumor is still largely false. He follows these comments immediately with (4, 103–106):

> Nam protinus alto
> Persuasum est multis hominem hunc descendere celo.
> Nam quid cunta sequar? Piget illa minuta referre;
> Fabula sed vulgo nota est

> For straightaway many were persuaded that this man descended from the high heaven. Why, then, should I follow through on everything? It irks me to relate those minute details. It is a tale but it is commonly known.

It irks him to go into the details, the suggestion being that the essential core of the story has something to it even if one cannot take every aspect of the tale at face value. It is a 'fabula', a word which can but does not necessarily imply fictiveness, but when followed by the adversative qualification "sed vulgo nota est", the point appears to be that he grants that it has all the trappings of a tall-tale, but the fact that it has persuaded many people (cf. also "Persuasum est multis") gives it some reason to be taken seriously. Laelius then provides as further evidence of Scipio's affinity to the deity the following (4, 115–122):

> Namque ubi sol oritur, solus solet ille remotis
> Omnibus in cellam Iouis, augustissima nobis
> Tarpeio que colle sedet, cui sacra pauentes
> Rite sacerdotes celebrant, securus ad aram
> Intrare et limen foribus firmare reductis.
> Hic quasi multa loquens tempus terit, inde repente
> Digreditur, summosque animos portendere vultum
> Celestemque oculos videas preferre vigorem.

> For when the sun rises, he is wont, alone, with all at a distance, to enter into the shrine of Jove, which sits most august for us on the Tarpeian hill where the trembling priests celebrate the rites with due observances, to approach the altar and to seal off the threshold with the doors closed behind him. Here he passes the time as if in lengthy conversation, whence suddenly he departs, and you would see his visage display his lofty spirits, and his eyes possess a heavenly vigor.

The relevance of this passage will promptly be clarified.

To understand the reason for this seeming vacillation on the plausibility of the story, it is necessary to see that Petrarch is responding not to one but to two separate texts. Petrarch's immediate presence and perspective stands thinly veiled behind the character of Laelius.[14] The first text, unsurprisingly, is Livy, 26, 19, as all commentators note.[15] It will be relevant to quote at length (26, 19, 5–7):

> [5] nullo die prius ullam publicam privatamque rem egit quam in Capitolium iret ingressusque aedem consideret et plerumque solus in secreto ibi tempus tereret. [6] hic mos per omnem vitam servatus seu consulto seu temere volgatae opinioni fidem apud quosdam fecit stirpis eum divinae virum esse, [7] rettulitque famam in Alexandro Magno prius volgatam, et vanitate et fabula parem, anguis immanis concubitu conceptum, et in cubiculo matris eius visam persaepe prodigii eius speciem interventuque hominum evolutam repente atque ex oculis elapsam.
>
> On no day did he carry out any public or private matter before he had gone to the Capitol and, upon entering, would contemplate the sanctuary and generally would spend the time there alone in secret. This custom, maintained throughout his whole life, whether by intent or not effected among certain people faith in the commonly known supposition that he was a man of divine stock, and it brought back the rumor that had previously been commonly circulated with respect to Alexander the Great, and which is equal to it in emptiness and fictiveness, that he had been conceived by means of intercourse with a huge snake, and that the form of this monster was often seen in his mother's bedroom, but which suddenly glid away and slipped out of sight whenever any people came in.

A second text is no less important, even if its significance has been much less appreciated. I refer to Aulus Gellius, *Noctes Atticae* 6, 1, 1–11, from which I cite major extracts:[16]

> [2] Nam et C. Oppius et Iulius Hyginus aliique, qui de vita et rebus Africani scripserunt, matrem eius diu sterilem existimatam tradunt … [3] Postea in

---

[14] Cf. Florian Schaffenrath, Petrarca in Africa: Selbstbezüge in Petrarcas Africa-Epos, in: Humanistica Lovaniensia 54 (2005), 49–62, at 56–62 on "Laelius als Petrarca".

[15] See Bergin / Wilson (as in n. 7), 254, Lenoir 2002 (as in n. 5) 484, and Laurens (as in n. 6), 261.

[16] The passage is referred to without comment in Bergin / Wilson (as in n. 7), 254, but ignored by Lenoir (as in n. 5) and Laurens (as in n. 6). Petrarch's thorough knowledge of the *Noctes Atticae* is mentioned in Hans Baron, Aulus Gellius in the Renaissance and a Manuscript from the School of Guarino, in: Studies in Philology 48 (1951), 107–125, at 109. I cite the Latin text of Peter K. Marshall (ed.), A. Gellii Noctes Atticae Volume I. Oxford 1968.

cubiculo atque in lecto mulieris, cum absente marito cubans sola condormisset, visum repente esse iuxta eam cubare ingentem anguem ... [4] exinde mense decimo peperisse natumque esse hunc P. Africanum, qui Hannibalem et Carthaginienses in Africa bello Poenico secundo vicit. [5] Sed et eum inpendio magis ex rebus gestis quam ex illo ostento virum esse virtutis divinae creditum est. [6] Id etiam dicere haut piget, quod idem illi quos supra nominavi litteris mandaverint, Scipionem hunc Africanum solitavisse noctis extremo, priusquam dilucularet, in Capitolium ventitare ac iubere aperiri cellam Iovis atque ibi solum diu demorari, quasi consultantem de republica cum Iove, aeditumosque eius templi saepe esse demiratos, quod solum id temporis in Capitolium ingredientem canes semper in alios saevientes neque latrarent eum neque incurrerent. Has volgi de Scipione opiniones confirmare atque approbare videbantur dicta factaque eius pleraque admiranda.

For both Gaius Oppius and Julius Hyginus, as well as others who have written concerning the life and deeds of Africanus, relate that his mother was deemed for a long time to be infertile ... Afterwards in the woman's bedroom and bed, when with her husband absent, lying down she had fallen asleep, suddenly a huge snake appeared lying next to her ... Afterwards, on the tenth month, she gave birth and this Publius Africanus was born, who conquered Hannibal and the Carthaginians in Africa in the Second Punic War. [5] But it was believed that he was a man of divine virtue a great deal more due to his exploits than due to that prodigy. [6] It does not irk me to say also this, that the same authors whom I mentioned above have put on the record that this Scipio Africanus had the habit, at the very end of night before the break of dawn, to come often to the Capitol and to order the shrine of Jove be opened and there to tarry a long time alone, as if having a consultation with Jove about the Republic, and the custodians often marveled that the dogs which were always ferocious towards others neither barked nor rushed at him as he entered the Capitol alone at that hour. His many admirable sayings and deeds seemed to confirm and establish these opinions of the common people concerning Scipio.

Petrarch's own word at times follows one (cf. e.g. 4, 120: "tempus terit" ~ Livy, "tempus tereret"), at times the other (4, 105: "Piget illa minuta referre" ~ Aulus Gellius, "Id etiam dicere haut piget"). The highly stylized wordplay in 4, 115, "Namque ubi *sol* oritur, *sol*us *sol*et ille remotis",[17] has been effected by modifying

[17] Cf. Laurens (as in n. 6), 261 and Robert Maltby, A Lexicon of Ancient Latin Etymologies. Leeds 1991, s.v. "sol", with reference to Cic., nat. deor., 2, 68: "cum sol dictus sit vel quia solus ex omnibus sideribus est tantus vel quia cum est exortus obscuratis omnibus solus

Gellius' pre-dawn temporal specification ("priusquam diluculareт") – Livy's "nullo die prius ullam publicam privatamque rem egit quam in Capitolium iret" is too vague to be directly reversed – to have Scipio instead ascend to the Capitol at sunrise, which in turn reinforces the symbolic connection between Scipio and the sun that Petrarch evokes elsewhere (cf. esp. 4, 99–100: "Solque velut radiis fulgentia sidera vincit, / Scipio sic omnes superat" = "And just as the sun overpowers the shining constellations with its rays, so Scipio surpasses all").

When selecting distinctive phrasing from one or the other author, Petrarch would have been confronted by a far more substantive differentiation. For Livy the story is nothing more than a readaptation of the "famam in Alexandro Magno prius volgatam, *et vanitate et fabula parem*".[18] Gellius' personal view is less easy to pin down. He too acknowledges that it is a version of the story told of Alexander (6, 1, 1),[19] although this is not explicitly used to cast doubt on its applicability to Scipio. His observation that Scipio's "divina virtus" (itself ambiguous in terms of how literally we should take the adjective) was believed more on account of his 'res gestae' is an attempt not to put too much weight on the truth of the tale. But subsequently he mentions in similar fashion how Scipio's admirable deeds support the common beliefs, although the use of the verb "videbantur" makes Gellius non-committal in either endorsing or rejecting these opinions. He then follows by giving a concrete example that gives credence to the popular notions (6, 7–11). If Livy is the critical skeptic, Gellius adopts the pose of a detached, non-biased reporter of the tale who neither wishes to appear too gullible nor to tear down Scipio's reputation. He is happy to relay the story without offering any aggressive or direct resistance, as long as he has left the door open to claim that he never explicitly agreed with it either.

It is only with this background that we can understand Petrarch's own approach to this question. Petrarch's approach is different from both of his sources. On the one hand, he sides with Livy in his concession that he is repeating a 'fabula' that is widely known (cf. "famam … volgatam, et vanitate et fabula parem" ~ "Fabula sed vulgo nota est").[20] And yet as we have seen, Petrarch has also acknowledged the truth that Syphax would claim Scipio to be of different stock. We find nothing as emphatic in Gellius. But also in another form of contrast to Gellius' "Id etiam dicere haut piget", Petrarch chooses a more self-distancing

apparet" and Fulg., myth., 1, 12, p. 23,9 "sol vero dicitur aut ex eo quod solus sit aut quod solite per dies surgat et accidat". Note also *Africa*, 8, 223–225: "Solem … imo stat per se solus, et inde / Nomen habet."

[18] For some further discussion on Livy's judgement here, see Hardie (as in n. 1), 262–263.

[19] Tangentially, one may note the similar story told of Augustus' birth in Suetonius, *Vita Divi Augusti* 92.

[20] Note also *Africa*, 7, 80: "Fabula … ortus".

"Piget illa minuta referre" (4, 105). Petrarch rejects Livy's blanket dismissal without, however, totally endorsing the tale, and he does all of this without falling into the impersonal neutrality of Gellius. One potential way to understand this would be to say that Petrarch follows the Vergilian principle that Fama sings of truth and falsehood in equal measure (cf. *Aeneid* 4, 190, cited above). In other words, Petrarch would be adopting an explicit evaluative stance, but one where the 'fable' consists half of truth and half of fiction. But besides the fact that Petrarch does not state that the measure of the two is equal, this interpretation would suggest that for Petrarch the story consists of a mixture of literal truths and falsehoods, whereas Petrarch's relevant categories are somewhat different.

This is clarified by consideration of how Petrarch deals with this story elsewhere in his œuvre. In *Bucolicum Carmen* 1, Silvius, a thin mask for Petrarch himself, refers to the fact that he has embarked on writing the *Africa* (I here cite verses 112–116):[21]

> Vrget amor Muse; quoniam modo litore in Afro
> Sidereum iuuenem genitumque a stirpe deorum
> Fama refert magnis implentem pascua factis;[22]
> Te, Polipheme, tuis iam vi[23] stravisse sub antris
> Dicitur et lybicos silvis pepulisse leones

> Love of the Muse urges me on, since now Rumor tells of a starry youth born from the stock of the gods, on the African shore filling the pastures with mighty deeds. He is said to have forcibly laid you low, Polyphemus, under your caves and to have driven the Libyan lions from the forests.

The presence of this same motif of Scipio's divine conception in this poem is significant, as Petrarch himself makes clear in *Epistolae Familiares* 10, 4, written to his brother Gherardo, that the poem is an extended example of allegorical poetry. Thus, Polyphemus and the Libyan lions that this youth is said to defeat are interpreted as direct stand-ins for Hannibal, made blind in one eye, and the other Carthaginian leaders respectively (*Epistolae Familiares* 10, 4, 32; cf. further *Africa* 6, 128–136). Petrarch then specifically comments on "sidereum iuvenem" that it is to be understood with reference both to his valor that surpassed the common rung of men and to the fact that the Romans admired him so much

---

[21] I use the text of Luca Canali (ed.), Francesco Petrarca: Bucolicum carmen. San Cesario di Lecce 2005.

[22] The use of "pascua" makes pointed the incongruity of epic and bucolic.

[23] Petrarch, by using "vi", distances Scipio from the more problematic associations involved with Ulysses' guile and trickery. In *Africa*, 2, 48 (and other similar passages could be cited, e.g. 7, 137–138, 7, 611–616), Hannibal is associated with "ars" and "dolus".

that they deemed him to be of divine birth (10, 4, 33: "Et hic quidem iuvenis sidereus dicitur sive propter heroycam virtutem qua maxime viguit … sive propter opinionem celestis originis, que admiratione viri illius tunc apud Romanos erat" = "And he indeed is called a 'starry youth' whether on account of the heroic virtue by which he has been held in the highest repute … or on account of the supposition of his celestial origin, which at that time existed among the Romans because of their admiration for that man").[24] This makes clear that Petrarch does not actually believe that the story occurred in this manner – which is revealed still more directly in the *Vita Scipionis* included in Petrarch's *De Viris Illustribus*[25] – even if he thinks it accurately portrays his moral character and virtue.[26] And this latter point is why he has no difficulty using "genitumque a stirpe deorum", here without the qualifications that we find in the *Africa* because he has provided a separate conceptual framing in his epistle.[27]

This approach accords with his words to his brother, "sensibus intende, qui si veri salubresque sunt, quolibet stilo illos amplectere" (10, 4, 8: "pay attention to the senses, which if they are true and wholesome, then embrace them in whatever style they may be"). It is demented or hypocritical to praise food served in earthenware but to make a fuss when it is presented on gold dishes, the suggestion being that style is the external ornamentation that does not contaminate the essential content by its excess (10, 4, 9). Petrarch does not speak here of multiple layers of 'senses' (literal/historical, allegorical, moral, anagogical, the last three of which can all be broadly termed allegorical) as we find, for example

---

[24] I cite according to the edition of Vittorio Rossi (ed.), Francesco Petrarca: Le Familiari. Volume Secondo: Libri V–XI ~ con un ritratto. Firenze 1934.

[25] *De Viris Illustribus* 21, 1, 7: "populus de eo fiduciam ingentem valida opinione conceperat prospere eventurum quicquid ille promitteret; erat enim non ea sola credulitas animis insita, divino monitu atque instinctu fieri omnia, sed divina illum quoque stirpe progenitum. Que res fabulis quibusdam, ut fit, locum fecerat; et ipse hunc honorificum sibi suorum civium errorem mira arte fovebat, neque quod credebatur affirmando, ne audacis in mendacii vanitatem incideret, neque negando, ne minueret aut tolleret quod auctum potius ac perpetuum cupiebat." Note the reference to the citizens' "error" as well as the use of "vanitas", which recalls Livy. I cite the text of Silvano Ferrone (ed.), Francesco Petrarca: De Viris Illustribus. Vol. I. Firenze 2003.

[26] And there can be no doubt concerning the depth and sincerity of Petrarch's admiration for Scipio's character. See Aldo S. Bernardo, Petrarch's Scipio and the 'Africa': The Birth of Humanism's Dream. Baltimore 1962, esp. 8–10 and 163–167. The excess of Petrarch's idealization of Scipio has led Tobias Gregory, From Many Gods to One: Divine Action in Renaissance Epic. Chicago 2006, 58 to assert, not without justification, that Petrarch's hero is "worse than too good to be true – he is too good to be interesting."

[27] But it is also in light of the reflections in *Africa* 4 that Ennius can address Scipio in *Africa*, 9, 24–25 as "O flos Italie, iuvenis, stirpisque deorum / Certa fides". See also 9, 340–341: "generisque ferebat / Etherei frons alma fidem".

in the Epistle to Cangrande – to be sure, he presupposes this distinction – but rather opposes the 'sensus' conceived together to the 'stilus' or, as in 10, 4, 2, the 'sermo'. Allegory as described here consists in the 'sermo' being different from the 'sensus' (10, 4, 2, the latter in the plural: "sermonem a sensibus alienum"). And yet the 'sermo', properly speaking, should be directed toward upholding the 'sensus' (cf. 10, 4, 9: "nunc ad propositum sermo vertendus est"). This accords with Marchesi's reading of *Africa* 9, 90–102 where fiction "should be limited to the elocutionary sphere of the poet's activity".[28] By contrast, the truths to which the poet aspires consist in historical facts ("labor historiarum"), moral lessons and natural philosophy. Walking this fine line probably constituted one of the major challenges in the composition on the epic.

Sticking with this system, Petrarch would evidently say that the story of Scipio's divine birth is the 'sermo' that conceals a profound and true 'sensus'. Important to stress here is that the story is not so much a literal falsehood that teaches a general or timeless allegorical truth[29] but rather an elegant and attractive linguistic covering or veil (to use the language of *Africa* 9, 100–102) for a literal, historical truth about the character and moral rectitude of Petrarch's hero.[30] In this we see the commitment to historical veracity and reliability that marks the entire composition of the epic. Indeed, Petrarch's attraction toward Scipio should be explained in no small part by the fact that his firmer historical grounding made him a superior model than other figures like Aeneas, who could be more subject to fanciful tales, as Petrarch believed to be the case with Vergil's depiction of Aeneas and Dido.[31] Petrarch's work on the *Africa* overlapped with that on his

---

[28] Marchesi (as in n. 3), 118.

[29] As in the example of allegory provided by Dante in *Convivio* 2, 1, 3: "come quando dice Ovidio che Orfeo facea con la cetera mansuete le fiere, e li arbori e le pietre a sé muovere; che vuol dire che lo savio uomo con lo strumento de la sua voce faria mansuescere e umiliare li crudeli cuori, e faria muovere a la sua volontade coloro che non hanno vita di scienza e d'arte."

[30] For a recent argument that Dante reacts to Vergil's Fama by using the literal-allegorical distinction where Vergil had used literal fiction vs. literal truth, see Paul K. Hosle, New Light on Dante's Construction of Geryon, in: Bibliotheca Dantesca 4 (2021), 67–86. The dynamics of how each poet engages with Vergil deserve comparison, although I do not see a strong reason to assume influence from Dante on Petrarch in this particular case. On Dante's impact on the *Africa*, see Kevin Brownlee, The Concealed and the Revealed: Dantean Subtexts and Petrarchan Identity in the *Africa*, in: Modern Language Notes 135 (2020), 1–16, although in my assessment some of the concrete arguments provided are more suggestive than fully probative.

[31] See Bernardo (as in n. 26), 10 and Gregory (as in n. 26), 57. Petrarch's historical ambitions in composing the *Africa* are not given their full due in the interpretation of J. Christopher Warner, The Augustinian Epic: Petrarch to Milton. Ann Arbor 2005, 20–50, which sees the *Africa* as an allegorical epic heavily interested in thematizing the overcoming of lustful

complementary *De Viris Illustribus*. Given the fact that he viewed his poetic and historical work as mutually reinforcing and sharing a same foundation, it is appropriate that at his coronation on Easter Sunday 1341 he received the title of 'magnus poeta et historicus'.[32] While it was noted that Petrarch, suitably enough, offers a skeptical appraisal of the story in his more strictly historical work, even his epic poem, while more tolerant of allowing embellished language to run its course, by no means simply gives up its allegiance to historical veracity. Rather, such stories are employed as an artistic means to shed light on the historical character of Scipio.

Petrarch agrees with the words of personified Rome in the council of the gods in *Africa* 7. She too brings up the 'fabula' of Scipio's divine birth and claims she is not persuaded (7, 628–629: "non … michi … persuadeat"). But this in no way negatively affects her belief that Scipio is truly inspired by the divine mind (7, 634–636: "Non hec me vera negabo / credere: nempe animos divinam accendere mentem / illius …" = "I will not deny that I believe these truths: without a doubt a divine mind inflames his spirits …"). Scipio's moral virtue far surpasses human standards of expectation and is thus divinely inspired. This is the distinction that Petrarch is aiming at through Laelius' cagey comments on the truth-status of Fama's report, even if of course the speech within the epic poem is not the place to explicitly introduce such concepts. But already the transition from the claim that one would be compelled to assert divine lineage to the subsequent claim that Fama is therefore ("ideo") not entirely false must be understood as saying that, insofar as Scipio's charismatic personage imposes this belief,[33] the story is not inessential to his character but rather the mythic lenses through which his virtue expresses itself. And it is precisely this nuanced differentiation that Petrarch found lacking in both Livy and Aulus Gellius. Livy's curt dismissal did not allow him to dwell on the aptness of the story to its subject. Gellius had only claimed that Scipio's valor was a more reliable sign of divine virtue. Petrarch incorporates but then expands upon this insight.

---

passions, modelled on an allegorically understood *Aeneid*. On Petrarch's correction of Vergil's story of Dido in particular, cf. *Africa*, 3, 424–427 and more broadly James Simpson, Subjects of triumph and literary history: Dido and Petrarch in Petrarch's Trionfi and Africa, in: Journal of Medieval and Early Modern Studies 35 (2005), 489–508.

[32] For more discussion of the *Africa* as both a historical and poetic work in the context of the coronation, see Gerhard Regn / Bernhard Huss, Petrarch's Rome: The History of the *Africa* and the Renaissance Project, in: Modern Language Notes 124 (2009), 86–102, esp. 88.

[33] Cf. also *Africa*, 7, 199–200 (in the words of Hannibal): "cuius dant credula summis / Secula numinibus – Virtus quia suggerit – ortum". Hannibal fittingly uses the less charitable "credula … secula".

Gellius had not yet seen that the myth is not wholly false and hence partly true precisely qua being the most fitting *sermo* to conceal the *sensus* of Scipio's virtue.

Rumors often have a core of truth. This notion familiar to us was no less familiar to Petrarch. Vergil had given powerful poetic expression to this destabilizing and fascinating feature of this phenomenon. To do justice to this aspect of rumor is not easy. Rejecting it or endorsing it wholesale will both more often than not stray from the complete picture. But merely relaying it without qualification or judgement can also be irresponsible; at any rate it is unsatisfying. And yet one may justifiably feel that Vergil's solution to see an equal balance of truth and falsehood fails to grasp (or perhaps better, express) that if rumors are frequently both false and true, they are usually not false and true in the same way. The present essay has demonstrated the care with which Petrarch has applied these considerations to the story of Scipio Africanus' supernatural birth and how in doing so he has introduced distinctions not present in his various models (Vergilian, Livian, Gellian). Besides providing a close study of a concrete passage whose subtleties have not been fully appreciated, these reflections may serve as a prod to consider these dynamics more extensively in Petrarch's *Africa* and wider corpus.

Paul K. Hosle Fudan University, Shanghai/China
haoluo22@m.fudan.edu.cn

Herder und die neulateinische Literatur

WALTHER LUDWIG

Abstract:

Johann Gottfried Herder (1744–1803) was one of the four great authors of German literature who lived at Weimar around 1800 (the others being Goethe, Schiller, and Wieland). Herder turned 171 Latin poems of the greatest German Jesuit poet Jacobus Balde (1604–1668) into German verses. Chapter I. shows how these German poems were received and evaluated since their publication in three volumes, titled *Terpsichore*, in 1795 and 1796. The results contradict present-day notions of Herder's translating activity. Chapter II. demonstrates the principles of Herder's rather free translations by close comparisons of five poems of Balde and one of the Polish Jesuit Mathias Casimir Sarbievius (1595–1640) with their German remakes. Chapter III. asks what Herder knew in the field of Neo-Latin literature generally and especially in that of Jesuit Latin poetry, further for what reasons he chose Balde's poems for his reworking, and finally whether he composed other writings in Neo-Latin literature. These questions are answered with the help of his great library catalogues of 1776 and 1804 (its Neo-Latin part with ca. 300 books is here edited with corrections and supplements) and the edition of his letters, his unpublished works, his Fragments *Über die neuere deutsche Literatur*, published 1766/1768, and his *Briefe zur Beförderung der Humanität*, published in 1793/1797. Herder disdained Neo-Latin poetry in 1768, but praised it in 1796. What caused that change?

Keywords:

Johann Gottfried Herder, Terpsichore, Jacobus Balde, Mathias Casimir Sarbievius, Jesuit Latin poetry, Principles of translation, Neo-Latin literature in humanist library catalogues, Latin poetry in modern times.

I. Einführung

Auf den folgenden Blättern soll nach einer kritischen Darstellung der bisherigen Rezeption der Balde-Bearbeitungen von Johann Gottfried Herder (1744–1803, 1802 von Herder) in *Terpsichore* 1795 und 1796 (Kapitel II.) an fünf Gedichten von Jakob Balde (1604–1668, S. J.) und einem von Mathias Casimir Sarbievius (1595–1640, S. J.) durch Vergleiche mit Herders deutschen Bearbeitungen verdeutlicht werden, wie Herder sein ‚Übersetzen' der Gedichte von Balde und Sarbievius verstand und welches Spektrum von Möglichkeiten des Übersetzens und Nachdichtens wir bei ihm vorfinden. Die Ergebnisse widersprechen teilweise aktuellen Darstellungen der Herderschen Übersetzungsart (Kapitel III.). Bei der Betrachtung der Balde-Bearbeitungen in der *Terpsichore* wurde bisher nie gefragt: Was kannte Herder an neulateinischen Dichtern außer Balde und Sarbievius? Wie kam er dazu, sich gerade Balde intensiv zuzuwenden? Wie weit beschäftigte er sich sonst mit der neulateinischen Dichtung und Prosaliteratur? Wege zu diesen Erkenntniszielen bieten erstens die vorhandenen Kataloge der Herderschen Bibliothek von 1776 (hergestellt von ihm selbst vor seinem Umzug von Bückeburg nach Weimar)[1] und von 1804 (hergestellt als Auktionskatalog nach seinem Tod)[2] mit ca. 1.000 bzw. ca. 8.000 Büchern,[3] sodann aber auch die Gesamtausgabe von Herders Briefen[4] und der Katalog zu den von ihm hinterlassenen handschriftlichen Papieren.[5] Sie sollen im folgenden nebst den *Briefen zur Beförderung der Humanität* und anderen Schriften Herders zur Klärung der aufgeworfenen Fragen herangezogen werden. Dafür wird auch die gesamte neulateinische Abteilung des Katalogs von 1804 (Nr. 2300–2604) berichtigt und ergänzt ediert, und es wird schließlich nach den Gründen geforscht, wie Herder neulateinische Dichtung 1768 geringschätzen und 1796 preisen konnte. (Kapitel IV.).

II. Die Rezeption der Balde-Bearbeitungen Herders

Es ist bekannt, daß Herder die lateinischen Gedichte des damals unbeachteten Jakob Balde[6] wiederentdeckt hat. Das erklärte gleich nach Herders Balde-Veröffentlichungen in *Terpsichore*, Lübeck 1795 und 1796, August Wilhelm Schlegel (1767–1845) in seiner 1797 in der Jenaischen Allgemeinen Literatur-Zeitung erschienenen ausführlichen Rezension.[7] Schlegel beginnt dort mit der Feststellung, daß Herder

---

[1] Vgl. Ralph Häfner (Hrsg.), Meine Bücher. Herders Bibliotheksverzeichnis von 1776. Heidelberg 2020, und die Besprechung von Johannes Saltzwedel, Arsenal des Gelehrten, in: Aus dem Antiquariat N. F. 19 (2021), Heft 2, 47f.

[2] Vgl. Bibliotheca Herderiana. Vimariae 1804, Neudruck Köln 1979 / Leipzig 1980, und dazu auf der Webseite *Venturus* von Johannes Saltzwedel: Bibliotheca Herderiana. Vimariae 1804. Namenregister von Johannes Saltzwedel (erstellt 1988). Hamburg 2006.

[3] Vgl. allgemein Ivonne Rohmann, Aspekte der Erschließung und Rekonstruktion nachgelassener Privatbibliotheken am Beispiel der Büchersammlungen Herders, Wielands, Schillers und Goethes, in: Michael Knoche (Hrsg.), Autorenbibliotheken. Erschließung, Rekonstruktion, Wissensordnung. Wiesbaden 2015, 17–60, und Julia Doborosky, Der Philologiebegriff August Boeckhs im Spiegel seiner privaten Büchersammlung. Berlin 2020, 13–19 („Bücher und Büchersammlungen als Forschungsfeld").

[4] Günter Arnold u.a. (Bearbeiter), Johann Gottfried Herder. Briefe. Gesamtausgabe 1763–1803, 18 Bände. Weimar 1984–2016.

[5] Hans Dietrich Irmscher / Emil Adler (Bearbeiter), Der handschriftliche Nachlaß Johann Gottfried Herders. Katalog. Wiesbaden 1979.

[6] Vgl. zu Balde insgesamt die äußerst umfangreiche kommentierte Bibliographie von Wilfried Stroh, Jacobus Balde Bibliographie, in: https://stroh.userweb.mwn.de/balde_lit.html#lyrica (letzter Zugriff 28.03.2023).

[7] Eduard Böcking (Hrsg.), August Wilhelm Schlegel's sämmtliche Werke, Bd. 10. Leipzig 1846, 376–407.

> in dieser Sammlung die auserlesensten Lieder eines längst gestorbenen und auch aus dem Andenken der Welt abgeschiedenen Dichters neu belebt hat. … Jetzt erweckt er einen einheimischen Dichter aus dem Grabe einer ausgestorbenen Sprache, worin er über ein Jahrhundert geschlummert hatte, und gibt ihm seine Muttersprache zurück.

Das Bild, daß Herder den deutschen Dichter „aus dem Grabe" erweckte, hat Schlegel von Herder selbst entlehnt, der am Ende des *Kenotaphium* in *Terpsichore* 1796 schrieb: „Verzeihe mir also die artige, gelehrte und politische Welt, daß ich das ernste Gesicht (torvam faciem) eines katholischen Dichters, eines lateinischen Jesuiten, aus dem Grabe hervorrief, ihm seinen Staub entschüttelte, und seine Stimme wieder tönen zu lassen wagte." Bevor Schlegel dann Herders Übersetzungen, die Baldes Texte oft verändern, an vielen Einzelbeispielen erörtert, wobei er auch angebliche Schwächen der lateinischen Texte von Balde kritisiert, sagt er, daß Herder ein „vortrefflicher Uebersetzer" sei und fährt fort: „Alle mit ihnen [sc. den Gedichten Baldes] vorgenommenen Umbildungen, wodurch sie gewannen, sind nicht nur erlaubt, sondern willkommen. Wer sie in einer gelehrten Absicht kennen lernen will, kann und muß sie in der Ursprache lesen."[8]

Einundzwanzig Jahre später, 1818, nahm der junge Tübinger Magister artium Augustus Pauly (1796–1845, 1841 von Pauly)[9] in seine *Anthologia Poematum Latinorum Aevi Recentioris*. Tübingen 1818[10] unter dem Eindruck von Herders

[8] Vgl. auch die ausführlichere Besprechung von Schlegels Rezension durch Barbara Mahlmann-Bauer, Herders Balde-Übertragungen und die Poetik der Terpsichore. Eine Reaktion auf das Programm der Horen und auf Goethes Römische Elegien, in: Thorsten Burkhard / Günter Hess / Wilhelm Kühlmann / Julius Oswald, S. J. (Hrsg.), Jacob Balde im kulturellen Kontext seiner Epoche. Regensburg 2006, 409–463, hier 427–429.

[9] Er war 1830–1845 Professor am oberen Gymnasium in Stuttgart. Vgl. zu diesem Begründer der Realencyclopädie der classischen Altertumswissenschaft (1839, erneuert 1893–1980 unter dem Titel Paulys Realencyklopädie der classischen Altertumswissenschaft) die Biographie von Walter Hagen, August von Pauly. Archäologe und Philologe 1796–1845, in: Max Miller / Robert Uhland (Hrsg.), Schwäbische Lebensbilder, 6. Band. Stuttgart 1957, 205–210. Karl Gerok (1815–1890), Jugenderinnerungen. Bielefeld / Leipzig [4]1890, 177, schrieb über seinen Lehrer am oberen Gymnasium in Stuttgart: „Nächst ihm (sc. Gustav Schwab) war uns besonders lieb der geistreiche, leider früh verstorbene Pauly, ein vielseitig gebildeter, munterer junger Mann, insbesondere ein feiner Grieche, der uns mit Pindar und Sophokles bekannt machte und uns zum voraus dadurch gewann, daß er uns nicht wie Scholaren, sondern wie Studenten behandelte."

[10] Vgl. zu der Anthologie Walther Ludwig, *Venusinae Musae amatoribus*. Württembergische Neulateiner zu Anfang des 19. Jahrhunderts (Drück, Fischer, Kapff, Kurrer, Niethammer, Pauly, Schwab, Uhland), in: ders., Florilegium Neolatinum. Ausgewählte Aufsätze 2014–2018, edendum curavit Astrid Steiner-Weber. Hildesheim / Zürich / New York 2019, 803–834, hier 826–833.

Übersetzungen und ihrer Rezension durch Schlegel nach 14 Gedichten von Sarbievius 30 von Balde auf – und damit von beiden weit mehr als von jedem anderen seiner insgesamt 62 Autoren. Im Vorwort schreibt er zu ihnen: „Baldaeum, Sarbievium flammis vere piis accensos sublimiori nonnunquam plectro cecinisse minime eo infitias", und in seinem kommentierten *Index Poetarum* stellte er sein zwiespältiges Bild von Balde und dessen Verbesserung durch Herder so dar:

> In nullo fere poeseos genere non mire sese effudit ingenii illius rara ubertas: at Lyrica solummodo vatis sunt et Μουσάων θεράποντος, cetera versificatorem arguunt. Virtutibus et vitiis aeque conspicuus poeta, uberrima quidem vi imaginandi pollens, animique candore et fortitudine, sagacitate ingenii clarus, studio flagrans honesti, longe remotus ab ulla abjectione cogitationum in res humiles, sed citum quiddam, magnificum, divinum semper suspiciens; ast idem modo ita sese abripi oestro poetico patiens, ut imagines arcessat immanes, ne dicam monstruosas adeo, modumque servare in perorando et depingendo nescius fatiget lectorem; modo urbanitatis, elegantiae, tersae cuiusdam et placidae orationis parum curiosus, vel argutiolis passim indulgens: ita ut vix ullam reliquerit oden, quin naevi eam hic vel illic [illi ed.] inquinent, pulcrique sensum offendant. Quod in ipsis pulcerrimis carminibus, caeterum absolutissimis, factum esse maximum dolendum est. At permagni tamen ingenii Baldaeo nostro laus integra manet, quod, nisi in Bavaria sub belli tricennarii tempestates Jesuita vixisset, effloruisset felicius. ... Longe alium habemus in Terpsichore Herderi Baldaeum ... versione vernacula eximii illius viri insigniter nobilitatum, et eo inprimis latino vate praestantiorem, quod ei resecando, quae vel iustum modum excedere, vel minus esse ad rem viderentur, castigando blandiorique quasi colore donando, quae Baldaei minus arriderent, multum Herderus venustatis et antiquae tribuit elegantiae.[11]

[11] 317–319. „In fast keine Gattung der Dichtkunst ergoß sich die seltene Produktivität seines Geistes nicht auf wunderbare Weise. Doch nur bei den lyrischen Gedichten war er ein echter Dichter und Diener der Musen, das Übrige zeigt ihn als Versificator. Er war ein in seinen Stärken und Schwächen gleichermaßen auffallender Dichter. Mit äußerst reicher Einbildungskraft, mit Lauterkeit und Tapferkeit des Herzens, berühmt durch den Scharfsinn seines Geistes, brennend vom Eifer für Ehrenhaftes, weit entfernt von einer Verschleuderung seiner Gedanken auf niedrige Dinge, hatte er immer etwas Erregendes, Großartiges, Göttliches im Blick. Aber er duldete auch so von dichterischer Begeisterung fortgerissen zu werden, daß er sich ungeheure Bilder holte, um sie nicht sogar monströs zu nennen. Und, da er kein Maß im ausführlichen Reden und Beschreiben zu bewahren wußte, mag er den Leser auch ermüden. Er kümmerte sich zu wenig um feinen Witz, um Eleganz, um eine hübsche und gefällige Rede und ließ sich immer wieder auf Spitzfindigkeiten ein, so daß er kaum irgendeine Ode hinterließ, die nicht hie und da Flecken verunstalten und den Sinn für Schönes beleidigen.

Pauly hat Herders Beurteilung Baldes im Positiven und Negativen (abgesehen von seinem eigenen anti-bayerischen und anti-jesuitischen Akzent) weitestgehend übernommen und Herders Verfahren in dessen Balde-Übersetzung hoch gepriesen.

1828 wurden bei der Enthüllung einer Gedenktafel für Jakob Balde in der Hofkirche von Neuburg an der Donau von drei Schülern des Gymnasiums je eine Ode Baldes in Herders Übersetzung vorgetragen.[12] Ohne Herders Übersetzung wäre es weder zu dieser Gedenktafel noch zu der gleichzeitig geprägten Gedenkmedaille für Balde[13] gekommen, und die Balde-Forschung hätte sich erst später und dann anders entwickelt.

Georg Westermayer (1836–1893, Priester 1860) hat die Wiederentdeckung Baldes durch Herder in seinem 1868 erschienenen und 1998 nachgedruckten Balde-Buch voll anerkannt,[14] nun aber trotz der „willkührliche(n) Art, mit der Herder mit seinem Original verfuhr", und den „Verkürzungen und Erweiterungen, die er sich erlaubte"[15] (willkürlich war das Verfahren Herders allerdings nicht). So wurde Herders Leistung, Balde wiederentdeckt zu haben, viel gepriesen, aber die Art seines Übersetzens, seine Abweichungen vom Sinn des Baldeschen Wortlauts sowohl hinsichtlich ihrer Art und ihres Umfangs als auch hinsichtlich ihrer Motivierung und Berechtigung waren von Anfang an ein Gegenstand der Diskussion.

Es ist sehr zu bedauern, daß das selbst in seinen schönsten Gedichten, die im übrigen vollkommen sind, vorkommt. Doch bleibt unserem Balde dennoch das Lob seines ganz großen Geistes unberührt, der glücklicher erblüht wäre, wenn er nicht in Bayern zur Zeit des Dreißigjährigen Krieges als Jesuit gelebt hätte. … Einen ganz anderen Balde haben wir in der Terpsichore Herders …, einen durch die deutsche Version dieses hervorragenden Mannes auffallend veredelten und besonders einen diesen lateinischen Dichter übertreffenden Balde, weil Herder ihm viel an Anmut und antiker Eleganz dadurch hinzufügte, daß er ihm abschnitt, was ein richtiges Maß zu überschreiten oder weniger zur Sache zu gehören schien, ihn verbesserte und dem gewissermaßen eine gefälligere Farbe gab, was an Balde weniger zusagte."

[12] Georg Westermayer, Jacobus Balde (1604–1668). Sein Leben und seine Werke. München 1868, neu hrsg. von Hans Pörnbacher / Wilfried Stroh. Amsterdam 1998, 249f.

[13] Westermayer (wie Anm. 12), 250, „Medaille in Silber". Sie wurde identisch auch in Kupfer geprägt (Exemplar in Privatbesitz).

[14] Westermayer (wie Anm. 12), 88* (Register) und besonders 247f. Hier stimmt Westermayer einem von ihm zitierten Urteil von Albert Knapp (1798–1864) in: Christoterpe 1848, 342, zu: „Es bleibt Herdern der Ruhm, ihn zuerst dem deutschen Volke näher gebracht, und als einen deutschen Genius einigermaßen auf die ihm gebührende Stufe des Ruhmes geführt zu haben." Vgl. auch Wilhelm Kühlmann, Georg Westermayer und die Bayerische Balde-Rezeption des 19. Jahrhunderts: die Briefe Westermayers an Otto Voggenreiter (1872/ 73), in: Daphnis 23 (1994), 85–108.

[15] Westermayer (wie Anm. 12), 248.

Es muß jedoch erwähnt werden, daß Baldes Dichtungen vor Herders *Terpsichore* keineswegs vollkommen vergessen waren. Unbekannt oder unbeachtet waren sie bei den meisten protestantischen Gebildeten, mit denen Herder zu tun hatte und an die sich seine Balde-Übersetzungen in erster Linie richteten. Eine Ausnahme bildete der angesehene Göttinger Philologe Christian Gottlob Heyne (1729–1812), der in seiner Rezension der *Terpsichore* in den Göttingischen Anzeigen für Gelehrte Sachen 1795 mitteilte, daß er den bis dahin von Herder anonym gehaltenenen Autor der übersetzten Gedichte erkannt habe, und fügte hinzu: „Der Rezensent las in ihm in früheren Jahren nebst einem Sarbievius Mehreres mit vielem Vergnügen.“[16] Nicht vergessen war der Dichter Balde vor allem bei den Jesuiten, deren Orden zwar 1773 aufgelöst worden war, die aber zum Teil noch bis zum Anfang des 19. Jahrhunderts lebten.

Die Münchner Jesuiten hatten noch 1729 eine zweite Gesamtausgabe der Werke ihres Ordensbruders Balde teilweise nach Hinzuziehung von inzwischen abhanden gekommenen autographischen Handschriften veröffentlicht. François-Joseph Terasse Desbillons (1711–1789, S. J. 1727), dessen Bibliothek in der Universitätsbibliothek Mannheim erhalten ist, besaß diese Ausgabe zwar nicht, aber die Kölner Gesamtausgabe von 1660 und dazu die Einzelausgaben der *Sylvae lyricae*, Köln 1646, der *Poesis Osca*, München 1647, des *Antagathyrsus*, München 1658, des *Vultuosae torvitatis encomium*, München 1658, des *Solatium podagricorum*, München 1661, und der *Urania victrix*, München 1663.[17] Große Porträts von Balde mit rühmenden Unterschriften aus dem 17. und 18. Jahrhundert wie „P. IACOBVS BALDE POESEOS LVCIDISSIMVM IVBAR“ bewahrten in jesuitischen Bibliothekssälen in Landshut, München und Neuburg an der Donau sein Gedächtnis.[18]

Darüber hinaus sind von Ignaz Weitenauer (1709–1783, S. J. 1724)[19] bewundernde Worte auf Balde überliefert. Weitenauer, der an der Universität Innsbruck den Lehrstuhl für Philosophie und orientalische Sprachen innehatte so-

---

[16] Zitiert von Mahlmann-Bauer (wie Anm. 8), 429. In der sehr reichhaltigen Bibliothek von Petrus Burmannus Secundus (1713–1778; Bibliotheca Burmanniana. Leiden 1779) findet sich keine Balde-Ausgabe, obwohl manche jesuitischen Poeten darin auftauchen.

[17] Nach (Wolfgang Schibel, Bearbeiter), Universitätsbibliothek Mannheim. Katalog der Bibliothek Desbillons. 1. Abteilung: Belles Lettres, Band 1: A–K. Mannheim 1986, 87.

[18] Vgl. Günter Hess, Der Traum des Jakob Balde. Zur Dichter-Ikonographie zwischen Barock und Historismus, in: Burkhard (wie Anm. 8), 473–388.

[19] Vgl. Franz Heinrich Reusch, Weitenauer, Ignaz, in: Allgemeine Deutsche Biographie, Bd. 41. Leipzig 1896, 622, und Martin Korenjak / Florian Schaffenrath / Lav Šubarić / Karlheinz Töchterle, Tyrolis Latina. Geschichte der lateinischen Literatur in Tirol, Bd. II. Wien / Köln / Weimar 2012, 1297 (Register). Weitenauers *Miscella literarum humaniorum* werden in diesen Schriften nicht erwähnt.

wie theologisch und humanistisch außerordentlich produktiv war, edierte in seinen Miscella Literarum Humaniorum, Liber secundus. Augsburg / Freiburg: Wagner, 1753, 356–399, die Baldes *Templum Honoris* entnommenen polymetrischen Strophen I.–LXIII. mit dem Titel *Gloria* aus den Opera. Köln: Ioannes Busaeus, 1660, T. IV, 457–475, oder eher den Opera. München: Ioannes Lucas Straubius, 1729, T. VIII, 462–479, und begleitete sie mit eigenen Hexametern unter der Überschrift: *Jacobi Baldi De Gloria Metra LXIII Heroico versu expressa.* In der vorausgeschickten Praefatio würdigte er den Dichter Balde so:

> In viris doctis nulla fortasse rarior est, quam felicissimi ingenii cum incredibili diligentia coniunctio. Jacobi Baldei inter paucissimos haec laus est, cuius ingenium a domesticis externisque certatim justissimis ac summis laudibus cumulatum elogium a me non desiderat. Industriae admirabilis argumenta cum alia multa sunt tum inprimis, quod nemo unquam Poeta inter Latinos fuit, qui vel plura artis amplissimae attigerit genera, vel eum abundantia versuum aequare potuerit. Longe copiosissimus Romanorum veterum Ovidius Naso est, cuius omnia si numeres, versuum millia triginta quinque non effici deprehendas. At Baldaeus, districtus tot negotiis aliis, tamen multo plus quam duplicatum eum numerum protulit: eius enim supersunt versus amplius octogies mille, plurimi quidem breviores, sed arcta metrorum lege ipsaque etiam brevitate difficiliores. In summa hac ubertate cum alia ex aliis Lyricorum genera Baldaeus aggrederetur, neque pauca excogitaret ipse, cupido incessit cognoscendi, quot carminis lyrici formae in viri maximi libris omnibus reperientur. Obstupuisse me fateor, ut summam collegi: diversa erant carminum genera, simplicia et composita, in uno Baldaeo centum et viginti.[20]

---

[20] 354f. „Bei Gelehrten ist vielleicht keine Verbindung seltener als die des beglücktesten Geistes mit unglaublicher Sorgfalt. Jakob Balde kommt unter ganz wenigen dieses Lob zu. Sein Geist, der von Einheimischen und Auswärtigen im Wettstreit mit den berechtigsten und höchsten Lobpreisungen überhäuft wurde, braucht von mir keine Lobrede. Beweise eines bewunderungswürdigen Fleißes gibt es viele und besonders, daß es noch keinen lateinischen Dichter gab, der mehr Gattungen dieser ausgedehntesten Kunst aufgriff oder ihm in der Fülle seiner Verse gleichkommen konnte. Von den alten Römern ist der bei weitem produktivste Ovid. Wenn man von ihm alles zählt, wird man finden, daß er es nicht auf 35.000 Verse brachte. Doch Balde, der von so vielen anderen Geschäften abgehalten wurde, hat dennoch weit mehr als die doppelte Zahl produziert. Denn von ihm sind mehr als 80.000 überliefert. Die meisten Verse sind zwar kürzer, aber dafür durch das feste metrische Gesetz und die Kürze selbst auch schwieriger. Da Balde in dieser äußersten Produktivität eine lyrische Gattung nach der anderen in Angriff nahm und nicht wenige selbst ausdachte, kam in mir das Verlangen auf zu erkennen, wie viele Formen eines lyrischen Gedichts in allen Büchern dieses so großen Mannes zu finden sind. Ich gestehe, daß ich sprachlos war, als ich die Summe

Die Zählung der über 80.000 Verse Baldes und der 120 von ihm benützten metrischen Formen zeugt von einer seltenen Geduld. Bewunderung und Propaganda für Balde kann man diesen Worten nicht absprechen. Das Buch scheint jedoch nach Ausweis der öffentlichen Bibliotheken außerhalb des katholischen deutschsprachigen Raumes wenig Verbreitung gefunden zu haben. Es fehlte auch in Herders Bibliothek. Westermayer aber war es bekannt. Er zitierte die Zahlen der 35.000 und 80.000 Verse Ovids und Baldes und erklärte letzteren deshalb zum „fruchtbarste(n) lateinische(n) Dichter aller Zeiten“.[21]

Herder veröffentlichte 1795 in der Buchreihe *Terpsichore*, 1. und 2. Theil, deutsche Versionen von Baldes Gedichten ohne Namensnennung des originalen Autors unter dem Titel *Lyrische Gedichte*, zuerst in den Gedichtbüchern 1.–3., dann in den Gedichtbüchern 4.–5.;[22] es folgte 1796 ein dritter Band mit fünf Teilen: *I. Kenotaphium des Dichters Jakob Balde* (eine Darstellung von Baldes Leben und Werk in Prosa), *II. Nachlese aus Balde's Gedichten* (darin am Ende Gedichte auf Maria), *III. Nachschrift. Eine Rechenschaft des Übersetzers. Nebst zwei Briefen von Barläus an Balde*, *IV. Die Ruinen. Sibyllinische Blätter von Jakob Balde*, *V. Nachweisung der übersetzten Stücke aus Jakob Balde poemata.*[23]

Herder legte seinen Balde-Arbeiten die Kölner Gesamtausgabe von 1660 in vier Teilen zugrunde, die er um 1778 erwarb oder mindestens kennen lernte.[24] Die

---

zusammenbrachte. Die verschiedenen Gedichtarten, die einfachen und die kombinierten, betrugen in dem einen Balde-Text 120.“

[21] Westermayer (wie Anm. 12), 114.

[22] Briefe (wie Anm. 4), Bd. 7, Nr. 121 an seinen 1776 geborenen Sohn Siegmund August Wolfgang, Weimar Januar 1795: „Mein Dichter wird gedruckt: es werden 2 Theilchen, der erste ist bald fertig. Jetzt schreibe ich an den Briefen der Humanität, wo über H. Müllers Selbstbekenntnisse viel seyn wird, das kannst Du ihm schreiben. Über Petrarca, Acosta, Comenius, Leibniz, Holberg u. so fort.“

[23] Die Ausgaben von Herders *Terpsichore* sind digitalisiert im Internet verfügbar. Sie wurden in allen Gesamtausgaben Herders abgedruckt. Eingesehen wurden: (1.) Johann Gottfried von Herder's sämmtliche Werke. Zur schönen Literatur und Kunst, 12. Theil. Stuttgart / Tübingen 1829, 3–324 (die Numerierung verschob sich nun zu: I. Lyrische Gedichte, II. Kenotaphium, III. Nachlese, IV. Maria, V. Die Ruinen, VI. Nachschrift, VII. Nachweisung; sechs deutsche Nachdichtungen von lateinischen Gedichten des Sarbievius, S. J., befinden sich in dieser Ausgabe im 4. Theil. Stuttgart / Tübingen 1827, Gedichte. Zweiter Theil, 47–51 am Ende des siebenten Buches), (2.) Herder's Werke, hrsg. von Heinrich Düntzer, Dritter Theil. Berlin (1879), 3–316 (die Sarbievius-Übersetzungen dort 338–342), und (3.) Johann Gottfried Herder, Sämmtliche Werke, Bd. XXVI, hrsg. von Bernhard Suphan. Poetische Werke 3, hrsg. von Carl Redlich. Berlin 1881, Nachdruck Hildesheim / New York 1967, VII–XIV, 1–304, Anmerkungen S. 407–418 (die Sarbievius-Nachdichtungen dort 313–316 mit Angaben über die Orte ihrer Erstveröffentlichungen und die Originalgedichte des Sarbievius 412). Herders Versübersetzungen von Francesco Petrarca betreffen dessen italienische Gedichte.

[24] Vgl. unten mit Anm. 98 und 99.

Existenz der erheblich umfangreicheren Münchner Gesamtausgabe von 1729 in acht Teilen[25] wurde ihm, wie er am Ende seiner *Nachschrift* mitteilt, erst im Februar 1796 nach Abschluß seiner Übersetzungen durch eine österreichische Rezension von *Terpsichore* 1795 bekannt. Er will nach ihr suchen und konnte sie, wie sein Bibliothekskatalog von 1804 zeigt, zwischen 1796 und 1803 auch noch erwerben. Sie hat jedoch keine weitere Veröffentlichung von ihm veranlaßt.

Herder hatte natürlich nur einen relativ kleinen Teil der in der Kölner Gesamtausgabe vorliegenden und bereits sehr umfangreichen poetischen Produktion bearbeiten können, am meisten noch Gedichte aus dem die *Lyricorum Libri IV*, den *Liber Epodon* und die *Sylvarum Libri IX* enthaltenden Tomus I. Von den dortigen 186 *Lyrica* bearbeitete er 106, von den 21 Epoden 7 und von den 138 *Sylvae* 49, also insgesamt knapp die Hälfte der Gedichte dieses Bandes. Aus dem *Heroica* enthaltenden Tomus II bearbeitete er nur 4 Gedichte aus der umfangreichen *Poesis Osca sive Drama Georgicum* auf S. 206–288 und *Pars II Cantu Osco* aus dem *Epicitharisma Marianum* auf S. 290–295. Die *Satyrica* des Tomus III überging er ganz, holte aber aus den *Miscellanea* des Tomus IV für seine „Ruinen. Sibyllinische Blätter" einen längeren Text aus *De vanitate mundi* auf S. 1–198 und zuvor 9 Gedichte aus der *Paraphrasis lyrica in Philomelam* auf S. 487–548. Er konzentrierte sich also entschieden auf Baldes lyrisches Hauptwerk, die Oden, Epoden und *Wälder*, die Balde zuerst 1643–1646 veröffentlichte.[26] Herder besaß ja jedoch nur die Ausgabe von 1660.

Rudolf Haym (1821–1901) hat 1885 in seinem zweibändigen Herder-Buch, das noch heute als Meisterleistung und Standardwerk bezeichnet wird (Nachdruck Berlin 1958), die Herderschen Änderungen an den Baldeschen Texten unter Übernahme der Herderschen Argumentation im *Kenotaphium* und in der *Nachschrift* uneingeschränkt befürwortet:[27]

> Ist er doch bei aller Eingenommenheit für die glänzenden dichterischen Eigenschaften seines Originals keineswegs blind gegen die Flecken desselben. Nicht nur, daß er manches Niedrige und Abgeschmackte auch in den lateinischen Gedichten Baldes aussondert, nicht nur, daß er richtig erkennt, wie oft der Dichter mit seinen luxurierenden Versifikationskünsten

---

[25] Sie wurde im reprographischen Neudruck 1990 in Frankfurt a.M. herausgegeben von Wilhelm Kühlmann / Hermann Wiegand mit einer Einleitung.

[26] Vgl. für die Darstellung von Baldes Werken innerhalb seiner Biographie Wilfried Stroh, Plan und Zufall in Jacob Baldes dichterischem Lebenswerk, in: Burkhard (wie Anm. 8), 198–244.

[27] Rudolf Haym, Herder in seinem Leben und Wirken. Zweiter Band. Berlin 1885, 515–525, hier 521.

> zum Handwerker herabgesunken:[28] treffend urtheilt er auch über den Luxus, dem er sich in Bildern und Sentenzen überlassen habe, und setzt diese Neigung zu Pracht und Überfluß und blendender Popularität mit jenem falschen Geschmack in Zusammenhang, mit dem der Jesuitenorden einst seine Kirchen und Säle ausschmückte. Eben da aber hat er als Übersetzer nachgeholfen. Das zu Ueppige hat er abgeschnitten, die zu reichliche Vergoldung weggewischt. Überhaupt aber ist er verfahren, wie er bei all' seinen Übersetzungen noch immer verfahren war, nur vielleicht, wie gerade die Beschaffenheit des Originals es forderte, diesmal besonders stark eingreifend und mit frei nachbildender Genialität.

Die Änderungen Herders an den Baldeschen Texten sind damit jedoch noch nicht ausreichend beschrieben. Haym stimmt Herders Tilgungen in Baldes Gedichten zu, weil er das negative Urteil im *Kenotaphium* zur Baukunst des Barock teilt und weil er prinzipiell eine Abneigung gegenüber der modernen lateinischen Poesie überhaupt hegt, wie sie in seinem folgenden Satz zum Ausdruck kommt:[29]

> Ob in einer Zeit, welche sich inzwischen eine nationale Lyrik geschaffen, ein wenn auch noch so begabter Dichter, der nicht anders als in einer todten Sprache seine Talente und Künste zu zeigen verstand, in so massenhafter Breite wieder vorgeführt zu werden verdiente – diese Frage sind wir geneigt zu verneinen.

Es würde zu weit führen, hier wieder über die hohe Qualität der Baukunst des Barocks, über die mißverständliche Redensart von Latein als einer toten Sprache und über den Umstand zu diskutieren, daß die Existenz der deutschen Lyrik die Existenz und Existenzberechtigung einer lateinischen Dichtung nicht ausschließt.

Eine Charakterisierung der Herderschen Übersetzung auf Grund eines vorgeführten Vergleichs einzelner Gedichte von Balde und ihrer Übersetzungen durch Herder gab Haym nicht. Dieser Aufgabe stellten sich die Dissertationen von Friedrich Lauchert (1863–1944)[30] und Otto Scheiblberger.[31] Diese

---

[28] Balde selbst unterscheidet jedoch sehr entschieden den „bloßen Versificator" vom „wahren Poeten", s. Westermayer (wie Anm. 12), 277, und Stroh (wie Anm. 26), 200.

[29] Haym (wie Anm. 27), 522.

[30] Friedrich Lauchert, Herders griechische und morgenländische Anthologie und seine Übersetzungen aus Jacob Balde im Verhältnis zu den Originalen betrachtet. Diss. Teildruck München 1886.

[31] Otto Scheiblberger, Die Übersetzungen aus Jakob Baldes lyrischen Gedichten und Satiren bis zu Herders *Terpsichore* (1796) im Verhältnis zu den Originalen betrachtet. Diss. Wien 1907 handschriftlich.

Arbeiten wurden überholt durch die Dissertation von Jürgen Galle, Die lateinische Lyrik Jacob Baldes und die Geschichte ihrer Übertragungen. Münster 1973. Galle bespricht Herders Nachdichtungen mit ihren vielen Änderungen und Kürzungen, für die er Beispiele gibt und Gründe anführt, im Kontext der gesamten deutschen Übersetzungsgeschichte der Gedichte Baldes.

Eine neue Verständnisebene erreichte der schon zitierte große Aufsatz von Barbara Mahlmann-Bauer von 2006.[32] Sie weist nach, daß die Poetik der *Terpsichore* in einem gewissen Gegensatz zu Goethes *Römischen Elegien* steht, die 1788–1790 entstanden und bald auch Herder bekannt wurden, bevor Schiller sie zum Teil 1795 in seinen *Horen* veröffentlichte. In diesem Zusammenhang interpretiert sie auch Baldes von Herder bearbeitete Mariendichtungen in ihrem Zusammenhang, und deren letztes Gedicht, *Die Waldrast* (Balde Lyr. II, 11), erfährt einen genauen Vergleich seiner deutschen und lateinischen Fassung. Eckard Lefèvre behandelt im gleichen Tagungsband in seinem Beitrag Baldes Lyr. IV, 36, und seine Bearbeitung durch Herder und stellte fest:[33] „Herder kürzt, wie stets, die Vorlage“, was in dieser Ausschließlichkeit aber nicht zutrifft.

Es verwundert, daß die jüngste Veröffentlichung zur *Terpsichore*, der Aufsatz von Hermann Korte (1949–2020) im *Herder Handbuch* von 2016,[34] auf Herders Veränderungen mit keinem Wort eingeht. Korte verwendete im Titel mit Recht den Begriff „Nachdichtungen“, aber vielleicht war dies nur als Synonym für „Versübersetzung“ gemeint, da Herder im Deutschen stets auch das Versmaß des Originals wiedergeben wollte. Korte kommt jedenfalls nicht auf Unterschiede zwischen den Baldeschen Originalen und den Herderschen ‚Übersetzungen‘ zu sprechen, sondern bezeichnet die Herderschen Arbeiten kommentarlos als „Übersetzungen“, sogar als „sorgfältige Übersetzungen“, in denen Herder Balde seine Stimme leihe. Die Sorgfalt soll und kann Herder natürlich nicht abgesprochen werden, aber der Ausdruck erweckt beim Leser doch den irreführenden Eindruck, Herder habe sich immer um eine genau zutreffende Wiedergabe des Sinns der Texte Baldes bemüht, was eben nicht der Fall ist.

Die „Übersetzungen“ Herders (so nennt er sie immer selbst)[35] sind immer auch mehr oder weniger stark verändernde und oft kürzende, auch aktualisierende

---

[32] Vgl. Anm. 8.

[33] Eckard Lefèvre, Melancholie und Dichtertum bei Jakob Balde (Lyr. 4, 36; 1, 36; Sylv. 5, 21; 5, 20), in: Burkhard (wie Anm. 8), 183–197, hier 191.

[34] Hermann Korte, Nachdichtungen der 1780er und 1790er Jahre, in: Stefan Greif / Marion Heinz / Heinrich Clairmont (Hrsg.), Herder Handbuch. Paderborn 2016, 639–642, hier 641f.

[35] Jedoch schreibt er in: Briefe (wie Anm. 4), Bd. 7, Nr. 143 an Friedrich Schiller, Weimar 9.5.1795: „Die Gedichte nach Sarbievius mit S. B. M. bezeichnet in der Berlinischen neuen Deutschen Monatsschrift sind von mir.“

Bearbeitungen für die deutschen Leser im Interesse einer leichteren Faßlichkeit und zur Vermeidung von Verständnisschwierigkeiten und ermüdenden Längen.

III. Lateinische Dichtungen von Balde und Sarbievius und Herders deutsche „Übersetzungen" – ein Vergleich

Zuerst sei *Sylvarum Lib. IX*, 4, von Balde und, was Herder daraus machte, betrachtet.[36] Das Gedicht hat bei Balde die Überschrift: *Ad Ilustriss. et Excellentissimos Pacificatores Monasterii congregatos. Templum Iani claudendum esse.*[37] Bei Herder, der seine Übersetzung in das 4. Buch der *Lyrischen Gedichte* stellte, heißt es: *Der Janustempel. An die versammelten Friedensstifter.* Die lateinischen und deutschen Verse, die Balde in der Endzeit des Dreißigjährigen Krieges zeigen, sind hier nebeneinander gesetzt, um sie direkt vergleichen zu können. Nur so wird dem Leser augenscheinlich, wie viel Herder weggelassen und was er verändert hat:

Ploro tamen, memorem quid me Germania torquet?	Ja ich gedenke deiner und meiner. Was quälst du das Herz mir?
Lacerata, quod vix spiritum trahas, scio.	Ich weiß es, daß du kaum noch Athem hast,
Donec aperta patent veteris penetralia Iani,	Deutschland. – Weiß, du liegest im Blut, zertreten im Staube,
Tuo iacebis sordidata sanguine	Solange jener Tempel offen steht. –
Claudite collecti Fanum latiale, Quirites.	Schließet den Tempel, o ihr versammelte heil'ge Quiriten;
Iam quinque lustra Martis absumsit furor.	Fünf Lustren hat uns Mavors Wuth geraubt.
Sat bellis Orcoque datum, sat tristibus umbris.	Schließet den Tempel! Es hat des Orcus traurige Schatten
Lethaea tantam non capit turbam ratis.	(kaum fasseten die Haufen Charons Schiff)
Uritur eversis fumans Alemannia tectis.	Gnug empfangen. Germanien raucht. Es trocknet die Augen
Suas ad istum lacrymas siccat rogum.	Der Bürger sich an seines Hauses Gluth
Altera non medicina datur. quo lumina peplo	Anderes hat er nichts, sie zu trocknen. Skythen und Barbar'n
Tergat, protervi colla velant Vandali.	Entrissen ihm sein dürftig letztes Kleid.
Una Numantinis exercita casibus una	Was Numantium einst, was Ilion, Argos, und Thebe
Thebas et Argos corde fert, et Ilion.	An Noth erfahren, haben wir durchprobt
Per Villas nudosque Lares urbeisque sepultas	Sinnlos irret der Schmerz mit losgelassenem Zügel
Demens habenis errat effusis dolor,	Durch öder Dörfer, wüste Wohnungen,

---

[36] Vgl. die eingehende Interpretation dieses Gedichts von Wilfried Stroh, *Ad pacificatores*: Jacobus Baldes Friedensoden im neunten Buch der *Sylvae*, in: Eckard Lefèvre / Eckart Schäfer (Hrsg.), Beiträge zu den *Sylvae* des neulateinischen Barockdichters Jakob Balde. Tübingen 2010, 81–101.

[37] Die lateinischen Texte Baldes sind hier der Kölner Gesamtausgabe von 1660 entnommen, die auch Herder seinen Übersetzungen zugrundelegte.

Iam luctu pars nulla vacat. miserabilis infans	Durch begrabene Städte. Das Kind, am Busen der Mutter
frustra querelis vacua tundit ubera.	Verschmachtend, drückt die nahrungslose Brust. –
Humano crevisse Ceres nutrita cruore	Ceres schauet sich selbst und die hungrigen Scharen mit Zorn an,
Miratur: et se damnat et populi famem.	Daß ihre Frucht von Menschenblut erwuchs.
Adde neces partim properas partimque negatas	Grausam herrschte der Tod. Den rafft er in Eile; dem andern
Prohibentur ante stupra Virginis mori.	Versagt er sich; die Jungfrau durfte nicht
Non nisi calcato violatos corpore Maneis	Unentweihet zum Grabe. Geschändet niedergetretne
Latro cubilis impudicus ejicit:	Leichname sahen die ernsten Manen scheu.
Crescit in immensum, veluti cum silva volutat	Und wie im brennenden Wald die Gluth, so wechselt der Krieger
Correpta flammas, militum licentia.	Ruchloser Sinn und Frevel Jahr auf Jahr.
Arma serunt mortes, et mortibus arma seruntur,	
Ipsumque sese stragibus reparat malum	
Late in vicinum pestis diffunditur axem:	Weithin wütet die Pest. Nicht Deutschlands Fluren allein drückt
Nec sola moesti squalet ora Teutonis.	
Tota Europa fremit: toto concurritur orbe:	der Jammer, ganz Europa mit ihm bebt.
Unumque plureis inquinat gentes nefas.	
Sanguineos Scaldis, Thamesis, et Rhenus et Ister,	Thems' und Schelde, der Rhein und die Elb' und Weser und Donau
Rotant procellis intonari vortices.	Ihr' aller Wogen hat der Sturm empört.
Pallida succiduos gressus Hispania figit:	Spanien schleicht mit sinkendem Tritt. Auch Gallien singet
Nec refigit auro trunca Ganges cornua.	
Tu quoque, quae gesis[38] nunc exsultantibus astra	
Ferire credis, fessa tandem Gallia:	Triumphgesänge zwar, doch ächzend nur.
Spem quamvis vultu simules, oculique laventur	
Lamenta prodis fluctuantis Sequanae.	
Ipse tuus Paean ululat, Victoria luget,	
Titubant triumphi, palpitatque audacia	
Urbibus exhaustis, consumta prole ferocis.	
Animosa Rachel filios plora tuos.	Rachel weinet um ihre Kinder; der traurige Sieg weint
Quot pecudum ritu ciciderunt millia! rebus	Um tausend arm erschlagne seines Volks.

[38] „gesis": vgl. Servius zu Verg., Aen., VIII 660 „viros fortes Galli gaesos vocant": „Auch du, Gallia, die du mit deinen jubilierenden tapferen Männern die Sterne zu berühren glaubst, bist endlich ermüdet".

Etiam secundis atteruntur copiae.
Solvit ad haec laetus petulanteis Turca cachinnos:
Hilaris bicornem Luna ridet in sinum.
A quo lumen habet, fraterni sideris orbem
Maculis scelesta gaudet atris infici.
Qualibus interdum solet incestarier ipsa,
Volvente rhombum Thessalum venefica.
Iamque per Hungaricas connivet callida nubes
Quonam retusum Caesaris vergat jubar.
Pro pudor interea Suldano obtrudere palpum
Mulcere tigrim non domandam cogimur.
Federa sancimur donis: sic missa vocamus.
Vocat is tributum, qui capessit, debitum.
Inque dies propior, sparsas in plurima vires,
Piscantis astu rete praedo contrahis.
Has patimur clades: et adhuc in viscera ferrum
Cognata, Reges, impiatum stringimus!
Heu, vereor, ne relliquias, analectaque belli
Harpyia Getico foeda rictu polluat.
Cumque avibus nidum rapiens, cum civibus urbeis
Ad inhospitalem spolia lambat Bosporum.
Militiae quis fructus erit quum pascet inultum
Aquilae cadaver Bistonum diras aves:
Horresco memorans. Vos o, quibus aurea firmo
Adamante Titan illigavit pectora,
Consilio meliore, Duces: vos vertite signa
In exsecrandum perfidum Lunae caput.
Endymionaeam jaculis detrudite Moecham
Radios ab altis exprobrantem turribus
In Byzantinam jaciatur lancea terram.
Mactare Turcas, haec tyrannis est pia.
Pax sit in imperio, quidquid sol adspicit extra
Aut nox recondit, cedat in praedam omnium.
Ergo agite, et stimulis animum coelestibus icti
Famosa Iani claustra primum attollite.

Schließet den Tempel, o ihr von himmlischen Pfeilen Erglühte,
Ihr Friedensboten, schließet Janus Thor.

Protinus intruso, quod formidabile, Monstro,	Bannet hinein den Krieg, das Ungeheuer, und fesselt
Exitus ahenis subtrahatur pessulis.	Mit hundert Ketten dem Altar es an.
Intus marmorea Bellum religetur in ara	
Centum catenis, mille sparti funibus.	
Accumbant victique Metus, Livorque, Furorque, et	Ihm zu Füßen bindet den Neid und die schreckende Rache,
Galeis minaces obseratis Ambitus.	Den drohnden Ehrgeiz und den wilden Zorn.
Postibus obstructis ingens advolvite saxum,	Bindet die Habsucht fest, und stoßt der Pforte den Riegel
Euboica ponto pila qualis incidit.	Und wälzet Aiax' [W. L., ed. Aiax] mächt'gen Stein ihr vor.
Infuso nequeant latebrae clarescere Phoebo,	Dann umpflanzet das Haus mit dichten Hainen; auch Phoebus
Aeterna totum nox gravet sacrarium.	Geschärftes Feuerauge find' es nicht.
Stipentur fauces ramo pacalis olivae,	
Minimasque nectens palma rimas oppleat,	
Ut nec Suspicio, nec Fama, nec aemula laudis	Auf ihm ruhe die Nacht, daß Argwohn, Zweifel und Trugsinn,
Invidia, nec Vis, nec Dolus traluceat.	Gewalt und Neid kein Ritzchen an ihm späh'.
Ante fores, quas nulla manus ferrumque laboret,	Palmen sprossen umher und der Ölbaum. Sage die Inschrift
Rude vivus istud praeferat Carmen lapis:	Des dunklen Haines vor der Pforte dann:
„Si quibus est, vel mica salis, vel stilla salutis,	
Vel gutta sancta mentis in vena super:	
Parcite tranquillum votis irrumpere Numen.	„Lasset den Tempel in Ruh. Der Gott von innen ist dem hold,
Deus iste Templum cernuis extra favet."	Der ihn in fernster Ferne scheu verehrt."

Das Gedicht erschien im Frühjahr 1646 mit den übrigen Gedichten des IX. Buches der *Sylvae* in Köln.[39] Balde hatte einen mehr als fünfundzwanzigjährigen innerdeutschen und europäischen Krieg durchlebt, wandte sich nun an die Führer der 1645 in Münster begonnenen Verhandlungen und appellierte dringlich, man möge rasch Frieden schließen.

Balde hat für dieses Gedicht das seltene Metrum der 16. horazischen Epode, ein aus einem daktylischen Hexameter und einem jambischen Trimeter bestehendes Distichon, gewählt. Es wird von Horaz nur in dieser Epode angewandt. Die Wahl von Balde geschah aus thematischen Gründen. Diese horazische Epode beginnt mit dem Verspaar: „Altera iam teritur bellis civilibus aetas, | suis et ipsa Roma viribus ruit." Im Blick auf die römischen Bürgerkriege, die zur

[39] Vgl. Westermayer (wie Anm. 12), 176f., 258.

Zeit der Entstehung des Gedichts um 40 v.Chr. sich schon über zwei Generationen erstreckten (88 begann der Krieg zwischen Marius und Sulla), empfahl Horaz seinen Römern, auf eine ferne Insel auszuwandern. Balde hatte diese Metren der Distichen bereits für seine erste Epode in der Ausgabe von 1643 benützt, die den Titel hat: *Classicum ad Ordines S. R. ut intestini Belli sedem e Patria in Turciam transferant.*[40] Es ist also das gleiche alte humanistischte Thema wie in Sylv. IX, 4, nur daß dort der Schwerpunkt auf dem Friedensschluß liegt und der Türkenkrieg nur nebenbei erwähnt wird, während der Schwerpunkt hier auf dem Türkenkrieg liegt. Beide Gedichte haben jedoch den Wunsch auf Beendigung des „Bellum intestinum" mit der 16. horazischen Epode gemein.

Balde verwendet als Bild für den Friedensschluß in Sylv. IX, 4, den römischen Brauch, im Frieden die Tore des Janustempels zu schließen, ein Brauch, den Balde und seine Leser vor allem aus Vergils Aeneis kannten (Aen., I 293–296: „dirae ferro et compagibus artis | Claudentur Belli portae; Furor impius intus, | Saeva sedens super arma et centum vinctus aenis | Post tergum nodis, fremet horridus ore cruento"). Von dieser Stelle hat Balde direkt die „centum catenae", mit denen bei ihm nun „Bellum" selbst gefesselt werden soll, und auch Furor übernommen, dem Balde noch andere personifizierte Ungeheuer im Gefolge des Krieges, Metus, Livor und Ambitus, beigesellt hat. Das Bild des Janustempels, das am Anfang und Ende des Gedichts erscheint, bildet seinen Rahmen.[41]

Herder, der 1792–1797 die Zeit des ersten Koalitionskriegs des Römischen Reichs, der Niederlande, Großbritanniens und Spaniens gegen Frankreich durchlebte, war von diesem Antikriegsgedicht beeindruckt.[42]

Er hat sich in seiner Übersetzung an die von Balde vorgegebenen Versmaße gehalten und ist dem Baldeschen Wortlaut in den ersten 26 Versen eng gefolgt (V. 11f. lautet allerdings wörtlich: „Eine andere Medizin wird nicht gegeben.

---

[40] Vgl. zu diesem Gedicht Ulrich Schmitzer, Die erste Epode und die Türkenkriegsparainese im Werk des Jakob Balde, in: Eckard Lefèvre (Hrsg.), Balde und Horaz. Tübingen 2002, 235–252.

[41] Der französische Gesandte in Münster Claude de Mesmes d'Avaux, mit dem Balde Kontakt hatte, schrieb darauf in einem Brief vom 29.8.1646: „Nous somme icy assez empêchez à construire le temple de la paix", s. Westermayer (wie Anm. 12), 177.

[42] Haym (wie Anm. 27), 518, zitiert eine Äußerung Goethes zu Herders Balde aus dessen *Annalen* des Jahres 1795 (Johann Wolfgang Goethe, Sämtliche Werke nach Epochen seines Schaffens. Münchner Ausgabe, Bd. 14: Autobiographische Schriften der frühen Zwanzigerjahre, hrsg. von Reiner Wild, 43; der Text der *Annalen* entstand von 1822 an): „Vom reichen Zeitgehalt, mit Deutschen Gesinnungen ausgesprochen, wären sie immer willkommen gewesen; kriegerisch verworrene Zeitläufte aber, die sich in allen Jahrhunderten gleichen, fanden in diesem dichterischen Spiegel ihr Bild wieder, und man empfand als wie von gestern, was unsere Urvorfahren gequält und geängstigt hatte."

Mit dem Gewand, mit dem er seine Augen trocknen könnte, verhüllen die unverschämten Vandalen ihren Hals“). Dann aber überspringt die Übersetzung immer mehr Verse.

Der ganze, in 16 Distichen ausgeführte Gedanke, daß Europa seine Kräfte besser gegen die Türken richten würde, die den Mond als Feldzeichen führen und derzeit noch euphemistisch als Geschenke deklarierte Tributzahlungen erhalten, wird ausgelassen, vermutlich schon weil die Aufforderung zu einem Türkenkrieg dem Ziel des Gedichts, dem durch die Schließung des Janustempels symbolisierten allgemeinen Friedensschluß, widerspricht. Auch stand ein Türkenkrieg zu Herders Zeit nicht zur Debatte. Dieser Auslassung fallen auch die Verse „Has patimur clades: et adhuc in viscera ferrum | Cognata, Reges, impiatum stringimus!“ zum Opfer, die an das Prooemium von Lucans *Pharsalia* I, 2–4, „populumque potentem | in sua victrici conversum viscera dextra | cognatasque acies“ erinnern und den Krieg als Bürgerkrieg unter Verwandten bezeichnen (in Epod. 1 schrieb Balde bereits: „Quid iuvat in proprium corpus saevire, Quirites ... Cur – heu pudendum – civis in civem ruit ... Spicula cum possent aliena in viscera mergi“).

Als unter dem Krieg dienende und ihn begleitende Ungeheuer erscheinen bei Herder, der die Personifikationen bei Balde – Metus, Livor, Furor, Ambitus – noch erweitert hat, Neid, Rache, Ehrgeiz, Zorn und Habsucht.

Zur Sicherung des durch einen Riegel verschlossenen Tempeltores läßt Balde noch einen riesigen Stein davorrollen: „Postibus obstructis ingens advolvite saxum, | Euboica ponto pila qualis incidit.“ Um seine Größe zu veranschaulichen, wird hier auf den Stein in Verg., Aen., IX 710–713, angespielt: „Talis in Euboico Baiarum litore quondam | Saxea pila cadit, magnis quam molibus ante | Constructam ponto iniciunt.“ Herder hat die gelehrte Anspielung auf eine Aeneis-Stelle durch den damals bekannteren, in der Ilias ausdrücklich als sehr groß bezeichneten Stein des Aias ersetzt, der diesen in Ilias VII, 268–270, im Zweikampf gegen Hektor schleudert (in Ilias XIV, 410, wirft Aias wieder einen Stein).

Am Ende wird die vor dem Tempel aufzustellende Inschrift auf ein einziges Distichon konzentriert (Balde und Herder kannten die poetische Form, ein Gedicht mit einem in Stein gemeißelten „carmen“ zu schließen, aus der römischen Elegie, vgl. z.B. Tibull, II, 2, 20f., und Ovid, am., II, 61f. – dort auch jeweils ein Distichon).

Alle Auslassungen und Änderungen sind von dem Bestreben motiviert, den Friedensappell, dem jetzt das ganze Gedicht dient, dringlicher und wirksamer zu machen. Änderungen wie diese hat Herder sich häufig erlaubt. Er hatte eben nicht das Ziel, Balde immer möglichst wortgetreu zu übersetzen, sondern wollte dessen Gedichte für den deutschen Leser unter Wahrung ihrer metrischen Form dort, wo es ihm nötig schien, aktualisieren und verbessern.

Gleich im nächsten Gedicht ging Herder mit seiner Umformung besonders weit. Das *Gebet. Als sich die Friedensunterhandlungen verwirrten* umfaßt zwei Sapphische Strophen:

Quem, Deus, nostro statuis labori Aequior finem? Tulimus Cometam Iam quater senos, et onusta ferro Bella per annos.	Welch ein Ende der Last, die wir getragen, So viel Jahre getragen ohn' Erbarmung, Hast du uns bestimmet, o du der Menschen Retter und Vater.
[Strophe 2–9]	
Prima Mens aevi, roseaeque clara Lucis inventrix et amica flecti: Si satis culpam luimus rebelles, Annue pacem.	Heil'ge,[43] erste Vernunft, die aus dem Chaos Einst erfand das rosige Licht, und unser Dunkel siehet, o holde Macht, erfind' uns Selber den Frieden.
[Strophe 11]	

Das ist aus elf sapphischen Strophen Baldes geworden, die am Ende von *Sylvarum Lib. IV* ohne Zählung unter der Überschrift *Ode. Oratio Auctoris* erscheinen. Die erste Strophe dieser Ode wurde von Herder mit der zehnten kombiniert, die übrigen Strophen ließ er unübersetzt.

Zur rhythmischen Wiedergabe der sapphischen Strophe verwendet Herder als vierten Vers immer einen Adoneus. Die drei vorausgehenden Verse sind bei ihm auch Elfsilbler, aber häufig keine sapphischen, sondern catullische (Phalaecei). Sie stimmen am Versende mit den sapphischen Elfsilblern überein, weichen in der ersten Vershälfte aber von ihnen ab durch die verschieden lokalisierte Doppelkürze bzw. doppelte unbetonte Silbe. Und wenn die Doppelkürze an der antik richtigen Stelle steht, kann doch noch die der Doppelkürze antik immer vorausgehende Zäsur fehlen. In seiner *Nachschrift. Eine Rechenschaft des Übersetzers* am Ende des 3. Teils der *Terpsichore* von 1796 erörtert Herder des längeren die bei der Übernahme der lateinischen Versmaße ins Deutsche entstehenden Probleme. Seine Auswechslung des sapphischen Elfsilblers durch den Phalaeceus kommt nicht direkt zur Sprache, aber er bemerkt: „So ist auch unser Sapphische Vers in der Abwechslung, die ihm Klopstock z.B. in seiner Clarissa und auch sonst gegeben, der Versart seiner Erfinderin vielleicht näher, als der römische selbst." Klopstocks Gedicht *Die tote Clarissa* besteht aus acht deutschen sapphischen Strophen, in denen jeweils die ersten drei Verse elf Silben haben und die Doppelkürze in der ersten Vershälfte an verschiedenen Stellen stehen kann, so daß sich sowohl der Phalaeceus als auch andere Versformen

[43] *Terpsichore* 1795, 260, und Suphan (wie Anm. 23), 117: „Heilge"; Düntzer (wie Anm. 23): „Heil'ge"; Herder, Ausgabe 1829 (wie Anm. 23): „Heilige".

einstellen (vgl. die erste Strophe der *Clarissa*: „Blume, du stehst verpflanzet, wo du blühest | Wert, in dieser Beschattung nicht zu wachsen, | Wert, schnell weg zu blühen, der Blume Edens | Bessre Gespielin!"). Herders sapphische Strophen sind also von Klopstock beeinflußt,[44] wobei Herder aber dem Phalaeceus den Vorzug gab. Schlegel schrieb dazu in seiner Rezension:[45] „es sind Trochäen, in jeder Zeile mit einem Daktylus untermischt."

Das Wort „Cometam" in der ersten Strophe, V. 2, das an den 1618/19 sichtbar gewesenen großen Kometen erinnert,[46] wurde von Herder gestrichen. Es war für Baldes Leser leicht verständlich, für Herders Leser aber nicht, und vielleicht hielt Herder den Unheil kündenden Kometen auch für einen Aberglauben. Die letzten Worte von Herders Strophe „o du der Menschen | Retter und Vater" lehnen sich mit christlicher Färbung etwas an den Anfang der sechsten Strophe Baldes („O sator rerum") an.

Angeredet in der bei Herder folgenden zehnten Strophe Baldes wird der göttliche Logos als Weltschöpfer, christlich Gott der Sohn, mit spezieller Evocation von Genesis 1, 2 „Fiat lux. Et facta est lux". Den schwer verständlichen Ausdruck „amica flecti" in V. 2 („gewogen, umgestimmt zu werden") scheint Herder durch „holde Macht" wiedergegeben zu haben, und den theodizeischen Gedanken Baldes, daß der Krieg eine von Gott verhängte Strafe für schuldhaftes und gegen Gott gerichtetes Verhalten der Menschen ist, hat er beseitigt.

Die Auslassungen von Gedichtteilen sind nicht auf die Gedichte beschränkt, die Herder in *Terpsichore* 1795 noch ohne Verfassernamen übersetzte und bearbeitete. Sie finden sich auch in den Übersetzungen des Schlußbandes, wo er den Autornamen Balde aufgedeckt hatte. So hat er Baldes vierstrophiges Maria-Gedicht Lyr. III, 2 „Montium Praeses nemorumque Virgo | ...", das an Horazens zweistrophige, an Diana gerichtete Ode carm., 3, 22 „Montium custos nemorumque virgo | ..." erinnert, in seiner Übersetzung wieder auf zwei Strophen verkürzt. Und das Gedicht auf *Mariae Himmelfahrt* (Balde Lyr. III, 7), das bei Herder unmittelbar folgt, hat statt der sieben Strophen Baldes nur noch sechs:

Quo die, terris properans relictis Tota migrasti super astra Virgo Floribus stratum tibi tergus incur- vavit Olympus;	An dem Tage, da du der Erd, o Jungfrau, Dich entschwingend, hin über die Gestirne Stiegst, da neigete sich, bestreut mit Blumen, Dir der Olympus.

[44] Eine „Nachfolge Klopstocks" in der deutschen Metrik Herders stellte bereits Galle (wie S. 720), 46, fest. Der Nachlaß (wie Anm. 5) enthält viele Abschriften von Gedichten Klopstocks.

[45] S. Schlegel (wie Anm. 7), 402.

[46] Vgl. Andreas Bähr, Der grausame Komet. Himmelszeichen und Weltgeschehen im Dreißigjährigen Krieg. Reinbek 2017, und Wikipedia s.v. Komet C/1618W1. Balde behandelte bereits 1628 in seinem *Regnum poetarum* diesen Kometen, s. Stroh (wie Anm. 26), 207.

Dulce, te visa gradiente, caeli
Carmen auditum resonare: Qualis

Ista per nigrae loca senta sylvae, et
Horrida tesqua,
Qualis ascendit Dea! tota pulcra,
Gaudiis gemmat liquidis, suoque in-
nixa Dilecto, volucreis per auras
Floribus halat!
Talis in seram, sua regna, noctem
Luna cum venit, tenuatur Arctos;
Pallet Arcturus, positoque ferro
Languet Orion.
Talis electi speciosus oris
Phoebus, aurora lacrymante, ridet:
Quando cristatis avibus coruscum
Mane precatur.

Und ein süßer Gesang, als du hineintratst,
Scholl den Himmel hindurch, dir laut ent-
gegen:
„Wer ist sie, die aus wilden dunklen Hainen
Glänzend hervorgeht?
Eine Göttinn, in sich, o ganz in sich schön
Überfließend an Reiz und süßen Freuden:
Um sie duftet der Aether, lieblich lehnt sie
An den Geliebten
Ihre holde Gestalt. So tritt in seine
Stillen Reiche der Mond; so blickt die Sonne
Auf am Morgen; es küßt ihr Blick auf alle
Tränen Aurorens."

Inter has voceis, magis elevata
Brachiis Nati, superas id omne,
Quod Deus non est; animumque toto
Numine mergis.
Merge, dum dulci maris e profundo
Quod superfusum bibis, una saltem
Gutta distillet, lachrymasque nostri
Temperet orbis.

Unter solchen Gesängen hobst du höher
Dich o Mutter im Arm des Sohns und über-
Stiegest alles, was Gott nicht ist, und tauchtest
Dich in der Gottheit
Glanz. O selige, gnadenreiche Jungfrau,
Laß vom Meere der Freuden, laß aus deinem
Vollen Becher auch nur ein Tröpflein stillen
Unsere Thränen.

Ausgelassen wurde der astronomische Exkurs zu den drei Sternbildern des großen Bären, des Bootes und des Orion in der vierten Strophe als überflüssige weitere Himmelsbeschreibung, so daß diese Strophe bei Herder auch noch den Inhalt der fünften Strophe Baldes fassen konnte. In der letzten Strophe fügte Herder das Stereotyp der gnadenreichen Jungfrau („gratiarum plena virgo") hinzu und löste die schwierige Vorstellung der aus der süßen Tiefe des Meeres Überströmendes trinkenden Maria auf, indem er diese Vorstellung als Metapher für ihren Trunk aus einem vollen Becher der Freuden erklärte.[47]

---

[47] Georg Westermayer hat in seinem Balde-Buch von 1868 (wie Anm. 12) am Ende auch 22 Gedichte von Balde in Versen übersetzt (279–319), darunter eine siebenstrophige Versübersetzung von Baldes *Lyrica* III, 7, *Mariä Himmelfahrt*. Westermayer schrieb sapphische Strophen mit der antik korrekten Lokation der Zäsur und Doppelkürze des Hendekasyllabus und bemühte sich, Baldes Text darin vollständig und zutreffend wiederzugeben. Seine erste Strophe lautet: „Als, o Jungfrau, ganz Du enteilst der Erde | Über Sternhöh'n zogst, an demselben Tage | Neigten blüthumschneit sich die ew'gen Hügel | Fromm dir entgegen." Der heidnische Götterberg Olymp ist hier vermieden. „Blüthumschneit" und „fromm" können die Lesefreude etwas schmälern. Bei der Herderschen Strophe schwingt sie mit trotz des ‚falschen' sapphischen Verses.

Balde liebte lange Gedichte, verfaßte gelegentlich aber auch kurze, wie z.B. in *Sylvarum Lib.* VII, 14: *Ad Andream Germanicum Tyrolensem adversus Criticorum iudicia ex Stoica Disciplina*, von Herder nur mit dem Wort *Beifall* überschrieben:

Omnibus semper placuisse, res est	Allen immer gefallen ist ein Glücksspiel,
Plena Fortunae, placuisse paucis	Wenigen gefallen ein Werk der Tugend,
Plena virtutis, placuisse nulli	Wenn's die Besseren sind, Gefallen niemand
Plena doloris.	Schmerzet und kränket.
Si quid extremi tamen eligendi	Soll ich wählen? Ich wähle gern die Mitte,
Optio detur, medio relicto:	Wenigen gefallen und nur den Besten.
Praefero nulli placuisse quam, GER-	Aber unter Beiden; ob Allen oder
MANICE, cunctis.	Keinem? – O Keinem!

Hier ist es Herder unter Beibehaltung der originalen Verszahl gelungen, im Raum der zwei sapphischen Strophen noch erklärend unterzubringen, daß Wenigen gefallen nur dann ein Werk der Tugend ist, „Wenn's die Besseren sind" und daß hinter „medio relicto" der Gedanke steht, daß das Mittlere natürlich die erste Wahl wäre; ausgelassen hat er nur die jetzt überflüssige Anrede an den unbekannten Germanicus. Bei „nulli placuisse" dachte Balde wohl an Persius, 1, 2–3 „Quis leget haec ... nemo| Vel duo", und Herder an eben dieses Hamanns *Sokratischen Denkwürdigkeiten* (Amsterdam, d.i. Königsberg 1759) vorangestellte Motto.

Herder konnte sich also auch durchgehend relativ eng und unter Beibehaltung der Verszahl an sein lateinisches Modell anschließen, wenn er es für richtig hielt, wie jetzt auch noch an einem Gedicht von Mathias Casimir Sarbievius gezeigt werden soll.[48] Er nennt *Des Lebens Winter* die fünf sapphischen Strophen, die den fünf sapphischen Strophen des Sarbievius mit dem Titel *Ad Publium Memmium. Vitae humanae brevitatem benefactis extendendam esse* entsprechen, und legte damit das Schwergewicht auf das Bild des Winters für das menschliche Alter, während Sarbievius die am Ende stehende Aufforderung im Titel betonte:

Quae tegit canas modo bruma valleis,	Der die weißen Thäler umhüllt, der Winter,
Sole vicinos jaculante monteis	Wird sie wieder enthüllen, wenn die Sonne
Deteget rursum. tibi cum nivosae	Jene Berge bestrahlt. Ein andrer Winter,

[48] Herders Nachdichtungen des Sarbievius haben dessen *Lyrica* IV, 26, 23, 18, 36 und *Lyrica* II, 3 und 2 zum Vorbild. Im Nachlaß (wie Anm. 5), Kaps. XVI, Nr. 344–351, sind diese und weitere handschriftliche Übersetzungen von Gedichten des Sarbievius durch Herder erhalten. Das hier verglichene Gedicht *Lyrica* II, 2 habe ich bereits in: Opuscula historico-philologica. Ausgewählte Aufsätze 2008–2013, edenda curavit Astrid Steiner-Weber. Hildesheim / Zürich /New York 2014, 86–89, in Prosa übersetzt und interpretiert. Der lateinische Text ist Mathias Casimir Sarbievius, Opera Poetica. Breslau: Carolus Godofridus Meyer, 1753, 46f., entnommen. Vgl. zu Herders Sarbievius-Übersetzungen Peter Drews, Die deutsche Sarbiewski-Rezeption im 18. und 19. Jahrhundert, in: Eckart Schäfer (Hrsg.), Sarbiewski. Der polnische Horaz. Tübingen 2006, 271–288, hier 277f.

Bruma senectae	Wenn er dir einmal,
In caput seris cecidit pruinis,	Freund, mit Schnee und Reifen das Haupt bestreute,
Decidet nunquam. cita fugit Aestas,	Weichet nimmer. Entflohen sind des schön'ren
Fugit Autumnus, fugient propinqui	Jahres Sommer und Herbst; entfloh'n des Frühlings
Tempora Veris:	Lachende Stunden;
At tibi frigus, capitique cani	Nur der Winter bleibet. Sobald er einmal
Semper haerebunt, neque multa nardus	Dir die Schläfe umzog, da bringen keine
Nec parum gratum repetita dement	Narden, keine der Kränze deinem Haupthaar
Serta colorem.	Wieder den Frühling.
Una quum nobis dederat juventus,	Eine Jugend schenkte dich uns; ein Alter
Una te nobis rapiet senectus:	Raubt dich uns, o Geliebter. Ein's verlängert,
Sed potes, Publi, geminare magna	Ein's verewiget deine Jahr', o Jüngling:
Saecula fama.	Rühmliche Thaten.
Quem sui raptum gemuere cives,	Der, nur der hat lange gelebt, um dessen
Hic diu vixit. sibi quisque Famam	Tod die Bürger erseufzen. Jeder wähle
Scribat heredem: rapiunt avarae	Sich die Fama zur Erbinn; alles andre
Cetera Lunae.	Rauben die Horen.

Sarbievius schließt sich hier natürlich an die beiden Horazoden carm., 1, 4 und 4, 7 mit ihrem Kontrast zwischen den wiederkehrenden Jahreszeiten und dem unabänderlichen menschlichen Tod an. Herder hat hier aber auch unter Beibehaltung der Strophenzahl kleine ‚Verbesserungen' angebracht. Er wechselte die individuelle Anrede an Publius gegen die vermehrten allgemeinen Anreden „Freund", „o Geliebter" und „o Jüngling" aus, damit jeder junge Leser sich angesprochen fühlen konnte. Auch verstärkte er die positiven Qualitäten der übrigen Jahreszeiten gegenüber dem kalten Winter durch Attribute und ersetzte den pluralischen Ausdruck „avarae Lunae", der vielleicht durch Hor., carm., 4, 7, 13 „celeres lunae" angeregt war, durch das damals leichter verständliche „die Horen". Er befolgt bei Sarbievius also die gleichen Übersetzungsprinzipien wie bei den Gedichten Baldes.

Herder selbst geht im *Kenotaphium* auf seine Textauslassungen folgendermaßen ein:

> Er, der erhabene Gedanken so einfach, so stark auszudrücken wußte, wird in Komposition der ihm gleichsam zuströmenden Bilder oft so überfließend, daß er der schönen Ausdrücke und Sentenzen kaum ein Ende weiß. … Ob es mir gleich bei der Übersetzung seiner Oden, in denen ihn Horaz noch am meisten in Schranken erhielt, hie und da leid that, diesen üppigschönen Wuchs abschneiden, das zu viele Gold wegwischen zu müssen, so that ich's dennoch, und ward dabei an jenen Geschmack erinnert, in dem der Jesuitenorden einst seine Kirchen und Säle ausschmückte.

In seiner *Nachschrift* spricht Herder dann noch näher über Prinzipien. Er distanziert sich von der „sogenannten buchstäblichen Übersetzung“, erklärt, er habe Balde seiner Zeit verdeutscht darstellen wollen, zitiert zur Rechtfertigung seiner Übersetzungsart aus Luthers *Sendbrief vom Dolmetschen* und kommt dabei auch wieder auf seine Auslassungen zu sprechen: „Schönheiten habe ich ihm nicht geliehen, wohl aber Flecken hinweggethan, weil ich seinen großen Genius zu sehr ehrte, als daß ich mit kleinfügigem Stolz ihn in diesen zur Schau stellen sollte.“

Er betrachtete also seine Auslassungen in der Tat als überlegte Verbesserungen der Gedichte und eine akkurate Wiedergabe des Textsinns als Schmälerung des Ansehens von Balde zugunsten eines kleinlichen Philologenstolzes. Ein heutiger, an Balde interessierter Leser dieser Herderschen Texte wird in den ausgelassenen Stellen kaum „Flecken“ sehen, die zu beseitigen sind (Herder verwendet den Begriff „Flecken“ hier im Sinn der lateinischen „maculae“, also von Fehlern), sondern eher wünschen, daß eine Übersetzung den Sinn des Originals möglichst präzise wiedergebe, damit man sich selbst ein Bild des Autors machen kann. Zugleich dürfte er zugestehen, daß die oft sehr langen Gedichte Baldes, die in seiner Zeit seinem hohen Ansehen keinesfalls schadeten, in den metrischen Übertragungen Herders sehr häufig konzentrierter und leichter verständlich und immer der modernen Mentalität zugänglicher geworden sind, was Herder im Begriff eines „verjüngten Balde“ ausdrückte (*Nachschrift*: „Will man ihn in dieser Gestalt nicht einen übersetzten Balde nennen, so nenne man ihn einen verjüngten Balde und übersetze ihn selbst.“). Man könnte auch von einem aktualisierten Balde sprechen. Es sind Gedichte Herders auf der Grundlage Baldes geworden. Es war, was zu seiner Zeit als Balde verbessernde ‚Übersetzung‘ begrüßt wurde und was heute noch gerne gelesen werden kann. Das heutige Ziel einer wissenschaftlichen Übersetzung war jedoch nicht Herders Intention.

Naheliegend ist nun die Frage, wie sich die an Balde und Sarbievius beobachtete Übersetzungsart zu den Übersetzungen von Gedichten aus verschiedenen europäischen und asiatischen Sprachen verhält, die in den Sammlungen *Stimmen der Völker in Liedern* und *Blumenlese aus morgenländischen Dichtern* zusammengestellt wurden und die er aus der antiken griechischen Dichtung vorgelegt hat.[49] Darauf kann hier natürlich nicht im einzelnen eingegangen werden.

---

[49] Vgl. Herder's sämmtliche Werke, Zur schönen Literatur und Kunst, Bd. 7–10. Stuttgart / Tübingen 1828 (die Bände 7–9 wurden herausgegeben von Johann von Müller, Band 10 von Christian Gottlob Heyne) und Johann Gottfried Herder, Sämmtliche Werke, Bd. XXVI, hrsg. von Bernhard Suphan, Poetische Werke 2, hrsg. von Carl Redlich. Berlin 1882 (Nachdruck wie Anm. 23), VII–XVI Einleitung (zur Geschichte der Nachdichtungen Herders zur griechischen, römischen und morgenländischen Litteratur).

Ein Satz aus der Vorrede zu den *Blumen aus der griechischen Anthologie* von 1791[50] läßt jedoch schon ahnen, daß wir es dort mit ähnlichen Phänomenen zu tun haben würden: „Die Blumen aus der griechischen Anthologie sollen keine wörtlichen Übersetzungen sein, wie das vorstehende Gespräch deutlich genug bemerket; jeden Kenner und Liebhaber aber laden sie dazu ein, sobald die Muse ihm winket."

Nur ein Blick sei noch auf Herders Übersetzung von Catull., carm., 62 geworfen, das Hochzeitsgedicht, in dem je ein Chor der Jungfrauen und der Jünglinge miteinander abwechseln und das schon 1779 gedruckt wurde.[51] Er gab dem Gedicht den Titel *Hochzeitsgesang. Latein (Aus Catull: einem Dichter, den zu verschönern weit leichter ist, als ihn zu übersetzen.)* Herder hat hier die Verszahl der Catullausgaben (66) mit 64 Versen nahezu eingehalten und sich im ganzen ziemlich eng an den catullischen Wortlaut angeschlossen. Den Hinweis auf den Berg Öta in V. 7 ließ er als geographische Quisquilie weg. In den Catullausgaben, die er benützen konnte, fand er zwischen V. 32 und 33 eine Lücke angezeigt, in der der in V. 32 begonnene Gesang der Mädchen geendet und ein Gesang der Jünglinge begonnen haben mußte. Herder wollte kein Gedicht mit Lücke präsentieren. Er schloß deshalb die V. 33f. ohne Lücke an V. 32 an, beendete mit V. 34 den Gesang des Mädchenchores nach vier deutschen Versen und gab anschließend V. 35–38 dem Chor der Jünglinge in drei deutschen Versen. Die Beseitigung der zu Herders Zeit durchweg anerkannten Lücke[52] dürfte Herder vorgenommen haben, um auf möglichst einfache Weise zu einem vollständigen

---

[50] Johann Gottfried Herder, Zerstreute Blätter. Erste Sammlung, Zweite, neu durchgesehene Ausgabe der Ersten Sammlung. Gotha 1791, Bl. ** 5v; auch in: Herder 1828 (wie Anm. 49), Bd. 10, 24 und 23 („Die Blumen aus der Griechischen Anthologie sind Nachbildungen; Übersetzungen sollen und wollen sie nicht seyn."), und in: ders., hrsg. von Suphan (wie Anm. 49), 9.

[51] Herder (wie Anm. 49), Bd. 7, 148–151; ders., hrsg. von Suphan (wie Anm. 49), Bd. XXV, Poetische Werke 1, 503–505 und 542 (Erstdruck in: Volkslieder. Zweiter Theil. Leipzig 1779, 248–253 und 311).

[52] Die Lücke zwischen V. 32 und 33 (und nur diese) haben z.B. die Catullausgaben von Marcus Antonius Muretus, Venedig: Aldus Manutius, 1554, Bl. 74r mit dem Kommentar auf Bl. 75v: „Hesperus a nobis] Puellas loqui constat. sed post hunc versum sex septem plus minus desiderantur. Illud autem At lubet innuptis [v. 36] manifesto a iuvenibus dicitur" (von ihm stammt also die Erkenntnis der Lücke) und von Josephus Scaliger, Paris: Mamertus Patissonius in officina Rob. Stephani, 1577, 37f. (ohne Bemerkung), die jesuitische Ausgabe obscenitate sublata, Mainz: Balthasarus Lippius sumptibus Arnoldi Mylii, 1600, 19, die Ausgabe Amsterdam: Joannes Janponius, 1630, 35, sowie die Bipontini-Ausgabe, Zweibrücken: Typographia Societatis, 1783, 51. Erst in Ausgaben des 19. und 20. Jahrhunderts werden in dem Gedicht teilweise an weiteren Stellen Lücken angenommen. Vgl. die Interpretation des Gedichts durch Hans Peter Syndikus, Catull. Eine Interpretation. Zweiter Teil. Darmstadt 1990, 50–75.

Gedicht zu kommen. Er scheint also grundsätzlich eine gewisse Abweichungen gestattende ‚Nachbildung' oder ‚Nachdichtung' in Versen einer ‚wörtlichen Übersetzung' vorgezogen zu haben. Letztere wollte er anderen überlassen.

Dieses Resultat widerspricht erheblich dem, was Michael Neil Forster in seinem Herder-Artikel in der Stanford Encyclopedia of Philosophy behauptet.[53] Er stützt sich für seine Darstellung von Herders „Theory of Translation" auf „Fragments 1767–8", d.h. auf *Über die neuere deutsche Literatur. Fragmente*, deren drei Sammlungen zuerst 1767 und in zweiter Ausgabe 1768 gedruckt wurden.[54] Dort spricht Herder im Kapitel III.14. „Und inwieweit Uebersetzungen Mittel zur Sprachenverbesserung sind, im Ganzen betrachtet" von den Nachteilen einer „zu laxen" und den etwas geringeren Nachteilen einer „zu anpassenden" Übersetzung und hält es „für die feinste Kritik, genau den Mittelstrich zeigen zu können",[55] d.h er möchte einen Mittelweg zwischen zu laxem und zu anpassendem Übersetzen gehen.

Die englische Darstellung definiert daraus die beiden Übersetzungsarten einer „lax translation" und einer „accomodating translation", „one in which language and thought of the target text are allowed to diverge rather freely from those of the source text" und „one in which they are made to conform closely to those of the source text", und es wird behauptet, Herder habe sich für die „accomodating translation" entschieden, was nicht der Fall ist. Er habe das Ziel gehabt, „to achieve maximal semantic accuracy", und zu dem Ziel der „semantic faithfullness" komme noch das Ziel der „faithfullness to the musical form of a literary work" hinzu, was sich auf Herders Versübersetzungen bezieht. Gegen Ende der englischen Darstellung erscheint noch dieser nach allem überraschende Satz ohne jede weitere Erklärung: „Herder is also in the end quite liberal about the forms that translation – or interlinguistic transfer more generally, including, for example, what he sometimes distinguishes from 'translation' [„Übersetzung"] proper as 'imitation' [„Nachbildung"] or 'rejuvenation' [„Verjüngung"] – can legitimately take." Der Begriff ‚Verjüngung' scheint aus einer Lektüre der *Nachschrift. Eine Rechenschaft des Übersetzers* in einem Abdruck von *Terpsichore* 1796 zu stammen. Darüber, was ‚Verjüngung' bedeutete und wo und wie sie stattfand, wird kein Wort gesagt. Die verwendeten Begriffe bleiben leer. In der ganzen Darlegung wird nicht berücksichtigt, daß Herder sich mit seinen

---

[53] S. Michael Neil Forster, Johann Gottfried von Herder, in: Edward Nouri Zalta (Hrsg.), Stanford Encyclopedia of Philosophy. Sommer 2019 Edition, https://plato.stanford.edu/entries/herder/#TheoTran (letzter Zugriff 28.03.2023), Kapitel 4.3. „Theory of Translation".

[54] S. Herder (wie Anm. 49), Bd. 1–2, 1827, hrsg. von Christian Gottlob Heyne, oder ders., hrsg. von Suphan, Bd. I–II, Berlin 1877.

[55] Herder (wie Anm. 49), Bd. 1, 214f., oder ders., hrsg. von Suphan, Bd. II, S. 107f.

1779 (Catull) bis 1796 (Balde) hergestellten Übersetzungen tatsächlich gegen „accomodating translation" und gegen „semantic accuracy" entschieden hat, daß er sich für seine Person ausdrücklich mehrmals gegen eine ‚wörtliche Übersetzung' und für eine ‚Nachbildung' bzw. eine ‚Nachdichtung' und im Falle von Balde metaphorisch für eine ‚Verjüngung' desselben aussprach und entsprechend übersetzte, und es hat den Anschein, daß, wer die englische Darstellung verfaßte, nie „source texts" mit den betreffenden „target texts" Herders eingehend verglichen hat. Das wäre aber auch für ein Kapitel mit dem Titel „Theory of Translation" notwendig gewesen.

IV. Herders neulateinische Bücher und sein Studium der neulateinischen Literatur

Die 7.843 numerierten Bücher des Auktionskatalogs der Bibliotheca Herderiana, Weimar 1804,[56] sind in fünf Sectiones gegliedert. Nach dessen Vorwort stammt die Einteilung in die „Hauptrubriken" von Herder selbst. Sectio I. betrifft die *Libri Theologici* (Nr. 1–1591), II. die *Libri philologici* (Nr. 1592–2892, sie enthalten A. *Libri Graeci*, B. *Libri Latini* und C. *Libri Orientales*), III. die *Libri philosophici* (2903–4760, einschließlich der Philosophie, Politik, Geographie, Geschichte, Pädagogik, Naturkunde, Ökonomie, Technologie, Kunst- und Literaturgeschichte), IV. die *Libri juridici* (Nr. 4761–5018) und V. die *Libri Literarum et Artium Liberaliorum recentioris aevi: Germanorum, Gallorum, Anglorum, Italorum et Hispanorum* (Nr. 5019–7320, also die nicht-lateinischen Bücher in europäischen Sprachen). Dazu kamen noch ungebundene, hauptsächlich deutschsprachige Bücher verschiedenen Inhalts (Nr. 1–381, und eine Appendix Nr. 1–172).

In der Sectio II. B. *Libri Latini* sind die Nr. 2300–2604 überschrieben mit: *Oratores, Epistolographi, Poetae cett. imprimis recentioris aetatis*; sie enthalten also neulateinische Literatur (in anderen Auktionskatalogen werden die Abteilungen für *Oratores et Epistolographi recentiores* und *Poetae recentiores* oder auch für alle drei Kategorien getrennt gelistet). Die Bücher sind hier wie üblich nach ihren Formaten geordnet: Folio, Quarto, Octavo, Duodecimo. Innerhalb dieser Kategorien folgt jedoch nicht eine Ordnung nach den drei in der Überschrift genannten literarischen Formen. Die Bücher sind vielmehr bunt gemischt, ohne daß ein Prinzip hinter ihrer Reihenfolge kenntlich wird. Man kann nur beobachten, daß manchmal mehrere Epistolographen oder mehrere Poeten einander folgen, aber diese Scheidung wird nicht konsequent durchgeführt.

Alle bibliographischen Angaben in dem Katalog von 1804 sind sehr kurz. Sie enthalten jeweils neben einem verkürzten und deshalb auch veränderten Titel

---

[56] Vgl. Anm. 2. Der Verbleib der Bücher ist unbekannt. Herders Bibliothek wurde am 22. April 1805 und den folgenden Tagen in Weimar versteigert, s. Gustav A. E. Bogeng, Die großen Bibliophilen. 2. Bd. Leipzig 1922, 150.

der Bücher ihr Erscheinungsjahr, meist auch ihren Erscheinungsort sowie eine Angabe über die Art ihres Einbands. Der Auktionskatalog wurde allerdings sehr rasch hergestellt, wodurch zahlreiche fehlerhafte Angaben insbesondere hinsichtlich der Erscheinungsjahre, aber auch in den Titeln und den Eigennamen entstanden. Aus der Spätantike stammen in dieser Abteilung nur zwei, im folgenden nicht berücksichtigte Bücher (Briefe des Augustin und Symmachus). Die Angaben zu den anderen 291 zum Teil mehrbändigen und deshalb im Auktionskatalog öfters mehrfach gezählten Büchern werden nun hier in drei Abteilungen (I. *Epistolographi*, II. *Poetae*, III. *Oratores etc.*) und in jeweils alphabetischer Ordnung der Autoren gegeben.

Die Angaben des Auktionskatalogs wurden bibliographisch berichtigt und ergänzt, jedoch wurde aus Raumgründen teilweise auf vollständige Titelangaben verzichtet. Die Angaben des Auktionskatalogs wurden soweit ergänzt, daß die Bücher bibliographisch leicht gefunden werden können und ihre literarische Form sowie ihr thematischer Inhalt deutlich wird. Es war manchmal schwierig, von dem verkürzten und gelegentlich verdruckten Titel aus das gemeinte Buch zu finden. Niemand wird gleich erkennen, daß z.B. *Hanii Pelearii* eine entstellende Verschreibung für *Aonii Palearii* ist. Ohne den Karlsruher Virtuellen Katalog hätte die Arbeit der Buchidentifizierung nicht geleistet werden können. In einzelnen Fällen konnte jedoch selbst mit ihm und eventuell anderen Katalogen kein Beleg für ein bestimmtes Buch gefunden werden. Man muß damit rechnen, daß Exemplare von einzelnen Büchern, die Herder besaß, seither verloren gegangen oder nicht in die großen öffentlichen Bibliotheken gelangt sind.

Natürlich enthält der Auktionskatalog auch in anderen Abteilungen noch sehr viele in der Neuzeit verfaßte lateinische Bücher in allen Wissenschaften. Es sind dies theologische, juristische, historische und naturwissenschaftliche Werke sowie neuzeitliche Kommentare zu antiken Autoren und andere literarische Erörterungen. Die beiden Foliobände des emblematischen *Mundus Symbolicus* von Philippus Picinellus, Köln 1694, befinden sich z.B. unter den *Libri philosophici* (Nr. 2924, Häfner Nr. 108), der *Gradus ad Parnassum* des Paulus Aler, S. J., Leipzig 1741, steht zweimal unter den *Libri Latini* der klassischen Zeit (Nr. 2140, 2200, Häfner Nr. 558) und *Io. Ioviani Pontani opera* (Prosawerke), Venedig 1501, ist nur deshalb unter diese *Libri Latini* geraten (Nr. 1996, 2), weil sie angebunden waren an Iamblichus, Proclus, Synesius, Psellus (alles lateinisch übersetzt), Venedig 1497. Die hier gegebenen und anschließend ausgewerteten drei Listen beschränken sich auf die als neulateinische philologische Bücher in der genannten Abteilung zusammengestellten Bände Nr. 2300–2604.

Mehrfach sind die Bücher andernorts nicht für das im Auktionskatalog angegebene Erscheinungsjahr belegt. Die Ursache kann ein Versehen der Katalogbearbeiter sein, die nachweisbar mehrere Satzfehler in den Titelangaben über-sahen. Es ist aber auch nicht ganz auszuschließen, daß diese Bücher im angegebenen Jahr erschienen, diese Auflage aber nicht in den durch den Karlsruher Virtuellen Katalog erschlossenen Bibliotheken überliefert ist. Wenn ein Buch mit dem im Katalog angegebenen Erscheinungsjahr nicht gefunden werden konnte, wird ein belegtes Erscheinungsjahr angegeben, das entweder dem im Katalog angegebenen Erscheinungsjahr zeitlich nahe liegt oder dessen Ziffern im Katalog eine Ähnlichkeit mit dem tatsächlichen Erscheinungsjahr aufweisen. Daß Herder ein Buch mit dem angegebenen oder erschließbaren Titel besaß, kann jedenfalls als gesichert angenommen werden. Zu jedem dieser Bücher wird die Ordinalzahl aus dem Auktionskatalog angegeben (vorangestellt wird ihr das Buchformat mit den Initialen F., Q., O. und D.). Inhaltlich werden die Angaben im Auktionskatalog aus Raumgründen nur dann ganz oder teilweise zitiert, wenn sie von dem neuen bibliographischen Eintrag abweichen. Das soll einem Urteil über die Verläßlichkeit der hergestellten Titelangaben dienen.

Auch wurde die Edition des Herderschen Bibliothekskatalogs von 1776 durch Ralph Häfner[57] verglichen, und es wurde angemerkt, wenn das jeweilige Buch schon vor dem Umzug Herders von Bückeburg nach Weimar vorhanden war. Wenn das der Fall ist, wird am Eintragsende nach „H." die Häfnersche Katalognummer angegeben. In allen anderen Fällen muß angenommen werden, daß diese Bücher 1776–1803, als Herder in Weimar wohnte, von ihm erworben wurden.

Sofern Herders Briefe oder sein Nachlaß aufschlußreiche Angaben zur Beschäftigung Herders mit den folgenden Autoren enthalten, wird – eventuell mit Zitaten – darauf hingewiesen. Die Vor- und Zunamen der Autoren werden zur besseren Übersicht durch Fettdruck hervorgehoben.

I. Epistolographi Latini recentioris aetatis, 1.–89.

1. **Agrippa ab Nettesheim, Henricus Cornelius**, Operum pars posterior ... Huic accesserunt Epistolarum familiarium libri septem, et orationes decem ante hac seorsim editae. Lyon 1600, O. 2416: Corn. Agrippae epistolae familiares, declamationes al. Lugd. 1600.

2. **Arminius, Jacobus**, Praestantium ac eruditorum virorum epistolae ecclesiasticae et theologicae, quarum longe maior pars scripta est a Jac. Arminio ..., ed. tertia. Amsterdam 1704, F. 2310: Clarorum Remonstrantium epistolae, Amstelod. 704.

3. **Aschamus, Rogerus** (Briefempfänger), Johannes Henricus Ackerus (Hrsg.), Io. Sturmii et Hieronymi Osorii et aliorum Epistolae ad Rogerum Aschamum aliosque nobiles Anglos semel in Germania cum Aschami Epistolae seorsim,

[57] Vgl. Anm. 1.

vero nunquam editae … . Hannover 1707, O. 2397: 1717 (für dieses Jahr nicht belegt).

4. **Baudius, Dominicus**, Epistulae: Centuriae tres. Leipzig 1631, O. 2434, *H. 584*.

5. **Bembus (Bembo), Petrus**, Petri Bembi Card. Epistolarum familiarium Libri VI. Eiusdem Leonis X. Pont. Max. nomine scriptarum Lib. XVI. Venedig 1552, O. 2423, *H. 585*.

6. –, –, Petri Bembi Cardinalis Patritii Veneti Epistolarum familiarium Libri VI. et diversorum in eius mortem Epitaphia … . Köln 1582, O. 2430.

7. **Beza, Theodorus**, Epistolarum theologicarum Theodori Bezae Vezelij Liber unus, secunda editio. Genf 1575, O. 2425.

8. **Bonciarius, Marcus Antonius**, Epistolae ad Rev. Neapolionem Comitolum Perusiae Episcopum, editio secunda. Marburg 1604, O. 2439.

9. **Bongars, Jacques de**, Jacobi Bongarsi et Georgii Michaelis Lingelshemi Epistolae. Straßburg 1660, D. 2543.

10. –, –, Lettres de Jacques de Bongars, Resident et Ambassadeur du Roi Henri IV., vers les Electeurs, Princes et Etats Protestants d'Allemagne. En Latin et en François. … Tome premier. Den Haag 1695, O. 2427.

11. **Brunus Aretinus, Leonardus**, Ioannes Albertus Fabricius (Hrsg.), Epistolarum libri VIII. praemissa Poggii Florentini oratione recusi. Hamburg 1724, O. 2396.

12. **Brutus, Johann Michael**, Opera Varia Selecta, nimirum Epistol. lib. V. De historiae laudibus sive ratione legendi scriptores historicos liber. Praeceptorum conjugalium liber. Epistolis et Orationibus compluribus. Editione Cracoviana auctiora. Berlin 1698, O. 2428: Jo. Mich. Bruti epistolae, orationes al. Berol 698.

13. **Buchner, August**, Epistolae, pars 1. Dresden 1680. Pars 2. Pirna 1687, O. 2431 und 2441: Dresd. 687.

14. **Busbequius, Gislenus**, A Gislenii Busbequii omnia quae extant cum privilegio. Amsterdam 1660 (enthält Epistolae), D. 2564: Amsterd. 1650.

15. **Calvinus, Ioannes**, Epistolae et Responsa … Eiusdem Ioan. Calvini Vita a Theod. Beza, Genuensis Ecclesiae ministro, accurate descripta … . Hanau 1597, O. 2422.

16. **Camerarius, Joachimus**, Epistolarum familiarium libri VI. nunc primum post ipsius obitum singulari studio a filiis editi. Frankfurt 1583, O. 2414.

17. –, –, Epistolarum libri quinque posteriores, nunc primum a filiis in hoc secundo volumine studiose collectae et ad utilitatem publicam editae. Frankfurt 1595, O. 2406.

18. **Casaubonus, Isaacus**, Joannes Georgius Graevius (Hrsg.), Isaaci Casauboni Epistolae, editio secunda LXXXII. epistolis auctior … . Magdeburg / Helmstedt 1656, Q. 2330., *H. 304*.

19. –, –, Epistolae cum responsionibus. Rotterdam 1709, F. 2306.

20. **Caselius, Joannes**, Ad Eobaldum Brummerum I. C. Cl. Super secundae conjugis obitu Consolatio. Illius item aliae paucae Epistolae. Helmstedt 1610, D. 2546, 2547 Jo. Caselii epistolae Helmst. 619 (Epistolarum centuria, Helmstedt 1619).
21. **Clericus (LeClerc), Ioannes (Pseudonym Liberius)**, Liberii de Sancto Amore Epistolae theologicae, in quibus varii scholasticorum errores castigantur. Irenopolis 1679, O. 2420.
22. **Crucius, Jacobus**, Mercurius Batavus sive epistolarum libri V: opus stili et oratoriae studiosis apprime utile, inter alia vitae monita complectens Ethica, Politica, Oeconomica. Lübeck 1663, D. 2562.
23. **Daumius, Christianus**, Jo. Andreas Gleich (Hrsg.), Christiani Daumii Philologi et Polyhistoris Celeberrimi Epistolae Latinae ad Jo. Fridric. Hekelium Polyhist. Cl. scriptae. Torgau / Dresden 1697, O. 2421.
24. **Donius, Ioannes Baptista**, Bandini, Angelo Maria, Commentariorum de vita et scriptis Ioannis Bapt. Doni Patricii Florentini ... libri quinque. Florenz 1755, F. 2301: Vita et epistolae Io. Bapt. Donii a Bandinio. Florentiae 755.
25. **Erasmus, Desiderius**,[58] Beatus Rhenanus (Widmungsbrief), Auctarium selectarum aliquot epistolarum Erasmi Roterodami ad eruditos et horum ad illum. Basel 1518, Q. 2350a: Erasmi Roterod. theolog. varia et rariora et Beati Rhenani nonnulla. Basil. 1518.
26, –, –, Epistolae ... . Basel 1521, F. 2303, 2309.
27. –, –, Spongia adversus aspergines Hutteni. Basel 1523, D. 2549, 3.
28. –, –, Purgatio adversus epistolam non sobriam Martini Lutheri. Basel 1534, D. 2549, 2.
29. **Farellus, Galenus**, Dissertatio Historica sive Epistola ad Amicum Responsoria de novissimis in Belgio litibus 1. circa Philosophiam, 2. circa Theologiam. S.l. 1677, O. 2433, *H. 634*.
30. **Fechtius, Johannes**, Epistolae theologicae saec. 16. Frankfurt 1684, Q. 2337.
31. **Forstnerus, Christophorus**, Epistolae Negotium Pacis Osnabrugo-Monasteriensis concernentes. Accessit Anonymi Epistola de Comitiis Electoralibus Ratisbonae habitis. Mömpelgard 1657, D. 2552, 2.
32. **Goldast, Melchior** (Briefempfänger), Virorum cll. et doctorum ad Melchiorem Goldastum ... Epistolae ex Bibliotheca Henrici Günteri Thülemarii J. C.

[58] Briefe (wie Anm. 4), Bd. 4, Nr. 173 an Johann Georg Müller, 1781, Z. 66–68: „Lesen Sie, um in die Uebung des Latein zu kommen, täglich einige Sachen von Erasmus, oder sonst einem Theologen, der leicht u. der Sprache des Umgangs nahe schreibt." Bd. 8, Nr. 154 an seinen Sohn Siegmund August Wolfgang 1800: „Ich lege Dir einen hübschen Sallust, Sueton, Eutrop bei, die Dir zur Abwechselung diensam sein werden. Auch den Erasmus de copia verborum et rerum, der, als Spiel oft durchgesehen, zum Lateinischen Sprechen sehr hilft."

editae. Accedit in calce Forstneriarum Epistolarum mantissa. Frankfurt / Speyer 1688, Q. 2329.
33. **Gouterus, P.**, Epistolae. Frankfurt 1615, D. 2551 (bisher nur hier belegt).
34. **Graevius, Johannes Georgius**, Johannes Albertus Fabricius (Hrsg.), Praefationes et Epistolae CXX, in usum Latinae Eloquentiae studiosorum collectae et editae a Jo. Alb. Fabricio ... adjecta est Petri Burmanni ... Oratio funebris in obitum clarissimi viri Ioannis Georgii Graevii. Hamburg 1707, O. 2438, 1, *H. 586*.
35. **Gratius, Ortvinus** (fiktiver Briefempfänger), Epistolae obscurorum virorum ad Dom. M. Ortvinum Gratium. London 1689, D. 2554.
36. **Grotius, Hugo**, Epistolae quotquot reperiri potuerunt. Amsterdam 1687, F. 2300.
37. **Grynaeus, Iohannes Iacobus**, Sigismundus Iacobus Apinus (Hrsg.), Iohannis Iacobi Grynaei clarissimi olim theologi Basil. Epistolae Familiares LXVI. ad nobilem virum Christophorum Andream Iulium I.V.D. et Consiliarium Norib. scriptae .... Frankfurt / Leipzig 1715, O. 2410.
38. **Gude, Marquard**, Petrus Burmannus (Hrsg.), Marquardi Gudii et Claudii Sarravii Senatoris Parisiensis Epistolae una cum Responsis: Quibus accedunt ex Bibliotheca Gudiana clarissimorum et doctissimorum virorum, qui duobus ultimis saeculis floruerunt epistolae. Leiden 1711, Q. 2335.
39. **Guevara, Antonius de**, Epistolae in quibus multa S. Scripturae loca explicantur, antiquitates illustrantur, praecepta tam publicae, quam privatae rei administrandae saluberrima traduntur, reprehenduntur vitia et ad virtutem stimuli adduntur; quidquid denique fere in vita occurrit, graphice quasi depictum exhibetur .... Frankfurt / Leipzig 1744, O. 2398–2400.
40. **Hildebrand, Friedrich**, Centuriae Epistolarum Quatuor. Leipzig 1715, D. 2560.
41. **Holstenius, Lucas**, Henricus Christianus Crugerus (Hrsg.), Epistolae XXII ad Petrum Lambecium, ob nativam stili elegantiam, prudentissima monita et praecepta ac variarum eruditarum notitiam nunc primum seorsim editae. Jena 1708, O. 2413.
42. **Hotomannus, Franciscus und Ioannes**, Francisci et Ioannis Hotomannorum patris et filii et clarorum virorum ad eos Epistolae. Amsterdam 1700, Q. 2334.
43. **Huntingtonus, Robertus**, Edwardus Bernardus (Hrsg.), Epistolae et veterum Mathematicorum, Graecorum, Latinorum et Arabum synopsis ... Praemittuntur D. Huntingtoni et D. Bernardi Vitae scriptore Thomae Smitho. London 1704, O. 2401.
44. **Junius, Hadrianus**, Epistolae quibus accedit Ejusdem Vita et Oratio De Artium liberalium dignitate .... Dordrecht 1552, D. 2561.

45. **Languetus, Hubertus**, Joannes Petrus Ludovicus (Ludewig) (Hrsg.), Arcana seculi decimi sexti. Huberti Langueti ... Epistolae secretae .... Halle 1699, Q. 2323.
46. **La Croze, Mathurin Veyssière,**[59] Johann Ludwig Uhl, Thesauri epistolici Lacroziani, 2 Bde. Leipzig 1742, Q. 2331.
47. **Launoius, Johannes**, Epistolae omnes. Cambridge 1689, F. 2305.
48. **Laurus, Ioannes Baptista**, Epistolarum Centuriae Duae. Köln 1624, D. 2544.
49. **Leibniz, Gottfried Wilhelm**, Christianus Kortholt (Hrsg.), Epistolae ad diversos, theologici, iuridici, medici, philosophici, mathematici, historici et philologici argumenti, 4 Bde. Leipzig 1734–1742, O. 2411, 2412: Vol. 1–4. Lips. 1744 (zu diesem Jahr nicht belegt), *H. 623.*
50. –, –: Fridericus Gedickius (Hrsg.), Epistolarum selectissimarum Leibnitii, Schurzfleischii, Thomasii, Schilteri ... Decas. Berlin 1745, Q. 2326.
51. **Lipsius, Justus**, Epistolarum selectarum III. centuriae. Antwerpen 1601, Q. 2313, *H. 306, 2.*
52. –, –, Epistolarum centuriae prima [–tertia] ad Belgas. Antwerpen 1602, Q. 2312, *H. 306,1.*
53. –, –, Epistolarum selectarum centuria singularis ad Germanos et Gallos. Antwerpen 1602, Q. 2316, *H. 306, 5.*
54. –, –, Epistolarum selectarum centuria IV. V. miscellanea postuma. Antwerpen 1607, Q. 2314, *H. 306, 3ab.*
55. –, –, Epistolarum selectarum centuria singularis ad Italos et Hispanos. Antwerpen 1613, Q. 2315, *H. 306, 4.*
56. **Longolius, Christophorus**, Epistolarum libri III. Lyon 1593, D. 2556. 2557: Chr. Longolii Epistolae s.t.
57. **Lossius, Lucas**, Adamus Henricus Lackmannus (Hrsg.), Epistolae diversi argumenti maximam partem a variis ad clarissimum multorumque meritorum virum Lucam Lossium, illustris Lycei apud Luneburgenses, dum viveret, Pro-Rectorem, et post eum a Duraeo, Langwedelio, Boeclero, Portnero, Berneggero, Freinsheimio aliisque ad alios exaratae, partim excerptae et in compendium redactae, partim vero integrae ex autographis descriptae ... . Hamburg 1728, O. 2429, 3: Lockmanni.[60]

---

[59] Briefe (wie Anm. 4), Bd. 2, Nr. 76 an Christian Gottlob Heyne, Bückeburg 1772, über Briefe von La Croze, ebenso Nr. 94 und Nr. 99 an denselben – ein Beleg, daß Herder auch Autoren schon kannte, bevor er selbst ihre Bücher erworben hatte.

[60] Lockmanni ist eine Fehlschreibung des Auktionskatalogs für Lackmanni. Die Bibliothek von Adam Heinrich Lackmann (1694–1753), Professor der Geschichte an der Universität in Kiel, wurde 1755 in Hamburg auktioniert. Ein Exemplar von Peter Lindeberg, Iuvenilium partes tres. Frankfurt: Zacharias Palthenius, 1595, hat auf dem Spiegel des Bandes den Eintrag „ex auctione Lackmanniana Hmb. 1755". Der Band hat auf dem Vorderdeckel ein

58. **Luther, Martinus**, Epistolae domini Nicolai Amsdorfii et D. Martini Lutheri de Erasmo Roterodamo. Wittenberg 1534, D. 2549.
59. –, –, Joannes Aurifaber (Hrsg.), Epistolarum Reverendi Patris Domini D. Martini Lutheri. Tomus primus [–secundus]. Jena 1556, Q. 2336.
60. **Manutius, Paulus**, Epistolarum Libri XII. Köln 1591, D. 2555: 693.
61. **Maresius (Desmarests), Rolandus**, Epistolarum Philologicarum Libri Duo. Leipzig 1687, D. 2545, 1.
62. **Mayáns y Siscar, Gregorio**, Gregorii Maiansii … Epistolarum libri sex ex musaeo Gottlob Augusti Ienichen. Leipzig 1737, Q. 2333.
63. **Melanchthon, Philippus**, Caspar Peucer (Hrsg.), Epistolae selectiores aliquot. Wittenberg 1565, O. 2402.
64. –, –, Joachim Camerarius (Hrsg.), Liber continens continua serie Epistolas Philippi Melanchthonis scriptas annis XXXVIII. ad Ioach. Camerar. Pabep. nunc primum pio studio et accurata consideratione huius editus … . Leipzig 1569, O. 2432.
65. **Morata, Olympia Fulvia**, Opera omnia cum eruditorum testimoniis. Quibus praeter C. S. C. Epistolas selectas et orationes: Nunc demum accesserunt M. Antonii Paganutii fabulae ex Aesopo Latine factae, et Ioannis Boccacii quaedam ex Italico. Basel 1580, O. 2419: Olympiae Fulviae Moratae epistolae et orationes al. Basil. 580.
66. **Naudaeus, Gabriel**, Epistolae. Nunc primum in lucem prodeunt. Genf 1667, D. 2550.
67. **Petrarca, Franciscus**, Epistolarum familiarium libri XIV. Variarum lib. I, Sine titulo lib. I, Ad quosdam ex veteribus illustriores lib. I. Lyon 1601, O. 2417.
68. **Philelphus, Franciscus**, Epistolare Francisci Philelfi. Basel 1500, Q. 2332: Franc. Philelfi Epistolae, Basil. 1500.
69. **Politianus, Angelus**, Angeli Politiani et aliorum virorum illustrium Epistolarum Libri 12. Eiusdem Praefatio in Suetonii Tranquilli expositionem. Accessit praeterea eorum quae Graeca sunt, accuratissima interpretatio. Hanau 1512, D. 2553.
70. –, –, Angeli Politiani et aliorum virorum illustrium Epistolae cum Praefatione in Suetonii expositionem. Amsterdam 1644, D. 2559: Amsterd. 642.
71. **Puteanus, Erycius**, Epistolarum apophoreta centuria IV. et recens. Leuven 1612, Q. 2324.

Supralibros mit dem Wappen und einer Umschrift von Heinrich Rantzau. Der in Privatbesitz befindliche Band stammt aus seiner Bibliothek und wurde 1627 nach der Eroberung der Breitenburg bei Itzehoe durch Wallensteins Truppen nicht wie die meisten von Rantzaus Büchern als Kriegsbeute nach Prag geschickt, sondern von einem Soldaten an sich genommen und an einen holsteinischen Bürger veräußert. So konnte das Buch später in den Besitz von Lackmann gelangen. Einem Exlibris zufolge war das Buch später zeitweise im Besitz der spanischen Herzöge von Medinaceli y Santisteban (Doppeltitel der Herzöge seit 1789).

72. –, –, Epistolarum Atticarum missus secundi in Centurias tres divisi. Operum Omnium Tomus IV. Köln 1617, O. 2440.
73. –, –, Marcus Zuerius Boxhornius (Hrsg.), Ad Constantinum Hugenium et Danielem Heinsium viros nobiliss. Epistolae. Leiden 1647, D. 2558: Amsterd. 647.
74. **Reinesius, Thomas**, Ad viros clariss. D. Casp. Hofmannum Christ. Ad. Rupertum Profess. Noricos Epistolae. Leipzig 1660, Q. 2327.
75. –, –: Thomae Reinesii et Io. Andr. Bosii epistolae mutuae varia philologica et historica complexae. Jena 1700, D. 2548.
76. **Reuchlin, Johannes**, Illustrium virorum epistolae Hebraicae, Graecae et Latinae Ad Ioannem Reuchlin Phorcensem ... missae ... additus est Liber secundus .... S.l. et a. (Kolophon: Hagenau 1519), F. 2302: Virorum illustrium epistolarum libri 12 .... Paris 1519.
77. **Richter, Georgius**, Epistolae selectiores. Nürnberg 1662, Q. 2328, 1.
78. **Rossi, Gian Vittorio**, Iani Nicii Erythraei Epistolae ad Diversos. Köln 1645, O. 2435, 2436, 3, 2442, 4.
79. –, –, Iani Nicii Erythraei Epistolae ad Tyrrhenum. Köln 1645, O. 2436, 2. 2442, 2.
80. **Ruarus, Martin**,[61] J[oachim] Ruarus (Hrsg.), Martini Ruari nec non H. Grotii, M. Mersenii, M. Gittichii et Naerani aliorumque virorum doctorum, quorum nomina post praefationem vide, ad ipsum Epistolarum selectarum centuria, in quibus res magni in religione momenti inter diversarum sententiarum atque sectarum homines tractantur et examinantur. Amsterdam 1777, O. 2409.
81. **Sadoletus, Iacobus**, Epistolarum libri sexdecim. Eiusdem ad Paulum Sadoletum Epistolarum liber unus. Vita eiusdem autoris per Antonium Florebellum. Lyon 1560, O. 2423.
82. **Schurzfleischius, Conradus Samuel**, Epistolae selectiores secundum nunc sine lacunis et cum Memoria Autoris editae. Wittenberg 1729, O. 2426.
83. **Seelen, Ioannes Henricus a** (Hrsg.), Philocalia Epistolica sive centum epistolae varia notatu digna, inprimis ad sanctiorem doctrinam atque historiam ecclesiasticam spectantia, continentes. Lübeck / Ratzeburg 1728, O. 2429, 1.
84. –, –, –, Deliciae Epistolicae sive centuria epistolarum, memorabilia, tum alia, tum inprimis theologica et historico-ecclesiastica complectentium ... . Lübeck / Ratzeburg 1729, O. 2429, 2.
85. **Textor, Johannes**, Epistolae Johannis Ravisii Textoris, non vulgaris eruditionis. Nunc recens in gratiam studiosae iuventutis multo quam antehac unquam emendatiores in lucem editae. Zwickau 1652, D. 2563.

---

[61] Briefe (wie Anm. 4), Bd. 7, Nr. 134 an Johann Georg Müller, Weimar 1795, nennt Briefe des Ruarus.

86. **Uffenbach, Zacharias Konrad von**, Ioannes Georgius Schelhornius (Hrsg.), Commercii epistolaris Uffenbachiani Selecta, 3 Bde. Ulm / Memmingen 1753, O. 2418.
87. **Uhl, Johann Ludwig** (Hrsg.), Sylloge epistolarum varii argumenti, vol. IV. Nürnberg 1764, O. 2395.
88. **Vossius, Gerardus Ioannes**, Joan. Gerardi Vossii et clarorum virorum ad eum epistolae … . Augsburg 1691, F. 2308.
89. **Wolf, Johann Christoph**, Conspectus Supellectilis Epistolicae et Literariae manu exaratae, quae exstat apud Jo. Christophorum Wolfium, Pastorem ad D. Cathar. Hamburgensem, observationibus variis et epistolis nondum editis distinctus. Hamburg 1636, O. 2437.

II. Poetae Latini aetatis recentioris, 1.–108.
1. **Aicher, Otto, O. S. B.**, Iter Poeticum, quo intra septem dierum spatium tota fere Ars Poetica absolvitur. Salzburg 1674, D. 2579.
2. **Andreae, Johannes Valentinus**,[62] Turbo sive Moleste et Frustra Per Cuncta Divagans Ingenium, in Theatrum productum. Helicone iuxta Parnassum 1616/1621, D. 2539, 2: Moleste et frustra divagans ingenium in theatr. productum.
3. **Balde, Jacobus, S. J.**, Poemata, 4 Teile. Köln 1600, D. 2496–98, (Quelle für Herders Übersetzungen in den *Terpsichore*-Bänden von 1795 und 1796, erworben wohl um 1778).
4. –, –, Opera poetica omnia, magnam partem nunquam edita, e MM. SS. Auctoris nunc primum collecta et in Tomos VIII. distributa. München 1729, O. 2369 2376. (Erworben von Herder 1796 1803; In Herders *Nachschrift* am Ende der *Terpsichore* von 1796 gibt er an, daß die Ausgabe Baldes von 1729 ihm, als er seine Übersetzungen herstellte, unbekannt war: „Ich werde sie zu erhalten suchen." Einzelne Schriften von Balde befanden sich nicht in Herders Bibliothek).
5. **Barclaius, Ioannes**, Argenis cum Clave. Leipzig 1659, O. 2542.
6. –, –, Argenis, Figuris aeneis illustrata suffixo Clave … . Nürnberg 1673, D. 2538.

---

[62] Briefe (wie Anm. 4), Bd. 4, Nr. 151 an Gotthold Ephraim Lessing, Weimar 15.1.1781, Z. 1–9: „Fischlin in seiner Memoria Theologorum Wurtenbergensium Pars II, pagina 134. führt ein Leben an, das Johann Valentin Andreä selbst von sich geschrieben und lobt es zweimal. Auch Schuppius führts als umgehend im Manuscript mit vielem Lobe an; und wie, dachte ich, sollts nicht etwa gar in der Wolfenbüttelschen Bibliothek seyn? da er mit dem Herzog von Braunschweig solange Briefe gewechselt? Sollten nicht vielleicht andre Sachen von ihm daseyn, die dem, der sich genau um ihn zu bekümmern Lust hat, sehr angenehm wären." Vgl. im übrigen zu Andreä Briefe (wie Anm. 4), Bd. 10 (Register), 58f, und Herder, hrsg. von Suphan, Bd. XVI, 298–301 und 591–599.

7. –, –, Euphormionis Lusinini sive Johannis Barclaji Satyricon. Partes quinque cum Clavi [sic]. Accessit Conspiratio Anglicana. Frankfurt / Leipzig 1678, D. 2540.
8. **Bargiocchus, Ioannes Baptista, S. J.**, Epigrammata sacra, moralia et demonstrativa. Rom 1544, D. 2504.
9. **Barlaeus, Caspar**, Poemata. Editio V, Altera plus parte auctior. Pars I Heroicorum. Amsterdam 1655, D. 2517.
10. **Barthius, Caspar,**[63] Opuscula varia nunc primum edita. Hanau 1612, O. 2367, 2.
11. –, –, Zodiacus vitae Christianae; satyricon, pleraque omnia verae sapientiae mysteria singulari suavitate enarrans. Frankfurt 1623, O. 2383.
12. –, –, Epidorpidum ex mero Scazonte Libri VIII. Frankfurt 1623, O. 2391.
13. –, –, Claudii Rutili Namatiani Galli Itinerarium ... Caspar Barthius recensuit. Animadversionum commentarium adjecit. Frankfurt 1623, O. 2367, 1.
14. –, –, Erotodidascalus, sive Nemoralium Libri V. Hanau 1625, O. 2383, 1.
15. **Baudius, Dominicus**, Poemata. Nova editio et prioribus auctior. Amsterdam 1640, D. 2523.
16. **Beza, Theodorus**, **Buchananus, Georgius**, Psalmorum Sacrorum Davidis Libri quinque, duplici poetica metaphrasi, altera alteri e regione opposita vario carminum genere Latine expressi Theodoro Beza Vezelio et Georgio Buchanano Scoto autoribus. ... Eiusdem Buchanani Tragoedia quae inscribitur Iephthes. Morges, Schweiz 1581, O. 2382.
17. –, –, Poemata Varia. Genf 1614, D. 2518.
18. **Biedermann, Johann Gottlieb, S. J.**, Iacobi Bidermanni e Societate Iesu Herodiados libri tres, sive innocentes D. D. Christo-Martyres, ab Herode Tyranno crudeliter caesi. Dillingen 1622, D. 2495.
19. –, –, Iacobi Bidermanni e Soc. Iesu Epigrammatum libri tres. Köln 1631, D. 2530 (in VD17 nur Köln 1620).
20. –, –, Iacobi Bidermanni e Soc. Iesu Silvulae Hendecasyllaborum. Rom 1634, D. 2534, 1.
21. –, –, Iacobi Bidermanni e Soc. Iesu Ignatius sive de vita et gloria S. Ignatii Loiolae Soc. Iesu Conditoris Libri tres. Antwerpen 1635, D. 2534, 2.
22. **Borbonius, Nicolaus**, Nugarum libri VIII. ab auctore recens aucti et recogniti. Basel 1540, O. 2380: Nic. Borbonii Nugarum libri octo. Basil. 540.

---

[63] In Nachlaß, Kaps. XXIV, Nr. 3, 97–101, und XXVIII, Nr. 6, 39r, befinden sich handschriftliche Auszüge aus Caspar Barth, Adversariorum commentariorum Libri LX. Frankfurt: Typis Wechelianis, Daniel et David Aubrius, Clemens Schleichius, 1624.

23. **Bruno, Giordano,**[64] Iordani Bruni Nolani de Monade, numero et figura liber ... Item de Innumerabilibus .... Frankfurt 1591, (Hexameter) O. 2362.
24. **Buchananus, Georgius**, Georgii Buchanani Scoti poetarum sui saeculi facile principis Poemata quae supersunt omnia. Leiden 1628, O. 2533.
25. –, –, Poemata. Edinburgh 1635, O. 2536.
26. **Carrera, Franciscus, S. J.**, Lyricorum Libri Quatuor et Epodon Liber unus. Nunc primum in lucem prodeunt. Köln 1706, D. 2516.
27. **Ceva, Thomas, S. J.**,[65] Carmina videlicet Philosophia Novo-Antiqua, quae nunc primum prodit. Iesus Puer Poema, Editio quarta. Sylvae, Altera Editio auctior. Mailand 1704, D. 2502, 2503.
28. **Cherlerus, Paulus**, Eclogae X de Jesu Christo, Dei patris et virg. Mariae filio. Basel 1583, D. 2521: Eclogae 10 de Iesu Christo. Basil. 1583.
29. **Clemens, Venceslaus**, Gustavidos libri IX, quibus Gustavi II ... victoriarum heroicarum rerumque per Germaniam gestarum series carmine heroico narratur. Leiden 1632, Q. 2346.
30. **Cunradinus, Henningius**, P. L. Caes., Poemata. Antea nunquam in lucem edita. Rostock 1607, O. 2368, 1.
31. **Cunradus, Caspar**, Prosopographiae Melicae: In quo virorum doctorum et virtute clarissimorum vita et fama singulis distichis utcunque delineatur. Breslau 1615, O. 2355, 2.
32. **Desbillons, Franciscus Josephus, S. J.**, Fabulae Aesopiae, 2 Bde. Mannheim 1768, O. 2388–2389.
33. **Douza, Janus**, Petrus Scriverius (Hrsg.), Poemata pleraque Selecta ex Auctoris schedis ... Accedunt Iosephi Scaligeri, Iusti Lipsii aliorumque ad Douzam Carmina. Leiden 1609, D. 2514.
34. **Enenkelius**, **Georgius Acacius**, Liber Baro Hoheneccius, Seianus seu De Praepotentibus Regum ac Principum Ministris Commonefactio. Straßburg 1620, D. 2539, 1.
35. **Erhardus, Iohannes-Ulricus**, Rosetum Parnassium fonte Castalio rigatum diversoque florum genere exornatum, sive Poemata Varia Phoebo sereniore tranquilla meditatione progenita. Stuttgart 1674, D. 2515.[66]

---

[64] Nachlaß, Kaps. XXXI, Nr. 22, 2r „Nachricht von Jord. Brunos Buch vom Unendlichen der Welt in 5 Dialogen" mit Bemerkung von Herder ca. 1771–1779.

[65] Briefe (wie Anm. 4), Bd. 5, Nr. 63 an Karl Ludwig Knebel 1784: „Ihr Ceva".

[66] Herder bespricht im *Kenotaphium* diese Gedichte eines Protestanten, der hier Gedichte Baldes lateinisch und deutsch parodiert: „Reformierter Ehrenpreis, darin die hochgelobte Jungfrau Maria die ihr vom Jesuiter Jakob Balde angebotene göttliche Ehre ihrem Kind Jesu, dem solche allein zuständig, überreicht. Rosetum Parnassium aut. Jo. Ulr. Erhard Stuttgart 1674." Es handelt sich um Baldes Dichtung *Ehrenpreiß*, in dessen Gesamtausgabe von 1660, Bd. 4, 366–422. Vgl. dazu Anm. 98.

36. **Fabricius, Georgius**, Paeanum Angelicorum libri III. Leipzig ca. 1565, O. 2360.
37. **Flaminius, Marcus Antonius**, Carmina quinque illustrium poetarum. Quorum nomina in sequenti pagina continentur [**Petrus Bembus**, **Andreas Naugerius**, **Balthasar Castilionius**, **Ioannes Cotta**, M. Antonius Flaminius]. Additis nonnullis M. Antonii Flaminii libellis nunquam antea impressis. Florenz 1552, D. 2526.
38. **Flayderus, Fridericus Hermannus**, Imma Portatrix, Comoedia nova et consultoria, lectu utilis ac iucunda. Acta in Illustri Collegio Tubingae, Anno 1625 3. Martii, Item Musae Serioiocosae Tübingen 1625, O. 2363, 5.
39. **Flemmingus, Paulus**, Pauli Flemingi Germani Medic. Doct. et Poetae Laur. Caes. Epigrammata Latina ante hac non edita. Amsterdam 1649, D. 2507.
40. **Frischlinus, Nicodemus**, Rebecca comoedia nova et sacra. Tübingen 1584, O. 2365: Comoediae c. al. Tubing. 584.
41. –, –, Operum poeticorum Pars Scenica. Straßburg 1608, O. 2351: Nic. Frischlini opera poetica. Argentor. 678.
42. **Fürstenberg, Ferdinand Freiherr von** (Widmungsempfänger), Septem illustrium virorum poemata, Editio altera. Amsterdam: Daniel Elsevir, 1672, O. 2379: Septem illustrium poetarum poemata. Amstelod. 672.
43. **Gazaeus, Angelinus, S. J.**, Pia Hilaria. Nova editio, longe auctior et correctior. Antwerpen 1629, D. 2510.
44. **Gloner, Samuel**, Iudicium extremum. Heroico carmine scriptum. Straßburg 1625, O. 2363, 3.
45. –, –, Nativitas Jesu Christi. Heroico carmine scripta. Straßburg 1626, O. 2363.
46. –, –, Historia passionis et mortis Domini ac servatoris nostri Jesu, heroico carmine defleta V. Libris. Straßburg 1626, O. 2363, 1: 1621.
47. **Grotius, Hugo**,[67] Tragoedia Sophompaneas. Accessit Tragoedia eiusdem Christus Patiens et sacri argumenti alia. Amsterdam 1635, D. 2527.
48. **Gruter, Janus** (Hrsg.), Delitiae C. poetarum Gallorum huius superiusque aevi illustrium. Frankfurt 1609, 3. Bde, D. 2490–2492.
49. –, –, –, Delitiae poetarum Germanorum huius superiusque aevi illustrium. Frankfurt 1612, 6 Bde., D. 2080–2085.
50. –, –, –, Delitiae C. poetarum Belgicorum huius superiusque aevi illustrium. Frankfurt 1614, 4 Bde., D. 2486–2489. Vgl. Nr. 60 Jonstonus und Nr. 89 Rostgaard, Delitiae/Deliciae poetarum Danorum und Scotorum.
51. **Hadermann, Johann Heinrich**, Carmina Posthuma. Hanau 1789, O. 2393.

[67] Nachlaß Kaps. XXI, Nr. 103 „Ex Grotio“ in den Entwürfen zur Prüfung von Theologie-Kandidaten.

52. **Hadermann, Johann Leonhard**, Carmina. Hanau 1789 (Sohn von Nr. 51),[68] O. 2392.
53. **Heinsius, Daniel**, Auriacus sive Libertas Saucia (eine Tragödie in Versen). Accedunt ejusdem Iambi … . Leiden 1602, Q. 2343.
54. –, –: Nicolaus Heinsius (Hrsg.), Poematum Editio nova longe auctior. Amsterdam 1649, D 2513.
55. **Hessus, Helius Eobanus**, Heroidum Christianarum Epistolae. Leipzig 1514, Q. 2348, 2.
56. **Huetius, Petrus Daniel**, Poemata Latina et Graeca. Utrecht 1694, O. 2359.
57. **Hugo, Hermannus**, Pia desideria. Eisenach 1727, O. 2366, 2381, 1.
58. **Hutten, Ulrich von**,[69] Aula Dialogus. Augsburg 1518, Q. 2353.
59. –, –, Q. 2352 Varia opuscula Ulr. Hutteni, 519 (Hutten publizierte 1519 mehrere Schriften, s. VD16.).
60. **Ionstonus, Arturus**, Delitiae poetarum Scotorum huius aevi illustrium, 2 Bde. Amsterdam 1637, O. 2494 (s. Gruter).
61. **Knight, Gulielmus** (Hrsg.), Mundus alter et idem sive Terra Australis antehac semper incognita, longis itineribus peregrini Academici nuperrime lustrata. Authore Mercurio Britannico [= **Joseph Hall**]. Accessit propter affinitatem materiae **Thomae Campanellae** Civitas Solis et Nova Atlantis **Franc. Baconis** Bar. de Verulamo. Utrecht 1643, D. 2541, 2.
62. **Lipsius, Justus**, Franciscus Sweertius (Hrsg.), Clarissimi viri Iusti Lipsi Musae errantes. Antwerpen 1610, Q. 2318.
63. –, –, Justi Lipsii sapientiae et literarum antistitis fama postuma. Antwerpen 1629, Q. 2317.
64. **Lundius, Zacharias**, Poematum Iuvenilium Libri IV. Hamburg 1635, D. 2525.
65. **Malapertius, Carolus, S. J.**, Poemata. Antwerpen 1616, D. 2512.
66. **Mancinus, Dominicus**, Hermannus von der Hardt (Hrsg.), Liber de quatuor virtutibus et omnibus officiis ad bene beateque vivendum pertinentibus. Helmstedt 1691 (zuerst Leipzig 1516), D. 2505.
67. **Michael Tarch. Marullus, Hieron. Angerianus, Ioan. Secundus**, Poetae Elegantissimi. Nunc primum in Germania excusi. Spirae Nemetum (Speyer) 1595, D. 2524: Gyrae 595.
68. **Masenius, Jacobus, S. J.**, Palaestra Eloquentiae Ligatae. Dramatica. Pars III et ultima. Quae complectitur poesin comicam, tragicam, comico-tragicam, Praeceptis et historiis rarioribus, cum Exemplis singulorum poematum illu-

---

[68] Vgl. Buchonia, eine Zeitschrift für vaterländische Geschichte …, hrsg. von Joseph Schneider, 4. Bd, 1. Heft, Fulda 1829, 125–127.
[69] Briefe (wie Anm. 4), Bd. 5, Nr. 86, 8–15, an Christian Gottlob Voigt nach 1784, über Ulrich von Hutten.

strata. Et Auctario Elegantiarum Plauti. Nova editio priori longe correctior. Köln 1664, D. 2511.
69. –, –, Des Masenius Sarkotis. Lateinisch und deutsch. Basel 1780, O. 2390 (Sarcotis: ein Gedicht des Masenius, Basel 1780).
70. **Masurus (Des Mesures), Ludovicus**, Poemata. Secundo edita, ab authore ipso recognita et novis aucta. Basel 1574, D. 2501.
71. **Matha, Gustavus Fridericus**, Metaphrasis Psalmorum Elegiaca. Leipzig 1780, O. 2357.
72. **Melanchthon, Philippus**, Epigrammata. Frankfurt 1583, Q. 1583.
73. **Melissus, Paulus Schedius**, Schediasmata. Leipzig 1625, O. 2355, 1.
74. **Möller, Johannes**, Ana- et Epigrammatum Centuria V et VI editae. Arnstadt 1683 (Zahl in Chronogramm; Widmungsbrief datiert 1684), D. 2528: 1683.
75. **Morus, Thomas**, De optimo reip. statu deque nova insula Utopia libellus … Thomae Mori … Epigrammata … Thomae Mori, pleraque e Graeco versa. Epigrammata Des. Erasmi Roterodami. Basel 1518, Q., 2350: Erasmi Roterodami et Thom. Mori Varia scripta. Basel 1518.
76. **Muretus, Marcus Antonius**, Iuvenilia. Speyer 1611, D. 2529.
77. **Mynsinger von Frundeck, Joachim**, Henricus Meibomius (Hrsg.), Poemata Joachimi Mynsingeri a Frundeck … . Helmstedt 1585, Q. 2345.
78. **Opitius (Opitz), Martinus**,[70] Silvarum libri III. Epigrammatum liber unus. Frankfurt 1631, O. 2355, 4.
79. **Owen, Ioannes**, Epigrammatum Editio postrema. Amsterdam 1633, D. 2532.
80. **Palingenius, Marcus**, Zodiacus vitae. Lyon 1581, D. 2519.
81. –, –, Zodiacus vitae. Hamburg 1736, O. 2356.
82. **Petersen, Johann Wilhelm**, Uranias qua opera Dei magna … carmine heroico celebrantur. Frankfurt 1720, Q. 2349.
83. **Rapinus, Renatus, S. J.**, Eclogae. Nunc primum editae. His accesserunt Caroli Noceti ex eadem Societate Eclogae tres. Rom 1751, D. 2499.
84. **Reusner, Nicolaus**, Emblemata partim Ethica et Physica, partim vero Historica et Hieroglyphica … . Frankfurt 1581, Q. 2344.
85. –, –, De Italia, regione nobilissima Europae, libri duo … Item Elogia in urbes Italiae poetica et oratoria. Straßburg 1585, O. 2364: 1685.
86. **Rhumelius, Ianus Chunradus**, Canticum Canticorum Quod est Salomonis. Nürnberg 1621, O. 2363, 4: Canticum cantic. ib. (in 2363, 1: 621).
87. –, –, Theologia vegetabilis. Nürnberg 1626 (in Versen), O. 2355, 3.

[70] Briefe (wie Anm. 4), Bd. 7, Nr. 163, 27–30, an Johann Isaak Gerning, 1795: „Er (sc. Opitz) ist einer der Deutschen, vor dem ich auch als Kritiker und Gelehrten die größte Hochachtung habe. Ich wollt, daß ich an ihn reichte."

88. **Rossi, Gian Vittorio**, Iani Nicii Erythraei Eudemiae Libri Decem cum Praefatione Io. Christ. Fischeri Philos. Magistri praemissa, qua Erythraei Vitam Epistolis auget atque illustrat. Editio novissima. Köln 1740, O. 2442.
89. **Rostgaard, Fridericus** (Hrsg.), Deliciae Quorundam Poetarum Danorum Collectae et in II. Tomos divisae. Leiden 1593, O. 2493 (vgl. Gruter).
90. **Sannazarius, Jacobus,**[71] Opera omnia. Lyon 1536, D. 2506.
91. –, –, Actii Sannazarii et trium fratrum Amaltheorum Poemata (Vortitel zu den Opera Sannazaros und den Carmina von **Hieronymus**, **Io. Baptista** und **Cornelius Amaltheus**, jeweils mit eigener Seitenzählung. Amsterdam 1689), D. 2500.
92. **Sarbievius, Mathias Casimirus, S. J.**, Lyricorum Libri IV, Epodon Lib. unus Alterque Epigrammatum. Antwerpen 1646, D. 2537.
93. –, –, Lyricorum Libri IV, Epodon Lib. unus Alterque Epigrammatum. Köln 1648, oder: Carmina Nova editio, prioribus longe auctior et emendatior. Paris 1759, D. 2535: M. Cas. Sarbievii Carmina. Colon. 659.
94. –, –, Lebrecht Gotthelf Langbein, Commentatio de Mathiae Casimiri Sarbievii S. I. Poloni vita, studiis et scriptis. Dresden 1754, Q. 2347.
95. **Scaliger, Josephus**, Petrus Scriverius (Hrsg.), Poemata omnia. Ex museio Petri Scriveri. Leiden 1615, D. 2508.
96. **Scaliger, Julius Caesar**, Poemata omnia. (Heidelberg) 1600, O. 2386.
97. –, –, Poetices libri septem. Editio quinta. (Heidelberg) 1617, O. 2385.
98. **Scholzius, Laurentius**, Hortus carmine celebratus. Breslau 1592, Q. 2341.
99. **Schwarz, Christian Gottlieb**, Sigismundus Iacobus Apinus (Hrsg.), Christ. Gotl. Schwarzii Carmina. Frankfurt 1728, O. 2358.
100. **Strozzi, Titus Vespasianus** und **Hercules**, Strozii poetae, pater et filius. S.l. et a., O. 2378: Strozii poetae, pater et filius. (Dieser Nachdruck einer Aldina von 1513 wurde lange für eine Aldina ohne Datum gehalten, bis Antoine Augustin Renouard, Annales d'Imprimerie des Alde. Paris 1803–1812, nachwies, daß es sich um einen Nachdruck von B. Westheimer in Basel aus der Zeit um 1537 handelt.)
101. **Taubmann, Friedrich**, Schediasmata poetica innovata … . Wittenberg 1610, O. 2368.
102. –, –, Christianus Taubmanus (Hrsg.), Frid. Taubmani Postuma Schediasmata, vorsa et prorsa, per saturam in mantissam adjecta, cum Auctario Famae postumae. Wittenberg 1616, O. 2384, 2462, 2. *H. 595.*
103. **Torrentius, Laevinus**, Poemata. Quorum Indicem proxima pagina ostendet. Antwerpen 1579, D. 2522.

---

[71] Briefe (wie Anm. 4), Bd. 6, Nr. 54, S. 23, an Caroline Herder, Neapel 19.1.1789, stellt sich „am Grabe Sannazars" vor.

104. **Vavasseur, Franciscus, S. J.**, Theurgicon sive De Miraculis Christi Libri IV. Paris 1645, D. 2520: Paris 1595.
105. **Vida, Marcus Hieronymus,**[72] Opera, quorum catalogum sequens pagina continet. Lyon 1607, D. 2509.
106. **Widl, Adamus, S. J.**, Lyricorum libri III. Epodon liber unus. Bamberg 1760 (richtet Ode an Jacobus Balde), O. 2361.
107. **Winsemius, Pierius**, Sirius, Franeker 1638, D. 2531.
108. **Zamagna, Bernardo, S. J.**, Zamagnae, Cunichii et Mazzolarii Romanorum Elegiae. Praefixa est Dissertatio de Stylo Catulliano, quam elucubratus est Carolus Michaeler … . Augsburg 1776, O. 2394.

III. Oratores etc. Latini aetatis recentioris, 1.–94.
1. **Academia Altorffiana**, Emblemata anniversaria Academiae Noribergensis, quae est Altorffii: … ab ann. Christi MDLXXVII usque ad ann. MDCXVI proposita, oratiunculis eruditis et nervosis in panegyribus Academicis explicata atque in IV. Decadas distributa. Nürnberg 1617, Q. 2338.
2. **Acontius, Jacobus**, Strategematum Satanae: sive de recte et prudenter cum in Doctrina, tum in Disciplina instituenda, reformanda adversusque Diaboli insidias praemunienda Dei Ecclesia Libri VIII. Amsterdam 1652, D. 2586.
3. **Agricola, Alexander**, Sapientia Hyperborealis sive Specimina Literaturae Barbaro-Scythicae, quam nostro tempore viri quidam Illuminatissimi voce ac scriptis certatim inlustratum eunt. Auctore Alexandro Agricola cum notis Anonymi, edente Alexicaco Philomuso. S.l. 1733, O. 2377.
4. **Andreae, Johannes Valentinus**, Menippus sive Dialogorum Satyricorum Centuria. Cosmopoli (Straßburg) 1618, D. 2595: Dialogi satyrici c. al. Cosmop. 618.
5. –, –, Mythologiae Christianae sive virtutum et vitiorum vitae humanae imaginum Libri tres. Straßburg 1619, D. 2589.
6. –, –, Rei publicae Christianopolitanae Descriptio. Straßburg 1619, D. 2576: Opusculum de constitutione reipublicae Christianae c. al. 1633.
7. **Bacon de Verulamo, Franciscus**, Historia Regni Henrici Septimi Angliae Regis. Opus vere politicum. Leiden 1647, D. 2541, 1.
8. **Balbinus, Bohuslav, S. J.**, Verisimilia humaniorum disciplinarum. Prag 1666, D. 2575.
9. **Barclaius, Ioannes**, Icon Animorum … cum Augusti Buchneri Notis … . Dresden 1680, O. 2465.
10. **Bembus (Bembo), Petrus**, Opera. Quaecunque usquam prodierint. Basel 1556, O. 2473.

---

[72] Briefe, Bd. 1, Nr, 33, S. 58, an Johann Georg Scheffner, Riga 1767: „Ihre Rezension des Vida gefällt mir."

11. **Biedermann, Johann Gottlieb**, I. G. Bidermanni Otia Litteraria Varii Argumenti. Pars I. Leipzig 1751, D. 2479.
12. **Bodinus, Johannes**, Methodus ad facilem Historiarum cognitionem. Straßburg 1607, D. 2602.
13. **Bonfadius, Josephus**, De civilis administrationis optuma forma disputatio adversus oppugnantes aristocratiam, praecipue vero Bodinum, Guilelmum Barclaium atque Iustum Lipsium. Padua 1611, D. 2599: s.t.
14. **Borrichius, Olaus**, Dissertationes seu Orationes Academicae selectioris argumenti in II Tomos tributae. Kopenhagen 1715, O. 2443, 2444.
15. **Boxhornius, Marcus Zuerius**, De Imperio Romanorum Dissertationes politicae. Jena 1664, D. 2598.
16. **Brerewodus, Edoardus**, Scrutinium Religionum et Linguarum, Editio novissima auctior et correctior. Frankfurt 1679, D. 2582.
17. **Buchlerus a Gladbach, Ioannes**, ΓΝΩΜΟΛΟΓΙΑ seu Sententiarum memorabilium cum primis Germanicae Gallicaeque linguae, brevis et aperta latino carmine, inspersis rhythmis festivissimis facta descriptio … . Editio altera. Köln 1606, D. 2604.
18. **Burgius, Johannes Fridericus**, Orationes gymnasticae. Breslau 1768, O. 2447.
19. **Casa, Johannes**, Latina monimenta, quibus continentur 1. carmina, 2. de officiis inter potentiores et tenuiores amicos, 3. Petri Bembi vita … . Halle 1709, Q. 2322.
20. **Castellio, Sebastianus**, Scripta Selecta et Rarissima: Scilicet I. Dialogi quatuor, 1. De Praedestinatione, 2. De Electione, 3. De Libero Arbitrio, 4. De Fide, II. Tractatus quatuor … . Accessit III. Thomae de Kempis de Imitatione Christi a Seb. Castellione e Latino in Latinum translatus. Frankfurt 1696, O. 2381, 2.
21. **Castilio (Castiglione), Balthasar**, De Curiali sive Aulico Libri Quatuor interprete Bartholomaeo Clerke, Anglo Cantabrigiensi, ex Italico sermone in Latinum conversi. Quibus accessit De Aula Dialogus Gulielmi Insulani Menapii. Frankfurt 1606, D. 2471: Balth. Castilionis Aulicus.
22. **Cellarius, Christophorus**, Orthographia Latina ex vetustis monumentis hoc est nummis, armoribus, tabulis, membranis veterumque grammaticorum placitis; Nec non recentium ingeniorum curis excerpta, digesta, novisque observationibus illustrata. Ed. tertia. Jena 1710, O. 2438,3, *H. 586.*
23. –, –, Orationes Academicae conlectae opera Joannis Georgii Walchii, qui et praefatione de fatis oratoriae inter Graecos, Romanos et Germanos copiose disseruit. Leipzig 1714, O. 2448.

24. **Christius (Christ), Johann Friedrich**,[73] Otii Regalis Acroamata Orationibus tribus … . Leipzig 1745, O. 2478.
25. –, –, De Patrimonio poetarum, in quo paganitas quaedam fabularum stilique antiqua redolentis accusatur. Orationes tres. Leipzig 1745, O. 2478, 2.
26. –, –, Villaticum Libris III: Insunt Rusticationis Laudes Villaeque Amoenissimae Descriptio. Leipzig 1746, O. 2477.
27. **Comenius, Ioannes Amos**, Pansophiae Prodromus. Leiden 1644, D. 2585, 1.
28. –, –, Physicae ad lumen divinum reformandae synopsis. Amsterdam 1643, D. 2585, 2.
29. –, –, Unum necessarium scire, quid sibi sit necessarium in vita et morte et post mortem … . Editio quarta. Jena 1713, D. 2581.
30. **Crenius, Thomas**, Animadversiones Philologicae et Historicae … Cum Quibusdam Josephi Scaligeri, Theodori Bezae, Hadriani Junii, Hugonis Grotii, Claudii Salmasii, Andreae Riveti, Jo. Henr. Heideggeri … . Pars 1–12. Leiden 1697, O. 2467–2469.
31. **Dornavius, Caspar**, Amphitheatrum sapientiae socraticae ioco-seriosae … . Hanau 1619 (Prosa und Poesie), F. 2311.
32. **Drexelius, Jeremias, S. J.**,[74] Nicetas seu Triumphata Incontinentia. München 1624, D. 2592.
33. **Engel, Samuel**, Petri d'Ebulo carmen de motibus Siculis et rebus inter Henricum VI Romanum Imperatorem et Tancredum seculo XII gestis; nunc primum e Msc. codice bibliothecae Publicae Bernensis erutum, Notisque cum criticis tum historicis illustratum cum figuris edidit. Basel 1746, Q. 2340.
34. **Erasmus, Desiderius**, Parabolarum seu similium Liber. Basel 1521, O. 2466, 2.
35. –, –, Catalogus omnium Erasmi Roterodami lucubrationum, ipso autore, cum aliis nonnullis. Basel 1523, O. 2466, 1.
36. –, –, Christiani matrimonii institutio … opus nunc primum et natum et excusum. Basel 1526, O. 2470, 2.
37. –, –, De recta Latini Graecique sermonis pronuntiatione … . Eiusdem Dialogus cui titulus Ciceronianus, sive De optimo genere dicendi … . Basel 1529, O. 2470, 1: Ciceronianus Bas. 529.

---

[73] Briefe (wie Anm. 4), Bd. 8, Nr. 327 an Karl Ludwig von Knebel, 1802: „so sehr ich Christs Urtheil schätze"; Nr. 133 an Johann Wilhelm Ludwig Gleim 1800: „Ich lege Christ von den Monogrammen bei."

[74] Briefe (wie Anm. 4), Bd. 7 Nr. 318, 43–46, an Johann Wilhelm Ludwig Gleim, Weimar 1797: „der sehr bekannte Drexelius (ich wollte, daß er einen beßern Namen führte) den Sie ohne Zweifel aus vielen, vielen moralisch-erbaulichen Schriftchen kennen. Er schrieb vieles, meistens kleine Schriften zur Lectur, die großentheils in Duodez gedruckt sind."

38. **Exnerus, Balthasar de Hirsberga**, Valerius Maximus Christianus. Hoc est, Dictorum et Factorum Memorabilium, unius atque alterius seculi Impp., Regum, Principum, imprimis Christianorum, Libri Novem. Hanau 1645, O. 2474: Hanov. 644, O. 2474.
39. **Ferrarius, Octavius**, Prolusiones viginti sex. Epistolae et formulae ad capienda doctoris insignia … Octavii Ferrarii Opera Varia. Padua 1668, Q. 2325.
40. –, –, Ioannes Fabricius (Hrsg.), Opera Varia, Prolusiones, Epistolas, Formulas ad capienda Doctoris insignia, et varias Inscriptiones complectentia, 2 Bde. Wolfenbüttel 1711, 2449.
41. **Fischer, Johann Christian** (Hrsg.), Opuscula selecta et rariora varii argumenti, olim a Marschallo, Slevogtio, Schwartzio, Bergero, Heineccio, Gundlingio, Kromayero, Hutteno, Brassicano, Passerato, Ackero, Chytraeo etc. … . Frankfurt / Leipzig 1742, Q. 2351: Opuscula selecta et rariora Schwartzii, Hutteni, cett. Francof. 742.
42. **Gallutius (Galluzzi) Sabinus, Tarquinius, S. J.**, Orationes. Paris 1618, D. 2567: Tarq. G. Sabini Orationes. Paris 618.[75]
43. **Geulincx, Arnoldus**, Saturnalia seu (ut passim vocantur) Quaestiones Quodlibeticae in utramque partem disputatae. Editio secunda. Leiden 1665, D. 2584.
44. **Gothofredus (Godefroy), Dionysius**, Antiquae Historiae ex XXVII Authoribus contextae Libri VI. Lyon 1590, Teil 2 1591, D. 2600: 591.
45. **Gruter, Janus**, Lampas artium liberalium, Tomus 4 und 5. Frankfurt 1604, O. 2463.
46. **Grotius, Hugo**, Philosophorum sententiae de fato et de eo quod in nostra est potestate collectae, partim et de Graeco versae per Hugonem Grotium. Amsterdam 1648, D. 2591: Philosophorum sententiae de fato H. Grotii. Amstelod. 698 (die Schrift ist sonst nur für 1648 belegt).
47. **Heidegger, Johannes** (Hrsg.), Satura Dissertationum, Orationum, Epistolarum et Observationum Theologico-Philologicarum pars prima [–quarta]. Zürich 1743, O. 2445.
48. **Heinsius, Daniel**, Orationum editio nova. Auctior, atque ita emendata ut alia videri possit. Accedunt Dissertationes aliquot nec unius argumenti. Leiden 1642, D. 2569.
49. **Huber, Ulricus**, Auspicia domestica exercitationum … Accedunt amoeniora alia. Franeker 1682, O. 2446: Orationes. Franeker 1682.

---

[75] Der Auktionskatalog faßte Sabinus irrtümlich als Familienname auf und kürzte Gallutius als zweiten Vornamen ab; Familienname ist jedoch Gallutius bzw. Galluzzi, dem Sabinus als Herkunftsbezeichnung hinzugefügt ist. Seine *Orationes* erschienen zuerst 1617 in Rom, dann gleichzeitig 1618 in Köln und Paris. Er starb 1649, s. Henricus Scherer, S. J., Geographia Politica sive Historia Geographica. Pars IV. München 1703, 240.

50. **Hummel, Bernhard Friedrich** (Hrsg.), Musarum remissio sive Commentationes aliquot satyrici, literarii, antiquarii et philologici Argumenti. Altdorf 1766, O. 2457: Musarum remissio. Altorf. 1768.
51. **Hutten, Ulrich von**, Ad principes Germaniae, ut bellum Turcis invehant, exhortatoria. Augsburg 1518, Q. 2353.
52. **Leibniz, Gottfried Wilhelm**, Novissima Sinica Historiam Nostri Temporis Illustratura … Edente G. G. L. [= Godefrido Guilelmo Leibnitio]. [Hannover] 1697, O. 2475: Edente G. G. L. (ohne Auflösung der Initialen).
53. **Lipsius, Justus**, De amphitheatro liber (zuerst Leiden 1584), Q. 2321, 2 (o.J.).
54. –, –, Saturnalium sermonum libri duo, qui de gladiatoribus. Antwerpen 1588, Q. 2321, 1.
55. –, –, De bibliothecis syntagma. Antwerpen 1602, Q. 2319, 1.
56. –, –, Dispunctio notarum Mirandulani codicis ad Cornelium Tacitum. Antwerpen 1602, Q. 2319, 2.
57. –, –, De Vesta et Vestalibus syntagma. Antwerpen 1603, Q. 2319, 3.
58. –, –, Diva Sichemiensis. Antwerpen 1605, Q. 2320.
59. –, –: Pretten, Johann (Hrsg.), De Notis sive Siglis Antiquorum. Iusti Lipsi Epistola XXVII Centur. I ad Belgas. Zeitz 1660, D. 2578: Lipsius de notis s. siglis antiquorum Cicae 660.
60. –, –, Mathias Berneggerus (Hrsg.), Politicorum sive civilis doctrinae Libri Sex,[76] qui ad Principatum maxime spectant … Praemissa Dissertatione Joh. Henr. Boecleri De Politicis Lipsianis. Editio Ultima. Frankfurt 1692, D. 2597: Frankfurt 682.
61. **Lycosthenes, Conradus**, Apophthegmata ex Probatis Graecae Latinaeque Linguae Scriptoribus. Köln 1603, O. 3464.
62. **Lydyat, Thomas**, Emendatio temporum. Compendia facta ab initio mundi ad annum MDCVIII … Confutatis opinionibus Scaligerana Baronianaque pariter ac Iesuita [1609: Iesuitica] Joannis Deckerii et Laurentii Suslygae atque Ioannis Kepleri Caesarei Mathematici. Den Haag 1654 (zuerst London 1609), D. 2552, 1.
63. **Malagonnellius, Antonius (Malagonnelle Amadori)**, Orationes IX. Quibus accesserunt XXXVI Epistolae, nomine Cardinalium R. E. ex Comitiis Vaticanis scriptae aliaque nunquam ante hac edita. Rom 1697, D. 2566 und 2568.
64. **Masenius, Jacobus, S. J.**, Speculum Imaginum Veritatis occultae. Exhibens Symbola, Emblemata, Hieroglyphica, Aenigmata … . Köln 1693, O. 2458.

---

[76] Nachlaß Kaps. XXIX, Nr. 1, 58–63, *E Justo Lipsio*. Auszüge aus Justus Lipsius, *Politicorum sive civilis doctrinae libri sex*.

65. **Maus, Michael** (Hrsg.), Scripta publice propositorum e Gubernatoribus studiorum doctrinae in Academia Witebergensi. Tomus Septimus, complectens ea quae proposita fuere a Calend. Maij Anni Iesu Christi MDLXVI usque ad Calend. Maij Anno MDLXIX. Wittenberg 1572, O. 2456.

66. **Melanchthon, Philippus**, Selectarum Declamationum, quas conscripsit, et partim ipse in schola Vuitebergensi recitavit, partim aliis recitandas exhibuit. 4 Bde. Straßburg 1558, O. 2452–2455.

67. **Miltonus, Ioannes**, Pro populo Anglicano Defensio, contra Claudii anonymi alias Salmasii Defensionem regiam. London 1651, D. 2593, 2.

68. **Noessel, M.**, De novissimis philologiae. Bremen 1645, D. 2573 (bisher nur hier belegt).

69. **Osorius, Hieronymus**, De iustitia caelesti Libri Decem. Köln 1581, O. 2460: coelesti.

70. –, –, De Regis Institutione et Disciplina Libri Octo. Köln 1582, O. 2459.

71. –, –, De vera Sapientia Libri V. Köln 1582, O. 2461.

72. –, –, De Gloria Libri V. Ad Ioannem tertium Lusitaniae Regem. Ejusdem De Nobilitate Civili et Christiana Libri V. Ad Ludovicum Principem Emanuelis Regis F. conscripti. Köln 1595, D. 2083.

73. **Palearius, Aonius**, Friedrich Andreas Hallbauer (Hrsg.), Aonii Palearii Opera, Orationes ..., Actio in Pontifices Romanos et eorum asseclas, Epistolarum lib. III, De immortalitate animae lib. III, Poemata varia. Recensuit et Dissertationem de Vita Fatis et Meritis Aonii Palearii praemisit Frider. Andr. Hallbauer. Jena 1728; der Name des Autors Aonius Palearius (1503–1570) ist im Auktionskatalog bis zur Unkenntlichkeit entstellt. O. 2451: Hanii Pelearii opera, Hallbaueri. Jenae 728.

74. **Petrarca, Franciscus**, Operum tomus primus [–secundus] cuius libros pagella sequens exhibet. ... Sumptibus Esaiae le Preux 1610, D. 2571 und 2572: 619.

75. **Quenstedt, Johannes Andreas**, Dialogus de patriis illustrium doctrina et scriptis virorum omnium ordinum et facultatum, qui ab initio mundi per universum terrarum orbem usque ad annum reparatae Gratiae MDC claruerunt .... Wittenberg 1654, Q. 2328, 2.

76. **Rechenberg, Adamus**, De Studiis Academicis Liber singularis. Leipzig 1691, D. 2587.

77. **Regius, Desiderius**, Apocalypsis nova Babylonis antiquae. Authore M. Desiderio Regio. Nuper Ord. Min. Phil. et Theol. Lectore. Nunc vero ob ratione hic contentas sub Aug. Confess. vexillo, Christi castra sequente. Gedruckt Kassel 1645 und 1648, O. 2387: Apocalypsis nova Casellis 656 (in diesem Jahr sonst nicht belegt).

78. **Reneccius, Jacobus**, Verae Ecclesiae Inventio ... . Hamburg 1613, O. 2462, 1.

79. **Rossi, Gian Vittorio**, Iani Nicii Erythraei Exempla virtutum et vitiorum. Köln 1645, O. 2436, 1.
80. –, –, Iani Nicii Erythraei Exempla virtutum et vitiorum. Köln 1676, O. 2472.
81. **Rupertus, Christianus Adam**, Orator historicus, XXIV Orationes maxime politicis, historicis, num[m]is et antiquitate Romana refertissimis expressus … . Nürnberg 1663, D. 2565.
82. **Salden, Willem**, Christiani Liberii Germani ΒΙΒΛΙΟΦΙΛΙΑ sive de scribendis, legendis et aestimandis libris exercitatio paraenetica … Interserta quaedam et de Plagio litterario, thrasonismo theologorum variisque aliis hodiernae μισοβιβλίας causis. Utrecht 1681, D. 2545, 2.
83. **Salmasius, Claudius**, Defensio Regia pro Carolo I. S.l. 1649, D. 2593, 1. Vgl. Miltonus.
84. **Saresberiensis, Ioannes**, Policraticus, sive De nugis Curialium et vestigiis Philosophorum Libri Octo. Leiden 1595, O. 2471, 2.
85. **Schudt, Johann Jacob**, Monita paterna. Frankfurt 1760, O. 2476 (belegt nur 1719).
86. **Schuppius, Johann Balthasar**,[77] Volumen Orationum solemnium et panegyricarum celeberrima Marpurgensis Universitate olim habitarum … . Frankfurt 1659, O. 2570.
87. **Smith, Thomas**, De Republica Anglorum libri tres. Quibus accesserunt Chorographica illius descriptio aliique politici tractatus. Editio ultima prioribus multo auctior. Leiden 1641, D. 2603.
88. **Ursinus, Johannes Henricus**, Acerra Philologica. Mille Variarum Historiarum, Physicarum, Mythicarum, de rebus fere omnibus ex innumeris autoribus selectarum … Libri quinque cum Mantissa in usum juventutis … . Frankfurt 1659 / 1670, D. 2574 und 2580.
89. **Vergilius, Polydorus**, De rerum inventoribus Libri VIII. Ejusdem in Dominicam precem commentariolus. Lyon 1560, D. 2601.
90. **Verinus, Lucius**, De Aristocratia et oligarchia commentarius. S.l. 1669, D. 2594.
91. **Vives, Ioannes Ludovicus**,[78] Introductio ad veram sapientiam. Helmstedt 1630, D. 2577.
92. **Vossius, Gerardus Ioannes**, Gerardi Io. Vossii et aliorum Dissertationes de Studiis bene instituendis. Utrecht 1658, D. 2589.
93. **Zetzner, Lazarus** (Hrsg.), Speculi Aulicarum atque Politicarum Observationum Libelli sex, nimirum 1. De educatione Principum Ioannis Sturmii 2. De Conciliis et Consiliariis Principum Friderici Furii 3. Consiliarius Hippoliti a

---

[77] Zu Schuppius vgl. Anm. 62.
[78] Briefe (wie Anm. 4), Bd. 1, Nr. 20 an Johann Georg Hamann, Riga 1766: Er schickt ihm „den Vives".

Collibus 4. Palatinus sive Aulicus eiusdem auctoris 5. Aulicus Politicus Duri de Pascolo 6. Hypomneses politicae Francisci Guicciardini. Straßburg 1600, O. 2588: Speculum aulicum. Argentor. 600.
94. **Ziegler, Caspar**, Circa Regicidium Anglorum Exercitationes. Leipzig 1652, D. 2590.

Herder las unglaublich viele Bücher. Das wird einem erst voll bewußt, wenn man die Gesamtausgabe der Briefe durchmustert. Ständig ist er auf der Suche nach Büchern, erhält er Bücher, leiht oder verleiht er Bücher. Ein Beispiel für diese Büchersuche bietet sein Brief an seinen befreundeten Buchhändler Johann Friedrich Hartknoch in Riga, an den er aus Bückeburg im Mai 1772 folgendes Postscriptum schreibt:[79]

> Kriege ich Herodot? Callimachus? Winkelmanns Stoßisches Cabinet? u. Spanheim mit unter meinen Büchern? Wenn Hesychius complet bei Ihnen liegt, um welchen Preis könnten Sie ihn mir lassen? u. wie könnte ich zu einem Suidas kommen? Zu den vorigen Büchern wünschte ich ungemein gern de Vignoles Chronologia, Salmasius in Solinum u. Scaliger de emendatione temporum … .

Außer mehreren anderen Sprachen las und sprach Herder natürlich flüssig Latein, das er schon in seiner Lateinschule in Mohrungen gelernt hatte, und zeigte jungen Leuten, wie man diese Fertigkeiten erreichen kann. Er kannte die Autoren der aufgeführten Bücher, selbst wenn er ihre Bücher nicht ganz gelesen haben sollte.

Die hier aufgelistete neulateinische Literatur umfaßt 291 Werke, davon verfaßten die ‚Poetae recentioris aetatis' 108. Das sind in einem Katalog mit insgesamt 7.843 gezählten Büchern nicht besonders viele. Auch verglichen mit einigen anderen Auktions- und Verkaufskatalogen zwischen 1765 und 1844 ist diese Zahl bescheiden. Der etwa gleichzeitige Auktionskatalog von Hieronymus Bosch (1760–1811), Amsterdam 1812, weist 278 ‚Poetae recentiores' in Folio, Quarto, Octavo und Duodecimo bei insgesamt 4.082 gezählten Büchern nach. Die Bibliothek von Petrus Burmannus Secundus (1713–1778), der als Professor am Amsterdamer Athenaeum Geschichte, Philologie und Poesie unterrichtet hatte, wurde 1779 in Leiden versteigert mit insgesamt 7.856 gezählten Büchern, also etwa ebenso vielen wie in Herders Auktionskatalog standen, von denen sogar 766 als ‚Poetae recentiores' in den verschiedenen Formaten in eigenen Abteilungen ausgewiesen waren. Gewiß eine der größten Privatbibliotheken des 18. Jahrhunderts war die von dem Nürnberger Stadtarzt Dr. med. Gottofredus Thomasius (1660–1746), für die Georg Wolfgang Panzer, damals Diaconus an

[79] Briefe (wie Anm. 4), Bd. 2, Nr. 81.

der Nürnberger Sebaldus-Kirche, 1765–1770 einen dreibändigen Verkaufskatalog mit 27.251 numerierten gebundenen Büchern herstellte (1773 erschien noch ein Katalog mit 2.250 ungebundenen Büchern). Volumen III, Sectio II enthält in verschiedenen Formaten *Libri Philologici*, darunter 317 neuzeitliche *Rhetores et Oratores* unter Nr. 531–847, 818 neuzeitliche *Poetae* unter Nr. 848–1665 und 96 neuzeitliche *Epistolographi* unter Nr. 1667–1762. In allen drei Abteilungen befinden sich aber nicht nur lateinische Bücher. Die größte Sammlung der *Poètes Latins modernes* des 19. Jahrhunderts hinterließ in einem Auktionskatalog von 1844 (bei 4.541 gezählten Büchern insgesamt) mit 910 Bänden in den verschiedenen Formaten Jacques Henri Hoeufft (1756–1843), der Stifter des bis 1978 jährlich durchgeführten *Certamen poeticum Hoeufftianum* in Amsterdam.[80]

[80] 2016 wurde der handschriftliche, 5.897 Nummern umfassende und bis 1867 aufgenommene *Katalog meiner Bücher* von August Boeckh (1785–1867), der nur Autorennamen und verkürzte Titel angibt, mit einer Transkription und Identifizierungen der Bücher ins Internet gestellt, hrsg. von Julia Doborosky: https://www.berliner-intellektuelle.eu/manuscript?Boeckh_Buchkatalog+do#3 (letzter Zugriff 28.03.2023); vgl. dazu dies. (wie Anm. 3). Es ist im hier besprochenen Zusammenhang von Interesse, ob und inwieweit dieser Mitbegründer der modernen Klassischen Altertumswissenschaft, deren Konzeption ja wesentlich dazu beitrug, daß sich klassische Philologen bis in die 60er Jahre des 20. Jahrhunderts kaum mehr mit der neulateinischen Literatur beschäftigten, noch ein Interesse an dieser Literatur und insbesondere an der neulateinischen Poesie hatte. Es ist ein für die griechisch-römische Antike ungeheuer umfangreicher Katalog, in dem sich jedoch kein Interesse an der neulateinischen Dichtung zeigt, wenngleich Boeckh, der 1811–1846 ja auch das Amt des lateinischen Festredners der Berliner Universität ausübte, die Existenz dieser Dichtung durchaus bewußt war. Sie erscheint nur in drei Katalogeinträgen: (1.) 501–503: *Mureti Orat. Epist. et Poemata 2. T.* (hier kamen die „Poemata" nur durch die Gesamtausgabe in seinen Besitz; derartige Gesamtausgaben älterer Humanisten begegnen auch in 527–530. *Lipsii Op. 4 T.* und 1731. *Lil. Giraldi Opera*), (2.) 2788: *Fuss, Carmina Latina* (Johann Dominicus Fuss, Köln 1822, auch enthaltend: *de linguae latinae cum universo ad scribendum tum ad poesin usu deque poesi et poetis neolatinis dissertatio* – bekanntlich die erste Verwendung des Adjektivs ‚neolatinus') und (3.) 4427: *Brun, Poemata* (C. Georgii Brunii, Graecae linguae Professoris in Universitate Lundinensi, … poemata: partim nunc primum edita. Lund 1857, vielleicht ein Geschenk des Autors). Eine neulateinische Briefsammlung erscheint in Nr. 661: *P. Manutii Epist.*, außerdem besaß Boeckh natürlich Werke der früheren humanistischen Gelehrsamkeit wie z B. 1296: *Hier. Mercurialis de arte gymn.* und 2193: *Jos. Scal. de Em. temp.* Eine Ausnahmeerscheinung für neulateinisches Interesse eines klassischen Philologen in der zweiten Hälfte des 19. Jahrhunderts ist der Auktionskatalog der Bibliothek von Otto Jahn (1813–1869, vgl. Carl Werner Müller, Otto Jahn. Stuttgart / Leipzig 1991) mit 22.084 Nummern: Otto Jahns Bibliothek, 5 Bde., Versteigerung Bonn, Februar 1870, durch Joseph Baer, Frankfurt, Max Cohen & Sohn und M. Lempertz, Bonn. Er hat zwar keine separate neulateinische Abteilung, aber in allen einschlägigen Kategorien, besonders in Bd. 4 und 5, auch zahlreiche Werke der neulateinischen Literatur, einschließlich der Poesie, vgl. z.B. Bd. 4, Mythologie Nr. 4776: Natalis Comes, Mythologiae … de venatione … . Frankfurt: Andreas Wechel Erben, 1596.

Bosch und Burmann waren jedoch Professoren der klassischen Philologie, Bosch und Dr. iur. Hoeufft waren selbst neulateinische Dichter, Petrus Burmannus Secundus hatte die lateinischen Gedichte seines gleichnamigen Onkels 1746 in einem stattlichen Quartband herausgegeben, und Gottfried Thomasius von Troschenreuth und Wiedersberg, ein Bruder des Hallenser Professors Christian Thomasius, der als erster eine deutsche Vorlesung an einer deutschen Universität hielt, war ein singulärer und vermögender Bibliophiler, über den Panzer in der den ersten Katalogband eröffnenden Biographie schrieb:[81]

> Si quam, confectis publici muneris negotiis, nactus esset liberi temporis facultatem, hanc omnem literato impendebat otio, adeo, ut nunquam cibum caperet, quin simul animum lectione libri cuiusdam pasceret atque saturaret … . Latini graecique sermonis peritissimus haud levi tinctus erat litterarum ebraicarum notitia; linguam autem hispanicam, anglicam, gallicam, italicam et belgicam apprime callebat, et pangendis graecis, latinis, gallicis, germanicisque carminibus utebatur benigna ingenii vena.

Herders äußerst umfangreiches Interessenspektrum hatte seine Schwerpunkte in der gesamten Weltliteratur sowie in der Geschichte, Philosophie und Theologie. Die neulateinische Literatur war eines seiner vielen literarischen Interessengebiete, dem er sich allerdings erst in Weimar in besonderem Maße zugewandt hatte und zu denen selbst Persien, Indien und China gehörten. Sein Auktionskatalog enthält 288 *Libri Orientales* (asiatische Literaturen, einschließlich der hebräischen Bücher), die nach den neulateinischen aufgeführt werden, während ihnen 385 *Libri Graeci* und 323 *Libri Latini* zu antiken Autoren vorausgehen. In diesem Kontext gesehen, hat Herder relativ viele neulateinische Bücher gesammelt (beinahe so viele, wie er für die römische Literatur der Antike hatte). Er erwarb sie zum größten Teil in seiner Weimarer Zeit, als er dort schon als Generalsuperintendent, Oberkonsistorialrat und Ephorus des gesamten sachsen-weimarischen Schulwesens reichlich beschäftigt war. Die Zahl der bereits vor 1776 erworbenen neulateinischen Bücher ist gering. Es waren nur 13 von den 291, fast alle aus dem Bereich der Epistolographen, dazu ein einziger Poet (Taubmann) und ein Buch über lateinische Orthographie.[82] Er kannte jedoch schon vor 1776, wie seine Briefe belegen, durch Ausleihe bei Freunden oder aus Bibliotheken mehrere Bücher, die er erst nach 1776 selbst erwerben konnte.

---

[81] Georg Wolfgang Panzer, Bibliothecae Thomasianae … Volumen I … . Nürnberg 1765, XXf.

[82] Es sind in Liste I. 4. Baudius, 5. Bembus, 29. Farellus, 34. Graevius, 49. Leibniz, 51.–55. Lipsius, 88. Vossius, in Liste II. 101/102 Taubmannus und in Liste III. 22. Cellarius.

Seine im Katalog von 1804 präsentierte neulateinische Sammlung enthält sowohl offensichtlich gesuchte (z.B. II. Nr. 48–50, 60, 89), aber auch zufällig erworbene Bücher (z.B. wohl II. Nr. 51–52). Seine Bibliothek hatte Werke von berühmten neulateinischen Dichtern und auch von heute wie damals wenig bekannten Autoren. Sie hat auch überraschende Lücken. Die poetischen Werke von Ioannes Iovianus Pontanus, die Eklogen und Lehrdichtungen von Nicolaus Parthenius Giannetasius, S. J., und die *Hortorum Libri* des Renatus Rapinus, S. J. (dessen *Eclogae* hat er), heute bekannte und beliebte Werke für neulateinisch Interessierte, waren Herder z.B. anscheinend entgangen, wenn ihm Pontanus nicht zu lasziv war. Petrus Lotichius Secundus, der prominenteste lateinische Elegiendichter des 16. Jahrhunderts in Deutschland, fehlt im Auktionskatalog, obwohl Herder ein Gedicht von ihm übersetzt hatte. Natürlich spielt dabei auch eine Rolle, daß es keine ausgiebige neulateinische Literaturgeschichte gab (auch ist keine Korrespondenz mit einem der niederländischen Spezialisten im Bereich der neulateinischen Poesie bekannt). Er hatte jedoch Morhofs *Polyhistor*, der ein an Autoren reiches und kritisch bewertendes Kapitel *De poetis recentioribus* enthält,[83] in dem Balde mehrmals lobend erwähnt wird,[84] so daß Herder sogar dadurch auf Balde aufmerksam gemacht worden sein könnte.

Es überrascht, wie viele neuzeitliche lateinische Briefsammlungen Herder zusammengebracht hatte (89; davon 11 vor 1776). Zum Vergleich: Im Katalog von Hieronymus Boschius sind 58 Briefsammlungen, in dem von Petrus Burmannus Secundus sogar 144 aufgeführt. Briefsammlungen wurden damals von den Humanisten offenbar weit mehr beachtet als in der heutigen neulateinischen Forschung. Herder selbst war an der Geschichte der Gelehrsamkeit sehr interessiert. Vielleicht spielte auch eine Rolle, daß er selbst ein so unermüdlicher Briefeschreiber war.

In seinem *Kenotaphium* über Baldes Leben und Werk erwähnt Herder die Jesuiten Balbinus, Masenius und Sarbievius, von denen er auch Bücher hatte, sowie die ihm offensichtlich bekannten Jesuiten Denis, Petau, Riccioli, Scheiner und Sirmond, von denen sich keine Bücher in seinem Auktionskatalog finden. An

[83] Daniel Georg Morhof, Polyhistor. Lübeck: Petrus Böckmann, 1708 (Bibliotheca Herderiana 1804, Nr. 3149), Tom. I, Lib. VII., Cap. III, 371–386, 404–406.

[84] Ebenda 379 *Jacobus Balde, in Urania victrice, acutior interdum est, quam decet,* 380 *mirifice genium odae Horatianae satis exprimunt. Nec peioris sunt commatis ... Lyrica ... Jac. Baldaei, quae omnia, et Latina satis sunt et genuinum Lyricum satis exprimunt: ... Baldaeus, ob singularem festivitatem et materiarum varietatem, vehementer mihi placet. Judicium Barlaei de illo videatur in Epistolis 467 & 487. Scripsit et libros de vanitate mundi mire elegantes, et libellum, qui Philomela inscribitur,* 382 *Habet et Jac. Baldaeus in Lyricis suis aliquot tales vagos Dithyrambos,* 383 *Tragoedias Jesuitarum aliquot habemus, scite elaboratas ... Jac. Baldaei, Satyrici post Veteres non adeo multi occurrunt inter recentiores, qui magnopere commendari possint, praeter Jacobum Balde, qui in Satyricis suis ... mire vetustae dictionis Satyricae genium exprimit.*

nicht-jesuitischen lateinischen Dichtern der Neuzeit erwähnt er dort noch Barlaeus, Buchananus, Fürstenberg und Morus, außerdem mit Bezug auf ihre prosaischen Werke Caldenbach, Leibniz und Morhof. Herder nimmt im *Kenotaphium* die Gelegenheit wahr, seine überwiegend protestantischen Leser, die den Jesuiten oft sehr ablehnend gegenüberstanden, an die Bedeutung der früheren Jesuiten (der Orden bestand zu dieser Zeit ja nicht mehr) für Literatur und Wissenschaft zu erinnern:

> In allen Feldern der Literatur hat er [sc. der Jesuitenorden] talentreiche verdiente Arbeiter gehabt; fast jede Wissenschaft ist den Jesuiten etwas schuldig. Lateinische Dichter zumal hat die Gesellschaft in großer Anzahl, fast in jeder Gattung der Dichtkunst fast auf allen Stufen des Werths und Unwerths hervorgebracht, die sich dann auch nach Ländern und Zeiten unterscheiden.

Herder kannte Werke von noch erheblich mehr Jesuiten. Sein Auktionskatalog enthält außer den Büchern von Balde, Balbinus, Masenius und Sarbievius viele Bücher von heute beachteten und unbeachteten Jesuiten, von Bargiocchus, Bidermannus, Carrera, Ceva, Desbillons, Drexelius, Gallutius, Gazaeus,[85] Malapertius, Rapinus, Vavasseur, Widl und Zamagna. Natürlich gab es noch viele andere Jesuiten, die literarisch tätig waren. Aber Herder war über jesuitische Dichter doch zumal als Protestant relativ gut informiert. Sein Urteil über die jesuitischen Verdienste für Literatur und Wissenschaft basierte auf eigener Lektüre. Vermutlich veröffentlichte er *Terpsichore* 1795 ohne Nennung von Balde, damit seine protestantischen Leser die Gedichte ohne anti-jesuitische Vorurteile aufnahmen, und er veröffentlichte in *Terpsichore* 1796 nach der Namensnennung im *Kenotaphium* diese Würdigung der jesuitischen Verdienste in Literatur und Wissenschaft, um solche Vorurteile, die einer günstigen Aufnahme der Gedichte entgegenstehen konnten, abzubauen.

Die herausragenden jesuitischen Poeten waren für Herder ohne Zweifel Balde und Sarbievius, von denen er 171 bzw. 6 Gedichte in die deutsche Sprache übersetzte bzw. nachdichtete. Sonst scheint er nur 6 lateinische Gedichte von Ulrich von Hutten und eines von Petrus Lotichius Secundus zum Grab von Hutten übersetzt zu haben. Diese Übersetzungen haben sich in seinem handschriftlichen Nachlaß erhalten.[86] Aufsätze über einige Männer der Renaissance,

---

[85] Vgl. Hermann Wiegand, Jakob Balde, Angelinus Gazaeus und Simon Rettenpacher, in: Jean-Marie Valentin (Hrsg.), Jakob Balde und seine Zeit, Berlin / Frankfurt / New York 1986, 255–270.

[86] S. Nachlaß (wie Anm. 5), Kaps. XVI, Nr. 399. Das Gedicht des Lotichius ist Carm. II, 16 *Inferiae ad tumulum Ulrici Hutteni*, ed. Petrus Burmannus Secundus. Amsterdam 1754, 1. Bd., 483f.

Hutten, Kopernikus, Reuchlin und Savonarola, veröffentlichte er im „Teutschen Merkur" 1776–1777.[87] Eigene lateinische Gedichtkompositionen sind von ihm nicht überliefert.[88]

Gegen die Komposition solcher Gedichte hatte er sich 22jährig entschieden gewendet. In: *Über die neuere deutsche Literatur. Fragmente*, erste Ausgabe 1766, zweite 1768, Dritte Sammlung, I. *Eine Aussicht über die neuere Römische Literatur*, wo Herder ein allgemeines Plädoyer für den Gebrauch der deutschen Muttersprache gibt und leidenschaftlich gegen ihre schon in den Lateinschulen begonnene Überformung durch die lateinische Sprache kämpft (er selbst hatte bis etwa 1762 die von Rektor Christian Grimm geleitete Lateinschule in Mohrungen besucht),[89] äußerte er sich besonders im 7.–9. Kapitel[90] sehr negativ über diejenigen, die in einer „fremden todten Sprache" Gedichte schreiben wollen und es zu nichts als „Centonen" des „Horaz und Properz" bringen. Angeprangert und verlacht werden aus den Lateinschulen:

> die Schulmeister, die aus den Alten Phrases aufsagen, Lexicon und Grammatik plündern, und sich ein buntes Kleid zusammenflicken, mit vieler Mühe es verbrämen, um lächerliche Arlekins zu sein.[91] ... Mit einer todten Sprache ist uns alles ausgestorben, was der Dichtkunst Leben und Nerven gibt.

Zum Latein als neuzeitliche die Nationen verbindende Gelehrtensprache sagt Herder ‚Ja' (er konnte sich eine Nationalsprache weder in dieser Funktion noch zur Erklärung antiker Texte vorstellen), zu neuzeitlichen lateinischen Gedichten aber, ohne sie schon viel gelesen zu haben, ein lautes ‚Nein':

---

[87] Einiges hat Herder aus dem mittelalterlichen Latein, das er mehrfach „Mönchslatein" nannte, übersetzt oder abgedruckt. Vgl. Herder (wie Anm. 49), Bd. 8, 114–116, 190–193, Bd. 16, 28–31, oder ders., hrsg. von Suphan, Bd. XXV, 354–357, 374–375, 514–516.

[88] Die einzigen bekannten, von Herder verfaßten lateinischen Texte sind drei Schulreden, die er 1764 in Königsberg sowie 1778 und 1786 in Weimar hielt, s. Herder, hrsg. von Suphan, Bd. XXX, 1–6, 35–43, 110–119.

[89] Vgl. zu Schule und Rektor Björn Hambsch, „... ganz andre Beredsamkeit". Tübingen 2007, 21–23. Herder besuchte diese Schule noch, als er seit 1760 Famulus bei dem Diaconus Trescho in Mohrungen war. Vgl. zu dem Rektor Grimm Emil Gottfried von Herder, Johann Gottfried von Herders Lebensbild, Bd. 1, 1. Erlangen 1846, 36–40, 54–57, 69, 88, 104–109, 119. Rudolf Haym, in: Allgemeine Deutsche Biographie, Bd. 12. Leipzig 1880, 56, und Hans-Wolf Jäger, in: Neue Deutsche Biographie, Bd. 8. Berlin 1969, 595, nennen Grimm (so wird er immer bei Emil Gottfried von Herder in den Zitaten von Leuten, die ihn kannten, bezeichnet) „Grim" bzw. „Grimme".

[90] Herder (wie Anm. 49), 2. Bd., 135–213, besonders 182–200, oder ders., hrsg. von Suphan, Bd. I, 357–425, besonders 400–414.

[91] Es ist möglich, daß hinter den hier beschriebenen „Schulmeistern" eine Erinnerung an Herders Lateinschulrektor Grimm in Mohrungen steht; vgl. Anm. 89.

> Will ich die Sprachengelehrsamkeit verleumden? der lateinischen Sprache etwas von ihrer Schönheit oder Verdiensten absprechen? Gar nicht! Sie soll unsre gelehrte Sprache bleiben, die ein Band der Nationen ist; sie soll die Sprache der Forscher des Alterthums bleiben, weil es ein wunderbarer [im Sinne von verwunderlicher] Anblick seyn würde, einen Griechischen oder Lateinischen Autor mit deutschen Noten und einer deutschen Vorrede in die Büchersäle der Gelehrten zu senden; sie soll die akademische Sprache bleiben, weil sonst eine allgemeine Barbarei erfolgen würde, wenn wir uns auf andere verlassen, und es bloß einem Triumvirat von Schriftstellern in einem ganzen Lande aufgeben wollten, die lateinische Sprache zu erhalten; sie soll in allen Sachen ihre Stimme haben, wo die Alten erklärt, ausgelegt, und in ihren Schönheiten ausgelegt werden; kurz, sie soll das Werkzeug der Gelehrsamkeit bleiben, das seit so vielen Jahrhunderten diese Ehre gehabt, und mit dem so große Dinge ausgeführet worden sind. Aber die eigentliche Sprache des Geschmacks, der Künste, der Schönheit muß sie nicht werden; nicht einer Nation die Originalschriftsteller in ihrer eigenen Mundart rauben; nicht die Ehre sich anmaßen, auf dem Throne der Dichtkunst zu thronen, und die Sprache der Poeten, der wahrhaftig schönen Schriftsteller, oder derer zu werden, die mit ihren Schriften bilden wollen.

Doch Herder wurde, was die neulateinische Dichtung angeht, vom Saulus zum Paulus. 1796, also 52jährig, sprach er sich in seinen *Briefen zur Beförderung der Humanität* in deren achter Sammlung im sechsten Fragment (91. Brief) in einer Erörterung der „Wiederauflebung der Alten" eingehend und jetzt sehr positiv zu dem Entstehen und der Bedeutung der neuzeitlichen lateinischen Dichtung aus (Erstdruck in Riga 1796 bei Hartknoch):[92]

> Endlich schloß sich durch die neuere lateinische Poesie[93] eine Gesellschaft zusammen, von der vorher noch keine Zeit gewußt hatte: In Italien, Spanien, Portugal, Frankreich, den britischen Inseln, den nordischen Königreichen, in Livland, Polen, Preußen, Ungarn, in Deutschland, Holland u. f. hat man lateinisch nicht nur versifizieret, sondern hie und da gewiß auch gedichtet. Italien, Frankreich, Deutschland, Polen, vor allem Holland, hat Männer gehabt, die mit Latein wie mit ihrer Muttersprache umzugehen wußten und in ihm Gedichte gaben, die in jeder Landessprache

[92] Herder, hrsg. von Suphan, Bd. XVII, 76.

[93] Kurz zuvor hatte Herder „Poliziano, Pico, Bembo, Castiglione, Casa" und „Die Strozzi, Sannazar, Fracastor, Vida" erwähnt. Er faßt damit mehrere der berühmtesten lateinischen Dichter des 15. und 16. Jahrhunderts aus Italien, dem Ursprungsland der neulateinischen Dichtung, zusammen. Alle außer Fracastoro waren in seiner Bibliothek.

> Aufmerksamkeit gebieten würden. Selbst die Vortrefflichen, die der Sprache und Poesie ihrer Nation eine bessere Gestalt gaben, hatten diese meistens im Lateinischen zuerst versucht, wie außer den Italienern die Beispiele Miltons, Cowleys, Grotius', Heinsius', Opitz' u. f. zeigen. Fast alle Reformatoren, Erasmus, Luther, Zwingli, Melanchthon, Camerarius, Beza u. f. waren Liebhaber der Alten, Liebhaber der Griechischen und Lateinischen Dichtkunst. Die gebildetsten Staatsmänner, wie Thomas Morus, de Thou, Hopital u. f., Botschafter, Päpste, Kardinäle waren lateinische Dichter. Ein Helikon vereinigte sie und weckte Stimmen vom Ätna bis zum Hekla, vom Ausfluß des Tago bis zur Weichsel und der Düna.

Mit dem Ätna (er war seit 1763 mehrfach ausgebrochen, zuletzt 1792–1793) und dem Hekla (einem isländischen Vulkan, der 1766–1768 eine größere Eruption hatte),[94] dem Tejo (er fließt bei Lissabon in den Atlantik) und der Düna (sie mündet bei Riga ins Baltische Meer) ist der europäische Raum, den ein Helikon vereinigt, geradezu poetisch umschrieben. Die Nennung des isländischen Vulkans läßt vermuten, daß Herder auch von der lateinischen Dichtung in Island etwas gehört oder gelesen hatte, vielleicht durch einen Kontakt mit Kopenhagen (er hat sich ja auch für die dänische, isländische, grönländische und skaldische Poesie interessiert und aus ihnen übersetzt).[95]

Prosaisch hätte er anstelle von Vulkanen und Flüssen von den Ländern von Sizilien bis Island und von Portugal bis Polen und Livland sprechen können, die durch das griechisch-römische Erbe und die neue lateinische Dichtkunst vereint waren. Herder hatte die Vereinigung des in Konfessionen und Nationen zerteilten Europa als eine der Funktionen der neueren lateinischen Dichtkunst wahrgenommen.[96] Harmonisieren läßt sich die Stellungnahme von 1796 mit der

---

[94] Zu den Ausbruchsjahren der Vulkane s. Wikipedia s.v. ‚Ätna' und ‚Hekla'.

[95] Vgl. Herder (wie Anm. 49), Bd. 7, 96–98, Bd. 8, 117–156, oder ders., hrsg. von Suphan, Bd. XXV, 81–104, 211–223, 157–263, 440–444, 460–502, und zur lateinischen Literatur in Island Jozef IJsewijn, Companion to Neo-Latin Studies, Part I. Leuven 1990, 268–270, 272, Jakob Benediktsson, Arngrímur Jónsson – en islandsk humanist omkring år 1600, und Peter Springborg, Naetter på Island (u.a. über lateinische Gedichte von Þorsteinn Björnsson, 1612–1675), in: Marianne Alenius u.a. (Hrsg.), Latin og Nationalsprog i Norden efter Reformationen. Kopenhagen 1991, 93–104 und 157–172, Sigurđur Pétursson, Nuptiae Holanae, 1696, in: Humanistica Lovaniensia 40 (1991), 336–356 (über ein Epithalamium mit ca. 300 Hexametern von Eiulfus Jonaeus, 1670–1745), und Jozef IJsewijn / Dirk Sacré, Companion to Neo-Latin Studies, Part II. Leuven 1998, 541 (Register).

[96] Fidel Rädle, Vorwort zur Übersetzung ausgewählter Gedichte Joseph von Eichendorffs, in: Anna Elysia Radke, O Täler weit … O Valles patulae … Florilegium Eichendorffianum. Carmina selecta Josephi de Eichendorff transtulit in linguam latinam. Opoliae / Lubovitii 2010, 5–9, hier 5, hat in anderem Zusammenhang die auch hier passende Bezeichnung für Latein als „die friedenstiftende Konsenssprache Europas" geprägt.

vor 30 Jahren höchstens nur insoweit, als er jetzt aufgrund seiner weiteren Lektüre im Gegensatz zu früher anerkannte, daß im 15.–17. Jahrhundert manche „mit Latein wie mit ihrer Muttersprache umzugehen wußten", also ihren lateinischen Gedichten tatsächlich „Leben und Nerven" geben konnten und so Gedichte produzierten, die nicht hinter solchen in der Landessprache zurückstanden, während er vielleicht für seine eigene Zeit die Beurteilung von 1766/1768 aufrechterhielt.

Die positive Darstellung des neuzeitlichen lateinischen Dichtens bestätigt die außerordentlich weite Belesenheit Herders auch in neulateinischen Autoren. Er kann diese Autoren umfänglicher erst in den Jahren 1776–1796 gelesen haben, was auch die Bibliothekskataloge von 1776 und 1804 nahelegen, und sein neues positives Bild der neulateinischen Poesie aus dem Jahr 1796 war vermutlich verursacht durch seine in Weimar unternommene Lektüre neulateinischer Autoren, die Herder dreißig Jahre zuvor noch nicht gekannt hatte, und von den besonders beeindruckenden Erfahrungen, die er bis 1796 mit Baldes Dichtungen gemacht hatte.[97] Balde erscheint geradezu als Angelpunkt für Herders veränderte Einstellung zur neulateinischen Poesie, die er nach den Balde-Veröffentlichungen auch bekannt machte.

Die erste gedruckte positive Äußerung Herders über ein Gedicht Baldes, und zwar noch ein deutsches, stammt vom Januar 1781.[98] Sie setzt seine Kenntnis

---

[97] Vgl. Anm. 22. Der dort zitierte Brief an Herders Sohn zeigt, wie Herder von der Arbeit an der *Terpsichore* unmittelbar zu den *Briefen zur Beförderung der Humanität* wechselte.

[98] Mahlmann-Bauer (wie Anm. 8), 411, schrieb dagegen, sich auf den gleichen Text beziehend: „1781 nannte ihn Herder noch abschätzig ‚den berühmten Silbenradbrecher'." Sie hat den Sinn dieser Stelle folgenreich mißverstanden (dem gleichen Mißverständnis unterlag bereits Carl Redlich bei Suphan, Bd. XXVII, VII, dem Mahlmann-Bauer vermutlich folgte). Herder schrieb in einem von mehreren monatlichen Kurzbeiträgen, in denen er Poesie-Funde vorstellte, an den Herausgeber der Zeitschrift ‚Deutsches Museum', in der dieser Brief im Januar 1781 veröffentlicht wurde (Suphan Bd. XV, 22–26): „Sie werden lachen, wenn ich sie heut mit Jesuitenpoesie zu unterhalten Lust habe, und zwar mit der deutschen Poesie keines andern, als des berühmten Silbenradbrechers Balde. … Wahrlich nicht zum Spott, wie gleich der Anblick selbst lehren wird, sondern nur eine kleine Probe zu geben, daß schöne Lobgesänge auf diesen Gegenstand [sc. auf die Jungfrau Maria] in dieser Kirche beinahe alle Jahrhunderte durch keine seltene Sache gewesen. …" Herder zitiert dann einen *Lobgesang auf Maria* in 12 achtzeiligen deutschen Strophen, womit er ein deutsches Gedicht Baldes mit 36 Strophen, das in Bd. 4 der Gesamtausgabe Baldes von 1660, 372–420, unter dem Titel *Olympia sacra in stadio Mariano, ludis Apollinaribus celebrata sive certamen poeticum de laudibus B. Mariae Virginis super Ode Parthenia Germanica vulgo* Ehrenpreiß *dicta* steht, verkürzt und in einigen Wörtern auch verändert wiedergibt. Vgl. zu diesem Gedicht Baldes Westermayer (wie Anm. 12), 136–139, hier 136: „Der Ehrenpreis ist jedenfalls das beste unter den deutschen Gedichten Baldes." Es ist nicht anzunehmen, daß Herder eine der früheren Einzelveröffentlichungen des *Ehrenpreiß* vorlag (aufgeführt in: Westermayer 1998, 20*, im Werkverzeichnis von Breit-

von Baldes Gesamtausgabe von 1660 im Jahr 1780 voraus. Dem Entschluß, Verdeutschungen lateinischer Gedichte Baldes zu veröffentlichen, müssen Jahre vorausgegangen sein, in denen er durch seine Lektüre Balde für sich entdeckte und vielleicht auch schon einige Versübersetzungen herstellte. Carl Redlich zitiert aus einem handschriftlich erhaltenen Aufsatz Herders, der ein erster Entwurf für die Vorrede zur *Terpsichore* gewesen sein soll und den Redlich wegen der Form der Handschrift auf 1793–Anfang 1794 datiert. Herders dortige Aussage lautet:[99]

> Als er [sc. Balde] vor fünfzehn Jahren mit anderen merkwürdigen lateinischen Dichtern ... bekannt wurde, zeichnete ich ihn mir aus; und wie angenehme Mitternächte hat er mir verschafft! Allenthalben hörte ich den lyrischen Schwan singen und in Deutschen Wäldern Orpheus' Leier tönen.

Das führt in die Zeit um 1778/79 für den Beginn seiner intensiven Lektüre dieses Autors, aus der sich die in dem eben angeführten Zitat verzeichnete positive Wertung ergab.[100] In Herders Briefen taucht Balde ungenannt oder mit Namen erst 1794 auf, da jedoch mit allen Ausdrücken der Wertschätzung, ja Begeisterung.[101]

---

linger / Stroh). Nach diesem bearbeiteten Zitat fährt Herder fort: „Das ist der Lobgesang; hat er nicht schöne Stellen? vorausgesetzt, daß sie ihn poetisch, nicht dogmatisch beherzigen wollen. ... und noch habe ich die kühnsten Verse auslassen müssen, die sie bei Balde selbst lesen mögen." Herder will also ein schönes Gedicht Baldes mitteilen, in dem dieser sich keineswegs als ein Silbenradbrecher erweist. Mit diesem Neologismus und dem ihm zugesellten Attribut „berühmt" deutet er nur auf eine offenbar vorhandene negative Vorstellung von Balde, von der er sich selbst durch den dann zitierten Lobgesang Baldes auf Maria distanziert, und er möchte diesen positven Eindruck von Baldes Gedicht auch bei anderen erzeugen.

[99] Herder, hrsg. von Suphan, Bd. XXVII, VIII.

[100] Eine negative Aussage Herders zu Balde im Jahr 1781 würde dieser enthusiastischen Erinnerung widersprechen.

[101] Die erste Erwähnung des Ungenannten steht in einem Brief an Gleim am 4.4.1794 (Briefe [wie Anm. 4], Bd. 7, Nr. 79): „In meinen zerstreuten Blättern erwecke ich Ihnen einen Deutschen Horaz, der zunächst nach dem Römer stehet, u. von dem Niemand in Deutschland weiß. Mit großer Freude!" Balde mochte dem Namen nach bekannt sein, aber niemand wußte nach Herders Kenntnis damals, daß Balde ein deutscher Horaz war. Früher hatte man diese Bezeichnung allerdings schon mehrfach verwendet, was Herder nicht wußte. S. Gesine Manuwald, Das ‚Paradoxum' in der Praxis. Zu Jakob Balde, Lyr. 1, 36, in: Lefèvre (wie Anm. 40), 105–126, und Mahlmann-Bauer (wie Anm. 8), 410 mit Anm. 8. An Friedrich Ludwig Wilhelm Meyer (1759–1840) schrieb Herder wenig später am 1.5.1794 (Briefe, Bd. 7, Nr. 83): „Ich habe einen Deutschen Dichter entdeckt, der Ihnen Freude, ja, ich möchte sagen, Entzücken machen wird, wie er es allen gethan hat, denen ich Stücke mitgetheilt habe. Mich hat er mit Anmuth fast berauscht."

Es muß für seine Leser unerwartet gewesen sein, und es war kühn von seiten Herders, daß gerade er nun 1796 einen katholischen lateinischen Dichter des Barock und dazu einen Jesuiten so stark propagierte, nachdem er früher für neuzeitliche lateinische Dichter nur Spott übrig gehabt hatte. Und wie konnte der Weimarer Generalsuperintendent und Oberpfarrer von St. Peter und Paul dazu kommen, sich für die Jesuiten einzusetzen? Man war bei den Protestanten doch froh, daß der gefährliche Jesuitenorden vom römischen Papst kürzlich aufgehoben worden war.

Herder ließ sich von solchen Vorurteilen nicht blenden, sondern bei seiner Lektüre von Themen, Gedanken und Emotionen der Baldeschen Gedichte, mit denen er übereinstimmte, und von dem in den Gedichten sichtbar werdenden Menschen Balde begeistern. Nicht zuletzt hatte Baldes Kampf für einen europäischen Frieden im Dreißigjährigen Krieg Herder mitten in dem damaligen europäischen Krieg der Koalition gegen Frankreich angesprochen. Balde hatte für Herder das größte Gewicht unter den neulateinischen Dichtern, weil er in ihm einen Dichter aus Deutschland und für Deutschland und zugleich den lateinischen Dichter mit dem umfangreichsten und vielfältigsten poetischen Opus entdeckt hatte.

Daß Herder Balde als deutschen Dichter seinen deutschen Landsleuten vorstellen wollte, bringt er gegen Ende des *Kenotaphium* 1796 so zum Ausdruck:

> Nichts, dünkt mich, sollte uns Deutschen angelegener seyn, als daß sich zu guten Zwecken alle Provinzen Deutschlands vereinigen. Kein Gebirge, kein Strom, keine Mundart, keine Religionsformel sollte sie trennen; wo irgend in einem Lande, auch mit Fehlern seiner Zeit und Erziehung behaftet, ein talentreicher Schriftsteller sich hervorthat, sollte das Vaterland sich ihn zueignen, nicht seinen Provincialismus verspotten und verhöhnen.

Aus den Erinnerungen von Herders Ehefrau Caroline ist ohne eine genaue Zeitangabe bekannt, wie sehr Herder „in Balde versunken“ war, daß dieser ihn „durch gleichsinnige Grundsätze und Gefühle stärkte“, daß dessen *Oden* ihm „Mut, Heiterkeit, Trost und Schwermut zugleich“ gaben, und wie er auch seine eigenen *Oden* nach ihrer Fertigstelllung oft noch nachts „um 10, 11 Uhr“ seiner Frau in „glückliche(n) Stunde(n)“ vorlas.[102] Entsprechend begeistert charakterisierte Herder im *Kenotaphium*, in dem er die gesamte poetische Produktion Baldes mustert, die *Sylvarum Libri IX*, indem er ihnen einen „ungeheuren Aufwand

[102] Johann Georg Müller (Hrsg.), Erinnerungen aus dem Leben Johann Gottfrieds von Herder. Gesammelt und beschrieben von Maria Carolina von Herder. Stuttgart / Tübingen 1830, 111. Die Stelle ist von Haym, Galle und Mahlmann-Bauer wegen ihrer Anschaulichkeit und Intimität zitiert worden.

von Geist, Witz, gesundem Urtheil, gutem Willen, feurigen Wünschen und eine Heldenkraft von Patriotismus" bescheinigte.

Diese emotionale Beziehung Herders zu Baldes Gedichten macht es verständlich, daß er kein einzelnes Gedichtbuch von Balde ganz verdeutschte, sondern nur die Gedichte, die ihm besonders gut gefielen, und daß er in dieser Anthologie einzelne Stellen, die ihm in den ausgewählten Gedichten weniger gefielen, dann eben veränderte oder wegließ, um Baldes Gedicht von Schwachstellen zu befreien und es als Gedicht für seine deutschen Leser noch besser zu machen. Er wollte seine Leser ebenso für Balde begeistern, wie dieser ihn begeistert hatte. Dazu zeigte er Balde sozusagen von seiner besten Seite bzw. „verjüngt", wie er es ausdrückte. Damit wird nun vollends klar, daß und warum sein ‚Übersetzen' einen anderen Zweck hatte als moderne Übersetzungen lateinischer Autoren. Er folgte deshalb dabei auch einer anderen Methode und lehnte, obwohl oder besser weil er Balde so hoch schätzte, eine wortsinngetreue Wiedergabe des ganzen Balde oder einzelner ganzer Gedichtbücher desselben ab.

Deshalb titelte er seine Bemühungen um Balde auch nicht: *Jacob Balde S. J. übersetzt von J. G. Herder*, sondern nannte die drei Bände, in denen er die ausgewählten Gedichte verdeutscht vorstellte, *Terpsichore*, stellte also die Muse, die das Erfreuen und Vergnügen Bereiten im Namen führt, als Patronin vor das Ganze.[103] Welche Bedeutung der Name dieser Muse für die Bände haben soll, erklärte Herder gleich am Anfang seiner gedruckten Vorrede zur ersten *Terpsichore* 1795 (die folgenden Anmerkungen geben an, auf welche Schriften Herder sich hier stützte):

> Terpsichore war bei den Griechen nicht etwa nur die Tanzgöttin nach heutigem Begriffe.[104] Auf einem bekannten Herkulanischen Gemälde trägt

---

[103] Manche seiner Leser und vielleicht auch Herder werden die Ausführungen von Lilius Gregorius Gyraldus über Terpsichore in dessen *Syntagma de Musis* gekannt haben. In den ersten Ausgaben, Straßburg 1511 und 1512, Bl. B4, bildet Gyraldus in einem Holzschnitt die Muse Terpsichore mit einer Cithara ab und schreibt zu dieser Muse: „... quae choreis delectatur. χορεια enim tripudium est, et τερπω delecto, eo quod oblectet audientes propter bona, quae ex doctrina proveniunt. ... Aliqui citaristriam dixerunt. ... Invenit παιδείαν. ..." Die Stelle war auch in C. Iulii Hygini Augusti Liberti Fabularum liber ... . Paris 1578, Bl. 313, und in Lilius Gregorius Gyraldus, Opera omnia. Leiden 1696, Sp. 564, zu lesen, aber mit einem leicht veränderten Wortlaut (vgl. z.B.: „nonnulli et invenisse παιδείαν, id est humanitatis disciplinam prodidere"). Herder hatte diese Veröffentlichungen nicht in seiner Bibliothek.

[104] Ottavio Antonio Baiardi, Le pitture antiche d'Ercolano e contorni incise con qualche spiegazione, Bd. 2. Neapel 1760 (nicht in Herders Bibliothek), 27–31, hier 28, gibt auch die konventionelle Charakterisierung, nachdem er Terpsichores Attribute Leier und Flöte besprochen hatte: „Terpsichore è colui, che si diletta delle danze."

> sie eine Lyra mit sieben Saiten bespannet; ihr Haupt ist mit einer Binde und mit Lorbeerzweigen umwunden; sie ist schreitend vorgestellt, und unter ihr stehen die Worte: ΤΕΡΠΣΙΧΟΡΗ ΛΥΡΑΝ (Pitt. d'Ercolano, tom. 2, tav. 5).[105] Es war die Muse die, nach jenen alten Versen mit ihrer Cither die Affekten erregt und beherrschet,[106] der auch die sanfte Flöte verliehen war[107] und die nach Fulgentius überhaupt durch Unterricht belustigt.[108] Eine solche wird uns in dieser Sammlung mancherlei darbringen; jetzt und zuerst habe ich einen Dichter einzuleiten, der seine Muse auch mit diesem Namen zu nennen liebte[109] und unsrer Bekanntschaft gewiß nicht unwerth ist.

Der Ausdruck „jetzt und zuerst" läßt daran denken, daß Herder unter dem Namen der Muse Terpsichore noch andere Dichter bekannt machen wollte, aber dazu ist es nicht gekommen.

Baldes besondere Bedeutung für Herder zeigt sich schließlich auch darin, daß die Übersetzungen von Hutten und Lotichius nicht im Druck erschienen und die Nachdichtungen der Gedichte des Sarbievius innerhalb von Herders Gedichten am Ende ihres siebenten Buches eingeordnet worden sind, während Balde 1795–1796 umfangreiche und gesonderte Veröffentlichungen in den Bänden der *Terpsichore* erhielt.

---

[105] Baiardi (wie Anm. 104), Tafel V mit dem Kupferstich der Terpsichore mit der Lyra auf S. 31. Cithara und Lyra symbolisieren seit Horaz die lyrische Dichtung.

[106] Baiardi (wie Anm. 104), 28, zitiert den angeblichen Vers von Ausonius: „Terpsic(h)ore affectus citharis movet, imperat, auget." S. Auson., Idyll., 20, 5. In: Hugh G. Evelyn White, Ausonius, Bd. 2. London / Cambridge, Mass. 1921, 281, wird in der „Appendix to Ausonius" das betreffende Gedicht mit dem Titel *Nomina Musarum* als anonym bezeichnet. Das Gedicht wurde mit der Überschrift *Musarum inventa* auch unter den *Opuscula* Vergils aufgeführt, s. P. Virgilius Maro, Universum Poema. Venedig 1541, Bl. 480v.

[107] Nach Baiardi (wie Anm. 104), 28: „L'autore però dell'Epigramma più volte citato dell'Antologia le dà tibie." Mit „tibia" bzw. „Aulos" wurde eine Doppelflöte bezeichnet. Vgl. Anth. Pal., IX 504, 5 (Anonym) = Anth. Plan., Ia 65, 21, 5 (Epigrammatum Graeorum ... libri VI. Frankfurt a.M.: Andreae Wechelii heredes Claudius Marnius et Iohannes Aubrius, 1600, 138).

[108] F. P. Fulgentius, Mythologiarum libri tres ... . Basel: Henrichus Petrus, 1543, 28, und Fulgentius, Mythologiarum lib. I, De Musis in: C. Iulii Hygini Augusti (wie Anm. 103), Bl. 131, zu Terpsichore: „delectans instructionem" bzw. „instructione". Herder las „instructione" („durch Unterricht"). Danach kannte Herder vermutlich auch diese mehrfach aufgelegte Hygin-Ausgabe, unter deren Beigaben sich 1578 erstmals auch Giraldis *Syntagma de Musis* befindet.

[109] Vgl. Balde, Lyrica, I, 34, 34f., deutsch in: Herder (wie Anm. 23), 82, oder ders., hrsg. von Suphan, Bd. XXVII, 82 (166): „Tu Polyhymnia, | Tu dulcis olim Terpsichore mihi". Balde war Giraldis *Syntagma de Musis* sicher bekannt.

Am Anfang von *Terpsichore* 1795 charakterisierte er den seinen Lesern noch unbekannten Autor attraktiv:

> Starke Gesinnungen, erhabne Gedanken, goldne Lehren, vermischt mit zarten Empfindungen für's Wohl der Menschheit und für das Glück seines Vaterlandes strömen aus seiner Brust, aus seiner innig bewegten Seele.

Und als diese seinen Dichter durch seine „Übersetzungen" kennengelernt haben, gibt er 1796 im *Kenotaphium* zusammenfassend diese Wertung von ihm ab:

> Balde muß als ein deutscher, als ein bayerischer Jesuit des vorigen Jahrhunderts betrachtet werden. ... In allen Sylbenmaßen, in jeder Gattung der Dichtkunst hat er sich geübt, und dadurch eine Gelenkigkeit, eine Versatilität erlangt, die, selbst wenn sie mißfällt und ermüdet, dennoch Verwunderung erreget.[110]

Walther Ludwig Universität Hamburg
Walther.Ludwig@uni-hamburg.de

---

[110] Ich danke Herrn Dr. Johannes Saltzwedel, Hamburg, für zahlreiche hilfreiche Hinweise und zur Verfügung gestellte Literatur.

Philip II and the Burgundian legacy: Pontus Heuterus and his *Rerum Burgundicarum libri sex* (1584)

ARNE MERTENS

Abstract:

This article aims to demonstrate how the Delft humanist, Catholic priest and historian Pontus Heuterus not only provided a history of the dukes of Burgundy in his *Rerum Burgundicarum libri sex* (1584), but also implicitly imparted a moral system to his readers. Following the examples of Roman historiography and biography, Heuterus described the lives of the four dukes of the House of Valois-Burgundy. In this article, we aim to show that Heuterus commented on the various crises that were at hand throughout the Southern Netherlands, thereby giving his opinion on the political and religious disputes. Notwithstanding his own background as a Catholic priest, Heuterus maintained a reconciliatory narrative, hoping that the hostilities would end. Finally, by dedicating his work to the Habsburg monarch Philip II, Heuterus presented the ducal deeds as instructive lessons and paradigms of virtue. Special focus goes to Philip the Good who, as founder of the 'Belgian' state, most resembled the example of an ideal prince which Philip II should imitate and, if possible, emulate.

Keywords:

Pontus Heuterus, historiography, biography, Burgundy, Neo-Latin, Philip II.

Introduction

In 1584, when Pontus Heuterus published his *Rerum Burgundicarum libri sex*,[1] the Dutch Revolt was in full swing. While Alexander Farnese (1545–1592) was returning several secessionist southern towns that had turned into Calvinist republics to Habsburg control, William of Orange (1533–1584), the leader of the Revolt, was assassinated in July of that year in Heuterus' home town of Delft. Political opposition against King Philip II of Spain (1527–1598) as well as religious discord had torn up the different provinces of the Low Countries and had paved the way for war, terror, and total disarray. In his history of the dukes of Burgundy, dedicated to Philip II, Heuterus complained how the search for virtue had become irrelevant in his own time. He wondered where the people had

[1] Pontus Heuterus, Rerum Burgundicarum libri sex, in quibus describuntur res gestae Regum, Ducum, Comitumque utriusque Burgundiae; ac in primis Philippi Audacis, Joannis Intrepidi, Philippi Boni, imperii Belgici conditoris, Caroli Pugnacis, qui e Valesia Francorum Regum familia apud Burgundos imperarunt. Antwerp: Plantin, 1584.

gone "who put serious effort in understanding themselves",[2] noting that only few people still devoted themselves to the study of literature. To remedy this, he decided to publish an extensive history of the dukes of Burgundy, in particular of the lives of Philip the Bold, John the Fearless, Philip the Good, and Charles the Bold. In so doing, Heuterus not only revealed the rich past of his fatherland, but also presented the memorable acts of the dukes as instructive lessons and paradigms of virtue. Referring to the glorious unification of the Low Countries by Philip the Good, he incited both Philip II and his subjects to end the ongoing armed conflicts and to work towards a harmonious state. In this article I aim to disclose the main underlying messages of Heuterus' *Rerum Burgundicarum libri*. After a concise overview of his biography and his works, I start by investigating which role Heuterus assigned to Philip II and his monarchical rule. Next, I discuss Heuterus' stance on the issue of religious policy. I continue by presenting his opinion on the ongoing civil war, but also by revealing his advice on how to end the conflict. His argumentation in support of the preservation of the united Low Countries is examined here as well. Lastly, I aim to analyse which moral lessons Philip II could learn from Heuterus' historical exempla.

Pontus Heuterus: a short biography[3]

Pontus Heuterus, or de Huyter, was born in Holland on 23 August 1535. He was the illegitimate son of the noble Jan de Huyter, who was bailiff of Delft and steward or 'dijkgraaf' of Delfland. After his training at the Leiden Latin school, he travelled through France and eventually studied Law in Paris. After his return, in 1566 or 1567, Heuterus was ordained as a priest. During the Dutch Revolt he became canon and administrator of the chapter of Gorinchem. When the Sea Beggars ('Watergeuzen') captured this town in June 1572, he was incarcerated and taken to Brielle. How he then managed to escape the brutal hangings of his fellow colleagues, later onwards known as the 'Martyrs of Gorkum', is unclear. He probably pretended to renounce his Catholic faith and was

---

[2] Heuterus (as in n. 1), dedicatio, fol. 2 v: "Ubi sunt qui se serio cognoscere student? Quot sunt qui in cognitione rerum appetendarum ac fugiendarum tempus terendum censeant?"

[3] Hajo Brugmans, Heuterus, Pontus, in: Petrus J. Blok / Philip C. Molhuysen (ed.), Nieuw Nederlandsch biografisch woordenboek, Deel 7. Leiden 1927, 585–586; Gerardus R. W. Dibbets, Heuiter, P. de, in: Wim van Anrooij et al. (ed.), Bio- en Bibliografisch lexicon van de neerlandistiek (2004), 112–114; E. O. G. Haitsma Mulier / Anton van der Lem, Heuterus, Pontus, in: id., Repertorium van geschiedschrijvers in Nederland 1500–1800. The Hague 1990, 185–186; Marc Lefèvre, Chronologie des œuvres de Pontus Heuterus, in: De Gulden Passer 41 (1963), 128–160; Tom De Smet, Pontus De Voorloper. Belang en perceptie van de zestiende-eeuwse spellingregelaar Pontus de Heuiter, in: Neerlandica extra Muros (2002), 9–16; Bernard A. Vermaseren, De Katholieke Nederlandse geschiedschrijving in de 16de en 17de eeuw over de opstand. Leeuwarden 1981, 161–174.

appointed as a secretary in William de La Marck's administration because of his linguistic capabilities. Once he was sent to the countryside to collect taxes, he outwitted his accompanying guard and escaped. During his entire life Heuterus felt remorse for not having persevered in his faith at that occasion, as his martyred colleagues had done. Instead he fled southwards, in particular to the village of Jabbeke in the county of Flanders where he served as a priest for five years. There, he was forced to flee once again, this time because of Flemish Calvinists, and he went once again north. Heuterus was a learned man who had various interests, including history and linguistics. His wanderings through the Low Countries prompted him to publish a booklet, entitled *Nederduitse Orthographie*, in which he dealt with the beautification and purification of the spoken language and the improvement of its spelling.[4] His *Orthographie* came off the Antwerp printing presses of Christophe Plantin in 1581. In 1582, however, Heuterus departed to Burgundy and the Franche-Comté to conduct historical research. This study trip would lead to the publication of his *Rerum Burgundicarum libri sex* (1583–1584), printed in Antwerp and dedicated to Philip II of Spain. Heuterus became a canon in Deventer in 1587, but he had to leave once again in 1591, when troops of Maurice of Orange (1567–1625) took that city. He went to the Southern Netherlands and stayed there permanently. Heuterus published two more historical works in Antwerp, including his *Rerum Belgicarum libri quindecim* (1598) and *De veterum ac sui saeculi Belgio libri duo* (1600).[5] His history of the secession in the Low Countries, *Historia Secessionis Belgicae*, was posthumously published in Brussels in 1649, despite being censored by the Habsburg authorities. Pontus Heuterus would never see this edition as he had died already in 1602, in Sint-Truiden.

A history of the dukes of Burgundy

Heuterus' *Rerum Burgundicarum libri sex* deals above all with the lives of the four illustrious dukes of Burgundy stemming from the house of Valois. The first book serves as a concise introduction to the subsequent books and discusses the history of the duchy of Burgundy, starting with the Germanic tribes that invaded the Western Roman empire in the 4th and 5th centuries AD and who established their own kingdoms in the newly conquered territories. Heuterus

---

[4] Pontus Heuterus, Nederduitse Orthographie, dat is: maniere houmen opreht Nederduits spellen ende schriven zal / niet alleen nut ende nootelic die opreht begeren te schriven / maer al die zulx ioincheit zouken te leren. Antwerp: Plantin, 1581.

[5] Pontus Heuterus, Rerum Belgicarum libri quindecim, quibus describuntur pace belloque gesta a principibus Austriacis in Belgio, nempe Maxaemiliano primo Caesare, Philippo primo Castellae Rege, Carolo quinto Caesare, Philippo secundo Hispaniarum Rege. Antwerp: Nutius, 1598; id., De veterum ac sui saeculi Belgio libri duo. Antwerp: Keerbergen, 1600.

ends the first book with the creation of the duchy of Burgundy, thereby setting the stage for the first protagonist of his history, i.e. Philip the Bold.

In the next four books, Heuterus writes about the lives and deeds of Philip the Bold (1342–1404), John the Fearless (1371–1419), Philip the Good (1396–1467), and Charles the Bold (1433–1477) respectively. He combines both history and biography by setting the life of each duke "coherently into the context of major developments".[6] Whereas each book focuses on a central figure who often commands the verb of the sentence, Heuterus also enlivens important passages by inserting dialogues and stylized speeches while employing the effects of pathos during dramatic events. The former was a typical feature of biography, the latter of historiography. Moreover, Heuterus does not shy away from shifting his focus to other individuals. For instance, he dramatizes the aftermath of John the Fearless' defeat at Nicopolis[7] with a dialogue between Sultan Bayezid I and John, paying attention to the thoughts and motives of the protagonist's adversary.[8] The same applies to the exchange of words between Charles VII (1403–1461) and Duke John before his assassination on the Montereau bridge[9] and, later on, to the discussions between Duke Philip the Good and Charles VII.[10] In this regard, Heuterus was inspired by the works of classical historians such as Caesar, Livy, Sallust, Curtius and Tacitus.[11] Moreover, two elements point to the influence of biography on Heuterus' history. Firstly, Heuterus starts with an overview of the Valois family to introduce the life of Philip the Bold.[12] A second element regards the arrangement of the material. Heuterus mostly maintains a continuous chronological narrative, beginning with the duke's upbringing and education before moving on to an extensive explanation

[6] Nicholas Horsfall, Cornelius Nepos: A Selection, Including the Lives of Cato and Atticus. Oxford 1989, 12.

[7] The battle of Nicopolis took place on 25 September in 1396. The defeat of the European crusader army resulted in the solidification of the Ottoman empire and, indirectly, the downfall of Constantinople half a century later.

[8] Heuterus (as in n. 1), 72.

[9] To end the hostilities between the Burgundians and the Armagnacs, John and Charles had arranged a meeting at Montereau on 10 September 1419. Despite being escorted John was assassinated by the dauphin; Heuterus (as in n. 1), 89–92.

[10] Heuterus (as in n. 1), 98, 113.

[11] Heuterus refers to these writers in his *epistula ad lectorem*, fol. 1 r: "… etiamsi in ea aut Caesariani sermonis puritatem, Livianam inimitabilem cum summa gravitate ubertatem, Salustii castam brevitatem, Curtii numerosos flores, aut Taciti sententiosam concinnitatem desideres."

[12] Precedents of this can be found in, among others, Tacitus and Suetonius. In his *De vita Iulii Agricolae*, Tacitus begins his narrative with a brief look at Agricola's family. Suetonius starts his *Augustus* with an overview of the Octavii family.

of the actions and dealings during his adulthood. After the death of each protagonist, however, he summarizes each life by way of categories, thereby discussing stock elements such as burial, physical appearance, personality traits, reactions to the protagonist's death, and so on. He exposes possible points of criticism as well as praise, showcasing some basic impartiality. He also adds a list of marriages and the legitimate and illegitimate children of the duke concerned. With regard to this technique of chronological ('per tempora') and categorical ('per species') arrangement, it is quite possible that Heuterus took inspiration from Suetonius, who "was admired and imitated during the Renaissance" and whose *De vita Caesarum* is considered the uncontested classic of Roman political biography.[13] Given the fact that moralisation was a general characteristic of historiography and biography from Antiquity until well into the early modern period, it should come as no surprise that a sense of morality is equally present in Heuterus' writings. Like his classical predecessors, Heuterus was eager to point out to his readers the boundary between virtue ('virtus') and vice ('vitium') whenever possible.

Of course, classical writers such as Tacitus or Suetonius did not constitute the only literary models for Heuterus. Within the historiographical tradition of Brabant and Holland Heuterus followed the example of Adrianus Barlandus (1486–1538) and his *De Hollandiae principibus* (1519) and *Rerum gestarum a Brabantiae ducibus historia* (1521). With regard to Flemish history, Heuterus certainly made use of the *Flandricarum rerum tomi X* (1531) by Jacobus Meyerus (1491–1552). A definitive version of this work, describing the history of the county of Flanders until 1477, was published posthumously in Antwerp in 1561. Heuterus must have known Meyerus' work, given that it is listed as one of his sources in his second historical work, namely his *Rerum Belgicarum libri* (Antwerp, 1598). As a historian, Heuterus leaned closer to Meyerus, as both prioritized "endorsing established facts" and distanced themselves from legends and tales of wonder.[14] For the same reason Heuterus' work differed from Marcus van Vaernewyck's *Spieghel der Nederlandscher Audtheyt* or *Historie van Belgis* (1568), as Vaernewyck

---

[13] Quote from Richard C. Lounsbury, The arts of Suetonius: an introduction. New York 1987, 65. Gaius Suetonius Tranquillus (ca. 69–122) was a Roman biographer and antiquarian whose writings include *De viris illustribus* and *De vita Caesarum*. The latter book, which deals with the lives of Julius Caesar and the first eleven Roman emperors, secured him lasting fame. Even though Heuterus did not refer to Suetonius in his *Rerum Burgundicarum libri*, he was certainly familiar with his Lives of the Caesars. Cf. on the reception of Suetonius' *De vita Caesarum* Tomas Hägg, The Art of Biography in Antiquity. Cambridge 2012, 229–233. On the innovativeness of Suetonius, see Tristan Power / Roy K. Gibson, Suetonius, the Biographer. Studies in Roman Lives. Oxford 2014, 1–18.

[14] Reginald De Schryver, Historiografie: vijfentwintig eeuwen geschiedschrijving van West-Europa. Leuven 2013, 205–206.

rather made use of the imaginative but historically unreliable folktales and myths. Lastly, Heuterus also referred to Georges Chastellain (?–1475), the Burgundian court chronicler and poet who was born in the Flemish town of Aalst, as well as to the nobleman Philippe de Commynes (1447–1511), who functioned as a writer and diplomat at the Burgundian and French courts. Heuterus used both writers as major sources in his *Rerum Burgundicarum libri* and *Rerum Belgicarum libri*.

In terms of content Heuterus mainly dealt with political and military events, including wars, treaties, marriages, ceremonies, rebellions, and so on. He showed to have a great eye for detail when describing these series of events. As for the many wars that occurred in his history, he was able to list precise war figures such as troop numbers or casualties while also analysing army compositions, battle tactics, and manoeuvres. In the case of the battle of Gavere,[15] Heuterus described the geographical conditions of the battleground before moving on to the positioning and line-up of both armies.[16] Sometimes he digressed on the background history of a particular royal house or country, so as to aid the reader to a better understanding of the story. For example, he further elaborated on the Turkish society and its disciplined armies as a prelude to his description of the battle of Nicopolis.[17] His discussion of the Hook and Cod wars before explaining the rivalry between Philip the Good and Jacqueline of Bavaria (1401–1436) constitutes another example.[18] In the final book Heuterus offered a detailed overview of the genealogies and pedigrees of all noble families who were connected with the four dukes of Burgundy. Furthermore, Heuterus often described the overwhelming festivities and ritualized ceremonies, which were essential to the display of Burgundian power. Describing Philip the Good's wedding with Isabel of Portugal in Bruges in 1430, he noted how various statues at the ducal palace produced different Burgundian wines and how the townsmen danced, drank, and slept for eight days on the streets.[19] Or, when describing the feast of the Pheasant,[20] Heuterus gave a description of the festive meals as well

[15] In the battle of Gavere the army of Philip the Good clashed with the rebelling city of Ghent in 1453. The duke won and ended the Ghent Revolt.

[16] Heuterus (as in n. 1), 135–137.

[17] Heuterus (as in n. 1), 65–68.

[18] The Hook and Cod wars consisted of a series of wars and battles fought over the title of Count of Holland between 1350 and 1490. The Cod faction embodied the more progressive cities of Holland and sided with Philip, while the Hooks, mainly comprised of conservative noblemen, supported Jacqueline.

[19] Heuterus (as in n. 1), 105–106.

[20] The Feast of the Pheasant was a banquet organised by Philip the Good in Lille in 1454 to promote a crusade after the fall of Constantinople a year before; Heuterus (as in n. 1), 139–141.

as the speeches and presents presented to Philip the Good by his guests. This way he gave a stronger impression of the atmosphere at the time, allowing his readers to better empathize with the historical characters and events. He not only offered an interesting history, but also, as we shall see, underlying lessons to his audience.

Philip II: a new pater patriae for the 'Belgian' people

The intention of Heuterus' work becomes clear in his fourth book, which discusses the life of Duke Philip the Good and is without doubt the most important part. He already hinted at this in the main title, stating that Philip was the "founder of the Belgian realm" or *imperii Belgici conditor.*[21] Heuterus even added a letter to his fourth book, directed to the members of the various regional states and of the States-General, in which he mentioned that the duke "had appeared as an illustrious and salutary star for all Belgians".[22] The proposed image of Philip as the founder of the fatherland conveyed a subtle message not only to the 'Belgian' ordines, but also to king Philip II. In his fourth book, Heuterus dealt with the reconciliation between Philip the Good and his rival Charles, duke of Orléans (1394–1465).[23] By using the phrase "oh thrice, four times most fortunate prince" in his praise for the duke, he referred to the words uttered by Virgil's Aeneas.[24] The founder of "Belgium" was thus associated with the mythological founder of the Roman empire. Both men were first and foremost guided and helped by divine providence in achieving their goals, thereby overcoming those who opposed them.[25] For Heuterus, any idea of providential will related above all to God in a Christian context, but it is also

[21] The well known historian Henri Pirenne thought that Justus Lipsius was the first to attribute the term "conditor Belgii" to Philip the Good. Now, however, it is clear that Heuterus had taken the idea from Viglius ab Aytta who had uttered it in a speech in 1565, and whose papers Heuterus must have had access to through Christophe d'Assonleville; Folkert Postma, Viglius van Aytta als humanist en diplomaat (1507–1549). Zutphen 1983, 33–34; Henri Pirenne, La fin du Moyen Age. Paris 1931, 459; Adriaan G. Jongkees, Une génération d'historiens devant le phénomène bourguignon, in: Low Countries Historical Review 88 (1973), 228–229.

[22] Heuterus (as in n. 1), 94–95: "Tandem huius filio Philippo Bono, rerum potiente, illustre ac salutiferum Belgis sydus apparuisse verissime Georgius Castellanus dixit."

[23] The French civil war between the Armagnacs and the Burgundians ended when Philip the Good ransomed Charles d'Orléans, freeing him from English captivity. Charles had been held captive after the battle at Agincourt in 1415.

[24] Heuterus (as in n. 1), 121: "O terque, quaterque felicissime Princeps Philippe"; Verg., Aen., 1, 94; Virgil's passage was often used to illustrate a link between Aeneas and the virtuous prince. See, for example, Luka Špoljarić, Illyrian Trojans in a Turkish Storm: Croatian Renaissance Lords and the Politics of Dynastic Origin Myths, in: Patrick Baker et al. (ed.), Portraying the Prince in the Renaissance. Berlin / Boston 2016, 121–156, at 141.

[25] Heuterus (as in n. 1), 95.

present in Suetonius' *De vita Caesarum*.[26] Moreover, Heuterus hoped in his dedicatio to Philip II that God would finally offer "some rest and peace from all the great sorrows", such as the one which "was given to Caesar Augustus". This way Philip II whose "splendour spread and extended its rays widely across the globe" was connected to emperor Augustus, who in turn was often affiliated with the sun god Apollo.[27] The image of Philip's splendour spreading "widely across the globe" was part of the concept of 'monarchia universalis' which had become extremely popular in the literary circles around Charles V and his chancellor Gattinara.[28] Whereas court historian Fray Antonio de Guevara (1480?–1545) had hailed Charles V as the modern replica of Marcus Aurelius,[29] Heuterus aimed to connect Philip II to emperor Augustus, thereby recognizing him as the new pater patriae and saviour of the state. Just as Augustus had built the Roman empire after the civil wars, Philip had to rectify the civil division in the Low Countries and become the keeper of peace and concord. By writing an extensive history about the Burgundian legacy, Heuterus not only pointed to the king's legitimate birth right to rule over the Low Countries, but also hoped that Philip would mirror his illustrious Burgundian predecessors.

In this presentation of Philip II Heuterus gave his solution to one of the major problems that was troubling the Low Countries in the sixteenth century, i.e. the nature of the state. He was convinced that princely authority emanated from God, thereby refuting any political theories, including for example those of Johan Junius de Jonghe (?–1590), who argued that a prince was "made by his

---

[26] Jacques Gascou, Suétone historien. Rome 1984, 775–778.

[27] Heuterus (as in n. 1), dedicatio, fol. 3 v: "Quod si impetravero, certus sum nominis tui splendorem, qui per universum terrarum orbem *latissime* radios suos *diffundit* ac extendit, lividosque multorum oculos perstringit, garrulos ac loquaces non laturos, obtrectatores vero in aperto nil ausuros. Deus Opt. Max. conditor ac conservator imperiorum … *pacem ac otium e magnis aliquando curis* tribuat, *quale Augusto Caesari datum* scimus, cum in hunc orbem Deus mittere est dignatus, Iesum Christum Dominum ac Servatorem nostrum."; John F. Miller, Apollo, Augustus, and the Poets. Cambridge 2009, 15–53; Randall C. H. Lesaffer, Charles V, Monarchia Universalis and the Law of Nations (1515–1530), in: Tijdschrift voor Rechtsgeschiedenis 71 (2003), 79–123.

[28] Martin van Gelderen, Theories of monarchy and civil power, in: Graham Darby (ed.), The Origins and Development of the Dutch Revolt. London 2001, 151–170; for more information about the developments of Neo-latin literature dedicated to Charles V, see Franz Römer, Zur Panegyrik in der Epoche Karls V., in: Alfred Kohler et al. (ed.), Karl V. Neue Perspektiven seiner Herrschaft in Europa und Übersee. Vienna 2002, 67–82.

[29] Geoffrey Parker, Emperor: a New Life of Charles V. New Haven 2019, 221–222; Michael P. Mezzatesta, Marcus Aurelius, Fray Antonio de Guevara, and the Ideal of the Perfect Prince in the Sixteenth Century, in: The Art Bulletin 64 (1984), 620–633; Van Gelderen (as in n. 28), 154.

people".[30] In Heuterus' view, the nature of the state took the form of a monarchy: virtuous men recoiled from democracies and oligarchies, which were turbulent states and never free from tyranny. Whereas "flattery and deceitful eloquence" reigned in the former, "hateful eloquence" was exalted in the latter.[31] Heuterus commented on the nature of the state in his analysis of the Ghent Revolt of 1449–1453. The city of Ghent had embraced democracy and had entrusted the government of the state to turbulent and restless men of the lowest origin. Heuterus concluded that their reign was destined to fall and be short-lived: if a people is to "obey mindlessly" or to "rule arrogantly", it ignores the middle ground completely.[32] Heuterus argued against those who had criticized the monarchical rule of Philip II in the 1570s and voiced his objections against the recently formed 'democratic' Calvinist regimes, in particular those of Brussels (1576–1584), Antwerp (1577–1585) and Ghent (1577–1584), which had declared themselves independent republics. William of Orange had presented Philip II as a tyrant in his *Apology* and had "destroyed the reputation of the king".[33] Aggaeus van Albada, on the other hand, had substantiated the notion of "the supreme rule of the common people" in his annotations to the *Acts of the Peace Negotiations* (Cologne, 1579).[34] By linking the concept of tyranny to that of democracy, however, Heuterus pointed out that not the king but overtly ambitious and turbulent men like William, who had no clue about statecraft, were the "disturbers of the public peace".[35] The supreme rule of the common people was in his view equally absurd, as they could easily be misled by a "vain vision

---

[30] In 1574 Johan Junius de Jonghe wrote his Discourse which, forming the main part of a collection of documents, intended to justify the Revolt of Holland and Zeeland. The original Dutch version of this collection was called Sekere brieven waer inne den aenghevanghen vredehandel deses Jaers LXXIIII vervaetet is. Delft: Hendricksz., 1574; Martin van Gelderen, The Political Thought of the Dutch Revolt 1555–1590. Cambridge 1992, 130–131.

[31] Heuterus (as in n. 1), 95: "In Democratia viget *adulatrix ac mendax eloquentia*, in Oligarchia etiam divina est *facundia odiosa*."

[32] Heuterus (as in n. 1), 139: "… cum ea omnium fere populorum sit conditio ut aut *abiecte serviat* aut *superbe imperet*, medium prorsus ignoret."

[33] William of Orange, The Apologie of Prince William of Orange against the proclamation of the King of Spaine [1581]. Leiden 1969; Van Gelderen (as in n. 28), 152; Van Gelderen (as in n. 30), 49.

[34] Van Gelderen (as in n. 28), 156; Aggaeus van Albada, Acten van den vredehandel geschiet te Colen. Antwerp: Plantin, 1581, 26; Wiebe Bergsma, Schwenkfeld in de Nederlanden. Agge van Albada (ca. 1525–1587), in: Hans Cools et al. (ed.), Gelovigen, dominees en geleerden: opstellen over Friese en Nederlandse geschiedenis in de vroegmoderne tijd. Hilversum 2019, 51–64.

[35] Heuterus (as in n. 1), 139: "… non mirum si ut caeterae eius gubernationis respublicae caducum ac brevis aevi imperium adepti potius inter *publicae quietis perturbatores* quam bene constitutarum rerumpublicarum exempla sint numerati … ."

of freedom and a futile excitement for praise".[36] Discussing the Ghent Revolt of 1379–1384, Heuterus concluded that the commoners handed over too naively the keys of government to ambitious, restless and self-centred men. This point of view was certainly not original. In his influential *Descrittione di tutti i Paesi Bassi*[37] Lodovico Guicciardini, a Florentine merchant who had been living primarily in Antwerp from 1542 or earlier, had already insisted on the cold nature of the habitants of the Low Countries and had remarked that "they were easy to trick, distrustful and sometimes even obstinate".[38]

According to Heuterus the 'Belgians' had always been one people. Even after the Roman conquest they had lived "more freely than the other Gauls as long as they venerated the majesty of the Roman empire' and 'composed themselves to its will".[39] Heuterus seemed to associate the rule of Philip II with the majesty of the Roman empire. It is interesting to see how obedience towards the ruler did not exclude, but seemingly caused a greater sense of freedom. Most likely he thought of Pliny the Younger's *Panegyricus* in which Pliny elaborated on the paradoxical idea that a good autocracy guaranteed liberty.[40] This way Heuterus implemented in his defence of Philip the notion of liberty, which had been depicted from the 1560s onwards as "the leitmotif of protest against the governmental policy" by apologists such as Jacob van Wesembeeke (1524?–1574), Philips of Marnix (1540–1598) and William of Orange.[41] Whereas the defenders of the Revolt saw liberty as the "political value par excellence" and "the source of profit and justice", Heuterus argued that the relationship between the prince

---

[36] Heuterus (as in n. 1), 47: "Opes enim in bello praeter praefectos ac qui munera publica gerunt, neminem parare, sed *inani* se *laudis titillatione vanaque libertatis specie* ad lanienam pro ignobili praeda duci."

[37] Lodovico Guicciardini, Descrittione di tutti i Paesi Bassi altrimenti detti Germania Inferiore. Con piu carte di geographia del paese, & col ritratto naturale di piu terre principali. Antwerp: Silvius, 1567. The Revolt attracted the attention of other Italian writers, such as Francesco Bocchi (1548–1613?), Giovanni Costa (1550?–1630?), Famiano Strada (1572–1649) and Guido Bentivoglio (1579–1644), see Nina Lamal, Le Orecchie si piene di Fiandra. Italian news and histories on the revolt in the Netherlands (1566–1648) (doctoral thesis, Leuven 2014) and Cees Reijner, Italiaanse geschiedschrijvers over de Nederlandse Opstand, 1585–1560 (doctoral thesis, Leiden 2020).

[38] Guicciardini (as in n. 38), 29.

[39] Heuterus (as in n. 1), 94: "A Caesare vix tandem domiti ac successorum eius iugo assueti, *liberius* tamen *multo* (non diffiteor) *reliquis vivebant Gallis*, satisque feliciter in pace degebant, *quamdiu* communibus animis ac consiliis *Imperii Romani Maiestatem venerantes, ad eius se nutum componebant*."

[40] Plin., paneg., 66, 4; for more information, see Shadi Bartsch, The Art of Sincerity: Pliny's *Panegyricus*, in: Roger Rees (ed.), Latin Panegyric. Oxford 2012, 148–193; Mark Morford, iubes esse liberos: Pliny's *Panegyricus* and Liberty, in: id., 126–147.

[41] Van Gelderen (as in n. 30), 117.

and his subjects had been the main cause for prosperity.[42] He recognized that a tradition of liberty had existed with the ancestral 'Belgians', but he did not see it as the fundament upon which all of society had been built. He noted that the 'Belgians', who lacked a leader, had only experienced misery and misfortune after the Roman period. A prince was clearly necessary. In fact, the state could only flourish if the prince and his subjects collaborated with one another.[43] Again, by way of historical examples, he debunked the notion of 'popular sovereignty'. Nor did he acknowledge the idea of the States as "the leading sovereign powers", which had been uttered in political treatises such as the *Brief discourse on the peace negotiations now taking place at Cologne*, *Emanuel-Erneste* and Orange's *Apology*.[44] Instead, Heuterus repeated his strong desire for a reconciliation between prince and subjects, and by extension that of "Belgium". A harmonious monarchy always had to be the ultimate goal.

To bolster his argument, Heuterus often employed the Aristotelian metaphor of body and mind.[45] While the prince acted as the head of the state, his subjects formed the different members of the body politic.[46] Heuterus gave an idealized image of this union in the fourth book of his *Rerum Burgundicarum libri*. He depicted Philip the Good as the central figure during the moral penance of the Ghent rebels after the battle of Gavere in 1453. Seated on his horse, the duke preceded the three estates of society. The proposed imagery of the kneeling citizens in front of the duke referred back to and perpetuated the divine origins of the constitution of the state.[47] Dividing society into well-defined categories

---

[42] Van Gelderen (as in n. 30), 161.

[43] Heuterus (as in n. 1), 95.

[44] Brief discours sur la negation de la paix, qui se tracte presentement à Coloigne entre le Roy d'Espaigne, et les Estats du Pays Bas. Leiden: Silvius, 1579; Emanuel-Erneste. Dialogue de deux personnages sur l'Estat du Pais Bas. Antwerp: Spore, 1580, allegedly written by Gerard Prouninck alias van Deventer (?–1610).

[45] Paul Archambault, The Analogy of the Body in Renaissance Political Literature, in: Bibliothèque d'Humanisme et Renaissance 29 (1967), 21–53; Peter Stacey, Roman Monarchy and the Renaissance Prince. Cambridge 2007.

[46] Heuterus (as in n. 1), 95.

[47] The subjection and moral penance by riotous citizens was a recurrent theme. Other examples were the subjection of the city of Genoa by the French king Louis XII in 1506 and of Ghent by emperor Charles V in 1540. See Hans Cools, Philip of Cleves at Genoa: the governor who failed, in: Jelle Haemers et al. (ed.), Entre la ville, la noblesse et l'Etat: Philippe de Clèves (1456–1528), homme politique et bibliophile. Turnhout 2007, 101–115; Marc Boone, Destroying and Reconstructing the City: the Inculcation and Arrogation of Princely Power in the Burgundian-Habsburg Netherlands (14th–16th centuries), in: Martin Gosman et al. (ed.), The Propagation of Power in the Medieval West. Groningen 1997, 1–33.

could point to Suetonian influence.[48] Heuterus implicitly showed that this moral hierarchy of society had to be rigorously observed and preserved. The connection between ruler and subjects played a vital part in maintaining this hierarchy. No wonder that he asked his readers to "not let the realm perish nor let the parts separate from their rightful and legitimate head".[49] The disintegration of the state was tantamount to the violation of the divine will.

The issue of religion

Heuterus' call for a new pater patriae was a reactionary response to the crises of his time. By 1584 he had already seen the iconoclastic fury of 1566 and 1567, the arrival of the duke of Alba and his repressive regime of the late 1560s, and the resurgence of violence by the rebel Sea Beggars from 1572 onwards. The constant shortage of money gave rise to multiple mutinies in the Habsburg army, which resulted in licentious bands of soldiers ravaging the land. In 1581 the rebel states formally rejected allegiance to Philip. In short, the Low Countries were in total disarray.[50] In these events not only the constitutional disputes played a role, but also the issue of religion, to the extent that resistance against Philip's religious policies and opposition to Habsburg political reform became intertwined.[51] In 1584 the 'Belgians' were thus in desperate need of a 'salutary star' who could end the ongoing religious dissent. Having escaped the massacre of Gorinchem a few years earlier, Heuterus had personally experienced the consequences of the shattered corpus Christianum. Naturally, he advocated for a unified Catholic church. As head of the Order of the Golden Fleece, Philip II had taken on the responsibilities and duties of Philip the Good, who had founded the Order in 1430. One of the main objectives of the Order was to protect "the tranquillity and prosperity of the Catholic Church and the people of Christ".[52] In Heuterus' times it had become clear that Philip II regarded the repression of religious dissent as "a personal spiritual duty as much as a social

---

[48] Suetonius devoted an entire chapter to this imperative in the life of Augustus (Aug., 40, 8); see Gascou (as in n. 26), 744.

[49] Heuterus (as in n. 1), 95: "… curate Viri prudentes ne ruat aut luxata denuo membra a iusto legitimoque capite dissipentur."

[50] For a chronological narrative of events, see Graham Darby, Narrative of events, in: id. (ed.), The Origins and Development of the Dutch Revolt. London 2001, 8–28; Anton van der Lem, Revolt in the Netherlands: the Eighty Years War, 1568–1648. London 2019.

[51] Geert Janssen, The Dutch Revolt and Catholic in Reformation Europe. Cambridge 2014, 21; Alastair Duke, Reformation and Revolt in the Low Countries. London 2003, 157–172; Henk van Nierop, Alva's Throne: making sense of the revolt of the Netherlands, in: Darby (as in n. 50), 29–47.

[52] Heuterus (as in n. 1), 107: "quod eorum opera, ductu ac consilio sanctissimae matris nostrae *Ecclesiae Catholicae status tranquillitas prosperitasque ac populus Christianus* defendi, iuvari ac protegi possit."

and political necessity",[53] since Catholic doctrines and rituals had traditionally supported the Burgundian-Habsburg rule. Ironically enough, it had been his authoritarian policies on the rise of Protestantism which had partially fuelled the fires of civil unrest in the Low Countries.[54]

The fight against the Ottoman empire was totally in line with the idea of preserving the Catholic church.[55] After the defeat at Nicopolis in 1396, John the Fearless had to swear an oath to Sultan Bayezid I not to take up arms against him, his successors, or the religion of Muhammad. Heuterus was keen on reminding Philip to avenge his Burgundian forefather and to face this threat head-on.[56] The same message was conveyed at the Feast of the Pheasant during which Philip the Good vowed to go on a crusade against the Ottomans. Philip the Good later on complained about emperor Frederick III's faint-heartedness[57] because he could have mobilised the whole of Germany, Bohemia, Austria, Poland and Hungary. If only the emperor would have possessed a more courageous heart, he could have sent the armies of Europe to the east.[58] Like emperor Frederick, Philip II had the power to unite his polyglot empire in order to combat the Muslim threat. For Heuterus, the fight against the Ottomans had become a Burgundian legacy and therefore a family obligation for Philip II.

But what about the internal threats to the Church? Heuterus hardly commented on the internal schisms within the Church. Concluding Philip the Bold's life, he noted that the Duke was criticized for enabling a division within the Catholic Church by having taken the side of the Avignon popes in their dispute with Rome. Philip the Bold even made sure that the Flemish fell under the rule of Avignon, even though they had always persisted in their obedience towards the papal seat of Rome. Afterwards, Duke Philip confiscated the public funding of those priests who were tied to Rome.[59] Persuaded by political and financial gains, Duke Philip had not only undermined the Roman Catholic Church, but in the long run, he had also damaged the respublica Christiana as a whole.

---

[53] Janssen (as in n. 51), 20–21.
[54] Peter Arnade, Beggars, iconoclasts, and civic patriots: the political culture of the Dutch Revolt. Ithaca 2008, 12–49.
[55] Janssen (as in n. 51), 19.
[56] Heuterus (as in n. 1), 72.
[57] Frederick III ruled as Holy Roman Emperor from 1452 until 1493. Despite being mocked by contemporaries as a hesitating ruler who seemed to fail at effective decision-making, today he is increasingly seen as a tactical and effective ruler; Benjamin Curtis, The Habsburgs: The History of a Dynasty. Bloomsbury 2013, 35–37.
[58] Heuterus (as in n. 1), 141.
[59] Heuterus (as in n. 1), 64.

Besides this criticism of Philip the Bold, Heuterus remained remarkably silent about the phenomenon of religious disunity. Naturally, his emphasis on the preservation of the Catholic Church implied that its monopoly had to be maintained in the Low Countries. However, Heuterus nowhere argued that this internal monopoly had to be enforced, nor did he speak against the toleration of religious minorities. It seemed that the preservation of the Church did not mean the violent oppression or even eradication of heretics. In fact, he never even used the term 'heretic' ('haereticus') or 'heresy' ('haeresis') in his work. Heuterus possibly subscribed himself to the moderate standpoint, as "did many from the politically articulate classes".[60] Having experienced and witnessed the extremism of both sides, Heuterus could have opted for the middle ground which had rapidly been disappearing in the 1570s.[61] He must have recognized that "an all too rigorous anti-heretical legislation would lead to violent disorders and jeopardize the country's prosperity" and that therefore such legislation was undesirable.[62] The question still remains whether Heuterus was silent on the issue because he supported the moderate standpoint, or because he regarded the issue from a more Neo-Stoic point of view. Further research on this question is therefore required. A moderate position, however, suited Heuterus' reconciliatory narrative better. Wherever possible, he stressed the importance of reconciliation and harmony, as well as the painful consequences of war, rebellion, and tyranny.

War, rebellion, and the potential of harmony

As stated earlier, Heuterus' work mainly examined political and military history. Revealing the train of thought of the various dukes through the years, he explained in detail countless wars, rebellions, political marriages, treaties, Joyous Entries, and so on. What is striking, however, is the regularity with which he listed the terrible consequences of armed conflicts, especially during civil wars. According to Heuterus, the Armagnac-Burgundian civil war had caused the death of "300,000 men", while "100,000 families were forced to move and roam around", resulting in "the prostitution of innumerable young girls".[63] In a passage on the Hook and Cod wars Heuterus was equally clear about the horrors of war:

---

[60] Jan J. Woltjer, Political Moderates and Religious Moderates in the Revolt of the Netherlands, in: Philip Benedict et al. (ed.), Reformation, Revolt and Civil War in France and the Netherlands 1555–1585. Amsterdam 1999, 185–200.

[61] Darby (as in n. 50), 19–20.

[62] Van Nierop (as in n. 51), 36.

[63] Heuterus (as in n. 1), 112: "Bellum enim inter se gesserant, quo *plus quam trecenta hominum millia* perierant, *familiarum centum millia sedibus pulsa vagabantur*, *innumerae virgines prostitutae,* mulieres ac pueri vagi errabant."

> There was not a town, a field nor a house in which there was no daily violence between diverse groups of insane people, driven by avarice for blood, thereby ruining each other so that not a neighbour would spare his neighbour, a father-in-law not his son, blood relatives did not spare their own kinsmen, nor did a friend spare one of his own family. … In many towns the priests, dressed in their holy robes and the Sacraments of the Christian faith, … were forced to place themselves between hostile lances so that the citizens of the same town would turn away from mutual murder out of the reverence of the Sacramental divinity.[64]

The similarities between the horrific scenes described by Heuterus and those of his own time are remarkable. He certainly drew on his own lived experiences when writing such passages. Scenes of family disintegration and the outbreak of public violence must have been all too familiar to him.[65] The imagery of priests surrounded by "hostile lances" brought him back to the Martyrs of Gorkum, a tragedy which he had narrowly escaped. Passages such as these were a clear warning: civil war needed to be avoided at all costs.

Very closely related to the topic of war – and perhaps more important in Heuterus' work – is the issue of rebellion. Heuterus was clear about the relation between rulers and subjects: "God commanded kings to rule, while subjects have to obey them. For the sake of public tranquillity, there is no light punishment for any transgressors."[66] Justus Lipsius would later express the same distinction between an active ruler and passive subjects.[67] In Heuterus' eyes, opposition against the secular ruler meant opposition against the divine

[64] Heuterus (as in n. 1), 121: "Nullum enim oppidum, nullus pagus, villa, insulaque nulla erat, in qua non quotidie insanientium inter se diversae saevirent manus, tanta sanguinis aviditate, in mutuam ruentes perniciem ut nec vicinus vicino, nec socer genero, nec consanguinei affinibus, nec amicus familiari parceret, … cogerenturque multis in oppidis Sacerdotes sacris induti vestibus ac religionis Christianae Sacramentis … sese medios inter infestas obiicere cuspides, quo eiusdem oppidi cives, cognatos ac affines a mutua caede, reverentia Sacramentalis numinis averterent." For more information on the Hook and Cod wars, see Hans Brokken, Het ontstaan van de Hoekse en Kabeljauwse twisten. Zutphen 1986.

[65] Surprisingly, an eruption of public violence by the Catholic side did not occur in the Low Countries during the iconoclastic troubles of the 1560s. For more information, see Judith Pollmann, Countering the Reformation in France and the Netherlands: Clerical Leadership and Catholic Violence 1560–1585, in: Past and Present 190 (2006), 83–120.

[66] Heuterus (as in n. 1), dedicatio, fol. 3 v: "Reges enim tradito per maiorum manus regno imperare Deus iussit, subditos vero his obedire, non levi transgressoribus statuta poena, publicae tranquillitatis ergo, cuius ipse suo nomine Reges constituit custodes."

[67] Toon Van Houdt, The spectacle of power: Lipsius' model of princely (and humanist) conduct in his Monita et exempla politica (1605), in: Miraculum eruditionis: Neo-Latin studies in honour of Hans Helander. Uppsala 2007, 13–30.

constitution of the state. That said, Heuterus also showed how to deal with this opposition, ranging from brute force to negotiation and counsel.

Rebellion had severe consequences. Analysing the Ghent Revolt of 1379–1385, Heuterus mentioned the killing or dismembering of citizens, the devastation of property, the collapse of trade, and so on. Rebellion even caused the loss of future potential because it contaminated and dehumanised the youth.[68] Heuterus warned: "No one wins riches in war, except for the commanders and those who hold public offices." These commanders were often "ruling men who were corrupted by their lust for power, turbulent, seditious, bankrupt, and restless, and had learned to fear their superior but not the laws, God but not men."[69] The act of rebellion thus destroyed society from the inside. Not only did it cause material harm such as physical damage to citizens and property or the loss of trade, but it also condoned the proliferation of vice and crime, in which "the cruellest and most ferocious bandit was seen as the most loyal and bravest fighter."[70]

How was one to cope with rebellion? History provided many examples of urban uprisings, secessions, and disobedient citizenries. One solution was the use of brute force, which the dukes of Burgundy had employed many times. Philip the Bold fought alongside the French king against the Ghent rebels in 1382, whereas John the Fearless crushed the Liège rebellion in 1408. Philip the Good brought the seditious citizens of Ghent back to their knees in 1453. Heuterus was not a keen propagator of violence, especially given his list of appalling consequences of armed conflict, but he recognized that brute force could be an effective tool in the suppression of civil unrest. Nevertheless, he continued to insist on its drawbacks. Firstly, war was like "the heads of a hydra", where "new enemies appear immediately." Heuterus warned that arms were taken up quickly, but put down with difficulty.[71] On top of that, violent conflicts could be the beginning of a long-lasting and deep-seated hatred against the ruler.[72] War, though easily initiated, almost never had a predictable ending and, even if it did, it could strike deeper wounds than anticipated.

---

[68] Heuterus (as in n. 1), 47.

[69] Heuterus (as in n. 1), 47: "Opes enim in bello, praeter praefectos ac qui munera publica gerunt, neminem parare"; "suis imperantibus hominibus ambitione perditis, turbulentis, seditiosis, decoctoribus ac inquietis, qui superiorem nec leges, Deum nec homines vereri didicissent."

[70] Heuterus (as in n. 1), 48: "Crudelissimus enim saevissimusque latro, partium fidelissimus fortissimusque propugnator habebatur."

[71] Heuterus (as in n. 1), 81, 89: "… instar capitum hydrae novi statim hostes orirentur."

[72] Heuterus (as in n. 1), 78.

Brute force was not the only option, however. In the aftermath of the Ghent Revolt of 1379–1385, Philip the Bold feared other cities would rise up too, resulting in even more bloodshed. So he withdrew from some of his rights for the sake of the state.[73] Rather than persevering in brutal violence, Philip chose to enter into negotiations with the city patricians and even made some concessions, thus ending the vicious cycle of armed conflict. In such peace negotiations, the bloodshed was mostly confined to the killing or banishment of the rebellion's major troublemakers, which Heuterus preferred over an all-out repression. Quoting the Gospel of John, he noted that "it is better that one dies than that the whole state perishes."[74] Later on, Philip the Good spared the citizens of Ghent and forgave their sinful act of rebellion, albeit after a general moral penance done by the Flemish. Heuterus used both Philip the Bold and Philip the Good to showcase typical panegyrical virtues.[75] Philip the Bold proved to possess the virtues of 'moderatio' and 'abstinentia', Philip the Good those of 'clementia' and 'civilitas'.

Heuterus stressed that a ruler had to strike a balance between his rights and those of his subjects, especially with regard to highly-urbanized regions such as Flanders, Brabant and Holland. He reminded Philip II of the fact that these regions, in particular Brabant, had been the cradle of participation in governance in the past and that they insisted on seeing their "immunitates" upheld and respected.[76] Leaning on the great charters of the late medieval period, including those of the Great Privilege of 1477,[77] the subjects of the Low Countries possessed a legal framework that had to safeguard a correct relationship between ruler and subjects. In the sixteenth century the revolting regions often referred

---

[73] Heuterus (as in n. 1), 47.

[74] John, 11:50; Heuterus (as in n. 1), 49.

[75] A canon of virtues is given in Andrew Wallace-Hadrill, The Emperor and His Virtues, in: Historia. Zeitschrift für Alte Geschichte 30 (1981), 298–323. See also Keith R. Bradley, Imperial virtues in Suetonius' *Caesares*, in: Journal of Indo-European Studies 4 (1973), 245–253.

[76] Marc Boone, Les pouvoirs et leurs représentations dans les villes des anciens Pays-Bas (XIVe–XVe siècle), in: Élisabeth Lecuppre-Desjardin / Élodie Crouzet-Pavan (ed.), Villes de Flandre et d'Italie (XIIIe–XVIe siècle). Les enseignements d'une comparaison. Turnhout 2008, 184–185; Jan Dumolyn, Privileges and novelties: the political discourse of the Flemish cities and rural districts in their negotiations with the dukes of Burgundy (1384–1506), in: Urban History 35 (2008), 5–23.

[77] After the death of her father Charles the Bold in 1477, Mary of Burgundy was forced to sign the Great Privilege, reconfirming a number of privileges to the States-General of the Netherlands. In return, the States-General would support her in fending off the French armies of King Louis XI.

to these documents to legitimize their opposition against Philip II.[78] Having occupied the foreground of the political debate from 1566 onwards, the conceptions of contract formed the basis for criticism against Philip II. Defenders of the Revolt argued that Philip had taken a solemn oath and consequently had sealed "a contract between prince and subjects to uphold and maintain the very privileges he had diminished so ruthlessly."[79] Heuterus was well aware of the notion of a contract between a prince and his subjects. He had witnessed in person the inauguration of Philip in Leiden in 1549.[80] Through historical examples of give-and-take, he reminded Philip of his oaths and hoped that he would adopt the same strategy in subduing the civil uprisings. Only by respecting the "immunitates" of his subjects would he be successful in unifying the provinces.

What could a harmonious state possibly offer? It would have been peculiar if Heuterus did not mention the advantages of such a state. As a prelude to his description of the Ghent Revolt of 1379–1385 he offered a clear example:

> Among all European provinces of her size Flanders flourished excessively in this time because of the advantage of continuing and everlasting peace. Because of the convenience of its ports and rivers its towns and cities were abundant in every type of merchandise which was brought in high numbers to Bruges and Ghent from the various regions of Europe and reshipped from there.[81]

As a showcase, Heuterus pointed to the potential of a peaceful Flanders, and by extension the Low Countries. Here he followed the literary footsteps of previous historians such as Philippe de Commynes, Georges Chastellain and Jean Froissart (1337–1405) who all had depicted the Burgundian Netherlands as promising lands of prosperity.[82] He was probably inspired by Lodovico

---

[78] Wim Blockmans, Alternatives to Monarchical Centralisation: The Great Tradition of Revolt in Flanders and Brabant, in: Helmut G. Koenigsberger (ed.), Republiken und Republikanismus im Europa der Frühen Neuzeit. Berlin 1988, 145–154; Marc Boone, The Dutch Revolt and the Medieval Tradition of Urban Dissent, in: Journal of Early Modern History 11 (2007), 351–375.

[79] Van Gelderen (as in n. 30), 114, 129.

[80] Vermaseren (as in n. 3), 161–162.

[81] Heuterus (as in n. 1), 27: "Florebant inter omnes suae magnitudinis Europae Provincias hoc tempore supra modum Flandri, ac diuturnae continuaeque pacis beneficio, portuum, fluminumque commoditate oppida urbesque omnis generis mercibus abundabant, quae e variis Europae plagis Brugas ac Gandavum maxime advehebantur rursumque evehebantur, . . ."

[82] Philippe de Commynes (ed. J. Dufournet), Mémoires sur Louix XI. Paris 1978, 45; Georges Chastellain (ed. J. A. Buchon), Œuvres historiques inédites. Paris 1883, 446; Jean Froissart (ed. J. Kervyn de Lettenhove), Œuvres. Brussels 1867–1877, vol. 9, 158–161; Raymond van Uytven, Historiografie en economische geschiedenis. De getuigenis van Jean Froissart, in:

Guicciardini's "meticulous descriptions of the Low Countries" in his *Descrittione.*[83] He knew about the works of Lodovico's famous uncle, Francesco Guicciardini, who is listed as one of his sources in his *Rerum Belgicarum libri.* Heuterus' *Florebant Flandri* – emphasized by the hyperbaton – sketched a contrasting image that magnified the differences with the state of Flanders in his own time. Abundance had become scarcity, while the foreign merchants had made room for foreign soldiers. It was a powerful message not only to the bellicose revolutionaries, but also to king Philip. Peace promoted wealth and prosperity. Wealthy cities meant increased taxes. Philip could learn from the example of Count Louis of Male (1330–1384) who "did his very best to preserve this prosperity for himself and his kin".[84] The example of a fortunate Flanders was extended to that of the Low Countries. At the end of the fifth book, Heuterus concluded: "the greatest union between the people and the princes preserved the fortunate state for the Belgians." He confirmed this message with a "divine" quote from Sallust (Iug., 10) stating that "small things flourish by concord, but great things perish through discord."[85]

An immortal task for a mortal man

Heuterus of course knew about the difficulties that came with governing. Secular rulers of the world, in Heuterus' case king Philip II, still remained human beings. In his dedication to the Spanish king Heuterus remarked that he was "rightly aware of his humanity" and saw the opportunity to offer advice to his king on the basis of various historical exempla.[86] Examples of human fragility could make him more conscious of his own weaknesses, while examples of virtuous behaviour were to incite the ruler to imitation and emulation. Just as Suetonius had done in his biographies, notably the one of emperor Hadrian, Heuterus used Philip's famous forefathers to show him the boundaries between a virtuous ruler and an immoral tyrant.

Firstly, Heuterus applied the metaphor of body and mind to the ruler himself. As an individual, a ruler always had to strive for the right proportion of body and mind. He noted: "when the body is in pain, the mind is not free of sickness

---

Johan Tollebeek et al. (ed.), De lectuur van het verleden: opstellen over de geschiedenis van de geschiedschrijving aangeboden aan Reginald de Schryver. Leuven 1998, 157–160.

[83] Van Gelderen (as in n. 30), 13.

[84] Heuterus (as in n. 1), 28: "Comes Lodovicus summo adnitebatur studio in hac se suosque felicitate conservare."

[85] Heuterus (as in n. 1), 189: "Sed summa populi ac Principum inter se Concordia felicem Belgis statum conservavit, comprobavitque veritatem divinae Sallustii sententiae: Concordia (nimirum) res parvas crescere, Discordia vero maximas dilabi."

[86] Heuterus (as in n. 1), dedicatio, fol. 3 r: "Ego Christianos Principes tuamque imprimis Maiestatem pro homine non pro divo coli velle, *humanitatis tuae tibi probe conscius*, sat scio."

either." With a right balance of body and mind a king could strive for virtue, reach a state of moderation and reason, and arm himself against the "infernal furies".[87] An imbalance of body and mind was not to be underestimated and could even have fatal consequences. The breakdown of Charles the Bold was exemplary here. After his defeats at Grandson and Morat in 1476 Charles became filled with "black bile" – one of the four bodily fluids in the teachings of Galen[88] – which caused changes in his temperament. Charles isolated himself, became blind to the machinations of his Italian counsellor Campobasso, and started to approve "tyrannical laws".[89] He no longer heeded the advice of his devoted counsellors, which eventually led to his demise near Nancy in 1477.[90] Important to note, however, is that Heuterus stressed that the change of temperament befell Charles, thereby hinting that it was not entirely the duke's fault. It is unclear to what extent Charles was to be blamed for his humoral change. Heuterus' stance on the notion of free will, of which we know too little, would therefore be an interesting subject for further research.

The downfall of Charles therefore also disclosed the risks associated with the so-called 'politics of intimacy' which was typical of early modern European courts. Royal chambers had become "places where the mere fact of access to, and intimacy with, the sovereign could result in political influence."[91] Already at an early stage in his reign, Charles had strictly regulated access to his person, separating himself from the public area by an impressive number of guardsmen.[92] Heuterus stressed that Charles only gave access to a handful of courtiers,

---

[87] Heuterus (as in n. 1), dedicatio, fol. 2 v: "Languente enim corpore, animus aegritudine non caret", 189: "Quocirca si e temperantiae ac rationis dictatu vitam instituerimus, non est quod *infernales Furias* timeamus ac mentis corporisque concordiam aliqua ratione adipisci conservareque nos posse desperemus."

[88] John B. West, Galen and the beginnings of Western physiology, in: American Journal of physiology 307 (2014), 121–128.

[89] Heuterus (as in n. 1), 182: "Altera haec clades mutato corporis temperamento Pugnacem *atra bile* replevit", 184: "Suffronem … nisi captus ad arborem suffocari velit. *Tyrannorum hanc legem* generosi Principes numquam probarunt."

[90] Richard Vaughan, Charles the Bold: the last Valois duke of Burgundy. London 1973, 399–432.

[91] John Adamson, The Tudor and Stuart Courts, 1509–1714, in: id. (ed.), The Princely Courts of Europe. Ritual, Politics and Culture under the Ancien Régime 1500–1750. London 1999, 108.

[92] Hans Cools, The Burgundian-Habsburg court as a military institution from Charles the Bold to Philip II, in: Steven Gunn / Antheun Janse (ed.), The court as a stage: England and the Low Countries in the Later Middle Ages. Woodridge 2006, 7–9.

in particular to his Italian confidant, the Count of Campobasso[93] (1415–1478), who in turn plotted with the French king to overthrow his master. Relying too heavily on a limited number of courtiers could thus blind the ruler and deceive him. Heuterus exposed the risks of such a strict access policy, which had been characterising the court of Philip II after his return to Spain in 1559.[94]

The death of Charles is significant for another reason. Given the influence of biography on Heuterus' work, it would be surprising if he did not put special weight on the 'ultima verba et acta' of his protagonists. He may have been inspired by the Roman subgenre of 'exitus illustrium virorum', in which an individual's death was a symbolic reflection of his life.[95] The "last words and deeds" played an important role in Suetonius' *De vita Caesarum*. Good emperors, such as Augustus, died a peaceful and serene death, while bad ones, such as Nero or Vitellius, died disgracefully.[96] Tacitus' description of the Stoically styled suicide of Seneca is another impression of this genre.[97] Viewed in this way, Charles' tyrannical behaviour near the end of his life functioned as a precursor of his rather shameful death at Nancy. His warrior spirit found symbolic resonance after his death, as only his personal physician could recognize him by his former battle scars.[98] This also applied to the other dukes. Philip the Bold died a peaceful death in Halle near Brussels, while Philip the Good took his last breath "as if he was oppressed by sleep".[99] John the Fearless, who had made sure that his rival was murdered in cold blood, experienced an equally brutal death. Heuterus seemed to be moralistic to a certain extent: virtue was rewarded, while immoral behaviour received proportional punishment.

In contrast to Charles the Bold, Philip the Good was the prime example to be imitated and, if possible, to be emulated. Duke Philip resembled the ideal

[93] Nicola Pietravalle di Monforte, Count of Campobasso, was a Neapolitan condottiere. As a mercenary he offered his services to Charles the Bold, but sided with Charles' adversary René II, Duke of Lorraine, during the siege of Nancy.

[94] Geoffrey Parker, Imprudent King: A New Life of Philip II. London 2014, 64–86.

[95] The genre encompassed works that had as their theme the literary stylization of the deaths of famous men. For more information, see Alessandro Ronconi, Exitus illustrium virorum, in: Theodor Klauser (ed.), Reallexikon für Antike und Christentum 6. Stuttgart 1966, 1258–1268.

[96] Gascou (as in n. 26), 792; Hägg (as in n. 13), 222–223; on Augustus' death described by Suetonius as the paradigmatic death of a good emperor, see David Wardle, A Perfect Send-off: Suetonius and the Dying Art of Augustus (Suetonius, Aug., 99), in: Mnemosyne 60 (2007), 443–463.

[97] Ann., 15, 60–3; for Tacitus' use of the 'exitus' literature, see Friedrich A. Marx, Tacitus und die Literatur der exitus illustrium virorum, in: Philologus 92 (1937), 83–103.

[98] Heuterus (as in n. 1), 186.

[99] Heuterus (as in n. 1), 149: "… quasi somno oppressus invictus expirarit."

prince, displaying similar virtues ascribed to Augustus in *De vita Caesarum*.[100] More than the other dukes, Philip was depicted as a ruler who embodied the virtues of 'moderatio', 'clementia' and 'pietas', which were considered indispensable for good rulership. He showed moderation and clemency in avenging any injustices. In fact, Heuterus stated that he was not an authoritarian prince who used force or lived by the words "sic volo sic iubeo", but procured everything "with a modest and astute humanity".[101] He did not allow his enemies "to overstep the boundaries of the law" and was "averse to cruelty and rapacity".[102] God had blessed Philip with "an elevated soul without pride and arrogance".[103] Moreover, he is depicted as a ruler with a moral consciousness who prioritized the 'bonum commune'.[104] As a duke of Burgundy, he was heavily concerned with his reputation and 'maiestas'. Heuterus described how Philip displayed his majesty and power through his clothing, his extensive dinners and his attired retinue at beautifully orchestrated feasts and ceremonies. Heuterus referred to Georges Chastellain, chronicler at the court of Philip the Good, who had once heard the duke saying that "he preferred death than that he could be rightly accused of not caring for his honour and reputation.".[105] As defender of the Catholic Church, Philip acted out the virtue of 'pietas'. He upheld the public peace and, more importantly, justice.[106] He took on the protection of his subjects and corrected his soldiers back to discipline whenever they turned to rape and crime.[107] In Heuterus' eyes, the greatness of Philip the Good lay in the fact

---

[100] Gascou (as in n. 26), 749.

[101] Heuterus (as in n. 1), 151: "Et quamquam plus auri a subditis accepisset quam quadringentorum annorum exactiones, maioribus collatae repraesentare possent, nihili tamen aestimabant cum non cogeret nec verbis uteretur '*Sic volo, sic iubeo*', sed *modesta ac astuta quadam humanitate* quidvis impetraret."

[102] Heuterus (as in n. 1), 150: "Nobilitatis etiam apud hostes studiosissimus, non tamen ferens ut legum septa transilirent"; "Bello sui temporis Princeps fuit felicissimus, *a crudelitate* tamen *ac rapacitate* adeo *alienus* ut vel huius virtutis ergo inter Heroes … merito numerari debeat."

[103] Heuterus (as in n. 1), 150: "Erat enim Princeps raris a Deo virtutibus ornatus, in quo … *animum excelsum sine superbia ac fastu* admirareris."

[104] For more information on the concept of the 'bonum commune', see Robert Stein / Anita Boele / Wim Blockmans, Whose community? The origin and development of the concept of Bonum commune in Flanders, Brabant and Holland (twelfth–fifteenth century), in: Anne-Laure van Bruaene / Élodie Lecuppre-Desjardin (ed.), De bono communi: the discourse and practice of the Common Good in the European city (13th–16th c.). Turnhout 2010, 149–169; Heuterus (as in n. 1), 112.

[105] Heuterus (as in n. 1), 152: "Cum eum proprio ore mortem praeoptasse audierim quam quod iuste accusari posset honori existimationique non consuluisse. Huc usque Georgius Castellanus."

[106] Cfr. Suet., Aug., 33, 1.

[107] This corresponds to the strict discipline Augustus required of his soldiers, see Suet., Aug., 24, 2: "Pro cetero delictorum genere variis ignominiis adfecit … ."

that he managed to unite several Netherlandish provinces into one realm without causing any injustice, i.e. without transgressing the framework of law and morality.[108] As the idealized prince, Philip was contrasted to tyrants who willingly shied away from justice.[109]

At the end of the fourth book, Heuterus provided his readers with a final and equally memorable testimony about Philip the Good. It concerned an anecdote from the famous humanist Juan Luis Vives (1493–1540)[110] who was told this story by a veteran of Philip's retinue. He noted that Philip had a sharp intellect and enjoyed games, stories, jokes, and puns. When the duke walked through the streets of Bruges one evening with his companions, he noticed a drunken man sleeping on the marketplace. The man prompted Philip "to test what kind of stage-play our life is".[111] Philip ordered his companions to take the man to the ducal palace where he woke up in the ducal bed the next morning. The man lived the life of a duke for the entire day, which ended with a grand party. After the man had fallen asleep in the duke's bed, Philip ordered his men to place him in the exact spot where they had found him earlier. When the man woke up, he was uncertain whether the previous day had been real or just a dream. He eventually decided it must have been a dream. Wondering if there was any difference between the man's dream and the years we all live, Vives concluded: "Not at all, except that this dream lasts a bit longer, insofar as some had dreamt for one hour, while others had dreamt for ten."[112] Even though it was meant as a joke, the exchange between the duke and the drunken sleeper had a deeper philosophical meaning to it. The difference between an ideal prince and a tyrant was not an institutional, but a moral issue. Here Philip showcased the virtues of 'civilitas', 'moderatio' and 'clementia'.[113] The duke was foremost a 'civis' and rejected any sort of tyrannical spirit. He was in a way like other people, except that he was assigned the role of duke. His dream only lasted longer. This peculiar anecdote testified how well aware the duke was of his own humanity and fragility. It showed that the basis for good rulership did not lie in the absolute power the prince had, but in his ability to regulate that power through

[108] Augustus never made war on any nation without just and due cause. See Suet., Aug., 21, 2: "Nec ulli genti sine iustis et necessariis causis bellum intulit … ."

[109] Heuterus (as in n. 1), 95.

[110] Juan Luis Vives was a Spanish scholar who was mainly active in the Southern Netherlands, particularly in Bruges where he devoted his entire life to the publication of works on education, psychology and philosophy.

[111] Heuterus (as in n. 1), 150: "In eo visum est experiri quale esset vitae nostrae ludicrum."

[112] Heuterus (as in n. 1), 150: "Quid interest inter diem illius et nostros aliquot annos? Nihil penitus, nisi quod haec est paulo diuturnius somnium, ac siquis unam dumtaxat horam, alter vero decem somniasset."

[113] Cfr. Suet., Aug., 51, 1.

moderation and civility. Philip the Good did not abuse his power but respected the 'libertates' of those inferior to him. The anecdote thus not only revealed Philip's 'comitas' and 'ingenium', but also stressed the closer connection he had with his subjects. The image of the duke walking through the streets of Bruges was in sharp contrast to that of the sedentary and detached Philip II who never again visited the Low Countries after his departure in 1559 and who had no linguistic or affective connection with its inhabitants.[114]

Conclusion

It is important to note that the *Rerum Burgundicarum libri* is a snapshot in time, written during the relatively early years of Heuterus' writing career. It addressed the problems and issues of his time, thereby conveying different messages and serving various purposes. It would be interesting to see how this relatively early work fitted within the œuvre of Heuterus, in particular his *Rerum Belgicarum libri quindecim* (1598), *De veterum ac sui saeculi Belgio libri duo* (1600), and *Historia Secessionis Belgicae* (posthumously published in 1649).

Heuterus' work clearly shows influences of Roman historiography and biography. Each book centers around a single protagonist who is placed within the grand scheme of things, embellished by stylized speeches and extensive descriptions. The systematic arrangement of material at the end of each life indicates a more biographical approach, with Suetonius' *De vita Caesarum* as the most obvious source of inspiration. Moreover, Heuterus' history contains moral conceptions of how an ideal ruler should act. As the title suggests, and in line with Roman biography, it is the "acts" ("res") of the ruler that make up his character and constitute his life.[115]

Because the history of Burgundy was inextricably linked to that of the Low Countries, Heuterus' work described the quasi-mythical foundation of ancient "Belgium", envisioning the unification of the 'Belgians' as one people under the leadership of one ruler. Heuterus maintained a clear analogy in this regard. While Philip the Good resembled Aeneas, King Philip II was to become the new Augustus. The comparison to Augustus served a double purpose, as Philip II not only had to establish a new pax Habsburgica but also had to restore the crumbled corpus Christianum. The ideal of political and religious restoration was paramount throughout his work.

The metaphor of body and mind played a vital role in reaching the harmonious state. Interestingly, Heuterus employed the metaphor on a personal and a public

---

[114] Van der Lem (as in n. 50), 37, 44; Geert Janssen, The Counter-Reformation of the Refugee: Exile and the Shaping of Catholic Militancy in the Dutch Revolt. Cambridge 2014, 19.
[115] Hägg (as in n. 13), 234.

level. On the one hand, the disturbance of the harmonious proportions could have enormous consequences for the ruler and, by extension, for the state: Charles the Bold's black bile eventually led to his death. On the other hand, Heuterus insisted on the importance of the political harmony of body and mind. As head of the state, a ruler had to collaborate with his subjects and vice versa. If these relationships were neglected, the body politic would equally perish, with justice and peace being its first victims. Heuterus gave preference to an approach of give-and-take and to "government in accordance with the ancient privileges of the country".[116] The inhabitants of the Low Countries had to recognize that Philip was their legitimate ruler by right of birth and was appointed by God to rule as guardian of the state, while Philip had to uphold his oath and maintain the rights and privileges of his subordinates. This was especially the case for the highly urbanized regions of the Low Countries, given the long-lasting tradition of participation in government. On the issue of religious tolerance, it is remarkable that Heuterus, as a Catholic priest, remained relatively silent. He seemingly supported the moderate position, opposing the viewpoints of both royalist and Calvinist extremists. The Catholic church was to be preserved and safeguarded, but this did not necessarily coincide with an overtly repressive anti-heretical legislation. In fact, Heuterus preserved a reconciliatory narrative. Reconciliation, and thus an end to the bloodshed, had top priority because, in a divided state, everyone was on the losing side.

To promote his ideal of a unified "Belgium", Heuterus mentioned both push and pull factors. The former consisted of historical exempla showcasing the terrible consequences of war which effected all members of the state. Crime was ubiquitous, especially in a civil war. Heuterus could describe such violent acts in detail because he had experienced them in person: he had been forced twice to leave all his belongings behind and flee. Contrary to the various malpractices of war, Heuterus delineated the potential of flourishing Low Countries. Abundance and everlasting peace formed the main arguments with which he aimed to convince his readers of the notion that the ongoing hostilities had to stop.

Lastly, Heuterus hoped that his work also had a self-reflective and therapeutic effect on his readers, in particular on his dedicatee Philip II. After all, kings remained human beings and any soul could be improved.[117] As a consequence, the virtuous examples of the ancestral dukes, especially those of Philip the Good, had to make the Spanish king wonder to what extent he was walking on the path of virtue. A remarkable concluding anecdote about Philip the Good

---

[116] Van Nierop (as in n. 52), 39.

[117] Heuterus (as in n. 1), dedicatio, fol. 3 r.

points to the importance of a ruler's humanity and fragility: a good ruler must possess not only a smart intellect, but also a good amount of 'comitas' and self-regulation.

Arne Mertens Katholieke Universiteit Leuven/Belgium
arne.mertens@kuleuven.be

Ein sittenstrenger Jupiter, „Veneres duae“ und eine bayerische Adelshochzeit: das *Epithalamion* des Marcus Tatius Alpinus

CLEMENS SCHLIP

Abstract:

The article takes a closer look at the *Epithalamion* for the wedding of Oswald von Eck and Anna von Pienzenau in Munich (1544), written by the humanist and jurist Marcus Tatius Alpinus (1509–1562) from the Grisons, who spent most part of his life in Bavaria. In a first step, the not too well-known author and the content of his highly remarkable, but until now barely studied poem are presented. In a second step, two passages of the text are analysed more closely, which are particularly revealing with regard to the poem's notion of (especially marital) love and sexuality. The first of these contains an interesting reinterpretation by Jupiter himself of the traditional mythological love stories between gods and mortal women. The second passage contains a fascinating reinterpretation of the two Aphrodites of Plato's *Symposion*, a reinterpretation, which, it is argued, could be influenced by Erasmus of Rotterdam.

Keywords:

Marcus Tatius Alpinus, epithalamium, wedding poetry, two Aphrodites (Plato), sexuality, Erasmus of Rotterdam.

Einleitung: ein Bündner in Bayern

1544 fand in München eine Adelshochzeit statt, die besonders wegen des Vaters des Bräutigams bemerkenswert war, denn bei diesem handelte es sich um den mächtigen herzoglichen Rat Leonhard von Eck, eine der wichtigsten Gestalten der damaligen politischen Landschaft im Reich.[1] Sein Sohn Oswald schloß den Ehebund mit Anna von Pienzenau, dem Spross eines altadeligen Geschlechts (ihre Eltern waren Ludwig Pinzenauer von Pienzenau[2] und seine Frau Eu-

---

[1] Genauere Informationen zu ihm bei Leonhard Lenk, Eck, Leonhard von, in: Neue Deutsche Biographie 4 (1959), 277–279; Peter Segl, Leonhard von Eck (1480–1550). Herkunft, Karriere, Politik. Abensberg 1981; Edelgard Metzger, Leonhard von Eck (1480–1550). München 1980. Hier genügt es festzuhalten, dass Leonhard von Eck von 1519 an bis zu seinem Tod maßgeblich die bayerische Politik bestimmte und sich erfolgreich für das Herzogtum sowie für die katholische Religion einsetzte. Er verfügte über eine hervorragende humanistische Bildung (Studium in Ingolstadt und Siena) und sorgte sich stark um die Universität Ingolstadt.

[2] Ludwig Pinzenauer von Pienzenau, Hofmarschall zu Landshut und Vizedomus zu Straubing (vgl. V. 171–174 des *Epithalamion*); seinen Namen nennt Tatius erst in V. 187 des *Epithalamion*.

phemia).[3] Aus diesem Anlass entstanden mehrere lateinische Hochzeitsgedichte.[4] Das umfangreichste und gedanklich am meisten ausgefeilte der davon erhaltenen soll hier vorgestellt werden; es handelt sich um das *Epithalamion* des Marcus Tatius Alpinus,[5] einen in der Forschung bislang eher oberflächlich behandelten Text.[6]

---

[3] Zu ihrem Namen s. V. 187 des *Epithalamion*. Sie war eine geborene von Preysing und Witwe des Albrecht Nothafft von Wernberg; vgl. zu Ludwig von Pienzenau und ihr auch Wiguleus Hund, Bayrisch Stammen-Buch. Der ander Theyl. Von den Fürsten, Graven, Herren, auch andern alten Adelichen Bayrischen Geschlechten .... Ingolstadt: David Sartorius, 1586, 233 (ebd., 234, wird auch die Hochzeit Annas und Oswalds vermerkt).

[4] Außer dem in diesem Aufsatz zu behandelnden *Epithalamion* sind erhalten: Sebastian Linck, In Nuptias Osvaldi ab Eck et Annae a Pentzenau Epithalamion. Ingolstadt: [?], 1544, von 216 Versen Umfang, dem ein kurzes Gedicht an die Muse Melpomene und ein kleiner Prosadialog aus Anlass dieser Hochzeit – beide von Erasmus Wolf, einem Ingolstädter Theologen und Philosophen – beigegeben sind (zu Wolf s. Robert Eitner, Wolf, Erasmus, in: Allgemeine Deutsche Biographie 42 [1898], 728–729); und das auf verschiedene fiktive göttliche Sprechergestalten verteilte Epithalamion von Johannes Salicetus, In nuptias nobilis iuvenis Osvaldi ab Eck et castae virginis Annae a Benzenau .... Ingolstadt: Alexander Weißenhorn, 1544, mit 304 Versen Umfang.

[5] Nobilissimi Ornatissimique Iuvenis ac Domini D. Osvaldi ab Ecche, in Volphs Ecche, et Rhand Ecche, etc., et Annae à Binzenaue, etc., Nobilißimae item, Castissimaeq[ue] Virginis, Epithalamion, M. Tatio Alpino Poeta Imperatorio authore. Augsburg: Valentin Otmar, 1544. Die Orthographie dieser Originalausgabe wird in den in diesem Aufsatz gebotenen Zitaten vorsichtig modernisiert: v und u werden unterschieden, dagegen die Unterscheidung zwischen i und j aufgehoben; Ligaturen und Abkürzungen werden aufgelöst; Interpunktion sowie Groß-und Kleinschreibung werden, wo nötig, an moderne Gewohnheiten angepasst.

[6] Georg Sieveking, Die drei Engadiner Humanisten Gian Travers, Marcus Tatius Alpinus und Simon Lemnius. Mit Uebersetzungen aus ihren Dichtungen, in: Bündnerisches Monatsblatt, Nr. 7 / 8 (1946), 193–237, hier: 214 spricht das Gedicht nur am Rande an und wertet es ab („Dies Gedicht, pomphafter als die früheren, aber weit weniger persönlich"). Die ausführlichste, verhalten lobende Behandlung findet man bisher bei Georg Ellinger, Die neulateinische Lyrik Deutschlands in der ersten Hälfte des sechzehnten Jahrhunderts. Berlin / Leipzig 1929, 206–208; eine kurze Würdigung bei Georg Westermayer, Tatius, Marcus, in: Allgemeine Deutsche Biographie 37 (1894), 415: „Zu den besten lateinischen Gedichten des T. zählt jedenfalls sein ‚epithalamion in nuptias Oswaldi ab Ecche et Annae a Binzenauwe', Aug. Vind. 1544, ein Poem ... mit einem seltenen Aufwande von Gelehrsamkeit und mannichfacher Erfindung ausgestattet." Eduard Hailer, Marcus Tatius Alpinus: Ein Humanistenleben des XVI. Jahrhunderts, in: Sammelblatt des Historischen Vereins Freising 10 (1916), 61–79, hier: 78 urteilt: „Abgesehen von ‚ehrfurchtsvollem' Schwulst und übertriebener Lobhudelei zeigen manche Stellen, besonders die lyrischen Partien, des Dichters Können."

Marcus Tatius Alpinus[7] wurde um 1509 in dem Dorf Zernez im Engadiner Münstertal als Sohn armer und bald verstorbener Eltern geboren. In den 1520ern besuchte er, vermutlich auf Vermittlung des Churer Bischofs Paul Ziegler (1471–1541)[8] hin, unter bescheidenen Lebensumständen die Schule des Wolfgang Anemoecius in München.[9] 1532 wurde Tatius Hauslehrer der beiden Söhne des augsburgischen Patriziers Raimund Fugger. 1533 widmete er Fugger seine erste Publikation, die Gedichtsammlung *Progymnasmata*.[10] 1539 wurde er Poesieprofessor an der Universität Ingolstadt, ein Posten, den er 1540 kurzzeitig räumen musste, da er aus unbekannten Gründen bei König Ferdinand I. in Ungnade gefallen war. Tatius begab sich damals nach Straßburg. Er ließ dort ein Preisgedicht auf den König drucken[11] und durfte wohl infolgedessen noch 1540 nach Ingolstadt zurückkehren. 1541 wurde er auf dem Regensburger Reichstag zum poeta imperatorius gemacht, 1545 in Ingolstadt zum Doctor utriusque iuris promoviert. 1549–1556 wirkte er als Assessor beim Speyerer Reichskammergericht. Anschließend war er bis zu seinem Tod am 12. Juni 1562 Kanzler des Bistums Freising. Das hier zu behandelnde *Epithalamion* fällt in seine Ingolstädter Universitätszeit. Es handelte sich um die Universität, an der sowohl Leonhard von Eck als auch sein Sohn Oswald studiert hatten und die von Leonhard intensiv gefördert wurde, der 1517 das Protektorat über die im Vorjahr von Johannes Aventin 1516 ins Leben gerufene und in der Ingolstädter

[7] Einen Gesamtüberblick über Leben und Werk – der auch Tatius' Tätigkeit als Übersetzer des Dictys und des Dares sowie militärwissenschaftlicher und technischer Texte der Antike und der italienischen Renaissance aus dem Lateinischen ins Deutsche in den Blick nimmt, die uns hier nicht interessiert – bietet Marion Gindhart, Tatius, Marcus, in: Frühe Neuzeit in Deutschland 1520–1620. Literaturwissenschaftliches Verfasserlexikon 6 (2017), 252–259; immer noch verwendbar auch Westermayer (wie Anm. 6), 415; Sieveking (wie Anm. 6), 210–215, und Hailer (wie Anm. 6), 61–79. Speziell zu deutschen Übersetzungen des Tatius s. auch Petra Fochler, Fiktion als Historie. Der Trojanische Krieg in der deutschen Literatur des 16. Jahrhunderts. Wiesbaden 1990, 16–31.

[8] Ziegler stammte aus Nördlingen im Ries (Bayern). Er war ab 1505 Administrator und ab 1509 Bischof von Chur (seit 1524 residierte er dauerhaft außerhalb). Zwischen 1516 und 1538 war er zudem Propst des Klosters Altötting (Bayern). Weitere Informationen bei Pierre Surchat, Ziegler, Paul, in: Historisches Lexikon der Schweiz, Onlineversion vom 02.09.2013, https://hls-dhs-dss.ch/de/articles/026324/2013-09-02/ (letzter Zugriff 04.05.2023).

[9] Speziell zu Tatius' Münchener Schulzeit s. auch Lothar Mundt, Szenen aus dem Münchner Humanistenleben. Zwei Gedichte des Marcus Tatius Alpinus, in: James Hardin / Jörg Jungmayr (Hrsg.), Der Buchstab tödt – der Geist macht lebendig. Festschrift zum 60. Geburtstag von Hans-Gert Roloff. Band 2. Bern / Berlin / Frankfurt a.M. 1992, 1085–1116, besonders 1085 (zu seinen Lebensumständen) und 1112 (zur Person des Anemoecius).

[10] Marci Tatii Alpini Progymnasmata. Augsburg: Heinrich Steiner, 1533.

[11] Ad Ferdinandum Caesarem Semper Augustum Carmen … . Straßburg: Wendelin Richel, 1540.

Lilien-Burse beheimatete Sodalitas litteraria übernommen hatte.[12] Dass Marcus Tatius sich der Hochzeit des Eck-Sohnes als Dichter annahm, ist sicher durch solche universitären Bezüge zu erklären; ein Seitenblick auf eines der beiden anderen erhaltenen Epithalamien zu diesem Anlass macht dies zur Gewissheit.[13] Das *Epithalamion* des Marcus Tatius umfasst insgesamt 1.036 Verse (in 518 elegischen Distichen). Der Umfang des Textes zwingt bei seiner Vorstellung zur Beschränkung. Zunächst soll hier entlang der Gliederung ein Überblick über den Inhalt des gesamten Textes geboten werden, was in dieser Genauigkeit bisher in der Forschung nicht geschehen ist; wo es nötig ist, werden kommentierende Anmerkungen eingefügt. Anschließend werden zwei Partien genauer in den Blick genommen, in denen die dem Gedicht zugrundeliegende Gedankenwelt und das hier vertretene Konzept ehelicher Liebe besonders deutlich zum Ausdruck kommen.

Inhalt und Aufbau des gesamten Gedichts

Es lassen sich in dem *Epithalamion* zwei Hauptteile unterscheiden: Im ersten geht es darum, wie die Götter die Hochzeit Oswalds und Annas beschließen, im zweiten darum, wie sie diesen Beschluss konkret umsetzen.

1–614 (erster Hauptteil): Götterversammlung im Himmelspalast, auf der die Ehe Oswalds und Annas beschlossen wird.

Darin:

1–96 (erste Rede Jupiters)[14]

Darin wiederum:

1–16: Es ist Frühling; die Natur erblüht, und die Tiere zeigen Paarungsverhalten.

---

[12] Vor ihm war es Herzog Ernst, der indes 1517 als Bistumsadministrator nach Passau ging; vgl. zu diesen Sachverhalten Heinrich Lutz, Vom Humanismus zur Gegenreformation, in: Max Spindler (Hrsg.), Handbuch der bayerischen Geschichte. Zweiter Band. Das Alte Bayern. Der Territorialstaat vom Ausgang des 12. Jahrhunderts bis zum Ausgang des 18. Jahrhunderts. München 1981, 767–778, hier: 771. S. zur Sodalitas, die später unter den konfessionellen Streitigkeiten litt, auch Heinrich Lutz, Die Sodalitäten im oberdeutschen Humanismus des späten 15. und frühen 16. Jahrhunderts, in: Wolfgang Reinhard (Hrsg.), Humanismus im Bildungswesen des 15. und 16. Jahrhunderts. Weinheim 1984, 45–60, hier: 56.

[13] Sebastian Linck (vgl. zu seinem Hochzeitsgedicht Anm. 4) war Professor für Eloquenz an der Universität Ingolstadt und hatte nach dem Tode des von Oswald von Eck verehrten Johann Turmair (Aventinus) den jungen Mann in seinen Studien angeleitet. Siehe Theodor Wiedemann, Johann Turmair, genannt Aventinus, Geschichtsschreiber des bayerischen Volkes, nach seinem Leben und seinen Schriften dargestellt. Freising 1858, 72f.

[14] Auf diese Rede wird im zweiten Teil des Aufsatzes genauer eingegangen.

17–68: Jupiter beklagt die verbreitete Unmoral, besonders, dass Frauen für ihre uneheliche Schwangerschaften fälschlich Götter verantwortlich machen (daraus resultierten die zahlreichen Mythen über solche göttlichen Vaterschaften).

69–96: Um den starken Sexualtrieb, den die Götter den Menschen zur Vermehrung ihrer Fruchtbarkeit verliehen haben, zu kanalisieren, müssen Ehen gefördert werden.

97–100: Die Götter zeigen sich im Anschluss an die Rede empört über die Menschen, die sie verleumden.

101–250 (Rede der Minerva zum Lob der Anna von Pienzenau und Bitte an Jupiter):

Darin:

101–108: Anrede Jupiters.

109–130: Lob Bayerns und der Herzöge Wilhelm und Albrecht.[15]

131–226: Lob der Anna von Pienzenau:

Darin:

131–134: Einleitung.

135–144: Ihre Abkunft von den alten Spartanern bzw. von Leda.

145–156: Entstehung ihres Familiennamens aus dem Namen ihres Urvaters Scirpus heraus, eines Sohnes des Pollux, der aus Sparta nach Deutschland emigriert sei.

157–164: Lob ihrer Vorfahren, besonders des Hans von Pienzenau.[16]

---

[15] Es handelt sich um den zur Zeit des Gedichts regierenden Wilhelm IV. (1493–1550; zu ihm s. etwa Wolf Weigand, Wilhelm IV., in: Biographisches-Bibliographisches Kirchenlexikon 13 (1998), 1217–1221) und seinen Sohn Albrecht V., den Großmütigen (1528–1579), den künftigen Herzog, der 1537–1544 in Ingolstadt studierte, was in dem Gedicht auch erwähnt wird (V. 118: „Ingolstadiacae spesque decusque scholae est"; in V. 127 wird vorhergesagt, dass er den Professoren das Gehalt erhöhen wird); zu ihm s. Walter Goetz, Albrecht V., in: Neue Deutsche Biographie 1 (1953), 158–160. Wilhelms jüngerer Bruder, der Herzog von Ober- und Niederbayern Ludwig X. (1495–1545), der sich durch massiven Druck auf Wilhelm eine Regierungsbeteiligung und alleinige Verwaltung in den Rentämtern Landshut und Straubing verschafft hatte, wird hier dagegen nicht erwähnt. Das ist allerdings nicht überraschend, da er dem Vater des Bräutigams, Leonhard von Eck, feindlich gesonnen war und ihn 1542 zu stürzen versucht hatte; zu ihm s. Johannes Laschinger, Ludwig X., in: Neue Deutsche Biographie 15 (1987), 366f.

[16] Der von den oberbayerischen Wittelsbachern als Kommandant von Kufstein eingesetzte Hans von Pienzenau hatte die von den Habsburgern beanspruchte Stadt und Festung 1504 zunächst an Maximilian I. übergeben und sich diesem eidlich verpflichtet. Noch im gleichen

165–176: Lob ihres Vaters Ludwig.

177–188: Lob ihrer Mutter Euphemia.

189–198: Lob ihrer Erziehung.

199–208: Lob ihrer Bescheidenheit.

209–220: Lob ihrer Sparsamkeit.

221–226: Lob ihres Fleißes.

227–236: Anna hat viele Freier.

237–250: Minerva fürchtet, dass Anna sich von einem dieser Freier zur Heirat verleiten lässt und erbittet für sie von Jupiter ewige Jungfräulichkeit; falls das nicht möglich sei, solle der Ehemann wenigstens Annas würdig sein.

251–266 (zweite Rede Jupiters): Er kann der Bitte Minervas nach Jungfrauschaft Annas nicht entsprechen; man müsse für Anna aber einen guten Bräutigam finden; er weist auf Oswald von Eck als potentiell geeigneten Kandidaten hin und bittet besonders die zuständigen Göttinnen Juno (als Göttin der Ehe) und Venus um ihr Urteil.

267–476 (erste Rede der Juno):

Darin:

267–290: Einleitung und Lob Oswalds und Annas.

291–310: Die Wappen ihrer Väter und Mütter.

311–316: Ihre familiären Besitztümer, besonders die erste Burg des Bräutigams.[17]

317–342: Lob der politischen Klugheit des Vaters (mit Verweis auf seine Unterstützung der kaiserlichen Türkenpolitik).

Jahr aber übergab er Kufstein wieder an die Wittelsbacher. Maximilian eroberte es daraufhin zurück und ließ Hans von Pienzenau als Verräter hinrichten. S. Siegmund von Riezler, Pienzenau, Hans von, in: Allgemeine Deutsche Biographie 26 (1888), 112–115, hier: 112–114. Tatius' Darstellung des Wirkens des Hans von Pienzenau ist mindestens sehr tendenziös zu nennen, denn er zeichnet Hans nur als treuen Gefolgsmann der Wittelsbacher und unterschlägt seinen Wortbruch gegenüber Maximilian.

[17] Burg Wolfsegg in der Oberpfalz, die 1533 als Lehen des Pfalzgrafen Ottheinrich (Pfalz-Neuburg) an Leonhard von Eck ging; sein Sohn Oswald erhielt sie nach dem Tode des Vaters 1550 zum Lehen. Vgl. Hugo Graf von Walderdorff, Zur Geschichte der Burg Wolfsegg (Bezirksamts Stadtamhof) und des Geschlechtes der Wolf zu Wolfsegg, Schönleiten, Gögglbach, Nabeck, Nabburg, Lengenfeld, Bocksberg, Bruckberg, Au, in: Historischer Verein für Oberpfalz und Regensburg. Verhandlungen 60 (1909), 11–124, hier: 33 (zu Leonhard) und 35 (zu Oswald).

343–350: Lob der Gunst, die der Vater bei Ferdinand I. und den bayerischen Herzögen genießt.

351–365: Lob der Wohltätigkeit des Vaters.

366–386: Der Vater hat unter Neidern zu leiden, doch ungeachtet dessen wird er geehrt; die Hochzeit seines Sohnes wird in der herzoglichen Residenz in München stattfinden; schon im eigenen Interesse wird Leonhard den Herzögen treu dienen.

387–394: Lob der zweiten Burg des Bräutigams.[18]

395–418: Lob der Schamhaftigkeit und der hausfraulichen Talente seiner Mutter.[19]

419f.: Lob ihrer Sparsamkeit.

421f.: Lob ihrer Frömmigkeit.

422–440: Lob der religiösen, naturphilosophischen und moralischen Erziehung, die Oswald erhalten hat.

441–454: Die dritte Burg des Bräutigams mit ihrer Bibliothek[20] und seine anderen, schier unermesslichen Besitztümer.[21]

---

[18] Burg Randeck in der Nähe von Kehlheim, seit 1529 als Lehen im Besitz von Leonhard von Eck; vgl. die Onlinepräsentation des Hauses der bayerischen Geschichte: Joachim Zeune, Burgruine Randeck (Essing-Randeck), https://www.hdbg.eu/burgen/detail/burgruine-%20randeck/128 (letzter Zugriff 04.05.2023).

[19] Felicitas, geborene von Freyberg, die Leonhard von Eck 1520 als Witwe des Humanisten Dietrich von Plieningen zu Eisenhofen geheiratet hatte (s. dazu auch Anm. 20).

[20] Es handelt sich, wie aus den Versen ausdrücklich hervorgeht, um Schloss Eisenhofen (nahe Dachau) und die dortige, von den Vorbesitzern, der Familie von Plieningen, angelegte Bibliothek (V. 442: „claraque Plenningis bibliotheca libris"). Der Vorbesitzer Dietrich von Plieningen (1453–1520) hatte humanistische Interessen und Beziehungen gehabt und war in seinem letzten Lebensjahrzehnt auch selbst in diesem Sinne als Übersetzer antiker Autoren ins Deutsche tätig gewesen. Zu ihm s. Franziska Gräfin von Adelmann, Plieningen, Dietrich von, in: Neue Deutsche Biographie 20 (2001), 542f. Leonhard von Eck war 1520 durch seine Heirat mit der Witwe Dietrichs in den Besitz des Schlosses gelangt; vgl. Peter Dorner, Renaissancebild einer Landschaft. Zur ältesten Topographie des Amperlandes, in: Amperland 4 (1968), 53–59, hier: 55.

[21] Der Reichtum der Familie Eck war bekannt. Über Oswald von Eck wird folgende Szene überliefert: „dem gemeinen Ruf nach soll der reich Ekar [Eck] – mit Deutung seiner Hand ad quattuor partes mundi – gesagt haben: ‚Wenn der Hagel und Donner hier schlägt, so haben meine Kinder gegen über zu essen' (Hat's wol sagen können bey so vielen habenden Schlössern und Hofmarchen)"; s. dazu Maximilian Freiherr von Freyberg (Hrsg.), Dr. Wiguleus Hundt's bayrischen Stammenbuchs Dritter Theil. Mit den Zusätzen des Archivars Libius. Stuttgart / Tübingen 1830, 159–797, hier: 290; diese Anekdote gehört zu den Zusätzen des Archivars Johannes Lieb (1566–1650) zum dritten Teil des erst 1830 publizierten

455–462: Die Besitztümer der Braut.

463–476: Juno plädiert für die Hochzeit der beiden jungen Leute.

477–608 (erste Rede der Venus):

Darin:

477–480: Einleitung.

481–504: Sie rühmt die Ausbildung Oswalds durch die Musen.

505–560: Sie rühmt die Schönheit und den Charme Oswalds und Annas, wobei sie deutlich macht, dass Schönheit innere Qualitäten nicht ersetzen, aber durchaus unterstützen kann.[22]

561–574: Sie rühmt die Freundlichkeit Oswalds und sein Ingolstädter Universitätsrektorat.[23]

575–608: Sie sagt ein vollkommen glückliches Eheleben voraus.[24]

609f. (zweite Rede der Minerva): Das Herz der Anna werde weiterhin ihr (Minerva) gehören, nur der Körper ihrem Mann.

611–614: Die Götter sind einmütig; Jupiter befiehlt die Hochzeit.

615–1036 (zweiter Hauptteil): Die Eheschließung zwischen Oswald und Anna wird von den Himmlischen erfolgreich vorbereitet und unterstützt.

Darin:

615–634: Venus kehrt auf einem Schwanenwagen nach Zypern (Vorgebirge Idalium) zu ihrer Gefolgschaft (Eroten, Nymphen) zurück.

635–654: Sie ruft Hymenäus und Amor zu sich (647–648: Amor ist beim Honigsammeln von einer Biene gestochen worden).

655–668: Amor klagt über seinen Bienenstich (655-656);[25] Venus befiehlt ihm,

---

Stammenbuchs von Wiguleus Hund (1514–1588); s. zu beiden und diesem Werk Leonhard Lenk, Hundt zu Lautterbach, Wiguleus, in: Neue Deutsche Biographie 10 (1974), 64–66, hier: 66.

[22] V. 510–514: „Pulchrior est grato veniens e corpore virtus, / Formaque cui desit gratia, nulla quidem est. / Si tamen accedat formosis addita membris, / Iudicio facies illa venusta meo est."

[23] Oswald war 1539 Rektor der Universität Ingolstadt; vgl. Wiedemann (wie Anm. 13), 73.

[24] Besonders amüsant V. 603f.: Oswald wird am heimischen Esstisch erklären, dass er auswärts noch nie so gut gespeist habe.

[25] Tatius greift hier ein beliebtes literarisches Motiv auf: den von einer Biene gestochene Eros/Amor, der sich von seiner Mutter trösten lässt, vgl. als Ursprungstexte die anakreontische Tradition (Anacreontea, fr. 35, in der Zählung von Preisendanz) und das 19. *Idyll* des (Pseudo?-)Theokrit; das Motiv wurde auch in der bildenden Kunst aufgegriffen etwa bei

seinerseits Oswald mit seinen Pfeilen zu treffen; und Hymenäus solle die Hochzeitsfackeln vorbereiten.

669–692: Amor erfüllt in München den Auftrag der Venus (er trifft Oswald, während dieser gerade die Geschichte von Pyramus und Thisbe vorträgt; auf Anna schießt er mit einem weniger starken Geschoss) und kehrt zu seiner Mutter zurück.

693–718: Auf Nachfrage der Venus berichtet Amor von seiner erfolgreichen Mission (er habe Oswald gerade noch mit seinem Pfeil treffen können, bevor dieser zu seinen wissenschaftlichen Studien zurückkehrte); auch das Mädchen sei verliebt.

719–732: Venus will ihren Wagen besteigen, doch den hat die „andere Venus",[26] die irdische Venus, mit ihrem schlimmen Gefolge (z.B. Zügellosigkeit und Lüsternheit) okkupiert.

733–748: Venus stößt die „andere Venus" vom Wagen und befiehlt ihr, sich mit ihrem unreinen Gefolge von dieser Ehe fernzuhalten.

749–778: Beschreibung des prächtigen, mit teils sehr ausgefallenen Edelsteinen geschmückten[27] Wagens der Venus und ihres Gefolges (z.B. Pistis – die Treue – und die Chariten). Venus lässt auf der Fahrt nach München Tauben vorspannen, weil die Schwäne durch das Treiben der Rivalin erschöpft worden sind.[28]

779–790: Auch Juno, Diana und Minerva sind auf Befehl Jupiters schon in München.

791–796: Juno, Minerva, Diana und Venus weihen das Haus des Brautpaars (Juno sorgt für Reichtum, Diana in ihrer Funktion als Hebammen- und Geburtengottheit für Kinderreichtum; Pallas für Schamhaftigkeit; Venus für Liebe).

797–816: Juno verteilt in den Buden der Kaufleute kostbare Geschenke aus den Werkstätten des Vulcanus im Ätna, damit sie von den Hochzeitsgästen gekauft werden können.

Lucas Cranach d.Ä. in seinem Bild *Venus mit Amor als Honigdieb* (1525). Man wird einen Einfluss solcher bildlichen Darstellungen auf Tatius nicht ausschließen wollen. Als gute Einführung in die literarische Motivgeschichte bietet sich an James Hutton, Cupid and the Bee, in: Proceedings of the Modern Language Association 56 (1941), 1036–1058.

[26] Auf diese Szene wird im zweiten Teil dieses Aufsatzes genauer eingegangen.

[27] 763f.: Es handelt sich um Androdamas (Tatius schreibt Andromedas; vgl. zu diesem Stein Plin., nat., 36, 146 und Plin., nat., 37, 144), Medea (vgl. Plin., nat., 37, 173), Chrysopras, Iris, Jaspis, Zahlperle („unio"; vgl. Plin., nat., 9, 123), Saphir, Sagda (vgl. Plin., nat., 37, 181), Smaragd und Onyx.

[28] So motiviert Tatius, dass er beide Arten von Zugtieren der Venus, die die Tradition kennt, nacheinander zu ihrem Recht kommen lässt.

817–860: Venus verwandelt sich in einen Kaufmann und verkauft Oswald als Geschenk für seine Braut ihren Gürtel.[29]

861–884: Diana geht mit ihrem Gefolge auf die Jagd; die Beute wird dem herzoglichen Hof für das Hochzeitsmahl angeboten.

885–936: Ausführliche Aufzählung (Katalog) der Beute, die ihrerseits Faunus, die Dryaden und die Nereiden gemacht haben (Vögel bzw. Meer- und Flussfische).[30]

937–950: Minerva inspiriert die Frauen dazu, schönes Dekor für die Hochzeit herzustellen.

951–996: Katalog der Dichter, die – ebenfalls auf Inspiration durch Minerva hin – diese Hochzeit verherrlichen werden; dieser verdient genauere Erläuterungen, weil er das geistige Umfeld des Tatius deutlich macht. Es werden hier genannt: Veit Amerbach, ein ehemals lutherischer Theologe, der 1543 konvertiert und nach einem Jahr am Eichstätter Gymnasium 1544 eine Professur in Ingolstadt erhalten hatte (953–956);[31] Pietro Bembo; Marcus Hieronymus Vida (beide 957f.);[32] Heinrich Glarean (959f.), der seit 1529 in Freiburg i.Br. lehrte, weil er Basel als Gegner der Reformation verlassen hatte;[33] Ungerus, das heißt Wolfgang Hunger (961–962), zum Zeitpunkt der Hochzeit Jurist und Rektor an der Universität Ingolstadt;[34] Sebastian Linck (963f.);[35] Minervius, das heißt Simon Schaidenraisser (965f.), ein Münchener Freund des Tatius, der besonders durch Übersetzungen antiker Texte ins Deutsche bedeutend ist;[36] Simon

---

[29] Die für den Ehefrieden förderlichen Eigenschaften dieses besonders aus der homerischen *Ilias* bekannten Gürtels (Il., 14, 214–217) werden in V. 846–858 näher ausgeführt.

[30] Der Fischkatalog (V. 923–936) lässt natürlich aufgrund seines Themas an die Auflistung der Flussfische in der *Mosella* des Ausonius (V. 75–149) denken; es gibt allerdings im Text des Tatius keine entsprechenden intertextuellen Signale.

[31] S. zu ihm Winfried Trusen, Amerbach, Veit, in: Neue Deutsche Biographie 1 (1953), 248.

[32] „Coelica tum Bembi, tum sancti buccina Vidae / Euganidae implebunt Maeonidaeque tonos." Die beiden Italiener fallen in diesem Katalog auffällig aus dem Rahmen.

[33] Neben seinem Aufenthaltsort erwähnt Tatius auch seinen Status als poeta laureatus (seit 1512): „Augustaeque virens Glarides tempora Lauro, / Brisgoae feriet fila canora lyrae." S. zu Glarean Heinrich Grimm, Glarean, Heinrich, in: Neue Deutsche Biographie 6 (1964), 425f.

[34] S. zu ihm Georg Westermayer, Hunger, Wolfgang, in: Allgemeine Deutsche Biographie 13 (1881), 414f. Zu seiner Freundschaft mit Tatius s. Hailer (wie Anm. 6), 65f.

[35] Zu seinem erhaltenen *Epithalamium* für die Hochzeit zwischen Oswald von Eck und Anna von Pienzenau s. oben, Anm. 4; zu ihm selbst auch Anm. 13.

[36] S. zu ihm Georg Westermayer, Schaidenreißer, Simon, in: Allgemeine Deutsche Biographie 30 (1890), 552f.; s. auch Regina Toepfer, Scheidenreisser, Simon, in: Frühe Neuzeit in Deutschland 1520–1620. Literaturwissenschaftliches Verfasserlexikon 5 (2016), 460–467. Zu seiner Freundschaft mit Tatius s. Hailer (wie Anm. 6), 67.

Lemnius (967–970), ein Landsmann und Studiengenosse des Tatius aus Münchener Tagen;[37] der seit 1537 in Breslau lebende Georg von Logau (hier: Logus), ein antireformatorischer Humanist, der wie Tatius von der Familie Fugger gefördert worden war;[38] der Schlesier Johann Lange (die beiden letzteren in 973f.);[39] Albrecht von Reiffenstein (975f.), ein seit 1541 in Ingolstadt immatrikulierter Melanchthonschüler;[40] der durch seinen *Aenigmatum libellus* von 1540 bekannte Johannes Lorichius (977f.), ein (Re-)Konvertit, der seit 1542 als Lektor an der Universität Ingolstadt wirkte,[41] die „Vicedorpheri fratres"[42] (979f.) und Vitalis Gmelich (981f.).[43] Wenn die konfessionelle Spaltung nicht wäre,

---

[37] Dieser ehemalige Studiengenosse erhält eine sehr persönliche Ansprache, in der der Dichter bedauert, dass Lemnius unter ungünstigen äußeren Verhältnissen leidet, ohne diese zu spezifizieren. Lemnius kehrte 1544 nach einem vergeblichen Versuch, sich in Italien zu etablieren, nach Chur zurück und wurde zum zweiten Mal Lehrer an der dortigen Nikolaischule. Zur Biographie des Lemnius s. Lothar Mundt, Lemnius, Simon, in: Frühe Neuzeit in Deutschland 1520–1620. Literaturwissenschaftliches Verfasserlexikon 4 (2015), 87–97, hier: 90. Zum gemeinsamen Schulbesuch des Tatius und des Lemnius in München s. etwa Sieveking (wie Anm. 6), 210.

[38] Anton Fugger ermöglichte ihm 1531–1534 eine Studienreise in Italien; s. dazu und zu seinem sonstigen Wirken als Kulturvermittler Heinrich Grimm, Logau, Georg von, in: Neue Deutsche Biographie 15 (1987), 117f.

[39] Tatius nennt ihn in V. 974 zusammen mit dem Breslauer Logau „Inclyta Silesiae fulmina bina plagae". S. zu ihm Anna Mańko-Matysiak, Lang, Johannes, in: Frühe Neuzeit in Deutschland 1520–1620. Literaturwissenschaftliches Verfasserlexikon 4 (2015), 26–31.

[40] Albrecht Reiffenstein hatte bei Melanchthon studiert und immatrikulierte sich 1541 in Ingolstadt. Er wirkte später als Rat der bayerischen Herzöge Wilhelm IV. und Albrecht V. 1570 zog er nach Augsburg um, wo er 1583 starb. Zu ihm s. Friedrich Roth, Albrecht Reiffenstein aus Stolberg, der Schüler Melanchthons und des Juristen Wolfgang Hunger, der Herausgeber der von Hunger bearbeiteten Cuspinianschen Kaisergeschichte, in: Beiträge zur bayerischen Kirchengeschichte 19 (1913), 97–114; ebd., 112f. wird eine mögliche Konversion Reiffensteins zum Katholizismus energisch in Abrede gestellt, aber eine katholizismusoffene Haltung muss ihm (mit Bezug auf seine Augsburger Zeit und seine Patenschaft für die katholischen Söhne des oben bereits erwähnten Hungers) auch Roth konzedieren. Es ist diesbezüglich immerhin bedenkenswert, dass schon Tatius ihn in seinem Dichterkatalog nicht zu den protestantischen Poeten rechnet, die aus religiösen Gründen diese Hochzeit nicht besingen werden.

[41] Zu ihm s. Jost Eickmeyer, Lorichius, Johannes, in: Frühe Neuzeit in Deutschland 1520–1620. Literaturwissenschaftliches Verfasserlexikon 4 (2015), 176–183.

[42] Diese Personen konnten nicht identifiziert werden. Ellinger (wie Anm. 6), 208 spricht bei seiner Behandlung dieser Stelle ohne weitere Erläuterung von „Wicedorfer", aber auch das führt nicht weiter. Er strebt bei seiner Paraphrase des Dichterkatalogs im Übrigen erkennbar keine Vollständigkeit an und verzichtet generell auf Erklärungen.

[43] Er steuerte 1543 einen Beitrag zu dem Band Epithalamia in nuptias M. Leonhardi Gebhardt Caesariensis et Reginae Spinnerin Augustanae conscripta. Ingolstadt: Alexander Weissenhorn, bei (fol. a 4v–b 4v); ferner im selben Jahr zu dem Band Epithalamia in nuptias clarissimi viri Iacobi Kybelii iureconsulti etc. ac honestissimae virginis Ursulae Chellerin

würden auch Philipp Melanchthon,[44] Georg Sabinus,[45] Jacobus Micyllus,[46] Sixt Birck,[47] Johannes Stigel,[48] Joachim Camerarius d.Ä.,[49] Melchior Acontius[50] und Johannes Gigas (Heune)[51] Gedichte liefern (987–996). Es fällt auf, dass von den genannten potentiellen poetischen Lobrednern sich nur von Linck ein entsprechender Text erhalten hat. Andere der Genannten haben in der historischen Realität also vielleicht keine Gedichte eingeschickt oder diese haben sich nicht erhalten. Sich selbst nennt Tatius in bescheidener Manier geschickterweise nicht.

997–1036 (die Hochzeitsfeierlichkeiten):

Darin:

997–1000: Überleitung.

---

praefecti Berchingae filiae. O. O., o. N., 1543, fol. a 3v–c 2r; laut den Titeln der beiden Gedichte stammte er offensichtlich aus Salzburg („Vitali Gmelichii Salisburgensis"). Eine Übersicht über alle seine Publikationen bzw. auch Publikationen, die ihm gewidmet sind, findet sich hier: https://www.worldcat.org/de/search?q=au=%22Gmelich,%20Vitalis%22 (letzter Zugriff 04.05.2023). Für ihn lässt sich später für das Jahr 1560 ein Pisa-Aufenthalt nachweisen: Fritz Weigle, Deutsche Studenten in Pisa (Deutsche Studenten in Italien IV), in: Quellen und Forschungen aus italienischen Archiven und Bibliotheken 39 (1959), 173–221, hier: 205.

[44] Zu ihm sei hier beispielshalber nur aufgeführt Robert Stupperich, Melanchthon, Philipp, in: Neue Deutsche Biographie 16 (1990), 741–745.

[45] Der Schwiegersohn des Melanchthon. S. zu ihm Wilhelm Kühlmann / Hermann Wiegand, Sabinus, Georg, in: Frühe Neuzeit in Deutschland 1520–1620. Literaturwissenschaftliches Verfasserlexikon 5 (2016), 395–407.

[46] Auch er war ein Schüler des Melanchthon. S. zu ihm Robert Seidel, Micyllus, Jacobus, in: Frühe Neuzeit in Deutschland 1520–1620. Literaturwissenschaftliches Verfasserlexikon 4 (2015), 410–425.

[47] Zu ihm s. Henrike Lähnemann, Birck, Sixt, in: Frühe Neuzeit in Deutschland 1520–1620. Literaturwissenschaftliches Verfasserlexikon 1 (2011), 268–275.

[48] Zu ihm s. Stefan Rhein, Stigel, Johannes, in: Frühe Neuzeit in Deutschland 1520–1620. Literaturwissenschaftliches Verfasserlexikon 6 (2017), 145–155.

[49] Zu ihm s. Joachim Hamm, Camerarius d.Ä., Joachim, in: Frühe Neuzeit in Deutschland 1520–1620. Literaturwissenschaftliches Verfasserlexikon 1 (2011), 425–438; Tatius schreibt zwar nur „Camerarius" (995), die Söhne des Joachim Camerarius d.Ä. lassen sich aufgrund ihrer Lebensdaten aber ausschließen.

[50] An ihn denkt Tatius vielleicht wegen der beiden Hochzeitsgedichte, die er 1536/37 anlässlich der Hochzeit seines Freundes Sabinus mit einer Melanchthon-Tochter publizierte; s. zu ihm und den genannten Gedichten Harry Vredeveld, Acontius, Melchior, in: Killy Literaturlexikon 1 (1988), 42.

[51] Er bemühte sich als Melanchthonschüler in seiner Dichtung um eine enge Verbindung von Humanismus und Christentum. S. zu ihm Johanna Loehr, Gigas, Johannes, in: Frühe Neuzeit in Deutschland 1520–1620. Literaturwissenschaftliches Verfasserlexikon 2 (2012), 591–596.

1001–1010: Diverse Musikinstrumente.

1011–1026: Gesang des Pan, des Bacchus und des Apoll (1023–1026: Sie singen von Odysseus und der treuen Penelope; Anna prägt sich dieses Exempel ehelicher Treue genau ein).

1027–1032: Kirchgang, große vornehme Gästeschar.

1033–1036: Bescheidenheitstopos des Autors; nur ein großer Epiker könne diese Hochzeit adäquat schildern; er selbst nicht.

Es ist auf Basis dieser Gliederung unübersehbar, dass das *Epithalamion* im ersten Hauptteil zu einem nicht unwesentlichen Teil die Züge eines Panegyrikus auf die Familien der Brautleute trägt (was durchaus gattungstypisch ist), ganz besonders auf Oswalds Vater (V. 311–386). Auch dass die herkunftsmäßige Ebenbürtigkeit der beiden Brautleute hervorgehoben wird,[52] ist ein topischer Zug. Es ist aber insofern interessant, als Leonhard von Eck ursprünglich keineswegs dem hohen Adel angehörte, sondern sich seine hohe Position durch Intelligenz und Fleiß erarbeitet hatte;[53] die Pienzenauer dagegen waren schon im Mittelalter als bedeutendes Ministerialengeschlecht in Erscheinung getreten. Das Gedicht signalisiert somit auch, dass die Eck nun zum Establishment gehören.

Liebe, Ehe und Sexualität im *Epithalamion* des Marcus Tatius

Im Folgenden werden Schlaglichter besonders auf zwei Partien des *Epithalamion* geworfen, in denen besonders deutlich zum Ausdruck kommt, welches Bild von Liebe, Ehe und Sexualität darin vertreten wird: zunächst auf den Beginn des Gedichts mit der ersten Jupiterrede (V. 1–96), dann auf die Verse 657–750, das heißt Amors Mission, seinen Bericht an Venus und die Konfrontation der Venus mit ihrer Widersacherin.[54]

Panditur aetherni caelestis curia regis,
  Consilioque graves captat aperta deos.
Quum pater ipse hominum solio subnixus avito
  Talia concusso vertice verba facit.
„Fida meo, superi, consultaque numina regno,

[52] Z.B. in V. 291f.: „Utrique insignes insigni stirpe parentes, / Nobilem utrique ortum nobilitatis habent."

[53] Er gehört damit zu einer ganzen Reihe bürgerlicher Juristen, die seit Beginn des 16. Jh. in hohe Positionen im bayerischen Staatswesen gelangten; s. dazu Dieter Albrecht, Staat und Gesellschaft. Zweiter Teil: 1500–1745, in: Max Spindler (Hrsg.), Handbuch der bayerischen Geschichte. Zweiter Band. Das Alte Bayern. Der Territorialstaat vom Ausgang des 12. Jahrhunderts bis zum Ausgang des 18. Jahrhunderts. München 1981, 559–593, hier: 566.

[54] Zu der in den Zitaten aus dem *Epithalamion* vorgenommenen Modernisierung der Orthographie s. oben, Anm. 5.

Nec temere a coeptis reiicienda meis.
Cernitis adducti vertentia gaudia veris
Et foeta reduces fertilitate vices.
Induta virides reparantur in arbore frondes,
Inque novo praegnans palmite gemma tumet.
Vernant eductis adoperti messibus agri,
Floridaque egesto germine prata nitent.
Opplet avis tepidas laetis concentibus auras,
Ad sobolem nidos nunc operata suos.
Quin et quadrupedes missurae in viscera partum,
Voce boant, alacri subsiliuntque pede.
Et nova iam subeunt humanas gaudia mentes,
Concipiuntque animo luxuriante faces.
Unde alias iusto fervere ardore videmus,
Iniustoque alias turpiter igne coqui.
Hae si non uteri sit idoneus author onusti,
Praetendunt sceleri numina nostra suo.
Quamque replet crassis fex sordida foetibus alvum,
Illa repleta deis exoneranda venit.
Aureus hinc Danaën, Aesopidaque igneus arsi,
Et fui in Asterien armiger ipse meus.
Sed quum feminea castam nihil indigus alvo
Ediderim cerebro parturiente deam,
Qua modo res hominum divumque guberno ministra,
Conscia quaeque mei pectoris una mihi est.
Quis furor has pluvias mihi inanesque obiicit ignes,
Quis tam execrandis corpora versa modis?
Brutus Agenoreos captarim taurus amores
Furtaque Sidonii foverit unda freti?
Tamve nihil iussu, vel aperto numine possum
Estque in amore deo plus pecus ipsa suo?
Heu falsas hominum mentes atque impia corda,
Praetextus scelerum caelica turba sumus.
Nec sat enim insimulasse Iovem est; Macareida Phoebus
Versus in hirsuti terga leonis amat.
Et tantum aspectu genitor Saturnus equino
Phillyricum potuit supposuisse femur.
Erigone exilem te Bacche subegit in uvam
Et maiora deo gaudia fructus habet.

Flectere qui vero nequiit Bisaltida[55] vultu,
Lanigero aequoreus flexerit ore pater?
Non ita: at incestae mulier sibi conscia vitae,
Hac celare manu turpia damna solet.
Ut procul amotos a se taciteque ferentes
Arguat amissa virginitate deos.
Hic mihi versae etiam dolus induit ora Dianae
Stupra Lycaoniis insidiata focis.
Ne Satyros cygnosque loquar pictosque colubros,
Sub quibus humanos fingor inisse sinus.
Creditis? Ut cui terra polusque atque aequora curae,
Turpiter obsceno captus amore vacet?
Haud favoris[56] sanctique tenet me ea cura pudoris,
Hac ut lege nocens arguar esse reus.
Certe ego Miletis omnes Chiisque puellas
Alcestique velim Penelopaeque pares;
Hoc Astraea docet, docet hoc intacta Minerva,
Haec atque illa, suo cara pudore mihi.
Sed pereunt vetitosque malae labuntur in ignes
Hac solitae vitium dissimulare via.
Quumque ea confictis iactetur fabula dictis
Dignaque sit poenas suppliciumque pati,
Se tamen impulsas alia quoque parte tuentur
Resque quid extensi ponderis instar habet.
Multum homini dedimus generanda in prole caloris,
Auctior haec populo quo foret aula novo.
Id sentit repetitque omnes petulanter in horas,
Hic licito, vetito sed magis ille modo.
Ut nec avis tantum nec corpus aquatile piscis
Nec terrestre velit luxuriare pecus.
Quamlibet exactos id in his patiamur ad usus
Hicque habeat, quo homines sustineantur, amor.
Sed qua res serie, qua tandem fine trahatur,
Unica causa dei, maxima culpa sumus.
Dedecora hic igitur nostrique agitantur honores,
Sive inhibere nefas sive tulisse libet.
Namque huc inclinant, veluti genialibus obstes
Rebus et humani sis quasi causa mali.

---

[55] In der Edition von 1544 (wie Anm. 5) „Bisalpida", wohl ein Druckfehler.
[56] In der Edition von 1544 (wie Anm. 5) „favor is", ein offensichtlicher Druckfehler.

Seu tota ergo adimas pulsis connubia lectis,
  Turpabit vacuum pars simul ampla polum.
Seu frenis omnes permittas ire solutis,
  Fingemur turpes foedo in amore patres.
Ut merito cupidos Hymenaeia copula amantes
  Debeat aetherna claudere rite sera.
Ne dum nostra pias remorantur numina taedas,
  Impuri simus culpa pudenda tori.
Si quem igitur tangit violatae iniuria famae
  Et scelus humanum nil putat esse suum,
Conferte in medium; nocuit matura puellis
  Tempora sollicitis impediisse moris.
Denique et intactas iactant haec saecula nymphas,
  Quas decet e taetro praeripuisse malo."

Der himmlische Hof des ewigen Königs ist geöffnet, und die Götter halten dort ernsthaft Rat. Da schüttelt der Vater der Menschen in eigener Person sein Haupt und äußert Folgendes, wobei er sich auf seinen ererbten Thron stützt: „Ihr, Himmlische, meiner Herrschaft treue und kundige Götter, (5) denen ich meine Vorhaben nicht leichtfertig verbergen darf. Ihr seht die Freuden, die der heraufziehende Frühling mit sich bringt; die Wiederkehr dieser Jahreszeit geht mit großer Fruchtbarkeit einher. Am Baum wachsen wieder grüne Blätter und hüllen ihn ein, die Knospe schwillt strotzend zu einem neuen Schößling an. (10) Die Äcker, die seit der Einbringung der Ernte offen daliegen, ergrünen, die blumenreichen Wiesen sehen stattlich aus, nachdem man die Zweige von ihnen entfernt hat. Der Vogel erfüllt die mildwarme Luft mit seinen fröhlichen Gesängen und baut jetzt Nester für seine Nachkommenschaft. Ja sogar die Vierfüßler brüllen und stampfen mit ihren Füßen eifrig auf, (15) weil sie ihre Bäuche mit Leibesfrucht füllen wollen. Und auch die Gemüter der Menschen werden aufs Neue freudig gestimmt, und ihr übermütiger Geist fängt Feuer. Daher sehen wir, dass die einen aufgrund einer legitimen Hitze brennen, während andere von einem illegitimen Feuer zerkocht werden. (20) Da gibt es Frauen, die, wenn sie für ihren gefüllten Uterus keinen geeigneten Verantwortlichen zur Hand haben, so tun, als wäre ihre Schandtat die Schuld von uns Göttern. Und ein Bauch, den schmutziger Pöbel mit fetter Leibesfrucht anfüllt, kommt zur Entbindung, als hätten Götter ihn gefüllt. Daher kommt es, dass ich als Goldregen die Danaë besuchte und Asopis in Feuergestalt verbrannte[57] (25) und gegenüber Asteria in Gestalt

[57] In derselben Reihenfolge begegnen diese beiden Exempel für göttliche Liebesaffären in

meines Waffenträgers auftrat. Aber dabei habe ich doch, ohne dafür einen weiblichen Bauch zu brauchen, aus meinem Hirn eine keusche Göttin geboren, die mir als Dienerin dabei hilft, die Menschen- und Götterwelt zu regieren, und die als einzige mit meinen inneren Ratschlüssen vertraut ist. (30) Was für ein Wahnsinn wirft mir diese Regenschauer und diese nichtigen Feuer vor, wer macht mir so abscheuliche Gestaltmetamorphosen zum Vorwurf? Als schwerfälliger Stier hätte ich Liebe zur Tochter des Agenor [sc. Europa] gefasst, und das Wasser des sidonischen Meeres hätte die verstohlene Liebschaft gehegt? So vermag ich nichts durch meinen Befehl oder durch meine unverhüllte Göttlichkeit, (35) und in der Liebe ist das Vieh mächtiger als der Gott, dem es zugeordnet ist? Wehe, falsch ist die Denkungsart der Menschen, und ihre Herzen sind gottlos; wir, die Schar der Himmlischen, dienen ihnen als Vorwand für ihre Verbrechen. Es ist ihnen nämlich noch nicht genug, Jupiter fälschlich zu bezichtigen; Phöbus liebt die Tochter des Makareus [sc. Isse], wobei er sich in einen struppigen Löwenkörper hüllt.[58] (40) Und nur in Pferdegestalt konnte mein Vater Saturn die Philyra aufs Kreuz legen. Erigone hat dich, Bacchus, in eine kleine Weintraube hineingezwungen, und die Frucht hat mehr Freuden als ihr Gott. Und der Vater des Meeres hätte sich die Tochter des Bisaltis [sc. Theophane], da er sie sich nicht in seiner wahren Gestalt gefügig machen konnte, (45) in Widdergestalt gefügig gemacht? Nein, so ist es nicht: Sondern eine Frau, der bewusst ist, dass sie ein unkeusches Leben führt, pflegt mit diesem Kunstgriff ihre schmutzigen Verfehlungen zu verdecken. Um so wegen des Verlusts ihrer Jungfräulichkeit die Götter anzuklagen, die weit entfernt von ihr leben und das stumm ertragen. (50) Diese List hat mich auch in die Gestalt der Diana gehüllt, als ich das Haus des

Ovids Beschreibung des Teppichs der Arachne; Ov., met., 6, 113: „aureus ut Danaen, Asopida luserit ignis." Auch die meisten der anderen Beispiele, die der Jupiter des Tatius im weiteren Verlauf seiner Rede aufführt, lassen sich an verschiedenen Stellen dieser Teppichbeschreibung (Ov., met., 6, 103–128) wiederfinden (was nicht notwendig bedeutet, dass diese Geschichten in den *Metamorphosen* nur an dieser Stelle vorkommen; einige von ihnen werden dort auch andernorts ausführlich erzählt): Asteria (Ov., met., 6, 108), Europa (ebd., 103–107), Isse (Tochter des Makareus; ebd., 124), Philyra (ebd., 126), Erigone (ebd., 125), Theophane (die „Bisaltidin"; ebd., 117); Kallisto allerdings nicht (vgl. dazu jedoch Ovids Darstellung an anderem Ort; Ov., met., 2, 401–530); wiederum jedoch Antiope (Ov., met., 6, 100–111) und Leda (ebd., 6, 109).

[58] Hier verwechselt Tatius etwas: In Wahrheit soll Apoll die Isse in Gestalt eines Hirten verführt haben. Es könnte sich um einen Gedächtnisirrtum handeln, da Ovid in den *Metamorphosen* bei der Beschreibung des Teppichs der Arachne diese Verwandlung Apolls in einen Hirten unmittelbar nach denen in einen Adler und einen Löwen nennt; Ov., met., 6, 122–124: „... Phoebus / utque modo accipitris pennas, modo terga leonis / gesserit, ut pastor Macareida luserit Issen."

Lykaon mit unzüchtigen Plänen [sc. zur Verführung der Kallisto] heimsuchte. Um erst gar nicht von Satyrn [sc. bei der Verführung der Antiope] und Schwänen [sc. bei der Verführung der Leda] und farbenfrohem Vogelvolk zu sprechen, in deren Gestalt ich menschliche Schöße begattet haben soll. Könnt ihr das glauben? Dass der, der sich um Erde, Himmel und Meer kümmern muss, (55) noch die Freizeit haben soll, sich in schändlicher Weise von obszönen Liebschaften betören zu lassen? Mich beseelt nicht eine derartige Besorgnis um Anerkennung und heilige Keuschheit, dass man mich auf Basis dieses Gesetzes noch als schadenstiftenden Verbrecher anklagen kann. Ich wollte gewiss, dass alle milesischen und chiotischen Mädchen der Alkestis und der Penelope gleich wären. (60) Das lehrt Astraea, das lehrt die unberührte Minerva, diese wie jene ist mir durch ihre Keuschheit lieb. Doch die bösen Frauen vergehen vor Liebe und stürzen sich in ein Feuer hinein, das ihnen verboten ist, und sie pflegen ihr Laster auf diesem Wege zu vertuschen. (65) Und während man mithilfe von erfundenen Geschichten diesen Mythos verbreitet, der die schwerste Strafe verdient, schützen sie sich trotzdem argumentativ noch auf andere Weise, wenn man sie dazu veranlasst, und eine Sache wiegt die Leibesfrucht, die ihren Bauch wölbt, etwas auf: Wir haben dem Menschen ein großes hitziges Verlangen danach gegeben, Nachkommenschaft zu erzeugen, damit dieser Hof von einem neuen Volk stärker bewohnt wird. (70) Das fühlt er [sc. der Mensch] und wiederholt es sich ausgelassen alle Stunden hindurch, der eine tut dies in erlaubter, der andere mehr auf unerlaubte Weise. Und zwar derart ausgeprägt, wie weder ein Vogel noch der Fisch mit seinem wassertauglichen Körper und auch nicht das auf der Erde lebende Vieh über die Stränge schlagen möchte. Ganz nach Belieben wollen wir das bei diesen zu einem genau definierten Zweck dulden, und diese Liebe bietet genug, worin die Menschen ihren Unterhalt [sc. die hinreichende Sättigung ihres sexuellen Triebes] finden können. (75) Doch in welcher Reihenfolge und zu welchem Ziele man schließlich dieses Geschäft weitertreibt, dafür sind nur die Götter verantwortlich, daran sind vor allem wir schuld. Hier geht es also um unsere Schande und um unsere Ehre, ganz gleich ob es uns beliebt, das ruchlose Tun zu behindern oder es zu ertragen. (80) Denn sie geben der Sache eine schiefe Wendung, so als ob du den Ehestand behindern würdest und gleichsam die Ursache für das menschliche Übel wärest. Sei es also, dass du das Brautbett zurückdrängst und ihnen die Möglichkeit zur Ehe nimmst, dann wird ein großer Teil sogleich schimpfen, dass der Himmel leer sei. Sei es, dass du gestattest, dass sich alle zügellos verhalten, (85) dann dichtet man uns an, dass wir uns in schandhaften Liebschaften zu schimpflichen Vätern machen. So kommt es, dass zu Recht Hymens Bande die Liebenden dem Brauch gemäß für ewig zusammenschließen müssen. Und dass wir nicht die beschämende Schuld an einem befleckten Ehebett auf uns laden sollen, indem unsere Gotteskraft eine frommgemeinte Eheschließung zu lange aufschiebt. (90) Wenn einen von euch das Unrecht, das in unserem beschädigten Ruf besteht, emotional berührt und er meint, dass er mit menschlicher Schandtat nichts zu tun hat, dann steuert euren Anteil bei; es stiftet Schaden, wenn man Mädchen zu dem Zeitpunkt, da sie [sc. geschlechts]reif geworden sind, mit zeitlichen Aufschüben, die auf Besorgnisse zurückgehen, [sc. an der Eheschließung] hindert. Schließlich rühmt sich auch dieses Zeitalter unberührter Jungfrauen, (95) die man präventiv vor einem widrigen Übel schützen sollte."

Analyse

Das *Epithalamion* beginnt mit einer Götterversammlung in der „aetherni caelestis curia regis", die besonders durch das Göttertreffen im ersten Buch der *Metamorphosen* des Ovid beeinflusst sein dürfte (met., 1, 163–167);[59] Tatius hat auch sein anderes umfangreicheres Gedicht, den Panegyrikus auf Ferdinand I., in vergleichbarer Weise eingeleitet.[60] Bei Tatius im *Epithalamion* wie bei Ovid in den *Metamorphosen* äußert sich der Herr des Olymps kritisch über das Verhalten der Sterblichen.

Bei Tatius empört ihn das sittliche Betragen der Menschen. Er weist die Götter darauf hin, dass es Frühling geworden sei, die Zeit der Fruchtbarkeit, was bei den Tieren den Paarungstrieb auslöse. Nicht nur bei den Tieren, auch bei den Menschen, und dort leider auch in Form illegitimer, unsittlicher, man darf wohl ergänzen: unehelicher Beziehungen. Jupiter beklagt (besonders V. 21–68), dass irdische Frauen zur Verschleierung ihrer aus eigener Unmoral resultierenden un- und außerehelichen Schwangerschaften männlichen Gottheiten die Verantwortung dafür zugeschrieben haben; der Dichter lässt ihn dafür zahlreiche Beispiele anführen, auf deren Wiederholung hier verzichtet werden kann. Der Göttervater betätigt sich an dieser Stelle gewissermaßen selbst als ein rationalisierender Mythenkritiker, der die dem Leser (mehr oder weniger) wohlvertrauten Geschichten über die Amouren der Götter destruiert, indem er sie als lügnerische Schutzbehauptung unmoralischer Frauen entlarvt. Es ist im Gefüge des Gedichtes nicht ohne Sinn, dass der Göttervater sich hier von dem Bild

[59] Dort heißt es über den Himmel in V. 175f.: „hic locus est, quem, si verbis audacia detur / haud timeam magni dixisse Palatia coeli."

[60] Bibliographische Angaben zu diesem Gedicht s. oben, Anm. 11. Es ist als Dialog zwischen dem Gott und seinem Waffenträger, dem Adler (= das Reich) gestaltet. Es beginnt damit, dass Jupiter auf die Erde hinabblickt und sich an der dort herrschenden (politischen) Unordnung stört (V. 1–8). S. zu diesem Gedicht und seinem Inhalt auch Ellinger (wie Anm. 6), 206.

distanziert, das in der Dichtung traditionell von ihm gezeichnet wird: Gewinnt er doch so die moralische Integrität und Glaubwürdigkeit, die nötig ist, um seiner Klage über die Unkeuschheit der Menschen und seiner Befürwortung der Ehe am Ende seiner Rede Autorität zu verleihen. Diese sittliche Seriosität führt auch automatisch dazu, dass der Leser mehr Vertrauen in die Weisheit der göttlichen Entscheidung setzen wird, Oswald und Anna miteinander zu verbinden. Dem traditionellen polyamorösen Zeus-Jupiter der Überlieferung hätte der Dichter solche Worte natürlich nicht ernsthaft in den Mund legen können oder nur in satirischer oder subversiver Absicht, wovon hier keine Rede sein kann.[61] Die Sphäre des Göttlichen präsentiert sich in diesem Gedicht zwar in antik-paganer Verkleidung, doch diese wurde zuvor einer moralischen Reinigung unterzogen. Gerade wenn man die bereits angesprochene Ähnlichkeit dieser Götterversammlung mit einer prominenten Szene aus den *Metamorphosen* bedenkt, ist es nicht ohne Witz, dass der Jupiter des Tatius sich in seiner Rede gegen die Mythen über göttliche Liebesaffären wendet;[62] sind doch gerade diese ein ganz wesentlicher Inhalt von Ovids Epos.[63]

Im weiteren Verlauf seiner Ansprache kommt Jupiter auf das der von ihm beklagten Unsittlichkeit zugrundeliegende Grundproblem zu sprechen. Die Götter haben den Menschen einen starken Sexualtrieb verliehen, um dadurch die Fortpflanzung des Menschengeschlechts sicherzustellen. Auffällig ist, wie er die Wünschbarkeit eines solchen Wachstums der Menschheit begründet (V. 70): „Auctior haec populo quo foret aula novo." Das ist eine christlich imprägnierte Vorstellung, die zum einen dem biblischen Appell „crescite et multiplicamini" entspricht.[64] Zum anderen fühlt man sich hier aber noch konkreter an eine ganz bestimmte theologische Vorstellung erinnert, der gemäß es gut ist, wenn viele

---

[61] Wenn Ellinger (wie Anm. 6), 207 schreibt, dass Jupiter bei Tatius „eine Rolle [einnimmt], zu der er allerdings weniger geeignet erscheint", übersieht er, dass dieser Jupiter ein anderer ist als der gewohnte.

[62] V. 37–56, s. besonders V. 51–54 (wo er über die ihm selbst zugeschriebenen Metamorphosen klagt).

[63] Wie schon oben in Anm. 57 angesprochen, finden sich die Beispiele, die Jupiter bei Marcus Tatius für die angeblichen Gestaltmetamorphosen aufzählt (etwa seine eigenen in V. 25f.: bei Danaë als goldener Regen, bei Asteria als Adler, V. 34f.: als Stier [bei Europa] etc.), auch in Ovids *Metamorphosen*. Teilweise werden diese Geschichten dort nur kurz angerissen, wie etwa Saturns Begattung der Nymphe Philyra in Pferdegestalt; vgl. unser Gedicht, V. 41–42 mit met., 6, 126, wo der Name der Nymphe zwar nicht fällt, aber dafür der bei dieser Gelegenheit gezeugte Chiron erwähnt wird.

[64] Vgl. Gen 1, 27f., hier: 28; vgl. auch Gen 2, 18, 20–24. Zur Umsetzung dieses Fortpflanzungsappels in der christlichen Ehelehre vgl. etwa Thomas von Aquin, *SummaTheologiae supplementum*, quaestio 49, articulus 3: „... proles est matrimonii finis. Ergo proles est principalius matrimonii bonum."

Menschen geboren werden und nach ihrem Tod in den Himmel kommen („haec aula“ bedeutet im Kontext klarerweise den Himmelspalast, in dem Jupiter gerade seine Ansprache hält; sie ist also zweifelsohne mit der in V. 1 genannten „caelestis curia“ zu identifizieren). Nur so können nämlich die leeren Plätze der gefallenen Engel aufgefüllt werden, was die Vorbedingung für das Ende dieser Welt und den Anbruch der ewigen ist. Dies kann dem Jupiter natürlich nicht direkt in den Mund gelegt werden, doch der Vers zielt eindeutig in eine vergleichbare gedankliche Richtung: Es ist die Bestimmung der Menschen – oder zumindest eines Teils von ihnen? –, zu Bewohnern des himmlischen Palastes zu werden.[65] Man wird immerhin festhalten dürfen, dass der Jupiter des Tatius hier weniger so spricht, wie man es vom heidnischen Göttervater erwarten würde, sondern eher so, wie man es vom Gott des Christentums erwarten würde; in diese Richtung hatte auch schon die strikte Ablehnung außerehelicher Sexualität gedeutet.

Der Gott konstatiert, dass viele Menschen dazu neigen, ihre Geschlechtskraft außerhalb des gestatteten Rahmens zu gebrauchen und sich dabei ausschweifender zeigen als die Tiere (vgl. V. 70–74). Und ganz gleichgültig, ob die Götter sich der Ausübung der Sexualität entgegenstellen oder ob sie sie uneingeschränkt dulden, immer werden ihnen von den Sterblichen Vorwürfe gemacht werden (V. 83–86). Als Heilmittel erscheint in dieser Situation die Ehe (V. 87–90). Die Verheiratung geschlechtsreifer junger Frauen zu lange aufzuschieben, hält der Gott für schädlich (V. 93f.); man darf vermuten, dass er hier moralische Risiken im Sinn hat.

Auch die in diesen Worten Jupiters mitschwingende Vorstellung von der Ehe als einer Art goldenem Mittelweg im Umgang mit der menschlichen Sexualität, als ‚remedium concupiscentiae‘ (um den entsprechenden Fachterminus der katholischen Ehezwecklehre zu gebrauchen) macht deutlich, dass dieser Jupiter ein anderer ist als der aus der antiken Literatur Vertraute. Man möchte fast meinen, dieser Jupiter habe den ersten Korintherbrief gelesen (vgl. 1 Kor 7, 9), den locus classicus für diese christlich-theologischen Sinngebung der Ehe. Indem Jupiter in seiner Ansprache die Fortpflanzungsfunktion menschlicher Sexualität noch vor dem hier thematisierten Ehezweck ihrer sinnvollen Einhegung anspricht, hält er sogar gewissermaßen die traditionelle Rangordnung der Moral-

---

[65] Vgl. etwa Thomas von Aquin, *Summa Theologiae*, prima pars, quaestio 63, articulus 9, ad 3; Aug., ench., 9, 29 sowie civ., 22, 1. Zu diesen theologischen Zusammenhängen vgl. ausführlicher Egon von Petersdorff, Daemonologie. Erster Band. Daemonen im Weltenplan. Stein am Rhein ^{2}1985, 56–91, besonders 90 zur Ersetzung der freigewordenen Plätze in den Engelchören. Bei Petersdorff findet man neben der hier schon erwähnten noch weitere relevante Stellen aus der kirchlichen Tradition und eine Behandlung weiterer theologischer Detailfragen.

theologen ein (bei denen das ‚bonum prolis' als Ehezweck vor dem ‚remedium concupiscentiae' rangiert).[66]

Sogar die Alternative eines enthaltsamen, zölibatären Lebens scheint auf, da Minerva in ihrer auf die Jupiterrede folgenden Ansprache ein solches für Anna idealerweise erbittet;[67] diesem ihren primären Wunsch wird von Jupiter zwar nicht entsprochen, das Jungfräulichkeitsideal wird dabei aber auch nicht explizit in Abrede gestellt, wie dies etwa dem protestantischen Denken entsprechen würde.[68] Man mag dies für keinen Zufall halten bei einem klarerweise in einem katholischen Kontext entstandenen Gedicht, das an anderer Stelle (im Dichterkatalog, V. 987f.) die konfessionelle Spaltung des deutschen Volkes offen anspricht.[69] Allerdings scheint Jupiter die Erfolgsaussichten zur dauerhaften Bewahrung der Jungfräulichkeit gerade beim weiblichen Geschlecht für gering zu halten; neben seinem Wunsch, den Himmel zu bevölkern, führt er der Minerva auch die sittliche Schwäche ihrer Geschlechtsgenossinnen vor Augen (255f.): „Sed tangat vacui te frequentia coeli / Et recolas sexus lubrica facta tui."

Lassen sich in Jupiters Rede derart bei genauer Betrachtung überraschend viele christlich imprägnierte Gedanken finden, so wird aus dem *Epithalamion* dadurch noch lange kein dogmatischer Traktat; beschäftigt sich doch ein Großteil dieses Gedichts im Folgenden damit, wie durch das Wirken Amors eine emotionale und erotische Liebesgemeinschaft zwischen den künftigen Eheleuten entsteht,[70] was strikt moraltheologisch gesehen nur ein untergeordnetes Ziel ihrer Verbindung wäre.

Unser vertieftes Interesse am Text setzt wieder an der Stelle ein (ab V. 657), wo Amor dem Auftrag seiner Mutter gemäß auf die Erde fliegt, Oswald und Anna mit seinem Pfeil trifft und seiner Mutter hernach Bericht erstattet (in V. 695–718). In seinem Rapport beschreibt er Oswald als ernsthaften jungen Geistes-

---

[66] Vgl. zur katholischen Ehezwecklehre Johann Peters, Die Ehe nach der Lehre des hl. Augustinus. Paderborn 1918, 14f.; August Knecht, Handbuch des Katholischen Eherechts. Freiburg i.Br. 1928, 40–42; Günter Jerouschek, „Diabolus habitat in eis". Wo der Teufel zu Hause ist: Geschlechtlichkeit im rechtstheologischen Diskurs des ausgehenden Mittelalters und der frühen Neuzeit, in: Hans Jürgen Bachorski (Hrsg.), Ordnung und Lust. Bilder von Liebe, Ehe und Sexualität in Spätmittelalter und Früher Neuzeit. Trier 1991, 281–305, hier: 283.

[67] V. 246: „Da, pater, aetherna virginitate frui."

[68] Zur Ablehnung des Virginitätsideals durch die Reformatoren s. etwa Susanna Burghartz, Zwischen Integration und Ausgrenzung. Zur Dialektik reformierter Ehetheologie am Beispiel Heinrich Bullingers, in: L'Homme 8 (1997), 30–42, hier: 31.

[69] V. 987f.: „Ah si concordi ferrentur dogmata sensu, / Staret et unanimi Theutonis ora fide."

[70] Dies lässt sich letztlich als das überwölbende Thema des ganzen zweiten Hauptteils betrachten.

arbeiter, den er nur mit Glück erwischen konnte (V. 697–708). Es war nur die dem Pfeilschuss vorangegangene Beschäftigung mit der Geschichte von Pyramus und Thisbe, die Oswald empfänglich für Amors Pfeil machte, wobei hier offenbleiben muss, ob es die ovidische Fassung (met., 4, 55–166) oder eine andere, lateinische oder volkssprachliche Adaptation dieser Geschichte ist, die Oswald derart rührt, als er sie vorträgt.[71] Es ist jedenfalls die Geschichte eines unter dem Handicap einer Sippenfeindschaft leidenden, unglücklichen Paares, das an seiner verbotenen Liebe zugrunde geht. Dies steht in bemerkenswertem Kontrast zu Oswalds eigener Situation, denn seiner Verbindung mit Anna stellen sich ja keine einander feindlich gesonnenen Elternpaare entgegen, es handelt sich vielmehr um eine einvernehmlich arrangierte Eheschließung. Das traurige Ende von Pyramus und Thisbe ist eine mise en abyme, die eine Kontrastfolie zu dem glücklichen Los Oswalds und Annas bietet. Interessanterweise wird die Beschäftigung mit dieser Dichtung, die Oswald emotional aufwühlt und so für Amors Pfeil präpariert, der Sphäre des Speisezimmers zugeordnet und somit eindeutig von Oswalds „tablina" unterschieden, wo er seinen ernsthaften Studien nachgeht (und wo ihn Amors Pfeil nicht mehr erreicht haben würde, wenn er es rechtzeitig in diesen Raum geschafft hätte).[72] Wie in der Gestalt der für Anna ewige Jungfräulichkeit erbittenden Minerva im ersten Teil des Gedichts wird hier deutlich, dass die Sphäre des Geistigen und der Eros einander feind sind. Bedenkenswert ist auch, dass hier impliziert klargestellt wird, dass Oswald offensichtlich (und nicht anders als die künftige Braut) bisher erotisch und sexuell unerfahren ist;[73] dass dies besonders angedeutet und als

[71] V. 673–676: „Dumque canit mensis Ecchides fida remotis, / Funera Thysbaea sanguinolenta nece, / Incusatque sitim, fontem diramque leaenam, / Maxima participis signa doloris habens." Ein Zeugnis für die oben letztgenannte Möglichkeit einer volkssprachlichen Version ist etwa Juan Luis Vives, *De institutione christianae feminae*, 1, 31, worin neben anderen populären volkssprachlichen Erzählwerken auch eine *Piramus et Thisbe* erwähnt (und abgelehnt) wird. Die zugehörige Anmerkung in der Ausgabe von Charles Fantazzi / Constantinus Matheeusen (Hrsg.), Juan Luis Vives, De institutione christianae feminae. Liber primus. Leiden / New York 1996, 45f. (Anm. zu Kap. 31) notiert zahlreiche volkssprachliche Versionen dieser Geschichte, „beginning with the 12th c. old French romance Pyramus et Tisbe" (ebd., 36); vgl. auch Ingrid De Smet, Innocence Lost, or the Implications of Reading and Writing (Neo-)Latin Prose Fiction, in Ingrid De Smet / Philip Ford (Hrsg.), Eros et Priapus. Genf 1997, 85–111, hier: 90. Das in dem *Epithalamion* vorausgesetzte Setting, dass Oswald die Geschichte singend mit instrumentaler Begleitung vorträgt (V. 673f.), könnte (wenn man es denn ernst nimmt) auch auf ein Volkslied oder eine Ballade deuten.

[72] V. 703–708 (Amor berichtet, wie Oswald von Eck ihm fast entwischt wäre): „Quum visurus abit soliti tablina laboris, / Huc ubi librorum sedulo fervet opus: / Iamque procellosis studiorum redditus undis, / Spes prope frustratus luserat ille meas: / Ni cito correptae praemisso cuspidis ictu / Accelerassem initas antevenire vias."

[73] Vgl. V. 699–700 (Amor über Oswald): „Quam rude parthenii confectum pectus alumni,

positiv dargestellt wird, wird man auf christliche Ideale zurückführen dürfen.[74] Dem Manne Oswald setzt Amor mit einem stärkeren Pfeil zu als dem Mädchen (V. 681–684); man darf darin, dass die Frau sich weniger leidenschaftlich zeigt, den Ausdruck eines Schicklichkeitsideals erblicken.

Was im Folgenden geschieht, sei wieder im Wortlaut zitiert:

Plura loquuturum removens avidissima natum
 Splendida sydereo membra nitore levat
Instructumque egressa ardet conscendere currum,
 Sed nec adornatum, nec quoque praesto videt.
Altera quippe Venus terreno degener ortu,
 Aemula coelestes scanderat alta rotas.
Cui demens socio se iunxerat agmine turba,
 Plurima vaesanae nomina serva deae,
Suspicio, Levitas, Infamia, Rixa, Simultas,
 Cura, Timor, Fastus, Luxuria, Ira, Dolor,
Dira Cupido datisque effrena Licentia loris,
 Oblatisque furens caeca Libido dolis.
Iamque fatigatos campo exagitabat olores,
 Aversumque vago calle tenebat iter.
Quum veniens stratam e summi vertigine plaustri
 Increpat irato sanctior ore Venus:
„Illuvies Orci, sanies foedissima Terrae,
 Simia non simili dedecorosa mihi.
Post latura tibi conscensae praemia rhedae
 Venero, ab Ecchiacis pronuba facta toris.
A quibus ipsa tibique tuaeque obscaenae catervae
 Immundos iubeo continuisse pedes.
Si quid in his notum tentaris adorta pudorem,
 Mox mihi Caucaseae praeda volucris eris.
Quisquis ad occlusas abiectior excubat aedes,
 Certus in his est se iuris habere nihil.
Nulla patere dies tibi ea hactenus ostia vidit,
 Ergo videbit idem nulla patere dies.
Utque stet aetherno haec sententia firma vigore,
 Ecce tibi Stygiae numina testor aquae.“

/ Ad mea tam tardus miles is arma fuit.“

[74] Schon für das spätantike *Epithalamium de nuptiis Honorii Augusti* des Claudian, in dem „die Unerfahrenheit des Kaisers im erotischen Bereich“ hervorgehoben wird, vermutet Derartiges Sabine Horstmann, Das Epithalamium in der lateinischen Literatur der Spätantike. Leipzig 2004, 119.

Sic effata vocans alios ad frena iugales,
Picta capistratas sub iuga mittit aves.

Sehr begierig [sc. nach dem Aufbruch] schiebt sie ihren Sohn, der noch mehr erzählen möchte, beiseite, und richtet ihre Glieder auf, die wie Sterne glänzen. (720) Sie tritt heraus und brennt danach, ihren Wagen, den man für sie vorbereitet hat, zu besteigen, aber sie sieht nicht, dass man ihn geschmückt hätte, sie sieht auch nicht, dass er überhaupt bereitstünde. Die andere Venus, die von der Erde stammende Missgeburt, war nämlich als ihre Nebenbuhlerin oben auf den himmlischen Wagen gestiegen. Ihr hatte sich als verbündete Heerschar eine Menge von Wahnsinnigen angeschlossen, (725) sehr viele Namen, die dieser rasenden Göttin dienen, Argwohn, Leichtsinn, Schande, Zank, Nebenbuhlerei, Sorge, Furcht, Hochmut, Genusssucht, Zorn, Schmerz, schreckliche Begierde, wilde Zügellosigkeit und blindes, wütendes Verlangen, das Betrügereien mit sich führt. (730) Und schon eine ganze Weile hetzte sie die davon bereits ermatteten Schwäne auf dem freien Feld herum und schlug nach hinten hin einen Weg auf einem kreuz und quer verlaufenden Bergpfad ein. Da kommt die heiligere Venus, stößt sie vom höchsten Punkt des Wagens herunter und schilt sie mit zornigen Worten: „Unflat des Orkus, ekligste Jauche der Erde, (735) Äffin, die du mir Schande bringst, obwohl ich dir nicht ähnlich bin. Ich werde nachher von der Hochzeit im Hause Eck kommen, wo ich als Ehestifterin fungiere, und dich dann dafür belohnen, dass du meinen Wagen bestiegen hast. Ich befehle dir und deinem obszönen Begleittross, eure unreinen Füße von dieser Hochzeit fern zu halten. (740) Wenn du aber bei diesen Leuten einen Angriff auf ihre bekannte Keuschheit versuchst, dann werde ich dafür sorgen, dass du dem Vogel im Kaukasus als Beute dienst. Wer als Verworfener draußen vor einem ihm verschlossenen Haus liegt, der weiß mit Gewissheit, dass er kein Recht auf dieses Haus hat. Bis jetzt hat kein Tag gesehen, dass diese Tür dir offengestånden hätte. (745) Also wird auch weiterhin kein Tag sehen, dass diese Tür dir offensteht. Siehe: Damit mein Urteilsspruch in Ewigkeit unverbrüchlich gültig bleibt, bezeuge ich ihn dir gegenüber bei den Wassern der Styx." So sprach sie und rief dann andere Zugtiere herbei, um ihnen die Zügel anzulegen, halfterte diese Vögel und spannte sie in das bunt angemalte Gespann ein. (750)

Analyse

Venus in Begleitung Amors ist hier eindeutig stärker: Sie ist die legitime Besitzerin des prächtigen Wagens, und sie ist imstande, ihrer von der „dira Cupido" (V. 729) und ähnlichen unsympathischen Gestalten begleiteten Kontrahentin, der „altera Venus" (V. 723), schreckliche Strafen anzudrohen. Deren Machtlosigkeit wird auch darin kund, dass sie im Gegensatz offensichtlich stumm bleibt. Mit einer gedruckten Marginalie neben V. 719 gibt Tatius dem Leser zu verstehen, auf welches Gedankengut er hier rekurriert: „Veneres duae Plato", das heißt auf die aus dem platonischen Symposion (Pl., Smp., 180d) bekannte Unterscheidung zwischen der Aphrodite Urania (lateinisch „Venus Coelestis", ihr zugeordnet ist die himmlische Liebe) und der Aphrodite Pandemos.

Um zu beurteilen, wie Tatius (der in seinen Münchener Tagen dem Kreis um Bartholomäus Schrenck angehört hatte, in dem man sich relativ viel mit griechischer Literatur beschäftigte)[75] dieses Konzept verwendet, muss man zunächst auf Platon selbst blicken. Bei Platon hat die Zwei-Aphroditen-Lehre ihren Platz relativ zu Beginn der Rede des Pausanias (Pl., Smp., 180c1–185c3). Dem Bereich des vulgären, „pandemischen" Eros ordnet Pausanias dort (181a7– 182a6) eine Liebe zu, die „mehr am Körper als am Charakter interessiert ist".[76] Heterosexuelle Liebe gehört für ihn immer zu dieser Kategorie, wie auch die Liebe zu minder intelligenten Knaben. Der himmlische Eros umfasst für Platon eine auf Dauerhaftigkeit angelegte Liebe zu einem männlichen Partner, der aufgrund innerer (Vernunft) und äußerer (erster Bartwuchs) Kriterien sich nicht mehr im eigentlichen Sinne als Knabe bezeichnen lässt.[77] Auf diese Konzeption und ihren Platz im Gesamtgefüge des *Symposion* detailliert einzugehen, erübrigt sich hier.[78] Sie wirkte sich auch im antiken Neuplatonismus aus: Auch bei Plotin ist nur die zweitrangige, irdische Aphrodite für die Ehen zwischen Mann und Frau zuständig.[79] Es ist ohne Schwierigkeiten erkennbar, dass Tatius das platonische Konzept der zwei Aphroditen in seinem Gedicht nur in stark verfremdeter Form zitiert: Das Genos des Epithalamions beschäftigt sich ja schließlich gerade mit der Liebe zwischen Mann und Frau, und um irgendeine Form von Päderastie geht es bei Tatius dementsprechend nicht. Bei Tatius ist zudem die gute Venus eine Tochter Jupiters,[80] während laut dem platonischen

[75] Alois Schmid, Stadt und Humanismus. Die bayerische Haupt- und Residenzstadt München, in: Pariser Historische Studien 27 (1989), 239–278, hier: 268f.

[76] Kurt Sier, Die Rede des Pausanias (180c1–185c3), in: Christoph Horn (Hrsg.), Platon, Symposion. Berlin 2012, 53–69, hier: 64. Auch die kurze, Sokrates in den Mund gelegte Reprise des platonischen Modells im *Symposion* des Xenophon betrachtet die ‚pandemische' Aphrodite als körperbezogen, die ‚uranische' Aphrodite dagegen bezieht sie auf Seele und Freundschaft (8, 9–10).

[77] Vgl. zur Abwertung der zwischengeschlechtlichen Liebe und zum idealen männlichen Partner Sier (wie Anm. 76), 65 sowie Unn I. Aasdalen, Double Aphrodite and Her Reflections in Renaissance Philosophy, in: Elisabeth W. Nivre (Hrsg.), Allusions and Reflections. Greek and Roman Mythology in Renaissance Europe. Cambridge 2015, 7–25, hier: 12f.

[78] S. dazu umfassend Sier (wie Anm. 76), 53–69.

[79] Aasdalen (wie Anm. 77), 11. Vgl. Plot., 3, 5.

[80] Vgl. ihre Anrede an Jupiter in V. 481: „Sancte pater".

Symposion die himmlische Aphrodite die mutterlose Tochter des Uranos ist, die vulgäre Aphrodite aber eine Tochter des Zeus und der Dione.[81] Wessen Tochter die „altera Venus, terreno degener ortu“ (V. 723) ist, wird bei Tatius nicht erörtert; ihre Beschimpfung als „Illuvies orci“ (V. 735) könnte freilich auch auf einen Ursprung in der Unterwelt deuten; wenn man den Begriff „orcus“ vor einem christlichen Verständnishorizont betrachtet, ergeben sich unweigerlich satanische Assoziationen.

Auch ein Vergleich des Tatius mit dem Florentiner Neuplatonismus offenbart Unvereinbarkeiten. Der Florentiner Humanist Marsilio Ficino (1433–1499) hatte etwa einen vielbeachteten Kommentar zu dem genannten platonischen Dialog verfasst. Er unterschied zwischen einer auf intelligiblen Schönheiten und einer auf sinnliche Schönheiten ausgerichteten Liebe. Ficino ging davon aus, dass beide Arten der Liebe ihre Berechtigung haben und preiswürdig sind;[82] schon von daher ist klar, dass man den extremen Dualismus, der sich bei Tatius in der Ablehnung der irdischen Venus ausspricht, nicht auf ihn wird zurückführen können. Vor allem aber spricht gegen eine Beeinflussung des Tatius durch diese Florentiner Tradition, dass bei Ficino die Fortpflanzung des Menschengeschlechts gerade der irdischen (niederen) Venus zugeschrieben wird.[83] Im *Epithalamion* ist dagegen die himmlische Venus bemüht, eine Ehe zu stiften, um im Auftrag Jupiters zur Vermehrung der Menschen beizutragen, und diese himmlische Venus ist keineswegs unsinnlich, sondern erkennbar auf den Bereich sinnlich erfassbarer Schönheit bezogen, rühmt sie doch in V. 505–560 die körperliche Wohlgestalt der Brautleute. Dass das Konzept des Ficino wie das des platonischen Pausanias stark homophil ausgerichtet ist,[84] kommt als Schwierigkeit noch hinzu. Von einer weiteren Beschäftigung mit der Florentiner Tradition (zu nennen wäre etwa noch Pico della Mirandola, der die sinnlich erfassbare Schönheit weniger gelten ließ als Ficino) können wir uns hier dispen-

[81] Zu Platons Konzept s. diesbezüglich auch Aasdalen (wie Anm. 77), 14f.

[82] Ficino, *Commentarium in Convivium Platonis de amore*, 2, 7: „Denique ut summatim dicam, duplex est Venus. Altera sane est intelligentia illa, quam in mente angelica posuimus. Altera, vis generandi anime mundi tributa. / Utraque sui similem comitem habet amorem. Illa enim amore ingenito ad intelligendam dei pulchritudinem rapitur. Hec item amore suo ad eamdem pulchritudinem in corporibus procreandam ... Utrobique igitur / amor est. Ibi contemplande hic generande pulchritudinis desiderium. Amor uterque honestus atque probandus. Uterque enim divinam imaginem sequitur.“ (Lateinischer Text nach: Paul R. Blum [Hrsg.], Marsilio Ficino, Über die Liebe oder Platos Gastmahl. Hamburg [2]1984, hier: 62–64; dort auch deutsche Übersetzung von Karl P. Hasse).

[83] Aasdalen (wie Anm. 77), 16f.

[84] Vgl. etwa Aasdalen (wie Anm. 77), 13f.

sieren.[85] Für ein Epithalamion, wie Tatius es schreibt, eignete sie sich als Ideengeber nicht.

Bei Tatius kümmert sich die himmlische Venus offensichtlich um die eheliche bzw. zur Ehe hinstrebende Liebe, ihre böse Widersacherin aber offensichtlich um diverse andere (in V. 726–730 aufgelistete) Wirrungen und Irrungen, die auch das Potential haben, den inneren Frieden einer Ehe zu zerstören (weshalb Venus ihrer Kontrahentin ja auch befiehlt, sich von dem jungen Paar fernzuhalten). Eine mögliche Anregung für die hier aufscheinende Vorstellung von der himmlischen Venus findet sich bei Apuleius, dessen Lucius im letzten Buch der *Metamorphosen* (11, 2) auf folgende Weise betet: „seu tu caelestis Venus, quae primis rerum exordiis sexuum diversitatem generato amore sociasti et aeterna subole humano genere propagato nunc circumfluo Paphi sacrario coleris." Die himmlische Venus ist hier auf das Verhältnis der beiden Geschlechter zueinander und die Fortpflanzung des Menschengeschlechts bezogen. Das entspricht ungefähr der Funktion der Venus in unserem Gedicht, und wie diese ist es eine Anpassung des Modells aus dem platonischen *Symposion*, zumal die himmlische Liebe auch bei Apuleius aufgrund ihrer Fortpflanzungsfunktion sexuelle Aktivität notwendig und ausdrücklich einschließt.[86]

Eine näherliegende potentielle Quelle findet sich allerdings im Werk des Erasmus von Rotterdam, und zwar in dessen Dialog *Epithalamium Petri Aegidii* in den

---

[85] Zu Pico s. unter dem genannten Gesichtspunkt Aasdalen (wie Anm. 77), 17f.; zu seiner stärkeren Abwertung der materiellen Welt s. auch ebd., 22. Zu den italienischen und neuplatonischen *Trattati d'Amore* abseits von Ficino und Pico s. etwa Nesca E. Robb, Neoplatonism of the Italian Renaissance. New York 1968, 176–211. Dass man ein unter dem Titel *Himmlische und irdische Liebe* bekanntes Gemälde Tizians unter diesem Aspekt florentinisch-neuplatonisch interpretierte – prominent etwa Erwin Panofsky, The Neoplatonic Movement in Florence and North Italy (Bandinelli and Titian), in: Erwin Panofsky, Studies in Iconology. Humanistic Themes in the Art of the Renaissance. New York 1967, 129–169, hier: 150–160, war aber wohl wie dieser Gemäldetitel ein Irrtum; vgl. dazu die Neuinterpretation von Heiner Borggrefe, Tizians sogenannte Himmlische und Irdische Liebe: Der Beistand der Venus im Hochzeitsbild der Laura Bagarotto, in: Zeitschrift für Kunstgeschichte 64 (2001), 331–363. Insofern sind auch Assoziationen zwischen diesem Bild und unserem Text, zu denen der traditionelle Titel verleiten könnte, nicht mehr möglich.

[86] S. zu Apuleius diesbezüglich Carl Schlam, Platonica in the Metamorphoses of Apuleius, in: Transactions and Proceedings of the American Philological Association 101 (1970), 477–487, hier 485: „He [= Apuleius] has weakened, however, the contrast drawn in the *Symposium*, for he does not exclude love of the opposite sexes from the realm of the Heavenly Venus. … *Caelestis Venus* in the *Metamorphoses* is explicitly sexual and thus even further removed from the figure in the *Symposium*." In Apul., apol., 12, wo er das platonische Konzept ebenfalls zitiert, ist anders als in den *Metamorphosen* die gute Liebe zwar durchaus sinnlich gedacht, aber dort enthält sie sich des sexuellen Kontakts und damit auch des Fortpflanzungsgeschäfts.

Colloquia (entstanden im August/September 1524). Der aus Antwerpen stammende Pieter Gillis (ca. 1486–1533) kannte Erasmus seit 1505 und war eng mit ihm befreundet. Aus Anlass seiner Heirat mit Cornelia Sandrien verfasste Erasmus 1514 ein Epithalamion, das damals aber noch nicht in den Druck gelangte; dies wurde zehn Jahre später im Rahmen der *Colloquia* nachgeholt. Das dieses Hochzeitsgedicht gleichsam umrahmende *Colloquium* nutzt Erasmus, um seine Wertschätzung für das Löwener Collegium Trilingue ebenso zum Ausdruck zu bringen wie seine Verachtung für die ihm und dieser Einrichtung feindlichen Theologen der Universität Löwen.[87] Die Handlung des Dialogs ist, soweit sie uns interessieren kann, folgende: Der musisch begabte Alypius und der fantasielose Balbinus treffen auf die Musen, die freilich nur Alypius sehen und hören kann. Er tauscht sich mit ihnen aus, und sie kommen auf die Hochzeit des Giles zu sprechen, dem die Musen eine immer glückliche Ehe vorhersagen. Alypius kann seine Ungläubigkeit nicht verbergen. Werden Juno und Venus (denen er offensichtlich die Schuld daran zuschreibt, dass so viele Ehen bald zerstritten sind) von dieser Hochzeit ausgeschlossen sein? Die Musen bestätigen, dass die Unruhestifterin Juno nicht teilnehmen wird; was Venus angeht, so treffen sie eine Unterscheidung im Sinne der „duae Veneres"-Lehre; und auch das Gefolge der kleinen Cupidos existiert ihren Worten nach in zwei Ausführungen, einer guten und einer schlechten:

A. Narras tu quidem raram matrimonii felicitatem.
M. Tam raras virtutes rara decet felicitas.
A. Quid? Coibunt nuptiae absque Iunone et Venere?
M. Iuno quidem non aderit rixosa dea, et cui raro bene convenit cum suo Iove. Ne Venus quidem illa terrestris et ebriosa, verum altera illa coelestis, quae conciliat formas animorum.
A. Proinde sterilem matrimonium mihi narras.
M. Nequaquam, imo felicissime foecundum.
A. Quid illa coelestis gignit, nisi animos?
M. Imo addit et corpora, sed ipsis animis morigera, perinde quasi gemmeo myrothecio indas opobalsamum.
A. Ubi nam est ea?
M. En tibi procul adventat.
A. Video; deum immortalem, qui fulgor, quae formae maiestas. Ad hanc quidem altera Venus invenusta est.
M. Vides quam modesti Cupidines, nequaquam caeci, quemadmodum illi quibus altera dementat animos mortalium, sed oculatissimi; nec habent

[87] S. zu diesen Hintergründen Elsbeth Gutmann, Die Colloquia Familiaria des Erasmus von Rotterdam. Basel / Stuttgart 1967, 54–56. Vgl. zum Gillis-Bezug auch Adriano Prosperi (Hrsg.), Erasmo da Rotterdam, Colloquia. Turin 2002, 1458 (Kommentar des Herausgebers).

> insanas faces, se ignes placidissimos; nec habent plumbeas cuspides, quibus immittunt odium amantis ac miseros animos amore non mutuo discruciant.
> A. Plane matrem referunt. O felicem illam domum, et superis egregie charam. Caeterum licetne audire Epithalamium carmen, quod illi destinastis?[88]

Im Folgenden trägt jede der neun je einzeln eine Strophe des für den Dialog titelgebenden Epithalamions vor, das hier selbst nicht weiter von Interesse ist. Auch in das *Enchiridion militis Christiani* des Erasmus (1502/03) hat das Bild der „duae Veneres“ Eingang gefunden: „Compone inter se duas illas Veneres et duos Cupidines Platonicos, hoc est honestum amorem et foedum, sanctam voluptatem et turpem, confer utriusque dissimilem materiam, confer naturas, confer praemia.“[89] Einige Seiten später gibt Erasmus Anweisungen für verschiedene Stände, darunter auch für Verheiratete; man gewinnt dort eine Vorstellung, wie ein ehelicher ‚honestus amor‘ seiner Vorstellung nach auszusehen hat:

> Si coniugatus, cogita quae honesta res sit thorus immaculatus, daque operam, ut (quoad fieri potest) tuum coniugium imitetur sanctissimas nuptias Christi et ecclesiae, quarum gerit imaginem, id est ut quam minimum habeat turpitudinis, plurimum foecunditatis. In nullo enim vitae statu non turpissimum est servire libidini.[90]

Sowohl Erasmus' *Colloquia* als auch das *Enchiridion* können aufgrund ihrer weiten Verbreitung ohne Zweifel als mögliche Inspirationsquelle des Tatius betrachtet werden. Schon aufgrund der Gattungsverwandtschaft und seines humorvollen poetischen Settings empfiehlt sich dafür jedoch der Dialog *Epithalamium Petri Aegidii* aus den *Colloquia* in ganz besonderer Weise; hier konnte Tatius lernen, wie man das platonische Konzept der beiden Aphroditen als metaphorisches Versatzstück sinnvoll mit einem Epithalamion für eine christliche Eheschließung in Verbindung setzen konnte.

In diesem Zusammenhang kann auch festgehalten werden, dass Tatius in seinem Konzept der legitimen Venus (und damit der Ehe zwischen Oswald und Anna) den Aspekt der körperlichen Liebe nicht ausblendet. V. 583f. spricht die Liebesgöttin positiv über die „angenehmen sexuellen Akte innerhalb der legitimen Ehe“ (V. 584: „dulcia legitimi … acta status“ [sc. matrimonialis]), durch

---

[88] Léon E. Halkin / Franz Bierlaire / René Hoven (Hrsg.), Colloquia, in: Opera omnia Desiderii Erasmi 1,3. Amsterdam 1972, 411–416, hier: 414f., Z. 115–135.
[89] Juliusz Domański / Raymond Marcel (Hrsg.), Enchiridion militis Christiani, in: Opera omnia Desiderii Erasmi Roterodami 5,8. Leiden / Boston 2016, 1–303, hier: 276, Z. 781–783.
[90] In der Ausgabe von Domański / Marcel (wie Anm. 89), 278, Z. 813–817.

die Anna, die bisher nichts von Männern hielt (V. 581: „genus semper quae exosa virile") lernen wird, ihren Gatten über alles zu lieben. Man hat sich hier freilich offensichtlich eine gebändigte, leicht asketische getönte Sinnlichkeit vorzustellen, denn nicht umsonst gehören „Luxuria", „dira Cupido" und „effrena Licentia" bei Tatius zum Gefolge der bösen „altera Venus" (V. 727f.). Tatius führt seine konkreten Vorstellungen, wie eheliche Sexualität ausgelebt werden soll, nicht näher aus, aber man kann immerhin vermuten, dass seine Gedanken auch in diesem Punkt in eine Richtung gingen, in der Erasmus sich wiedererkannt hätte.[91]

Maßhalten tut Tatius jedenfalls auch selbst bei der Thematisierung des sexuellen Aspekts der von ihm besungenen Heirat. Die Hochzeitsnacht ist nicht Gegenstand seiner Darstellung, auch nicht im Sinne schlüpfriger Andeutungen oder Vorhersagen. Es ist bekannt, dass die Gattung derartiges theoretisch durchaus ermöglicht hätte.[92] Tatius beschränkt sich dagegen, auf das Ende seines Gedichts zuschreitend, mit einer kurzen sachlichen Benennung des Bevorstehenden, die von jeder lüsternen Detailverliebtheit frei ist (V. 998–1000): „Ecce dies, votis saepe vocatus adest, / Quo duo sponsali iungantur corpora lecto / Auctius egregia prole datura genus." Es ist sicher keine abwegige Überlegung, dass im Bayern der beginnenden katholischen Reform[93] in diesen Dingen vielleicht schon eine größere Dezenz erforderlich geworden war.

Schluss

Hat es sich gelohnt, dass Tatius für die Hochzeit eines jungen adligen Paares die gesamte Götterwelt in Bewegung setzte? Aus einer rein materialistischen Perspektive heraus fällt die Antwort negativ aus. Die in dem *Epithalamion* erkennbaren guten Wünsche des Dichters für das Brautpaar erfüllten sich nicht: Oswald von Eck beteiligte sich 1563 an einer protestantischen Adelsverschwörung gegen Herzog Albrecht V.; dadurch und durch mangelndes ökonomisches

---

[91] Zu dessen von asketischen Zügen nicht freiem Ehekonzept s. außer der oben bereits zitierten Stelle aus dem *Enchiridion militis Christiani* (vgl. Anm. 90) auch Alan W. Reese, Learning Virginity. Erasmus' Ideal of Christian Marriage, in: Bibliothèque d'Humanisme et Renaissance 57 (1995), 551–567.

[92] Erinnert sei hier nur an Catull (61, 107–112, 199–204); Pontano (*Epithalamium in nuptiis Aureliae filiae*, 101–138; *Epithalamium in nuptiis Eugeniae filiae*, 133–146); und das *Epithalamium* des Johannes Secundus, 55–145.

[93] Fünf Jahre nach der Entstehung dieses Gedichts trafen die Jesuiten in Ingolstadt ein; damit kulminierte eine Entwicklung, die im Februar 1522 mit der Entscheidung Wilhelms IV. und Ludwigs X. begonnen hatte, die Reformation abzuwehren und zugleich die bayerische Kirche selbst zu reformieren; vgl. dazu Georg Schwaiger, Die Religionspolitik der bayerischen Herzöge im 16. Jahrhundert, in: Erwin Iserloh (Hrsg.), Johannes Eck (1486–1543) im Streit der Jahrhunderte. Münster 1988, 250–274, hier: 258–261.

Geschick verlor er einen Großteil der Besitztümer, die sein Vater zusammengebracht hatte.[94] Immerhin hat Tatius den beiden jungen Leuten ein kleines Stück Unsterblichkeit gesichert, indem er sie zu Protagonisten eines klug durchdachten und bemerkenswerten Gedichtes machte, dem noch Jahrhunderte später kein verständiger Leser Interesse und Sympathie versagen wird.

Clemens Schlip Université de Fribourg – Universität Freiburg/Schweiz
clemens.schlip@unifr.ch

[94] Vgl. z.B. Kurt Malisch, Eck, Oswald von, in: Karl Bosl (Hrsg.), Bosls bayerische Biographie. Regensburg 1983, 163. Hund in der Ausgabe von Freyberg (wie Anm. 21), 288–289: „Oswalden Hausfrau Anna Weiland Ludwig von Pienzenau Tochter, haben ein großes Gut zusammengebracht, aber es durch ihm nicht wohl gehaust, in zehn oder zwölf Jahren was sein Vater in 40 erobert, wiederum anworden, ob es sein oder des Guts schuld, weiß Gott, derhalben er mit seinem Weib und Kinder fast aller seiner Güter 1564 abgetretten … Er ist darnach Pfalzgraf Wolfgangs Landrichter zu Lengenfeld worden, nachmallen wiederum nach Kellheim gezogen; starb 1573 aetatis 50." Immerhin war laut Hund (ebd., 289) der Ehe mit zwei Söhnen und zwei Töchtern ein gewisser Kindersegen beschieden, was zum Geist des *Epithalamion* passt.

Ein Katalog in literarischem Gewand
Lorenz Begers *Thesaurus Brandenburgicus* (1696–1701) aus philologischer Sicht

UTA SCHMIDT-CLAUSEN

Abstract:

Lorenz Beger (1653–1705) was a librarian, an antiquarian and a prolific writer. From 1688 on, he was the head oft the Brandenburg collection of antiquities in Berlin, in the service oft the Elector Friedrich III. Beger's *Thesaurus Brandenburgicus* (1696–1701), an illustrated catalogue in three folio volumes, is well known for its antiquarian scholarship and as a document of the Elector's political ambitions. The following paper chooses a philological approach to the text of the *Thesaurus Brandenburgicus*, understood as literature. The most striking feature of the text is the dialogue form. To fulfill his twofold task – presentation of the collection and praise of its owner – Beger invented a fictional narrative: a fictitious foreign traveller visits the archeological collection and the residential city of Berlin. He meets the custodian. The two personae engage in learned discussions about the ancient artefacts. The narrative structure allows dialogical digressions about the Elector and his achievements. The article studies the different types of dialogue and the various purposes they serve. It analyses the manifold literary procedures which Beger uses in order to teach, to convince and to entertain his readers. Finally, the *Thesaurus Brandenburgicus* is contextualised in the tradition of Neo-Latin dialogue.

Keywords:

Lorenz Beger, *Thesaurus Brandenburgicus*, Berlin around 1700, Antiquarianism, Neo-Latin dialogue, Early museum catalogue.

Einleitung

Wer in Berlin die 2019 eröffnete James-Simon-Galerie besucht, findet im Untergeschoss eine Dauerausstellung zur Geschichte der Berliner Museumsinsel. Gleich am Anfang trifft er auf einen Kupferstich aus Begers *Thesaurus Brandenburgicus* und auf den Nachbau eines der Münzschränke, die auf diesem Stich abgebildet sind.[1] So erinnern die Berliner Museen noch heute an einen bedeutenden Mann ihrer Gründungsgeschichte und an ihren ältesten Katalog, den *Thesaurus Brandenburgicus selectus, sive gemmarum et numismatum Graecorum in Cimeliarchio Electorali Brandenburgico elegantiorum series, commentario illustratae a L. Begero*

[1] Abb. 1: Samuel Blesendorf, Die Berliner Kunstkammer um 1696. Beger, *Thesaurus Brandenburgicus* Bd. 1, nach der Praefatio, unpaginiert. Bibliothek der Abteilung für Klassische Archäologie der Universität Bonn, Sig. W17/20 Rara.

etc. Unter diesem Titel erschien der 1. Band 1696, der 2. Band, *Thesauri Electoralis Brandenburgici Continuatio*, wohl 1699, der 3. Band 1701. Dessen Titelblatt kündigt die Veröffentlichung der römischen Sammlung Bellori an, eines Zukaufs an Statuen, Gefäßen und Geräten, der die Berliner Bestände bedeutend bereichern sollte. Die drei Bände bilden eine monumentale, reich illustrierte Prunkpublikation.[2]

Lorenz Beger (1653–1705), gebürtig aus Heidelberg, war Bibliothekar, Antiquar und Numismatiker.[3] Ab 1675 war er am kurpfälzischen Hof in Heidelberg angestellt. Hier publizierte er die Münzsammlung des Kurfürsten als *Thesaurus ex Thesauro Palatino selectus* (1685). Ab 1686 war er kurfürstlicher Rat des Großen Kurfürsten in Berlin, später wurde er dort Leiter des Antikenkabinetts und der ganzen Kunstkammer. Durch planvolle Ankäufe von Objekten und Sammlungen erhöhte er den Rang des Berliner Antikenbestandes beträchtlich. Der produktive Autor verfasste zahlreiche mythenikonologische Abhandlungen.

Die Forschung zu Begers *Thesaurus Brandenburgicus* (fortan T. B.)[4] hat das Werk als bedeutende Leistung antiquarischer Gelehrsamkeit gewürdigt. Hervorgehoben wurde Begers Verdienst, mythologische Bilder auf griechische Mythen zurückzuführen, eine Erkenntnis, die auf Winckelmann vorausweist. Aus kunstgeschichtlicher Sicht stellt der opulent und qualitätvoll illustrierte Katalog ein druckgraphisches Meisterwerk dar, das ein breites Bild der Stadt Berlin um 1700 präsentiert. Vielfach wurde der politische Zweck dieses von Kurfürst Friedrich III. in Auftrag gegebenen Stichwerks betont: Es sollte den Anspruch des Kurfürsten auf die Königswürde rechtfertigen und die Krönung ankündigen. In dem Fürstenlob, das die Bilder und die Texte prägt, erscheinen das Sammeln, Bewahren und Publizieren antiker Artefakte als Werkzeuge absolutistischer Herrschaftsideologie. Beger war Hofbediensteter von zwei „hyperaktiven Herr-

---

[2] Benutzte Ausgabe: https://doi.org/10.11588/diglit.3458#0001 (letzter Zugriff 01.02.2023).

[3] Zu Person und Leben Begers vgl. Sepp-Gustav Gröschel, Beger, Lorenz, in: Der Neue Pauly, Supplemente 6 (2012), Sp. 57–61. Ders., Lorenz Beger, in: Reinhard Lullies / Wolfgang Schiering (Hrsg.), Archäologenbildnisse. Mainz 1988, 1f. Volker Heenes, Biographie und Bibliographie zu Lorenz Beger, in: Henning Wrede / Max Kunze (Hrsg.), 300 Jahre „*Thesaurus Brandenburgicus*". Archäologie, Antikensammlungen und antikisierende Residenzausstattungen im Barock. München 2006, 83–96.

[4] Außer dem in Anm. 3 genannten Jubiläumsband: Henning Wrede, Cunctorum splendor ab uno. Archäologie, Antikensammlungen und antikisierende Ausstattungen in Nepotismus und Absolutismus. Stendhal 2000. Ders., Die „Monumentalisierung der Antike" um 1700. Ruhpolding 2004. Sepp-Gustav Gröschel, Herrscherpanegyrik in Lorenz Begers Thesaurus Brandenburgicus Selectus, in: Antike und Barock. Winckelmann-Gesellschaft. Vorträge und Aufsätze Bd. 1. Stendhal 1989, 37–61.

scherpersönlichkeiten".[5] Friedrich Wilhelm, der Große Kurfürst (1640–1688), hatte nach den Zerstörungen des Dreißigjährigen Krieges Brandenburgs politisches Gewicht vor allem militärisch vermehrt. Sein Sohn Friedrich III. (1688–1713) erstrebte und erwirkte die Königskrone in Preußen, einem souveränen Herzogtum, das außerhalb des Deutschen Reiches lag. Beide Herrscher betrieben planmäßig die Umwandlung der unbedeutenden Doppelstadt Berlin-Cölln zu einer barocken Residenzstadt auf europäischem Niveau. Herzstück dieser urbanen Metamorphose war Andreas Schlüters königliches Schloss. Begers T. B. ist sowohl Instrument als Dokument von Friedrichs Streben nach Rangerhöhung und nach reichsweit sichtbarer Repräsentation.

Bisherige Aussagen zur sprachlichen Gestalt des T. B. betreffen den als zweiteilig wahrgenommenen Aufbau aus eigentlichem Katalog und Rahmenwerk[6] sowie die Dialogform. Hier ging es darum, die Dialogpartner mit den sprechenden Namen „Archaeophilus" und „Dulodorus" zu identifizieren. Dulodorus wurde stets mit Beger gleichgesetzt.[7] Die dialogische Form des T. B. wurde kritisiert als langweilig, weitschweifig und ermüdend, am heftigsten von Winckelmann, der über Beger schreibt, „il quale ammaza il suo Lettore con un Dialogismo insipido e pedantesco."[8]

Im Folgenden soll versucht werden, die Wahl und Gestaltung der Dialogform aus Begers Wirkungsabsichten zu erklären. Aus literaturwissenschaftlicher Sicht sind Dulodorus und Archaeophilus als fiktionale Textfiguren zu deuten und in ihrer sprachlichen Gemachtheit zu untersuchen. Sie sind Teil einer den Text aller drei Bände (außer den Paratexten) konstituierenden Erzählung, die in einen zeitlichen Rahmen eingespannt ist. Der Katalog erzählt eine Geschichte: von Objektbetrachtungen, Besichtigungen und Erlebnissen. Die zahlreichen Vignetten und Verse sind in die narrative Gesamtstruktur integriert. Die folgende Untersuchung soll die Literarizität des T. B. herausarbeiten, Funktion und Her-

---

[5] Zu diesen Hohenzollern vgl. Johannes Burkhardt, Vollendung und Neuorientierung des frühmodernen Reiches 1648–1763. Stuttgart 2006, 136–143; 174f, Zitat 175. Frank Göse, Friedrich I. (1657–1713). Ein König in Preußen. Regensburg 2012. Christopher Clark, Preußen. Aufstieg und Niedergang 1600–1947. Bonn 2007, 93–143.

[6] Wrede 2000 (wie Anm. 4), 36.

[7] Heenes (wie Anm. 3), 94f. über Vorschläge, Archaeophilus mit Ezechiel Spanheim gleichzusetzen, und Zurückweisung dieser Identifikation. Ein weiterer Vorschlag zur Gleichsetzung mit einer historischen Person bei Eva Hofstetter, Lorenz Beger – Numismatik und Porträtikonographie im 17. Jahrhundert, in: Wrede / Kunze (wie Anm. 3), 128 Anm. 4.

[8] Kritik an Begers Dialogform zuletzt bei Mathias René Hofter, Die Sinnlichkeit des Ideals. Zur Begründung von Johann Joachim Winckelmanns Archäologie. Stendhal 2008, 85–89. Das Winckelmann-Zitat 117 Anm. 211.

kunft der sprachlichen Mittel analysieren und abschließend das Werk literarhistorisch einordnen.

Metatextuelle Aussagen des Autors

Auszugehen ist von Äußerungen des Schriftstellers Beger zur Redaktion des Katalogs. Im Vorwort zum ersten Band[9] schreibt er, das Werk solle dem Nutzen („commodo") und dem Vergnügen („delectationi") des Lesers dienen, womit er sich auf die bekannte poetologische Vorschrift von Horaz (ars, 343) beruft. Da ein allzu dicker Band Unlust und Schwinden der Neugier beim Leser auslösen könnte, teile er das Werk in mehrere Bände auf. Die Wahl der Dialogform begründet er rezeptionsästhetisch und rhetorisch: Dialog fördere den Lesegenuss und kläre Meinungsverschiedenheiten. „Commentariumque non stylo didactico, sed dialogistico proposui, ut scilicet lectio iucundior foret simulque controversiae et contra sentientium opiniones eo commodius proponerentur et simul enodarentur." Es handelt sich im T. B. nicht um direkten Dialog, sondern um eine vom Autor nacherzählte Wechselrede, wie die zahllosen inquit-Varianten im Perfekt zeigen („respondit", „subiecit", „regessit" usw.) Diese narrative Form des Dialogs wird nicht begründet, vermutlich deshalb, weil sie den Lesern aus Ciceros zumeist narrativen Dialogen vertraut war.[10] Dass Beger gefallen will und sich um einen Unterhaltungswert dieses Fachbuchs bemüht, sagt er oft direkt. Schlüsselwörter sind in diesem Zusammenhang „iucundus" und „placere" (3, 85; 3, 186 u.ö.); „volupe" (2, 529; 2, 666); „delectatio" und „dulcedo" (Praefatio 2). Dagegen gilt es zu vermeiden, beim Leser Überdruss und Missvergnügen – „molestia" und „taedium" – auszulösen (Praefatio 1 und 2).

Der Werkanfang und die Erzählung

Der T. B. beginnt mit einer narrativen Einleitung (1, 1–6). Eine barock gerahmte Vignette zeigt die Silhouette Berlins mit Athene und Diana. Drei Hexameter beschreiben den Frühling, dann tritt Archaeophilus auf, ein „Liebhaber der Antike": „Surrexit Archaeophilus unoque comitatus Achate Brenni Regiam versus iter instituit."[11] Er will die fruchtbare Landschaft besuchen und den seit kurzem vergrößerten Antikenschatz des Kurfürsten von Brandenburg anschauen. Merkmale der Figur sind seine Leidenschaft für antike Objekte und sein Interesse für erlesene Werke aus jüngerer Zeit: „Antiqua spirabat, recentioris tamen elegantiae non omnino neglegens" (1, 1). Vor der Stadt trifft er auf einen alten Freund namens Philopyrgus, den „Liebhaber von Mauern". Man unterhält sich. Mit Blick auf die Stadt lobt Archaeophilus ihre Größe, die liebliche, für die Jagd geeignete Umgebung und die starken Stadtmauern. Auf seine

[9] Ad Lectorem Praefatio (b 2 v).
[10] Über Ciceros Dialoge als Begers formales Vorbild s.u. S. 190.
[11] Nach Verg., Aen., 1, 312 „ipse uno graditur comitatus Achate".

Fragen hin trägt Philopyrgus die Baugeschichte der Stadt Berlin vor, von der Gründung bis zur gegenwärtigen Vergrößerung durch Friedrich III. Beim Betreten der Stadt (1, 2) drückt Archaeophilus sein Erstaunen aus: „Miratur incrementum,

Miratur portas vallumque et strata viarum[12]
Turresque et vastis excelsa palatia tectis,
Regalesque domos“

und ruft begeistert aus, die neue Stadt sei würdig, Könige und Relikte antiker Macht aufzunehmen.

An dieser Einleitung fallen die intertextuellen und literarhistorischen Bezüge auf. Im ersten Satz wird Archaeophilus vorgestellt wie Aeneas, der sich, nach seiner Ankunft in Afrika, zusammen mit seinem Begleiter Achates aufmacht, das unbekannte Land zu erforschen (Verg., Aen., 1, 418–440). Mit dieser Parallelisierung will Beger seine Leser wohl einstimmen auf ein hochbedeutsames Thema und einen literarisch anspruchsvollen Text. Archaeophilus bestaunt das neue Berlin, wie Aeneas die emsigen Bauarbeiten an der entstehenden Königsstadt der Dido bewundert.[13] Mit der intertextuell begründeten Haltung des Schauens und Staunens lässt Beger seinen Berlin-Besucher in den ganzen drei Bänden auftreten. Archaeophilus reist aus der Ferne an, er kommt von außen mit dem Blick eines Fremden. Diese fiktionale Voraussetzung erinnert an ein literarisches Kunstmittel, das besonders in der menippäischen Satire beliebt war:[14] Ein unvoreingenommener Blick von außen entlarvt kritisch die wahrgenommenen Zustände. Beger wendet diese Strategie ins Positive: Das Wahrgenommene wird überschwänglich gepriesen. Die Fragen des ortsunkundigen Fremden geben Anlass zu Fürstenlob und Stadtlob. Archaeophilus ist eine nach literarischen Mustern angelegte Kunstfigur, die Beger im Fortgang des T. B. gemäß seinen Aussageabsichten noch mit weiteren Merkmalen ausgestalten wird.

Das am Werkbeginn formulierte Stadtlob ist konventionell und von der rhetorischen Tradition geprägt. Die genannten Motive – Lage, Gründer, Befestigung, Gebäude – gehören zu den geläufigen Topoi der ‚Laudes urbium', die zumal in Deutschland im 16. und 17. Jahrhundert beliebt waren. Die Topik geht zurück auf die Schulrhetorik. Einflussreich waren Quintilians Vorschriften zum Städte-

---

[12] Nach Verg., Aen., 1, 422 „miratur portas strepitumque et strata viarum".

[13] Über den Leitbegriff ‚mirari' und das staunende Schauen des Aeneas in der Karthago-Passage vgl. Hartmut Wulfram, Descriptio ancilla narrationis. Aeneas besichtigt Karthago, in: Rheinisches Museum für Philologie 152,1 (2009), 15–48.

[14] Vgl. Werner von Koppenfels, Der Andere Blick oder das Vermächtnis des Menippos. Paradoxe Perspektiven in der europäischen Literatur. München 2007.

lob.[15] Dass Beger unter den Vorzügen Berlins auch die nahen Jagdgründe nennt – „Dianae delicias“ –, mögen zeitgenössische Leser als Reverenz Begers vor seinem Landesherrn verstanden haben, dessen Leidenschaft die Jagd war.[16] Am Ende des 2. Bandes wird Beger das Motiv wieder aufgreifen: Er lässt Archaeophilus zu einer kurfürstlichen Jagd aufbrechen und fügt eine Diana-Vignette hinzu (2, 870). So werden Anfang und Ende der als Einheit konzipierten Bände 1 und 2 in Wort und Bild motivisch miteinander verknüpft.

Die Erzählung geht weiter mit dem Eintritt des Archaeophilus ins Schloss (1, 2). Im Antikensaal der Schatzkammer trifft er auf seinen Freund Dulodorus. Der sprechende Name aus δοῦλος („Diener“) und δῶρον („Gabe“) wird sogleich erklärt als Amtsbezeichnung: „Dulodorum Gazae illius custodem“. Da sich Dulodorus hier und auch sonst oft als Autor des *Thesaurus ex thesauro Palatino selectus* bezeichnet,[17] ist diese Textfigur als Sprecher der Meinungen Begers aufzufassen. Nach der Begrüßung weist er den Besucher auf die kunstvollen, in japanischer Lackarbeit verzierten Schränke für die Münzen und Gemmen hin und auf die wohldurchdachte Anordnung der Objekte auf und unter den Tischen.[18] Archaeophilus bittet nun dringend um genaue Betrachtung und Erklärung der Artefakte. Der Kustos willigt ein, erinnert ihn aber daran, dass er den größten Teil der Münzen schon in seinem *Thesaurus Palatinus* veröffentlicht habe.[19] Archaeophilus kennt dieses Werk, er komme gerade deshalb, um statt der Abbildungen die Objekte selbst zu sehen und um eigene Zweifel und Fragen vorzubringen. Dulodorus begrüßt das kritische Interesse des Besuchers. Er

---

[15] Quint., inst., 3, 7, 26–27. Zur Gattung Stadtlob vgl. Paul G. Schmidt, Mittelalterliches und humanistisches Städtelob, in: August Buck (Hrsg.), Die Rezeption der Antike. Zum Problem der Kontinuität zwischen Mittelalter und Renaissance. Hamburg 1981, 119–128. Walther Ludwig, Die Darstellung südwestdeutscher Städte in der lateinischen Literatur des 15. bis 17. Jahrhunderts, in: Bernhard Kirchgässner / Hans-Peter Becht, Stadt und Repräsentation. Sigmaringen 1995, 39–76. Nikolaus Thurn, Deutsche neulateinische Städtelobgedichte: Ein Vergleich ausgewählter Beispiele des 16. Jahrhunderts, in: Neulateinisches Jahrbuch 4 (2002), 253–269.

[16] Göse (wie Anm. 5), 152–154; 254.

[17] Z.B. 1, 320; 1, 349; 2, 843; 2, 706 u.ö.

[18] Vgl. Abb. 1. Zu den Münzschränken von Gérard Dagly vgl. Monika Kopplin (Hrsg.), Gérard Dagly und die Berliner Hofwerkstatt, Ausst.-Kat. München 2015. Über die Ordnung der Objekte durch Beger vgl. Henning Wrede, Kultursystematik, Herrscherlob und Herrschaftslegitimation in der Berliner Antikensammlung Friedrichs III./I., in: Wrede / Kunze (wie Anm. 3), 58f.

[19] Die kurpfälzische Münzsammlung war 1685 durch Erbvertrag an den Kurfürsten von Brandenburg gekommen und nach Berlin gebracht worden. Der Heidelberger Katalog von Beger ist einbändig und in Traktatform abgefasst. Zugänglich als Digitalisat unter ‚Beger, Lorenz: Thesaurus ex thesauro Palatino selectus, sive gemmarum & numismatum‘, Bild 1 von 456 | MDZ (digitale-sammlungen.de) (letzter Zugriff 05.03.2022).

erhofft sich von dessen Einwänden wissenschaftlichen Gewinn[20] und von der gesprächsweisen Münzuntersuchung, die die stoffliche Reprise kaschiert, eine reizvoll neue Lektüre für die Kenner des Heidelberger Katalogs. Die Dialogisierung des Münzkatalogs wird hier rezeptionsästhetisch begründet als gefällige Variatio eines inhaltsgleichen Traktats. Dann wird festgelegt, dass die Fachgespräche an mehreren Tagen nacheinander in der Schatzkammer stattfinden sollen (1, 4). Zwei Hexameter kündigen die Dämmerung an,[21] Archaeophilus kehrt in seine Herberge zurück, auf einer Vignette fliegt die Allegorie der Nacht heran.

Die Erzählung setzt sich fort mit dem Morgen des Folgetages (1, 5–6). Die Kopfleiste zeigt das kurfürstliche Schloss mit Jupiter und Hera als Allegorien für das Herrscherpaar. Gemeint ist das Renaissanceschloss vor dem Umbau durch Schlüter. Zwei Hexameter verkünden den Morgen, und Archaeophilus kehrt zu Dulodorus zurück. Er hat das Schloss angeschaut und preist „die elegante Struktur" in hochrhetorischem Stil. Auf seine Frage erklärt der Kustos die Baugeschichte. Dann erst treten die Figuren an die Gemmenschränke, Dulodorus zeigt auf die Menge der Stücke: „En tibi non contemnendam harum congeriem!" und beginnt mit der Erklärung einer Ceres-Gemme, dem ersten Objekt des Katalogs (1, 6).

Die hier gerafft nachgezeichnete Erzählung des Werkanfangs wird durch alle drei Bände fortgesetzt. Alle drei Bände werden mit einer fiktionalen Narration, die durch Bildelemente und Verse gegliedert ist, ein- und ausgeleitet. Den Schluss des letzten Bandes bildet eine Vignette, die unter dem Spruchband „Vivat Fridericus Rex Prussiae" (3, 472) einen Herold vor jubelnder Menge zeigt. Archaeophilus wird zur Krönung, dem „divinum spectaculum", nach Königsberg aufbrechen. Der Erzähler entlässt ihn mit denselben Worten, mit denen er ihn eingeführt hatte: „Prussiam versus iter instituit" (3, 472).

Die antiquarischen Objekte der kurfürstlichen Sammlung werden auf über 1.300 Seiten in narrativem Kontext vorgestellt. Beger gibt nicht nur die Fachmeinungen der beiden Sprecher wieder, sondern gestaltet das Gespräch konkret und szenisch vorstellbar: Die Herren zeigen sich die Gegenstände, betrachten sie eingehend, zögern, schweigen, warten, drängen auf Eile, unterbrechen sich, lächeln, lachen, erröten usw. Deiktische Sprachelemente sind häufig; Sie sollen die Fiktion erhärten, dass die Sprecher die Artefakte direkt vor Augen haben. Der Fiktion nach nehmen sie die Objekte in die Hand (1, 119; 1, 237 u.ö.). Nach dem Gespräch ordnet der Kustos die Münzen oder Gemmen wieder (1, 226),

---

[20] „doctius adiutorium laboribus meis intellego accessurum" (1, 3).
[21] Ov., met., 4, 399f. leicht abgewandelt.

sortiert sie ein und schließt sie weg (1, 168; 3, 216).[22] Wenn die Erörterung einer Objektgruppe beendet und ein thematischer Sinneinschnitt erreicht ist, lässt der Erzähler die Textfiguren pausieren. Den ortsfremden Archaeophilus schickt er zu Besichtigungen in die Residenzstadt. Diese novellistischen Unterbrechungen des Kataloggesprächs werden hier ‚Intermezzi' genannt und unten gesondert untersucht.[23]

Textbeispiel und Dialoganalyse

Begers Katalog der Berliner Antiken besteht aus einzelnen Artikeln, die alle das gleiche Layout aufweisen: Eine Überschrift in Großdruck nennt Begers Deutung des Objekts, darunter steht die Abbildung. Es folgt die dialogische Erklärung des Objekts, also die redaktionelle Leistung Begers, die er auf den Titelblättern der ersten beiden Bände als „commentario illustrare" bezeichnet, auf dem dritten Titelblatt als „dialogo illustrare". Die Lemmata sind von unterschiedlicher Länge, zwischen einer Viertelseite und mehreren Seiten. Hier wird ein kurzes Textbeispiel (3, 448) vorgestellt, das exemplarisch Begers Argumentationsweise und Dialoggestaltung erkennen lässt.[24] Die Abbildung zeigt eine Einbrennerlampe mit großem Brennerloch auf der Lampenschnauze, einer Muschel über dem Spiegel und einer Pferdeprotome auf dem Henkel. Die Lampe konnte an einer Kette aufgehängt werden.

> LUCERNA NEPTUNI
>
> MONOLYCHNIS ET AEREA
>
> Neptuno hanc tribuis, inquit Archaeophilus, proculdubio ob caput equinum, eodem modo, quo et Causaeus aliam equi forma laboratam, quam proinde de Neptuni Hippio interpretatus est.[25] Sed quaeso, Dulodore, annon potius Solem equus respiciat? Nam et huic sacrum esse negari non potest? De Lucerna Causaei, respondit Dulodorus, suum cuique sit iudicium. Nostram autem non Soli, sed Neptuno tribuendam adiecta in medio concha evincit. Concha, excepit Archaeophilus, ad Venerem pertinet. Imo, respondit Dulodorus, si Veneri iungatur, non autem, si iungatur equo.

---

[22] Vgl. dagegen den Nachweis, dass Begers Erläuterungen sich nicht auf die Originale, sondern auf Kupferstiche von diesen beziehen, bei Hofstätter (wie Anm. 7), 121f.; 123f.

[23] S.u. S. 183–188.

[24] Orthographie und Interpunktion wurden geringfügig normalisiert. Die Sprechernamen, im T. B. stets in Majuskeln gedruckt, werden in Minuskeln geschrieben. Vgl. Abb. 2, Objekt Z. *Thesaurus Brandenburgicus* Bd. 3, 446. Bibliothek der Abteilung für Klassische Archäologie der Universität Bonn, Sig. V 375.

[25] Michael Angelus Causeus de la Chausse, Romanum Museum sive Thesaurus eruditae antiquitatis. Rom: Joannis Jacobi Romarek, 1690. Mehrfach von Beger als Referenz genannt (3, 295; 305 u.ö.).

Utrimque enim significatur oceanus, Neptuni regnum. Quo posito utique Neptuni ratio hic potior erit,

Cui prima frementem
Fudit equum magno tellus percussa tridente.[26]

Die narrative Fiktion gibt vor, dass Dulodorus dem Gesprächspartner die Lampe vor Augen stellt und dabei mündlich seine Neptun-Deutung vorträgt. Archaeophilus verweist auf ein analoges Stück, das er aus der Fachliteratur kennt, bringt dann aber sogleich Zweifel an der Deutung und einen näher liegenden („potius") Bildbezug vor. Dulodorus widerspricht und verteidigt seine Interpretation durch Verweis auf das Muschelmotiv. Erneut erhebt Archaeophilus Einspruch, indem er die Muschel der Venus zuordnet. Auch diesen Einwand weist Dulodorus zurück, unter Berufung auf die Kombination der Motive Muschel und Pferd. Damit rechtfertigt er seine Meinung, die Lampe sei dem Neptun gewidmet, endgültig als die bessere („ratio potior"). Zur Bestätigung der Verbindung von Pferd und Neptun bringt er abschließend ein Vergil-Zitat, laut dem das Pferd aus der vom Dreizack Neptuns getroffenen Erde stammt.

Dieser Gesprächssequenz liegt ein dreischrittiger Gedankengang zugrunde: 1. Bestimmung des Objekts durch den Kustos, 2. Zweifel und alternative Vorschläge des Partners, 3. Widerlegung von diesen und Bestätigung der Ausgangsthese durch den Kustos. Nach diesem Argumentationsmodell aus drei Schritten sind alle Artikel des T. B. aufgebaut. Stets kommt die Diskussion dadurch in Gang, dass Archaeophilus die Deutung durch Dulodorus anzweifelt, hinterfragt, andere Deutungen vorschlägt. Stets reagiert dieser mit der Verteidigung und Begründung seiner Position. Aus Ketten von antithetischen Stellungnahmen bei stets gleicher Rollenverteilung entstehen oft seitenlange Artikel. Beide Disputanten nehmen ihre Argumente aus demselben Wissensfundus: der gründlichen Kenntnis der antiken Geschichte und Literatur, der griechischen Mythologie und der antiquarischen Fachliteratur. Den dritten und abschließenden Schritt der Argumentation formuliert stets der Kustos. Die Kommunikation in Begers Dialogen verläuft asymmetrisch. Die privilegierte Rolle des Dulodorus zeigt sich in der Länge seiner Sprechanteile und in seiner Deutungshoheit über die antiken Objekte. Am Ende obsiegt immer seine Meinung, nie die des Archaeophilus. Wohl aber wird dessen Deutung zugelassen als eine mögliche Hypothese neben anderen in den zahlreichen Artikeln, in denen Beger seine Ratlosigkeit durch einen aporetischen Schluss ausdrückt. Hier bleibt die Diskussion ergebnisoffen, die Entscheidung wird dem Leser überlassen: „Sed haec

[26] Verg., georg., 1, 12f. Die kritische Ausgabe von Silvia Ottaviano / Gian Biagio Conte. Berlin / Boston 2013 hat „tridenti".

lectoris iudicio libera sunto" (1, 435). „Sed libera hic sit opinio cuique" (3, 229).[27]

In den Artikeln des Katalogs geht es, wie im Beispiel der Lampe, um ikonographische Fragen: die Benennung der Bildinhalte und die Identifikation der Figuren. Die fiktionalen personae betrachten und besprechen die Objekte. Ihr kennerschaftlicher Meinungsaustausch wird bezeichnet als „disquirere", „disserere", „dispicere", am häufigsten aber als „confabulari". Die Bände 1 und 2 als Ganzes werden bezeichnet als „nostras de Antiquitatibus Electoralibus confabulationes" (3, 156), das Ende des Gesamtwerks als „finis ... nostrae confabulationis" (3, 471).[28] Diese Wortwahl soll beim Leser wohl den Eindruck eines geselligen Plaudertons unter Freunden und einer undogmatischen Konversation erwecken. Der Umgangston der Dialogsprecher wird von Beger durchgängig als freundlich, respektvoll und höflich gestaltet.

Gemäß der Interaktion der Sprecher lassen sich drei Dialogtypen unterscheiden: ein agonaler Dialog, ein konsensualer Dialog und ein Frage-Antwort-Typus. Der agonale Meinungsstreit ist die weitaus häufigste Art der Wechselreden im T. B. Meistens streiten sich dic Sprecher darüber, welche antike Textquelle die jeweilige Bildbestimmung am genauesten stützt. „Quid concinnius ad gemmam dici potest?" fragt Dulodorus nach einem Nonnius-Zitat (1, 80) oder nach einem Apuleius-Zitat: „Quid ais, Archaeophile? An haec non ex asse urnulae propositae quadrant?" (3, 303). Begers Hermeneutik folgt der gelehrten antiquarischen Annahme seiner Zeit,[29] dass die Bildwerke und die Texte der Antike auf derselben Überlieferung beruhen, dass also die Bildwerke Texte abbilden, und dass die richtige Deutung der Bilder sich aus der antiken Literatur erschließt. Auf dieser tradierten antiquarischen Prämisse beruht die starke Textlastigkeit von Begers Katalog.[30]

Die agonalen Dialoge zielen darauf, dass der Kustos den Zweifler Archaeophilus von seiner Meinung überzeugt. Mit rhetorischen Stilmitteln wie Fragen,

---

[27] Ähnlich 1, 316; 1, 265; 2, 716; 3, 33; 3, 373 u.ö. Ohne Entscheidung bleiben auch die Lemmata, wo Dulodorus selbst mehrere Deutungen zur Auswahl stellt, z.B. 1, 175 „Si tamen minus tibi ratio placet, en aliam." Ähnlich 1, 245; 290; 333; 521; 2, 833 u.ö.

[28] „confabulari" auch 1, 6; 315; 3, 243 u.ö.

[29] Vgl. Dietrich Boschung über Jacques Spon, einen Antiquar und Zeitgenossen von Beger, Römische Geschichte in Bildern. Antike Denkmäler und ihre historische Interpretation, in: ders. / Erich Kleinschmidt (Hrsg.), Lesbarkeiten. Antikenrezeption zwischen Barock und Aufklärung. Würzburg 2010, 299.

[30] Zur Einordnung von Begers Hermeneutik in die Tradition der antiquarischen Wissenschaft vgl. auch Wrede 2000 (wie Anm. 4), 36; 39. Anders Gröschel, der Begers Hermeneutik als vorausweisend auf Winckelmann sieht: Sepp-Gustav Gröschel, Zu Begers Hermeneutik, in: Wrede / Kunze (wie Anm. 3), 97–101.

Ausrufen, Anaphern und Wortwiederholungen sucht Beger den Eindruck eines engagierten Wortgefechts zu erwecken. Häufig setzt er Metaphern des Gerichtswesens ein, z.B. „Satis speciose causam tueris“ (3, 256) oder bildliche Ausdrücke von Kampf und Waffengebrauch, die nicht selten erheiternd zu lesen sind: „Triumphas, inquit Archaeophilus, sed vereor, ne ante victoriam“ (1, 275). „Acriter pugnas, ait Dulodorus. Est tamen, quo tela tua declinare possim“ (3, 280).

Die Kommunikation der Sprecher verläuft konsensual, wenn die Objektbestimmung als gemeinsame Recherche dargestellt wird. „Quidni conabimur certi quid ex aliorum collatione eruere?“ (1, 115) fragt Archaeophilus zu unbekannten Porträts auf Gemmen. Die wir-Form dominiert, man stimmt sich gegenseitig zu, ergänzt die Argumente und Zitate des anderen durch bestätigende Beiträge. Ein kooperatives Gesprächsverhalten findet sich besonders beim Thema Münzen, also bei Objekten, die durch Legenden bereits bestimmt sind.

Dialoge im Frage-Antwort-Schema finden sich ebenfalls bei der Vorstellung unstrittiger Objekte wie Münzen und Gemmen. In diesen schlichten, schulmäßigen Wortwechseln trägt Archaeophilus keine eigene Meinung vor, sondern begnügt sich damit, Dulodorus um Belehrung zu bitten.[31]

Die hier unterschiedenen drei Dialogtypen treten im T. B. nicht scharf voneinander abgesetzt auf. Meist folgen verschiedene Dialogsequenzen im selben Artikel aufeinander. Am häufigsten liest man am Beginn eines Artikels eine Passage im Meinungsstreit, am Ende dann eine Reihe von Fragen, in denen Archaeophilus die noch nicht genannten Bildmotive aufruft. Um der Vollständigkeit willen sollen offenbar sämtliche, auch kleinste Details des Objekts zur Sprache gebracht werden.

Funktion und Gestaltung der Dialogsprecher

Die fiktionalen Textfiguren Dulodorus und Archaeophilus spielen verschiedene Rollen. Beger hat sie in ihrem Gesprächsverhalten differenziert und in Umrissen auch als Personen charakterisiert. Der autoritative Sprecher Dulodorus zeichnet sich aus durch umfassende Belesenheit, Fachkompetenz, Fleiß, Forschereifer und literarische Produktivität. Er empfiehlt sich dem Leser vorteilhaft als frommer Christ, sittenstrenger Moralist und ehrerbietiger Untertan seines Auftraggebers.

Die persona Archaeophilus erfüllt im T. B. mehrere Funktionen, die sich zusammenfassen lassen als Rechtfertigung für Begers wissenschaftliche und literarische Intentionen. Im Münzkatalog, der weit über die Hälfte des Werkes ausmacht, tritt Archaeophilus als Sprecher des *Thesaurus Palatinus* oder anderer

[31] Z.B. 1, 127f.; 190ff.; 2, 783 u.ö.

Numismatiker auf. Wie Beger in der Einleitung angekündigt hat,[32] publiziert er die meisten Münzen hier zum zweiten Mal. Um ein Selbstzitat zu vermeiden, lässt er den fiktionalen Dialogpartner seine frühere Heidelberger Münzbestimmung referieren. Dieses Referat gibt ihm Anlass, durch Dulodorus' Mund auf Kritik zu antworten, die ältere Deutung zu verteidigen, zu korrigieren oder zu ergänzen. In diesem Schema laufen die meisten Münzartikel ab. Damit der Leser den Eindruck einer glaubwürdigen Diskussion gewinnt, stellt Beger auch Archaeophilus als belesenen, gelehrten, Griechisch kundigen Münzexperten dar. Beide Sprecher berufen sich zur Begründung ihrer Meinung auf die maßgeblichen Numismatiker des 16. und 17. Jahrhunderts.[33]

Auch bei der Besprechung der mythologischen Bilder auf Münzen und Gemmen hat Beger eine klare Rollenverteilung vorgenommen. Archaeophilus hat den Part, das Bild in Augenschein zu nehmen und seinen visuellen Eindruck in Worte zu fassen. „Video" ist ein charakteristisches Schlüsselwort seiner Repliken. Dann folgt seine Deutung des Bildes im Sinne der bekannten Mythenikonographie, z.B. über Frauenköpfe auf einer Gemmenreihe: „Mihi, respondit Archaeophilus, primo statim adspectu prima in gemma Cleopatra Aegypti, in tertia autem Dido videbatur adumbrari." (1, 218). Diese naheliegende Bestimmung ist nicht falsch, doch setzt Dulodorus ihr an vielen Stellen eine seltenere, dunkle, wenig bekannte, weit hergeholte Interpretation entgegen, stets belegt durch eine entsprechend unbekannte Textstelle. Die Bilddeutung des Archaeophilus kommentiert er einmal so: „Coniectura, respondit Dulodorus, absurda non est. Sed nobis rariora curae sunt." (1, 286). Auf seine „seltenere" Bildbestimmung folgt oft Mythenallegorese, unter Berufung auf Macrobius, Natalis Comes oder generell „die Mythographen".[34] Im ikonographischen Gespräch erscheint Archaeophilus als Augenmensch, der Bilder prima vista rezipiert, Dulodorus dagegen als von Texten ausgehender Philologe, der auch bei Bildern die lectio difficilior bevorzugt.

Die Vorstellung der Berliner Gemmensammlung macht etwa ein Viertel des T. B. aus. Beide Sprecher äußern sich lobend über die Seltenheit und Erlesenheit

---

[32] S. o. S. 170f.

[33] Die am häufigsten genannten Referenzautoren sind Hubert Goltzius (1, 237; 356 u.ö.), Fulvius Ursinus (2, 540; 549 u.ö.), Jean Hardouin (1, 304; 378 u.ö.), Jean-Foy Vaillant (2, 560; 564 u.ö.), Charles Patin (1, 441; 488 u.ö.), Ezechiel Spanheim (1, 175; 257 u.ö.). Spanheim war Begers Lehrmeister und Förderer seiner Karriere schon in Heidelberg, später auch in Berlin. Im T. B. spricht Beger sehr oft lobend und ehrerbietig von Spanheim. Er hat zwei Briefe Spanheims zu numismatischen Fragen wörtlich eingerückt (1, 407f.; 2, 495f.).

[34] „Apud Mythographos legitur" (1, 203). Verweis auf Macrobius, Saturnalien, 1, 84; 1, 189f.; 1, 205; 3, 219 u.ö. Verweis auf Natalis Comes (Natale Conti), *Mythologiae … libri decem* 3, 195 u.ö.

der Stücke, womit sie indirekt auch den kurfürstlichen Sammler und Besitzer loben. Zudem hat Archaeophilus die Aufgabe, bei der Besprechung der Gemmen genuin ästhetische Kriterien anzuwenden. So bewundert er die Kunst, mit der der Steinschneider trotz der Winzigkeit des Steins Alters- und Geschlechtsunterschiede der Menschen naturgemäß ausgedrückt hat (1, 99). Besonders bei Lagensteinen äußert er staunende Bewunderung über die realistische Verwendung der Farbadern. An einem Doppelporträt von Odenathus und Zenobia hebt er hervor, dass die weiße Steinader für den Teint der Frau genutzt wurde, die dunkle für das Gesicht des Mannes, die dunkelgelbe für das Löwenfell, die hellgelbe für die Haare (3, 205).[35] Der Maßstab seines ästhetischen Urteils ist die im griechisch-römischen Altertum gültige Vorstellung von guter Kunst als Mimesis, d.h. als wirklichkeitsnaher Naturnachahmung.[36]

Laut Begers Aussagen erquicken Gemmen unsere Augen durch gefälligen Anblick (1, 223). Gemmen erfreuen (1, 225), Gemmenstudien sind „amoeniora studia" (1, 225). Mit dieser Hochschätzung der antiken Gemmen als schöner Kunstwerke weist Beger voraus auf Bestrebungen des 18. Jahrhunderts, die Gemmenkunde pädagogisch einzusetzen als Mittel der Erziehung zum Schönen und zum guten Geschmack.[37]

Der fiktionale Archaeophilus in der Rolle des prinzipiell kritischen Zweiflers verlangt vom Kustos Textbelege für die Objektbestimmungen. „Nisi verba authorum adicias, inquit Archaeophilus, qui credam?" (3, 408). Oder an anderer Stelle: „An autem, inquit Archaeophilus, etiam authorum suffragium rem firmat?" (3, 257). Die unzähligen Fragen des Archaeophilus nach Textstellen betreffen nicht nur das Bildmotiv als Ganzes, sondern jedes einzelne Bilddetail. So rechtfertigt Beger durch die Dialogfiktion seine ausufernde Zitierweise. Auf die Frage des Archaeophilus hin bringt Dulodorus oft mehrere, oft weit hergeholte, oft lange Zitate, die griechischen fast immer mit lateinischer Übersetzung. Als grundsätzlich zunächst skeptischer Zuhörer vertritt Archaeophilus den Leser des Katalogs, den Beger zu überzeugen sucht. Vermutlich wollte Beger alle nur möglichen Einwände des Lesers vorwegnehmen und entkräften. Dieses Zitierverfahren hat den Katalogtext beträchtlich in die Länge gezogen. Begers

[35] Ähnlich 1, 151; 160; 212; 3, 203 (hier spricht Dulodorus).
[36] Vgl. Ulrike Zimbrich, Mimesis, in: Der Neue Pauly 8 (2000), Sp. 196–198. Realismus („similitudo") als Kriterium der Kunstbewertung besonders bei Plin., nat., B. 34 passim. Hierzu vgl. Jacob Isager, Pliny on Art and Society. Odense 1991, 136–140.
[37] Christina Kerschmer, Erziehung zum Schönen, in: Daktyliotheken – Götter und Caesaren aus der Schublade. Antike Gemmen in Abdrucksammlungen des 18. und 19. Jahrhunderts. Ausst.-Kat. München 2006, 60–68.

auffällige Zitatenhäufung wurde kritisiert.[38] Beger war sich des Problems der Überlänge seines Katalogs bewusst. In zahlreichen selbstreferenziellen Aussagen begründet er die Zitate als nötig für die Objektbestimmung: „Verba licet multitudine taediosa tamen, quod ad rem haud parum videantur conferre, operae pretium arbitror adicere“ (1, 118). Vor einem langen zweisprachigen Pausanias-Zitat sagt Dulodorus: „Verba, ut ut multitudine taediosa, tamen, quia de re instruunt, subicio, ut fidem habeas“ (1, 190). Oft aber gibt er als Rechtfertigung für das ausführliche Zitat den Genuss an, den die Schönheit der Textstelle bereitet, so z.B. vor einer langen Homer-Passage: „Merito igitur et huius verba producimus, prolixa quidem, sed uberrima descriptione iucundissima“ (1, 456).[39] Beide Sprecher sind als Literaturliebhaber gestaltet, die Freude an gelungenen Formulierungen haben. Auch bei seinen Lesern scheint Beger Leselust und Muße vorauszusetzen. Guter Literatur misst er Unterhaltungswert bei, so dass die Zitate zum übergeordneten Zweck des T. B. – Nutzen und Vergnügen – beitragen können.

Der fiktionale Archaeophilus dient auch als Stichwortgeber für Exkurse. Auf seine Frage oder Bitte hin bringt Dulodorus oft lange Ausführungen, die über die Identifikation des diskutierten Objekts hinausgehen. Zum Bild einer Bacchantin fragt Archaeophilus: „De Baccha non amplius dubito. De tympano adhuc doceri velim, unde dictum? Qua ex materia? Quave figura fuerit?“ (3, 244). Dulodorus beantwortet alle Punkte, mit Zitatbelegen. Themenfelder solcher Abschweifungen von der Katalogredaktion sind vor allem Mythologie und Philologie, im dritten Band auch Realienkunde. Nicht selten werden ganze Mythen erzählt oder als Zitat vorgetragen. Philologische Themen[40] sind Etymologie, Emendationen und Kritik an lateinischen Übersetzungen griechischer Originale. Missbilligung solcher Abschweifungen hat Beger vorausgesehen. Er kommentiert sie selbst einmal ironisch als „garrulatio mea“ (1, 211), meistens aber sachlich, z.B. „Sed nimium extra limites vagamur. Ad numismata respicere par est“ (1, 231). Stets bemüht er sich, die Exkurse aus der narrativen Fiktion heraus zu motivieren, derart, dass Archaeophilus etwas vergessen oder nicht verstanden hat oder im Zusammenhang hören möchte.

Es fällt auf, dass Archaeophilus als Fragender oft unglaubwürdig ist. Er stellt Fragen, die zur Figur eines antiquarischen Fachmanns nicht passen, nach Dingen, die er wissen müsste: etwa nach dem Fell, das Herakles trägt (3, 279), oder

---

[38] Peter und Hilde Zazoff, Gemmensammler und Gemmenforscher. Von einer noblen Passion zur Wissenschaft. München 1983, 35. Hofstetter (wie Anm. 7), 121, nach älterer Quelle. Hofter (wie Anm. 8), 89: Begers Absicht sei, „seine stupende Belesenheit zu demonstrieren.“
[39] Ähnlich 1, 391; 2, 522 u.ö.
[40] 1, 96; 1, 182; 3, 318 u.ö.

nach dem Namen Dioskurides (3, 195)[41] oder wenn er Ovids Erzählung von Venus und Adonis nicht kennt (1, 201).[42] Archaeophilus ist eine hybride Kunstfigur, vom Autor konstruiert und nach seinen Aussageabsichten im jeweiligen Kontext gestaltet. Die Funktionen des antiquarischen Kenners und des unwissenden Schülers stehen ohne glaubhafte Verschmelzung nebeneinander. Die Dialoge im T. B. sind teils Expertengespräche, teils Schülergespräche. Gelegentlich bittet Archaeophilus geradezu demütig um Belehrung durch den überlegenen Meister Dulodorus. Sein Rollenverständnis dem Kustos gegenüber beschreibt er einmal, als er um einen Lösungsvorschlag gebeten wird, sprichwörtlich: „Davus sum, inquit Archaeophilus, non Oedipus" (1, 304).[43] In der Rolle des zu Belehrenden dient Archaeophilus textintern zur Legitimation der Zitate und Exkurse, textextern vertritt er den Leser. Vermutlich will Beger mit der Publizierung der Berliner Antiken der Leserschaft auch ein breites, über die Objekte hinausgreifendes, textgestütztes Wissen zur griechisch-römischen Antike vermitteln oder in Erinnerung rufen. Ferner will er den Leser anleiten zu eigener fachlicher Kompetenz im Umgang mit antiken Artefakten. Darauf deuten die zahlreichen Aufforderungen hin, Archaeophilus solle den antiken Gegenstand genau anschauen, z.B.: „Sed attentius numismata contemplare!" (1, 244).[44] Mit der Betonung der sinnlichen Rezeption der Objekte und ihrer Materialität kündigt Beger archäologische Methoden an. In den Zusammenhang methodischer Leserunterweisung gehören auch die Aufforderungen des Dulodorus an den Dialogpartner, er solle aus dem Vergleich zweier Objekte Erkenntnisse gewinnen, z.B.: „Confer numismata et iudica!" (1, 240).[45] Eine Anleitung zu wissenschaftlicher Methode liegt schließlich auch in der durchgängigen Haltung des Archaeophilus, vorgegebene Meinungen systematisch anzuzweifeln, bevor sie belegt und begründet sind.

Für welchen Adressatenkreis?

Die Gestaltung der Dialoge im T. B. teils als Gespräch zwischen Fachleuten, teils als Lehrer-Schüler-Dialog legt die Frage nahe, für welche Leserschaft Beger den Katalogtext in dieser Weise formuliert hat. In der Widmung zum ersten Band sagt er, er habe vom Kurfürsten den Auftrag, dessen Antikensammlung durch eine illustrierte und kommentierte Publikation „der gelehrten Welt" („literatus orbis", „eruditus orbis") bekannt zu machen. Auch innerhalb des Kata-

---

[41] Bedeutender Steinschneider des Augustus, bekannt aus Suet., Aug., 50 und Plin., nat., 37, 8.

[42] Ov., met., 10, 503–559, 708–739.

[43] Nach Ter., Andr., 194.

[44] Ähnlich 1, 120; 2, 746 u.ö.

[45] Ähnlich 1, 121; 3, 324 u.ö.

logs bezeichnet er den intendierten Rezipientenkreis stets als Gelehrte.[46] Dazu passen seine Quellenangaben, die häufig nur aus dem Autorennamen bestehen, was beim Leser die Vertrautheit mit der antiken Literatur und mit der neuzeitlichen Fachliteratur voraussetzt, sowie auch die zahlreichen, in den Fließtext eingestreuten poetischen Zitate ohne Identifizierung. Nur einmal, im Vorwort „an den geneigten Leser“ zum zweiten Band (b 2), lässt Beger erkennen, dass er ein breiteres Publikum zu erreichen wünscht, ein Publikum, das nicht aus fortgeschrittenen Kennern, sondern aus Lernenden besteht. Das Interesse an antiken Objekten, heißt es dort, sei heute von den Fürstenpalästen zu den Schulen herabgestiegen, und viele Gebildete hielten antiquarische Studien für grundlegend, notwendig und erfreulich. Solcher Leserschaft angemessen sind Begers weitschweifig belehrende Exkurse und die lateinischen Übersetzungen, die zeigen, dass er griechische Sprachkenntnisse nicht verlässlich erwartet hat. Jedoch schränkt der Kontext dieser Äußerung die Möglichkeit ein, sie als grundsätzlich geltende Intention Begers zu werten. Im Vorwort zum zweiten Band wendet er sich polemisch gegen die Kritik von Fachleuten am ersten Band des T. B. und verteidigt sein Vorgehen, nicht nur seltene und unbekannte Münzen zu publizieren, sondern ganze Münzserien und damit auch häufige und anderorts bereits veröffentlichte Stücke. Sein Argument lautet: Die Hochnäsigkeit der wenigen („paucorum sublimitas“) solle nicht dem Nutzen der vielen („utilitas plurium“) im Weg stehen. Im selben Vorwort spricht Beger auch das Problem des Kaufpreises des Werkes an, der nicht von allen leicht aufzubringen sei; doch sei der Preis dank fürstlicher Subvention nicht auf Gewinn hin berechnet. Dennoch bleibt fraglich, ob der dreibändige, reich illustrierte Katalog im Foliantformat für eine breite Käuferschaft erschwinglich war.[47] Das Werk war vom Auftraggeber als aufwendige Prunkpublikation vorgesehen, die auch „als repräsentatives Geschenk an befreundete Fürstenhäuser“ gehen sollte.[48]

Literarische Zwecke der Dialogform

Nach der funktionsanalytischen Untersuchung der Dialoge im T. B. sollen die literarischen und rezeptionsästhetischen Ziele aufgezeigt werden, die Beger nach Ausweis des Textes mit der Wahl der Dialogform verfolgt zu haben scheint: die Kohärenz des Gesamtwerks,[49] die Verlebendigung der Darstellung und die Partizipation des Lesers. Durch die fiktionale Zweistimmigkeit kommu-

---

[46] „Docti“ (2, 600 u.ö.); „literati“ (3, 472 u.ö.); „periti“ (2, 612 u.ö.); „eruditi“ (2, 593 u.ö.); „peritissimi“ (3, 85); „scientissimi“ (3, 4).
[47] Im 17. Jahrhundert konnten sich nur wenige Wohlhabende numismatische Bücher leisten. Vgl. Christian Dekesel / Thomas Stäcker, Europäische numismatische Literatur im 17. Jahrhundert. Wiesbaden 2005, 10.
[48] Heenes (wie Anm. 3), 86.
[49] Darüber s.u. S. 188f.

niziert der Autor mit dem Leser, denn die persuasive Rede des Dulodorus an Archaeophilus spricht ständig auch den Leser an, um ihn zu überzeugen. Die häufigen Fragesätze in der wir-Form laden ein zum Nachvollzug der Argumentation und zur eigenen Meinungsbildung: „Haec cum ita sint, quidni Herculis hac in regione cultum agnoscamus?“ (1, 469f.) Oder: „Sed quid est, quominus gemmam hanc de Vestali interpretemur?“ (1, 120). Die zahlreichen Artikel, die ohne Ergebnis enden, regen den Leser an, selbst ein Urteil zu fällen, so z.B. mit der Aufforderung: „Sed suum in his sit cuilibet iudicium.“ (1, 265).

In der Widmung zum zweiten Band (a 3 v) schreibt Beger, der Kurfürst habe durch seine Sammlertätigkeit das im Dunkel des Vergessens liegende Rom wiederbelebt und ans Licht zurückgeführt.[50] Beger betont seinen eigenen Anteil an dieser Wiederbelebung: Durch die vom Kurfürsten angeordnete illustrierte Publikation treten die Berliner Antiken von neuem in die Öffentlichkeit. Das materielle Erbe Roms wird sichtbar gemacht, „benetzt vom gefälligen Licht der Gelehrsamkeit“ („gratioso eruditionis iubare delibutum“). Hier wird für antiquarisches Wirken das Bildfeld „Totenerweckung“ eingesetzt mit den Schlüsselwörtern „reviviscere“ und „in vitam restituere“. Mit dieser Metaphorik knüpft Beger an ein „Leitmotiv der gesamten Renaissance“ an,[51] das zuerst von Cyriacus von Ancona (um 1391–um 1455) formuliert wurde. Dank Begers Katalog werden die auf den Münzen abgebildeten Personen wieder lebendig und gegenwärtig: „Volitabunt per ora virorum,[52] tamquam resuscitatae, tot antiquorum regum et imperatorum facies.“ (Widmung Bd. 1, b).

Der metaphorischen Rede in den Paratexten entsprechen im Katalog literarische Strategien, die die Objekte und das Sprechen über sie verlebendigen sollen. Dass sich die Dialogpartner nach beendeter Kommentierung einer Gemme oder Münze einem neuen Objekt zuwenden, wird häufig als „Auftritt“ der auf dem Objekt abgebildeten Person formuliert: „Sed ecce! Post Musam praeses Musarum prodit“ (1, 56). Oder: „Nobis obviam graditur Pomona“ (1, 66). Oder: „Ecce! Occurrit Archelaus“ (1, 228). Die Bildfigur nähert sich, zeigt sich, sie ruft, ermahnt, erwartet die Betrachter, lockt ihre Blicke an.[53]

---

[50] Wrede 2000 (wie Anm. 4), 27f., 30f., 74f. hebt ebenfalls die Wiederbelebung der Antike als einen Zweck des T. B. und als Herrscherlob-Motiv hervor, wobei er sich besonders auf die Bildbotschaften der Frontispize stützt.

[51] Karl August Neuhausen, Die vergessene „göttliche Kunst der Totenerweckung.“ Cyriacus von Ancona als Begründer der Erforschung der Antike in der Frührenaissance, in: Katharina Corsepius (Hrsg.), Antiquarische Gelehrsamkeit und Bildende Kunst. Köln 1996, 51–68. Zitat 66.

[52] Nach Ennius bei Cic., Tusc., 1, 15, 34.

[53] Noch einige aus den zahlreichen Beispielen agierender Bildpersonen: Bewegungsverben „se sistit“ (1, 23 u.ö.); „procedit“ (1, 28); „prodit“ (1, 269 u.ö.); „succedit“ (1, 93 u.ö.); „subit“

Im Katalog der griechischen Münzen (1, 228–524; 3, 35–74) bewegen sich nicht nur die Bildpersonen, sondern auch die beiden Betrachter. Beger hat hier eine Binnenfiktion erfunden: Der Übergang von Münze zu Münze wird als Reise zu den Orten der Münzprägung dargestellt. In Großgriechenland und zwischen den griechischen Inseln sind Dulodorus und Archaeophilus zu Schiff unterwegs: „Nos in Siciliam transmittimus" (1, 288). Oder: „In Cypriam navigamus" (1, 408). Man setzt oder refft die Segel, biegt ab, kehrt zurück, fährt an Küsten vorbei: „Litus legentibus aperitur Posidonia" (1, 347). Bei den Münzen des Mutterlandes wird eine Landreise, bergauf und bergab, in Griechenland evoziert: „Nos insulis relictis Peloponnesum intramus" (3, 48). „Thracia relicta in Graeciam descendentibus occurrit Euboea" (1, 426). Die letzten Beispiele lassen durch die Partizipalkonstruktionen erkennen, dass die Reisefiktion auch dazu dient, die einzelnen Lemmata miteinander zu verknüpfen.

Ein Mittel sprachlicher Belebung ist auch die dialogische Textsorte selbst. Beger bemüht sich, den fiktionalen Wortwechsel als mündliches Reden erscheinen zu lassen. Die großen Raum einnehmenden Zitate soll sich der Leser mündlich vorgetragen denken: „Audi verba!" heißt es sehr oft oder: „Plinii effatum audivimus, audiamus et Pausaniam!" (3, 342). Da nicht auf zuhandene Bücher verwiesen wird,[54] imaginiert Beger ein Rezitieren aus dem Gedächtnis. Das ist unglaubwürdig und nicht in die fiktionale Erzählung eingepasst. Durch die Länge der zweisprachigen Zitate und auch die Länge der Repliken des Dulodorus wirken viele Seiten des T. B. monologisch. Doch finden sich nicht selten auch Passagen gelungener imitierter Mündlichkeit. In dem hier folgenden Textbeispiel (1, 229) geht es um eine Münze, die auf der Vorderseite einen Herrscherkopf mit Diadem zeigt, auf der Rückseite ein Pferd in einem Quadrat und die Umschrift ΑΡΧΕΛΑ (Archela[os]). In der Majuskelüberschrift wird sie von Dulodorus dem Archelaus von Mazedonien zugewiesen. Archaeophilus ficht diese Deutung mit mehreren textgestützten Argumenten an, die sich auf den Herrschernamen, das Diadem und die Haltung des Pferdes beziehen. Dulodorus widerlegt sie und bringt ein stärkeres Argument vor: den quadratischen Rahmen um das Pferd.

> Sed fortius argumentum subit. Non equus tantum in censum venit, sed et quadrum illud, quod equum includit. Tune hoc otiosum arbitraris? Arbitror, inquit Archaeophilus. Quid enim sub eo tibi imagineris? Quid? respondit ille, si non Macedoniae situm? Situm! exclamavit Archaeophilus,

(1, 82). Handlungsverben „nos vocat" (1, 195 u.ö.); „exspectat" (1, 304 u.ö.); „nos admonet" (1, 94 u.ö.); „oculos enim alliciunt Amores" (1, 200).

[54] Nur einmal (1, 509) verweist Dulodorus auf ein illustriertes Tierbuch, das offenbar vorliegt, da Archaeophilus das gerade diskutierte Münzbild damit vergleichen soll.

> fortasse, quod in quattuor partes Macedonia divisa fuit? Non hoc, excepit Dulodorus, sed, ut clarius loquar, ipsam Macedonicorum limitum figuram. Coniectura haec est, ridens subiecit Archaeophilus, cui nescio an unquam fides accessura sit. Fidem, respondit Dulodorus, iam faxo mihi habeas. Age!

Dann trägt Dulodorus ein langes Zitat nach Strabo über die in allen vier Himmelsrichtungen gradlinigen Grenzen von Mazedonien vor. Jetzt ist Archaeophilus überzeugt von der Münzbestimmung des Kustos.

Das Textbeispiel weist rhetorische Mittel auf, mit denen Beger hier und auch sonst den Eindruck spontaner Sprecherinteraktion zu wecken sucht: Fragen, elliptischer Satzbau, Iteratio, Interjektionen, Imperative. Auf das Ganze des Katalogtexts gesehen ist die elliptische quid-Frage das weitaus häufigste Element gesprochener Sprache: „Quid hoc ad rem?“ (3, 192). „Quid inde?“ (1, 436). „Quid tum?“ (3, 194). „Sed quid multa?“ (1, 516). „Quid caput Solis, quid leona?“ (2, 561) usw. Auffallend häufig sind auch die Vokative, die von affektiv gefärbten Epitheta begleitet werden, z.B.: „honoratissime Dulodore“ (1, 106 u.ö.); „amicissime Archaeophile“ (1, 170 u.ö.); „dulcissime Dulodore“ (1, 464 u.ö.); „suavissime Archaeophile“ (1, 170); „humanissime Dulodore“ (3, 472) und weitere ähnliche Wortpaare.[55] Sie sollen wohl zum Eindruck eines freundlichen und heiteren Gesprächsklimas beitragen. Heitere Töne in der Alltagssprache schlagen auch die Wortspiele und die sprichwörtlichen Wendungen an, etwa vom schlafenden Homer (3, 168) oder vom aufgewärmten Kohl (3, 224).

Die Intermezzi

Die hier kurz ‚Intermezzi‘ genannten Abschnitte des T. B. tragen dort keine eigene Bezeichnung, doch rechtfertigen ihre charakteristische Form und Funktion das Vorgehen, sie einmal alle komparatistisch in den Blick zu nehmen. In Begers Worten handelt es sich um Trennelemente panegyrischen Inhalts zwischen den einzelnen Arbeitsgesprächen.[56] In ihnen tritt die am Werkanfang angelegte fiktionale Erzählung mit Handlungsmotiven wieder in den Vordergrund. Die 16 Episoden füllen je zwei bis vier Seiten. Es sind bimediale und prosimetrische Einheiten, alle nach demselben modularen Prinzip gebaut: Ein einleitender Abschnitt begründet die Unterbrechung der Objektbesprechung

---

[55] Diese Anredeformen erinnern an Formulierungen in der Korrespondenz des Prinzen Marc Aurel mit seinem Lehrer Fronto, M. Cornelii Frontonis Epistulae. Leipzig 1988, I, 2, 2; I, 6, 9; III, 19, 2 u.ö. „Dulcissime“ in der Anrede auch Cic., leg., 3, 25; Att., 6, 2, 9. Die affektive Einwirkung auf den Rezipienten gilt in der Rhetorik als Mittel der ‚persuasio‘. Vgl. Heinrich Lausberg, Elemente der literarischen Rhetorik. München ^{2}1963, 36f.

[56] „... cum autem nostro hactenus more labores nostros glorioso aliquo Brennonici Jovis in genus humanum merito destinxerimus“ (3, 215).

und entlässt den Besucher Archaeophilus zur Erkundung verschiedenster Manifestationen kurfürstlichen Regierens. Den Abschluss der Seite bildet eine inhaltlich passende mythologische Vignette. Die Folgeseite wird bekrönt von einer Titelleiste, die das von Archaeophilus besuchte Gebäude oder Ereignis abbildet. Die Kupferstiche tragen oft Schriftbänder, die in der Art von Devisen formuliert sind. Ein kurzes Gedicht schließt sich an, dann eine allegorische Initiale und die Lobrede des Archaeophilus auf das Gesehene. Dulodorus ergänzt das Lob und leitet dann über zur nächsten Objektgruppe. Die bildlichen und textlichen Bausteine jedes Intermezzos sind inhaltlich eng aufeinander abgestimmt. Im Ganzen des T. B. erfüllen die Zwischenspiele vier Aufgaben: Sie strukturieren den Katalog durch klare Angaben von inhaltlichen Einschnitten, Abschlüssen und Überleitungen,[57] sie rühmen den Auftraggeber, sie dienen zur Unterhaltung des Lesers[58] und zum visuellen Buchschmuck.

Die Hälfte der Intermezzi hat Bauwerke und Gärten in und um Berlin zum Thema. Prominent herausgestellt wird das Barockschloss des Architekten Andreas Schlüter. Die Bautätigkeit Friedrichs III. stand in engem Zusammenhang mit seinem Kronprojekt: Residenz und Residenzlandschaft sollten die Rangerhöhung repräsentativ sichtbar machen.[59] Die Stiche im T. B., die Bauwerke darstellen, hat Hendrik Budde untersucht. Er hebt ihren panegyrischen Zweck und ihren architekturgeschichtlichen Quellenwert hervor.[60] Die andere Hälfte der Intermezzi thematisiert zeremonielle Ereignisse: Das kurfürstliche Tafelhalten (1, 88–90); Einzug des Herzogs von Braunschweig (1, 168–170); Eröffnung der Universität in Halle (1, 452–454); Rückkehr der siegreichen Truppen aus dem Türkenkrieg (2, 598–600); Sitzung des kurfürstlichen Kammergerichts (2, 687–

---

[57] Betonung der Scharnierfunktion der panegyrischen Passagen bei Wrede 2000 (wie Anm. 4), 34–36.

[58] Beger im Vorwort zu Bd. 1 (b 2 v): „Etiam delectationi operam dedi. … Hoc fine capitum principia gloriosis quibusdam Jovis Brennonici meritis exornavi."

[59] Zu Friedrichs Bautätigkeit vgl. Göse (wie Anm. 5), 242–257. Zu Schlüters Schlossumbau vgl. u.a. Hans-Ulrich Kessler (Hrsg.), Andreas Schlüter und das barocke Berlin. Ausst.-Kat. Berlin 2014. Zum Bauboom von Jagd- und Lustschlössern in der höfischen Residenzkultur vgl. Heiko Laß, Jagd- und Lustschlösser. Kunst und Kultur zweier landesherrlicher Bauaufgaben. Dargestellt an thüringischen Bauten des 17. und 18. Jahrhunderts. Petersberg 2006.

[60] Hendrik Budde, Spreeathen – Neues Rom. Darstellungen der Brandenburg-Preussischen Residenzstadt Berlin als illustrativer Buchschmuck des „*Thesaurus Brandenburgicus*", in: Wrede / Kunze (wie Anm. 3), 17–56. Liste der Gebäude S. 20. Zu korrigieren ist Buddes Deutung des Schriftbandes (T. B. 3, 2) „Pallas has condidit arces" als „Pallas errichtete diese Veste", womit das königliche Schloss in Berlin gemeint sei (a.a.O. 39). Es handelt sich um ein Vergil-Zitat (ecl., 2, 61). Vergil spricht hier über Städte, die Pallas Athene gegründet hat, so auch Beger in dem ganzen Textabschnitt 3, 1–3. Beger rühmt die Erweiterung Berlins um neue Städte wie Friedrichstadt und Dorotheenstadt: „Fervet ubique Palladius labor." (3, 3).

690); Festgottesdienst im Berliner Dom (2, 798–800); Unterricht in der Akademie der Künste (3, 215–218).

Herrscherlob ist Überredung. Wie Peter Burke an der Hofkunst um Ludwig XIV. gezeigt hat,[61] wollen die höfischen Künstler und Schriftsteller ihre Betrachter und Leser von der Größe des Herrschers überzeugen. Ihr Instrumentarium ist die medien- und gattungsspezifische Topik. Auch in Bergers T. B. sind die Frontispize und Lobtexte topisch und konventionell. Wie bereits die Themenliste erkennen lässt, folgt Beger der Empfehlung der antiken Rhetorik, das Personenlob systematisch nach Tugenden zu disponieren, insbesondere nach den vier Kardinaltugenden.[62] Auch der Panegyrikus des jüngeren Plinius auf Kaiser Trajan hat auf Begers Motivauswahl nachgewirkt. So scheint der Einfall, den Herrscher bei der Mahlzeit im Kreis seiner Vertrauten rühmend darzustellen, von einer ähnlichen Szene in Plinius' Lobrede angeregt zu sein (Plin., paneg., 49, 5). Begers Lob auf Friedrich als den Bauherrn eines Hetzgartens zum Vergnügen des Volkes erinnert an das Lob auf Trajan als den Erweiterer des Circus Maximus (Plin., paneg., 51, 5). Das Motiv des Fürsteneinzugs, als Anlass zum Personenlob ausgestaltet, findet sich auch bei Plinius (paneg., 22, 1–4).[63] Zu den seit der Antike gültigen Herrschertugenden Fortitudo, Iustitia, Sapientia, Temperantia treten bei Beger die christliche Pietas als Schlüsselbegriff für die Religionspolitik des Kurfürsten, der über konfessionsverschiedene Territorien herrschte, und die Magnificentia für Friedrichs barocke und kostspielige Prachtentfaltung. Alle Baumaßnahmen und Solennitäten werden von Beger explizit einer oder mehrerer der Tugenden zugeordnet. So stellt er etwa die Kunstförderung Friedrichs als Ausdruck von „prudentia" und „munificentia" dar (3, 217) oder den neuen Marstall und die brandenburgischen Gestüte als Zeichen fürstlicher „magnificentia" und „providentia" (3, 155).[64]

Sprecher des Fürstenlobs ist vor allem Archaeophilus. Der narrativen Fiktion zufolge kehrt er am Tag nach seiner Stadterkundung in die Kunstkammer zurück und äußert sich vor Dulodorus begeistert über das Gesehene. Stets liegt seiner Lobrede die Gedankenfigur des Vergleichs mit der Antike und des Übertreffens der Antike zugrunde. Die Sprache der rhetorischen ‚amplificatio' ist

[61] Peter Burke, Ludwig XIV. Die Inszenierung des Sonnenkönigs. Berlin 1993 (zuerst New Haven / London 1992), 25–52.

[62] Quint., inst., 3, 7, 15.

[63] Zur Nachwirkung von Plinius' Panegyrikus bis in die Barockzeit vgl. Werner Kühn (Hrsg.), Plinius der Jüngere, Lobrede auf den Kaiser Trajan. Darmstadt ²2008, 3.

[64] Eine bildkünstlerische Entsprechung zu Bergers Fürstenlobschema zeigte das Hauptportal des neuen Berliner Schlosses (sog. Eosander-Portal): vier riesige allegorische Skulpturen der Kardinaltugenden, darüber Moses und Elias als Verkörperung der Frömmigkeit. Die Figuren sind seit 2021 rekonstruiert und an ihrem ursprünglichen Standort aufgestellt.

hier so exzessiv wie in den Dedikationsschreiben. Mehrfach verwendet Beger topische mythologische Überhöhungen, indem er Friedrich als brandenburgischen Jupiter (3, 215 u.ö.) oder als brandenburgischen Apoll (3, 166) und seine Frau Charlotte als brandenburgische Juno (3, 311) bezeichnet. Die Anlage des Archaeophilus als Fremder und als Augenmensch erweist sich als besonders ergiebig für seine Rolle in den Intermezzi: Dieser auswärtige Berlintourist ohne Vorkenntnisse entdeckt mit Neugier und Schaulust die aufblühende Residenzstadt und ihren Hof und Herrscher. „Incessit Archaeophilum rem insolitam videndi cupido" (1, 452). „Subit cupido rem insolitam adspiciendi" (2, 598). Alles will er mit eigenen Augen sehen („rem praesenti oculo lustrare" 3, 377), alles ist für ihn „spectaculum", selbst ein Schleusenkanal (3, 376). Auf das Gesehene reagiert er mit Überraschung und staunender Bewunderung („obstipuit" 2, 598 u.ö., „mirabatur" 3, 1 u.ö.). Durch die Reden des Archaeophilus öffnet sich dem Leser ein Blick auf die höfische Festkultur der Barockzeit, bei der vor allem akustische und visuelle Effekte für Pracht und Glanz sorgten.[65] „Diis, inquit, haec digna fuere spectacula!" (1, 453), so beschreibt Archaeophilus die Eröffnungsfeier der von Friedrich gegründeten Universität Halle. Er hebt die farbenprächtigen Roben der Dignitäten hervor, die Musik, die Bewirtung, die Darbietung eines allegorischen Schauspiels. „Iubar", „splendor", „fulgur" sind Schlüsselwörter der Passage.

Zur Beglaubigung der fiktionalen Figur als Lobredner Friedrichs präzisiert Beger das Profil des Archaeophilus. Dieser ist weitgereist, kennt Antikenmuseen in Rom und Kunstakademien „in Belgio," „in Gallia," „in ipsa artium parente Italia et Roma" (3, 217), so dass er kennerschaftlich Berlin mit diesen Metropolen vergleichen und so den Überbietungstopos begründen kann. Er ist wirtschaftlich abkömmlich und ein Mann von Welt, der überall, auch am Hof, Zugang hat, ein höflich behandelter Gast, dem kundige Begleiter beigegeben werden. Mehrfach wird angekündigt, dass Archaeophilus nach seiner Heimkehr das Lob auf Friedrich und seine Residenzstadt überregional verbreiten wird (2, 688; 3, 377 u.ö.). Funktionell entspricht die Textfigur Archaeophilus dem Bild der Fama, die, Trompete blasend und über die Erde fliegend, auf mehreren Stichen im T. B. erscheint.[66] Mit dieser bimedial formulierten Botschaft stellt Beger das Werk in den Dienst von Friedrichs zentralem Anliegen, im Wettstreit mit anderen europäischen Dynastien Außenwirkung und Ausstrahlung für seine

---

[65] Hierzu vgl. Burkhardt (wie Anm. 5), 214–219 und den Klassiker zum Thema: Richard Alewyn / Karl Sätzle, Das große Welttheater. Die Epoche der höfischen Feste in Dokument und Deutung. Hamburg 1959. Über Feste am Berliner Hof vgl. Göse (wie Anm. 5), 340.

[66] 1, 168; Frontispiz Bd. 2; 2, 593; 3, 155; nach dem Index am Ende von Bd. 3 Vignette mit drei fliegenden Allegorien der Fama über der Weltkugel, darüber das Schriftband „noscant serique nepotes". (Die Junktur „seri … nepotes" nach Ov., Pont., 3, 2, 35).

Herrschaft und Residenz zu erreichen, die weit über die Grenzen Brandenburg-Preußens hinausgehen sollten.[67]

An literarischen Gestaltungsmitteln in den Intermezzi sind noch die szenischen Elemente und die Gedichte zu nennen. In den Einleitungspassagen bemüht sich Beger, Abwechslung zu schaffen bei der Begründung, warum die Objektbesprechung unterbrochen wird. Grund kann der Wunsch eines der Sprecher nach Muße sein, meist aber kommt der Anlass von außen: Die Sprecher werden plötzlich gestört durch Geschützlärm oder Geschrei oder Musik vor dem Schloss. Boten eilen herein, ein Brief wird gebracht, eine Nachricht verkündet, der Tag geht zu Ende, man bricht zum Essen auf. Hier setzt Beger geläufige Theatermotive ein. Theatererfahrung hatte er am Hof des Kurfürsten Karl (1680–1685) in Heidelberg gewonnen, wo er beauftragt war, Szenarios für verkleidete Aufzüge und Rollenspiele der Hofgesellschaft abzufassen, theatralische Laienaufführungen, in denen er selbst auftrat und eigene Gedichte rezitierte.[68] In den Intermezzi treten neue Personen auf, die Ausflugsziele vorschlagen. Sie tragen sprechende griechische Namen in der Tradition von Lukian und der Komödie:[69] der schon genannte Philopyrgus, ferner Philhormus („Freund des Aufbruchs") und Hippophron („Pferdekenner"). Wie Statisten verschwinden sie wieder nach Erledigung ihrer Aufgabe. Als Bühne und Kulisse für diese Theaterszenen hat man sich den reich dekorierten Schlossaal vorzustellen, den der Blesendorf-Stich zeigt (Abb. 1), die Akteure Dulodorus und Archaeophilus höfisch gekleidet wie Blesendorfs Figuren: in besticktem Rock und Spitzenjabot, mit Allongeperücke und Schleifenschuhen. Begers Dialogsprecher begrüßen und verabschieden sich stets mit wortreicher, förmlicher Höflichkeit, z.B. „Multo verborum honore Dulodoro valedixit" (1, 4) oder „Adiectis solitae comitatis ceremoniis a Dulodoro digressus est" (2, 798). Ein zeitgenössischer Leser mag sich hier die Pantomime zeremonieller Gesten wie Verbeugungen und Kratzfüße hinzugedacht haben.

Gedichte aus Begers Feder finden sich unter allen Titelvignetten, insgesamt 62 Verse. Die Bildunterschriften bestehen aus zwei bis vier Hexametern, ab 3, 217 aus elegischen Distichen. Themen der Kurzgedichte sind Tages- oder Jahreszeiten und Panegyrik. Dazu wird je ein Beispiel vorgestellt.

---

[67] Göse über Friedrichs propagandistische Ziele (wie Anm. 5), 158f; 246f.

[68] Sara Smart, On the Diverse Duties of the Servants of Princes: Lorenz Beger (1653–1705), Librarian, Antiquarian, and Court Poet in Heidelberg, in: The Modern Language Review 94 (1999), 1025–1040.

[69] Über sprechende Namen vgl. Walther Ludwig, Formen und Bezüge frühneuzeitlicher lateinischer Dialoge, in: ders., Miscella Neolatina. Ausgewählte Aufsätze 1989–2003, edenda curavit Astrid Steiner-Weber. Bd. 2. Hildesheim / Zürich / New York 2004, 381–424, hier 406–408.

Ter sua flammigeris Titan radiatus habenis[70]
Lumina protulerat, ter cesserat illa Sorori,
cum satur amoenitatum Archaeophilus antiquitatis gazas repetit (1, 315).

Das zweite Beispiel:

Viderat aethereis miranda palatia gazis
Laetaque insomnem versarat imagine noctem,
Mox prima redeunte die Phoeboque sereno[71]
rediit ad Dulodorum Archaeophilus (1, 227).

Begers Dichtersprache ist konventionell. Zitate und Similien verweisen auf die klassischen Schulautoren. Die stets als mythologische Paraphrase formulierten Tages- und Jahreszeitangaben schließen an Vergil und die epische Tradition an.[72] Hier stehen die mythischen Lichtbringer Titan-Sol und Phoebus Apoll im Mittelpunkt der Aussage. Vermutlich haben sie bei Beger nicht nur narrative, sondern auch panegyrische Bedeutung im Sinne der im Barock europaweit verbreiteten Sonnen- und Planetensymbolik zur Feier der Herrscher.[73] Beger setzt die Gedichte als rhetorischen Schmuck ein, doch sind sie auch Teil der Erzählung und verbinden die Module der Intermezzi untereinander. Wie die zitierten Beispiele zeigen, münden die Verse stets syntaktisch direkt in den folgenden Prosasatz. Ab 3, 75 sind sie in der Ich-Form formuliert, d.h. Archaeophilus – „poeticoque afflatus spiritu" (3, 377) – ist ihr Verfasser. Lobgedicht und Lobrede werden so miteinander verklammert und in die Gesamterzählung eingefügt.

Kohärenz

Im Gang der Untersuchung konnte mehrmals aufgezeigt werden, dass Beger sich um den Zusammenhalt des umfangreichen und vielgliedrigen Werks bemüht hat. Die Aufgabe, die kurfürstliche Antikensammlung zu publizieren unter einer zweifachen – wissenschaftlichen und ideologischen – Zweckbestimmung, hat er mit literarischen Mitteln zu lösen versucht. Der Einfall, einen fiktionalen Fremden einzuführen, der den Anlass bietet sowohl für die Objektbesprechung als auch für das Berlin-Lob, ermöglichte eine alle drei Bände umfassende Erzählstrategie, in der Wissenschaft und Propaganda personalisiert und auf zwei Stimmen verteilt sind. Beide fiktionalen personae sprechen als

---

[70] flammigeris Titan] Lucan., 1, 415.
[71] imagine noctem] Ov., epist., 19, 193; Val. Fl., 2, 219. Prima redeunte die] Lucan., 5, 717.
[72] Z.B. Aen., 4, 118f. Titan und seine Strahlen für den Tagesanbruch.
[73] B. Hambsch, Herrscherlob, in: Gert Ueding (Hrsg.), Historisches Wörterbuch der Rhetorik, Bd. 3. Tübingen 1996, Sp. 1385.

Antiquare und als Bewunderer Friedrichs.[74] Der zeitliche Ablauf der erzählten Gespräche wird im ersten Band sorgfältig angegeben als Folge von acht Tagespensen, in den Folgebänden eher undeutlich. Die nach Band 1 verzögerte Publikation der Folgebände wird aus der Fiktion heraus begründet durch die Abreise eines Sprechers (1, 524; 2, 869). Doch wirkt die fiktionale Erzählung nicht selten konstruiert und durchsichtig, die absichtsvollen Verknüpfungen der Abschnitte sind mitunter künstlich und erzwungen. Umso deutlicher belegen sie Begers Streben nach Kohärenz. Da Beger sich bei der Formulierung seines Programms auf die horazische Poetik beruft,[75] liegt die Vermutung nahe, dass er auch mit dem Bemühen, Zusammenhang herzustellen, an die antike Dichtungslehre anknüpft. Horaz (ars, 1–45) fordert Ganzheit und Einheit des sprachlichen Kunstwerks; die einzelnen Teile sollen zusammenpassen und einander entsprechen. „Auf das Ganze kommt es an."[76]

Literaturgeschichtliche Einordnung

Als archäologischer Katalog steht Begers T. B. in der Nachfolge repräsentativer Stichpublikationen, die in der ersten Hälfte des 17. Jahrhunderts in Rom zur Publizierung fürstlicher Antikensammlungen entstanden waren.[77] Als Text ist er in die Gattungsgeschichte des neulateinischen Dialogs einzuordnen.[78] Seit dem Renaissance-Humanismus war der literarische Dialog eine überaus beliebte Textsorte, gekennzeichnet durch Vielfalt der Inhalte und formalen Variantenreichtum. Schwerpunkte seiner Verwendung waren Pädagogik und Polemik, die beherrschenden antiken Vorbilder Cicero und Lukian. Auf Aspekte der Streitkultur im T. B. wurde oben hingewiesen, ebenso auf Begers offensichtliche didaktische Zielsetzung. Offensichtlich ist auch Begers Ausrichtung am Muster

[74] Wredes Aussage (2000 [wie Anm. 4], 36), im T. B. seien das Fürstenlob und „der eigentliche Text" zu den antiken Denkmälern strikt getrennt, trifft nicht zu. Auch im Katalog selbst findet sich direktes Herrscherlob, z.B. 1, 134; 1, 170; 1, 211; 2, 655; 3, 166; 3, 188; 3, 345; 3, 354; 3, 416.

[75] S.o. S. 168.

[76] Vgl. Manfred Fuhrmann, Die Dichtungstheorie der Antike. Aristoteles, Horaz, Longin. Darmstadt 1992, 129f. Zitat 129. In der Praefatio zu Bd. 2 (b 1) begründet Beger die Ordnung, in der er die antiken Objekte präsentiert, mit Formulierungen, die an diese Horaz-Passage erinnern: „ita ut … totumque opus dimensione et sua et suarum partium aequaliter procederet et sibi simul ubique responderet."

[77] Petra Thomas, Frühe Sammlungskataloge und Sammlungsbeschreibungen des 17. Jahrhunderts, in: Wrede / Kunze (wie Anm. 3), 241–260. Wrede 2000 (wie Anm. 4), 41–49.

[78] Zu diesem vgl. Virginia Cox, The Renaissance Literary dialogue in its social and political contexts, Castiglione to Galileo. Cambridge 1992. Virginia Cox, Dialogue, in: Victoria Moul (Hrsg.), A guide to Neo-latin literature. Cambridge 2017, 289–307. Ludwig (wie Anm. 69).

ciceronianischer Dialoge.[79] An diese erinnert die Gesamtstruktur des Textes als der Nacherzählung eines fiktiven, in die Vergangenheit verlegten Gesprächs. Wie bei Cicero hört man durchgängig die Stimme des Autors, der mit inquit-Formeln die Repliken der personae wiedergibt. Vom Vorbild Cicero inspiriert ist auch die szenische Inszenierung des Gesprächs mit präzisen örtlichen und zeitlichen Koordinaten. In Nachahmung Ciceros bemüht sich Beger um einen lebhaften, mündlich wirkenden Gesprächston wie zwischen Freunden mit demselben Bildungshintergrund. Als gattungsgeschichtlicher Prätext für Begers Dialoge sind auch die Saturnalien des Macrobius zu nennen.[80] Bezüge liegen hier vor in der gesprächsweisen Vermittlung antiquarischen Wissens, in szenischen Elementen und in der Mythenallegorese. Indem Beger ein Intermezzo als Gespräch bei Tisch gestaltet (1, 394–396), spielt er direkt auf die Symposienliteratur an. Aus der sympotischen Texttradition betrachtet, entspricht die Rolle des Archaeophilus der Standardfigur des Außenseiters, der, wie der Horus in den Saturnalien, aus der Fremde kommt und durch seine Fragen das Gespräch voranbringt.[81]

Auf dem Gebiet der frühneuzeitlichen Dialogliteratur hat Gerrit Walther[82] eine Verwandtschaft gesehen zwischen dem T. B. und dem *Libro del Cortegiano* von Baldassare Castiglione (1528). Er beschreibt Begers Dialoge als „antiquarische Salongespräche". Der T. B. sei „ein ‚Cortegiano' in antiquarischem Gewand." Diese Beschreibung übersieht Begers professionellen Ernst und die soziale Differenz. Castiglione entwirft das Idealbild eines adeligen Hofmanns. Dieser umfassend ausgebildete Hofmann wahrt gegenüber Bildung und Künsten die souveräne Distanz des aristokratischen Amateurs. Aus der Sicht eines Cortegiano

[79] Zu diesen vgl. Rudolf Hirzel, Der Dialog. Ein literarhistorischer Versuch, Bd. 1. London 2018 (Reprint der Ausgabe Leipzig 1895), 457–552. Michel Ruch, Le préambule dans les œuvres philosophiques de Cicéron. Essai sur la genèse et l'art du dialogue. Paris 1958. Christopher B. Krebs, A seemingly artless conversation: Ciceros's De legibus 1,1–5, in: Classical Philology 104,1 (2009), 90–106.

[80] Zu diesen vgl. Robert A. Kaster, Introduction, in: ders. (Hrsg.), Macrobius, Saturnalia B. 1–2. Cambridge / London 2011, XI–LXII. Jacques Flamant, Macrobe et le Néo-Platonisme latin, à la fin du IVe siècle. Leiden 1977, Chap. IV: Les Saturnales ou le genre du Symposion.

[81] Als Sammelwerk eines vielfältigen, bunten Stoffs gelehrten Inhalts, der vorwiegend aus Lektüreexzerpten besteht und unterhaltsam aufbereitet ist, weist der T. B. auch Bezüge zur Buntschriftstellerei der mittleren Kaiserzeit auf, die Beger oft zitiert, z.B. Aelian (1, 28; 1, 81; 3, 256 u.ö.), Athenaeus (1, 16; 1, 38; 1, 207; 3, 561 u.ö.), Gellius (1, 77 u.ö.). Zur Textsorte vgl. Hartmut Krasser, Buntschriftstellerei, in: Der Neue Pauly 2 (1997), Sp. 850–853.

[82] Gerrit Walther, Adel und Antike. Zur politischen Bedeutung gelehrter Kultur für die Führungselite der Frühen Neuzeit, in: Historische Zeitschrift 266,1 (1998), 382.

wären Begers Dialogpartner bürgerliche und schulmeisterliche Pedanten, die über kleinste Kleinigkeiten streiten.[83]

Doch lässt sich ein anderes frühneuzeitliches Vorbild für Begers Dialogform nachweisen: das numismatische und epigraphische Handbuch von Antonio Agustín, *Dialoghi intorno alle Medaglie, Inscrittioni et altre Antichita*, zuerst im Jahr 1587 auf Spanisch erschienen, 1592 in Rom in italienischer Übersetzung und in dieser weit verbreitet.[84] Hier treten am Anfang des Buches zwei Antikenkenner auf, bezeichnet als B. und C., die den Prälaten und Antiquar A. aufsuchen, um dessen Sammlung antiker Objekte zu betrachten und Erklärungen zu ihnen zu hören. Mit der Initiale A. ist der Autor gemeint. Nach dem Austausch von Höflichkeiten folgen direkte Dialoge, die überwiegend aus Fragen der Besucher und Antworten des Antiquars bestehen. Jedes Thema wird an einem Tag abgehandelt, dann das Folgethema für den nächsten Tag angekündigt. Es fällt auf, dass am Ende des Buches eine szenische Ausleitung fehlt, die der szenischen Inszenierung des Anfangs entsprechen würde. Beger hat Anregungen aus Agustíns *Dialoghi* aufgegriffen und ausgestaltet. Aus den gesichtslosen Sprechern hat er erkennbare personae gemacht, den fiktionalen Handlungsfaden verstärkt und konsequent durchgeführt, und Agustíns Traktatsprache hat er durch die Nachahmung mündlicher Wechselrede ersetzt.

Schlusswort

Die Untersuchung von Begers T. B. auf sein literarisches Gewand hin hat eine Reihe narrativer, rhetorischer, dramatischer, poetischer und intertextueller Verfahren aufgezeigt, mit denen Beger, ein formbewußter und rezeptionsorientierter Autor, sein wissenschaftliches Fachbuch gestaltet hat. Es wurde auch deutlich, dass Beger als lateinischer Schriftsteller sich an antiken Vorbildern und literarischen Traditionen ausgerichtet hat, insbesondere auf den Gebieten der Rhetorik, der Dialogliteratur und der Poetik. Es ist diese eigentümliche Literarizität des T. B., die spätere Kritik an dem Werk hervorgerufen hat. Die Enzyklopädie von Ersch und Gruber z.B. wirft dem Werk im Jahr 1822 „die sonderbar gewählte Form von Gesprächen" vor, ferner „das Schwankende des Zwecks, indem B. für alle Klassen von Lesern schreiben wollte" und „den Exo-

---

[83] Zu Castiglione vgl. Jacob Burckhardt, Die Kultur der Renaissance in Italien. Stuttgart [11]1988, 280–282. „Gründlicher Ernst ist es natürlich mit nichts von allem" (282). Cox (wie Anm. 78), 47–60. Peter Burke, Die Geschicke des Hofmann. Zur Wirkung eines Renaissance-Breviers über angemessenes Verhalten. Berlin 1996 (zuerst Cambridge 1995).

[84] Von Beger 3, 268 als Referenz genannt. Der Text ist als Digitalisat zugänglich unter ‚Agustín, Antonio: Dialoghi Di Don Antonio Agostini Arcivescovo Di Tarracona Intorno Alle Medaglie Inscrittioni Et Altre Antichita', Bild 5 von 362 | MDZ (digitale-sammlungen.de) (letzter Zugriff 01.06.2022). Zu Agustín vgl. Michael Hewson Crawford (Hrsg.), Antonio Agustín between Renaissance and Counter-Reform. London 1993.

terikern des Faches zu gefallen“ suchte.[85] Der Kern der Kritik ist der Vorwurf mangelnder Wissenschaftlichkeit und mangelnder Ausrichtung auf das Fachpublikum. Hier spiegelt sich der Prozess der Ausdifferenzierung, Spezialisierung und Verwissenschaftlichung der klassischen Archäologie seit dem 18. Jahrhundert und ihre Trennung von der Philologie.[86] Der T. B., sowohl Studienbuch als auch Lesebuch, muss im Umfeld seiner Entstehungszeit beurteilt werden. Im 17. Jahrhundert waren Gelehrsamkeit und Belletristik, Nützlichkeit und Gefälligkeit bei der Textproduktion noch nicht scharf voneinander abgegrenzt.[87] Zusätzlich zu der Anerkennung als antiquarischer Leistung und als Monument barocker Bildkunst verdient Begers T. B. auch Beachtung im Kontext der späthumanistischen Wissensliteratur, als ein sachbezogenes und zweckgebundenes Sprachwerk in ästhetisch anspruchsvoller Gestaltung.

Uta Schmidt-Clausen Bonn
uscl@gmx.net

[85] Johann Samuel Ersch / Johann Gottfried Gruber, Allgemeine Enzyclopädie der Wissenschaften und Künste. Bd. 8. Leipzig 1822, 342f.
[86] Adolf Borbein / Tonio Hölscher (Hrsg.), Klassische Archäologie. Eine Einführung. Berlin 2000, 10–13. Mark-Georg Dehrmann / Martin Vöhler (Hrsg.), Humanismus und Antikenrezeption im 18. Jahrhundert. Bd. 2. Heidelberg 2020, 7–11; 89.
[87] Martin Korenjak, Geschichte der neulateinischen Literatur. Vom Humanismus bis zur Gegenwart. München 2016, 83. Albert Meier (Hrsg.), Die Literatur des 17. Jahrhunderts. Hansers Sozialgeschichte der deutschen Literatur. Bd. 2. München 1999, 485f.

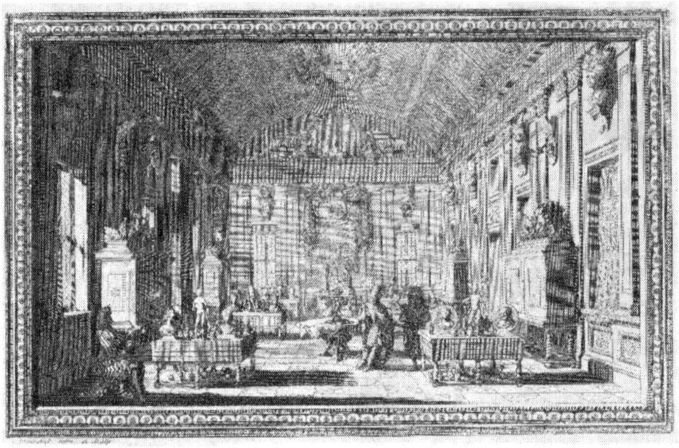

Abb. 1: Samuel Blesendorf, Die Berliner Kunstkammer um 1696. Beger, *Thesaurus Brandenburgicus* Bd. 1, nach der Praefatio, unpaginiert. Bibliothek der Abteilung für Klassische Archäologie der Universität Bonn, Sig. W17/20 Rara.

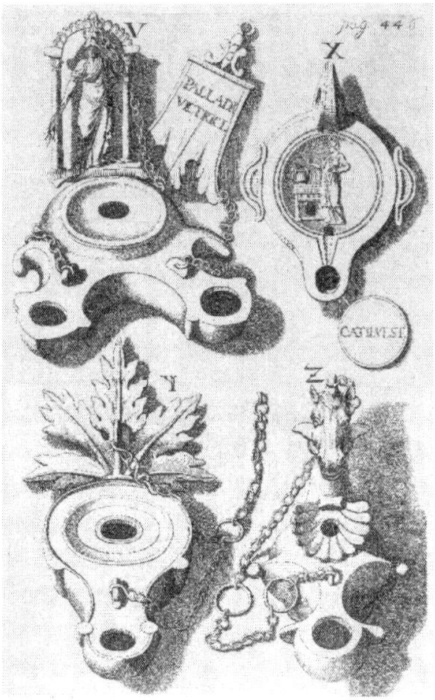

Abb. 2: *Thesaurus Brandenburgicus* Bd. 3 (wie Anm. 24), 446. Bibliothek der Abteilung für Klassische Archäologie der Universität Bonn, Sig. V 375.

Johann Clingerius, S.J., and his *Technopaegnion poeticum**

MARTA VACULÍNOVÁ

Abstract:

In Neo-Latin poetry, the literary life of a certain period is often shaped by notable figures whose work becomes an object of imitation, as exemplified by Johann Clingerius (ca. 1557–1610) from Thuringia, a member of the Jesuit Order and professor of poetry and Greek at several Jesuit colleges. His relatively short teaching career in Olomouc from 1597 until 1598 left distinct traces, which were observed earlier (but unrelated to him as a person) and have recently been better explored, thanks to new findings. Extant printed books and manuscripts now make it possible to determine the extent of his influence, which shaped not only Bohemian and Moravian students, but also to a large extent Polish students, as well as probably Hungarian students and which can be traced back to the early period of Clingerius's teaching career in Graz and Vienna. The prints from the Olomouc period contain abundant examples of poesis artificiosa, for which Clingerius had a special liking. It is also evidenced by the surviving manuscripts of his treatise *Technopaegnion poeticum*, which in some respects illuminate his poetic and teaching practices. Although the *Technopaegnion* was never published in print, it made its way into the printed scientific literature through the encyclopaedists Rudolph Goclenius the Elder and Johann Heinrich Alsted. Clingerius can thus rightly be placed among the theorists of the poesis artificiosa, namely chronologically between Julius Caesar Scaliger and J. H. Alsted.

Keywords:

Visual poetry, Jesuit poetics, Olomouc, Johannes Clingerius, cult of poetry, Neo-Latin manuscripts, text transmission.

Introduction

From their inception, visual poetry and various kinds of poetic artificia have had their advocates as well as opponents among poets and scholars. Certain poets used them sparingly like precious spices and criticised overly elaborate wordplay that favoured form over content.[1] Other poets, on the other hand,

---

* This study is an output of the project GA22-03419S 'Forms of humanism in the literature of the Czech lands II' supported by the Grant Agency of the Czech Republic and carried out at the Institute of Philosophy of the CAS, v. v. i., Prague.

[1] They included, for instance, the German Jesuit Jacob Balde and in Bohemia Bohuslav Balbín from the same order – see Wilhelm Kühlmann, Kunst als Spiel: Das Technopaegnium in der Poetik des 17. Jahrhunderts. Mit Anmerkungen zu Baldassare Bonifacios Urania (Venedig 1628), in: Daphnis 20 (1991), 505–529; Jan Martínek, Drobné literární útvary za

wrote defenses of poesis artificiosa to protect it from the attacks of critics. In Jesuit education, artificial poetry was part of schooling,[2] and it is no coincidence that it is the Jesuits who have often referred to it, whether in a negative or positive sense. In non-Catholic education, at least as far as the Czech lands are concerned, we do not encounter the teaching of artificia. Their cultivation by non-Catholic poets was a matter of personal predilection and we can find such personalities among Utraquists, Lutherans and also among members of the Unity of the Brethren.[3] Despite of confession, artificia were also favoured for specific types of poetry, such as panegyrics.

The type of poesis artificiosa was popular in closed circles of intellectuals; in the Middle Ages and the early modern period, it was often written in the environment of monasteries and other scholarly communities, which provided ample time for the creation of elaborate poetic compositions.[4] Beginning in late antiquity, visual poems were a suitable and impressive gift for rulers, and the same was true for the sovereigns of the early modern period, who were able to appreciate the subtle graphic and visual treatment of the text of a Latin poem, rather than its content. Moreover, these compositions, often panegyric, brought them closer to the glory of the emperors of late antiquity (such as Porphyry) and were to ensure the immortality of their names. In poetics, they occurred rather marginally, if at all. This was changed by Julius Caesar Scaliger, who incorporated figurative poems and artificia, albeit unsystematically, into his groundbreaking *Poetices libri septem.* Johann Heinrich Alsted is considered to be the theorist who discussed 'technopaegnia' comprehensively, summarizing under this term wordplay of all kinds, not only visual poetry.[5] It is generally

---

humanismu [Short Literary Forms in the Period of Humanism], in: Zprávy Jednoty klasických filologů 7 (1965), 10–24. On Jesuit poetry in the Czech lands in general, see Martin Svatoš, Úvod do kapitoly: Literatura a rétorika jesuitů [An Introduction to the Chapter: The Literature and Rhetoric of the Jesuits], in: Petronilla Cemus (ed.), Bohemia Jesuitica 1556–2006, vol. 2. Praha 2010, 777–779.

[2] Examples of Jesuit student collections of artifice include the oft-quoted poems by students from Dole (Lilia Diamantopoulou, Griechische visuelle Poesie: Von der Antike bis zur Gegenwart. Frankfurt a.M. 2016, 110) or the slightly later poems by students of rhetoric at the Prague Jesuit Academy in honour of Archbishop Lamberg, which include figurative poems such as the altar, the axe, Pan's flute, the egg and the wings (Musa illustrissimi … domini Caroli, archiepiscopi Pragensis. Pragae: Daniel Sedesanus, [1607]).

[3] E.g. Pavel Němčanský from the Unity of Brethren, Georg Handsch as Lutheran and Thomas Mitis or Petrus Codicillus as Utraquists.

[4] Josef Hejnic, Zu den Anfängen der humanistischen Figuralpoesie in Böhmen, in: Listy filologické 111/2 (1988), 95–102.

[5] From the abundant literature on the subject, it is worth mentioning at least: Dick Higgins, Pattern Poetry: Guide to an Unknown Literature. New York 1987; Miguel D'Ors, Nuevos datos sobre caligramas, in: Rhythmica: revista española de métrica comparada 3–4 (2006),

believed that it was during the Baroque period that poesis artificiosa was a frequent subject of printed treatises and was practically cultivated more than before. However, the roots of systematic interest in artificia are older. This paper discusses the manuscript treatise *Technopaegnion poeticum*, which is chronologically placed between Scaliger and Alsted, drawing on the former and indirectly influencing the work of the latter, as shown below. An attempt is also made to demonstrate that the Jesuit poet and scholar of the 16th century, whose name is not included in bibliographies or dictionaries of authors, may nevertheless have been of considerable importance for the history of Latin poetry, which has only recently been gradually revealed. Moreover, the research related to him indicates the major role of early modern manuscript sources in the transmission of texts and some aspects of the contemporary conception of authorship.

As early as the 18th century, literary historians and book scholars were already wondering about the peculiar period of Olomouc book printing, when local printing production rose sharply in the relatively short two-year period of 1597–1598.[6] Most of these prints included Latin poetry, and their creators were associated with the Jesuit academy in Olomouc. Czech classical philologists have noted the common features of these poetic compositions, published under the names of Olomouc students or anonymously, and have characterized them (not without some dislike) as complicated and unnatural poetry that is sometimes difficult to understand.[7] Art historians, on the other hand, consider this Olomouc period to be evidence of the beginnings of Jesuit emblem production in the Czech lands, as reflected in several extant copperplate engravings. When searching for the originator of this short-lived literary boom, we inevitably come

---

63–119; Seraina Plotke, Gereimte Bilder: Visuelle Poesie im 17. Jahrhundert. Paderborn 2009; Kühlmann 1991 (as in n. 1); Ulrich Ernst (ed.), Visuelle Poesie. Historische Dokumentation theoretischer Zeugnisse. Bd. 1: Von der Antike bis zum Barock. Berlin / Boston 2012, and other works by the same author; Agnieszka Borysowska / Barbara Milewska-Waźbińska, 'Poesis Artificiosa': Between Theory and Practice. Frankfurt a.M. 2013; Jan Kwapisz / David Petrain / Mikołaj Szymanski (ed.), The Muse at Play: Riddles and Wordplay in Greek and Latin Poetry. Berlin / Boston 2013; Jan Kwapisz, The Greek Figure Poems. Leuven 2013; Beate Hintzen, Beobachtungen zur Stellung der Poetik im System der artes in Johann Heinrich Alsteds Encyclopaedia (1630), in: Beate Hintzen / Roswitha Simons (ed.), Norm und Poesie. Berlin 2013, 45–80; Diamantopoulou (as in n. 2); Jan Kwapisz, The Paradigm of Simias: Essays on Poetic Eccentricity. Berlin / Boston 2019.

[6] See Marta Vaculínová, Literární tvorba na jezuitské akademii v Olomouci v letech 1597–1598 a její odraz v tiskařské produkci [Literary Work at the Jesuit Academy in Olomouc in the Years 1597–1598 and its Reflection in Print Production], in: Bibliotheca antiqua 2021, 81–90 (including a list of relevant publications). Online: www.vkol.cz/uploads/page/253/doc/010-vaculinova2021.pdf.

[7] Jan Martínek, K pozdnímu latinskému humanismu na Moravě [To the Late Latin Humanism in Moravia], in: Zprávy Jednoty klasických filologů 5 (1963), 69.

across two names – Johann Clingerius, professor of poetry at the Jesuit academy in Olomouc in 1597–1598; and the local bishop Stanislav Pavlovský, a patron and supporter of literary activities, who died on 2 June 1598. The arrival of Clingerius in Olomouc and the death of Pavlovský are milestones that mark the beginning and the end of this special period.

The name of Johann Clingerius (ca 1557–1610) does not appear in any bibliography; only *Rukověť humanistického básnictví* [*A Handbook of Humanist Poetry*] attributes to him a collection of epicedia on the death of the bishop Pavlovský, based on a handwritten note in a copy deposited in Olomouc archives.[8] However, research by Polish scholars has shown that his poetry is, in fact, much more extensive. Already before that, Polish philologists identified Olomouc at that time as a source of inspiration for poesis artificiosa – studies at the local Jesuit academy influenced a number of Polish poets in this sense. The philologists have uncovered the fact that Clingerius, under the pseudonym Ianus Tyrigeta (he came from Thuringia), published in Kraków in 1598 the collection *Technopaegnion sacropoeticum*, edited by his Olomouc student Mikołaj Lubomirski. This great admirer of Clingerius tried to create his own poems following Clingerius's model. It was Lubomirski who preserved a manuscript convolute from the time of his studies, entitled *Musaeolum*, which sheds new light on Clingerius's teaching in Olomouc as well as his poetic activities. This has recently been discussed in detail and in a broader context by Jan Kwapisz,[9] who has also shown that the Olomouc period was only the tip of the iceberg of Clingerius's poetic and teaching activities by referring to some Clingerian prints from the Viennese period preserved in a convolute from Lublin. Clingerius's poetic activities may have manifested themselves so strongly in Olomouc thanks to the favour of the bishop Pavlovský, who traditionally supported the poetry written by the students of the Olomouc Jesuit college.[10]

Lubomirski's manuscript and the sources and commentaries preserved in it clearly show Clingerius's established practice of publishing his own poems under the name of someone else and offering this service in return for a certain number of copies of the resulting print. Clingerius's poems were thus published

---

[8] Antonín Truhlář / Karel Hrdina / Josef Hejnic / Jan Martínek, Rukověť humanistického básnictví v Čechách a na Moravě [A Compendium of Humanist Poetry in Bohemia and Moravia] 1. Praha 1966, 386.

[9] Jan Kwapisz, Deciphering Ne Luscinia Segnior, in: Prace Filologiczne. Literaturoznawstwo 5(8) (2015), 167–182; Kwapisz 2019 (as in n. 5), chapter 'Appendix: A New Alexandria and its Little Museum', 135–165. Some additional information is provided by Patryk M. Ryczkowski, Paraphrasis historiae de Susanna by Adamus Placotomus Silesius and the 'raptularius' (notebook) of Mikołaj Lubomirski, in: Neulateinisches Jahrbuch 23 (2021), 177–210.

[10] This is also pointed out by Ryczkowski (as in n. 9), 181, note 15.

by a number of Olomouc students or clerics under their names. It is, however, difficult to determine the extent to which he was the sole author or had revised the original work of his students. This can be illustrated with a poem by Jan Sixti of Lerchenfels on the Star Summer Palace in Prague, where it is possible, using the second edition, to show which part was undoubtedly written by Clingerius.[11] On close inspection, one could find some encrypted signs of his authorship, such as an anagram of his name in the form "Ne luscinia segnior", as already pointed out by Jan Kwapisz.[12]

Another important finding of the Polish research is that Clingerius mastered the art of copperplate engraving and taught it to his students.[13] The most famous examples are of Polish provenance, namely the copperplates of Stanisław Kochanowski, especially the emblem of the seven liberal arts in the Olomouc print of the Koryczynski brothers.[14] Nevertheless, this influence might have also affected, for example, Clingerius's students from the Kingdom of Hungary and the Czech lands, although it probably manifested itself later.[15] The former students of the Olomouc college, Lörinc Ferencffy and Mátyás Hajnal, cooperated in 1629 on the publication of Hajnal's Hungarian book of emblems, for which Ferencffy wrote a foreword and which he accompanied by his copperplate emblem.[16] In connection with the knowledge of the copperplate technique, one may also consider one of Clingerius's students from Bohemia – in 1613, Jan Sixti of Lerchenfels wrote accompanying poems, including the *carmen Silonianum*, for a print of Felice Milensio, whose copperplate title page was clearly the work of a non-professional.[17] Evidence of graphic art and figurative poetry is also available from Clingerius's earlier Viennese period, with two hieroglyphic broadsides pointed out by Kwapisz. The author of the copperplate

---

[11] Marta Vaculínová, Letohrádek Hvězda v latinské humanistické poezii [The Star Summer Palace in Prague and Latin Humanist Poetry], in: Listy filologické 143 (2020), 467–507.

[12] Kwapisz 2019 (as in n. 5), 141.

[13] Ibid., 141 and 143.

[14] Lubomír Konečný / Jaromír Olšovský, Emblematické tisky olomouckých jezuitů [Emblematic Prints of the Olomouc Jesuits], in: Petr Elbel / Ondřej Jakubec (ed.), Olomoucké baroko 1. Proměny ambicí jednoho města, Úvodní svazek. Olomouc 2010, 41–44.

[15] The prints of Hungarian students from 1597–1598 are mostly dedicated to the archbishop Kutássy – for their overview, see Vaculínová (as in n. 6), 86. The Clingerian anagram of Kutássy's name "O spes, o cunctis vinea chara piis" (= Ioannes Cutasi archiepiscopus), used in the print of Imre Nagy and Mátyás Haynal *Anagramma eponymicum* (1597), can be found in Lubomirski's *Musaeolum* on fol. 560v.

[16] Ferenc Zemplényi, Egy magyar jezsuita emblematikus: Hajnal Mátyás, in: A reneszánsz szimbolizmus. Ikonológia és müértelmezés 2 (1998), 145–152.

[17] Alphabetum Felicis Milensii de monachis et monasteriis Germaniae. Pragae: Kargesius, 1614.

engravings referred to in this context, namely *Poema hieroglyphicum* from 1593, was the student of poetry at the Jesuit college in Vienna, Jacob Krasiczki. Krasiczki, however, was probably not the author of the engraving; Clingerius's authorship can almost certainly be proved in the case of another hieroglyphic from the Lublin collection *Typogramma epithalamion*,[18] which was published under the name of Ludwig Pernecker, a Viennese student of poetry, but is signed IC (Ioannes Clingerius) in the bottom left corner. Previously unknown evidence of the graphic activity of the Viennese Jesuits is the figural acrostic composition with the Habsburg eagle on a broadside bound into the manuscript of the Jesuit lectures in Graz.[19]

The printed poetry of the Olomouc period, created with the participation of Johann Clingerius, form a relatively homogeneous group of works with related features. In addition to their penchant for artificia, they share a number of frequently recurring motifs, especially nature, songbirds, an ideal landscape populated by nymphs, and springtime, which is associated with the awakening of nature and the great Christian feast of Easter.[20] In their day, these poetic prints were popular in intellectual circles across denominations, as evidenced by their presence in many libraries with historical collections.[21] The discovery and study of Clingerius's manual of artificia provide enough material to explain some of the formal practices and motivic elements in the Clingerian prints that are already known.

The Preservation of the Treatise *Technopaegnion poeticum* and Its Contents

From 1584, Johannes Clingerius worked intermittently as professor of poetics (humanitatis) and Greek for the classes of poetics and rhetoric, first at the Jesuit college in Graz, then in Vienna, and finally in Olomouc. For the instruction of the basics of poetry, he wrote a *Tractatus poeticus*, dated 1587, which has come

---

[18] Both Kwapisz 2019 (as in n. 5), 157.

[19] The broadside Sereniss. Rodolpho II., Universitätsbibliothek Graz (hereinafter only as Graz), shelf mark Ms. 1278, fol. 252r.

[20] On the common features of Viennese and Olomouc Clingerian prints, see Kwapisz 2019 (as in n. 5), 161.

[21] Besides the convolute from Lublin, described by J. Kwapisz, and the convolute in Olomouc archives, see Jan Martínek, Humanistické tisky městského archivu v Olomouci [Humanist Prints in the Archives of the City of Olomouc], in: Listy filologické 84 (1961), 51–53. It is worth noting the convolute of printed poetry of Viennese and Olomouc provenance in the Ludwig-Maximilians-Universität in Munich (LMU), whose earlier but not first owner was the physician and poet Johann Christoph Daisigner from Most – see Vaculínová (as in n. 6), passim. Six Clingerian prints are also bound into the convolute of the Olomouc Research Library, shelf marks 35.920–35.957, coming from the library of the Canons Regular of St. Augustine there.

to us in one manuscript.[22] In it, he conventionally introduces students to the fundamentals of prosody and metre. However, he incorporated his special interest in poetic artificia and figurative poetry into his manual *Technopaegnion poeticum*. We currently know of three manuscripts of the *Technopaegnion*, all of which were written by Clingerius's students, probably in the first half of the 1590s, when Clingerius was teaching in Vienna.[23] The teaching text of the *Technopaegnion* is older – it is dated to 1585, as evidenced by the chronostic preserved in two of the known manuscripts.[24] The quality of the individual manuscripts varies. For some of them, we know the names of their first owners: the manuscript in Graz was written by Christoph Andreas Fischer from Glatz, who later lived in Seiz Charterhouse, from whose library the manuscript comes.[25] The manuscript in Gotha was written by Jacob Arlenus from Wrocław.[26] The

[22] Graz, fols. 242r–255v. The title contains the names of the authors on whom it is based, including those of late antiquity, namely Priscianus, Diomedes, Marius Victorinus, Servius, and his *Centimeter*, the early modern authors J. C. Scaliger and two Dutch authors, namely Johannes Despauterius and his successor Simon Verepaeus.

[23] Manuscript Graz, see Johann Loserth, Aus Grazer Handschriften, in: Zeitschrift des deutschen Vereines für die Geschichte Mährens und Schlesiens 25 (1923), 104–105; Anton Kern, Die Handschriften der Universitätsbibliothek Graz, Bd. 2. Wien 1956, 279; Maria Mairold, Die datierten Handschriften der Universitätsbibliothek Graz bis zum Jahre 1600. 1. Teil: Text. 2. Teil: Tafeln. Wien 1979, 127. Forschungsbibliothek Gotha, shelf mark Chart. B 1945 (hereinafter only as Gotha). See Annette Gerlach / Cornelia Hopf / Susanne Werner, Magister Andreas Reyher (1601–1673). Handschriften und Drucke. Bestandsverzeichnis. Gotha 1992, 39. An edition of the introductory part of the manuscript: Technopaegnion Poeticum ex Codice MS. edidit Hugo Slevogt. Teil 1, in: Programm des Gräflich-Gleichenschen Gymnasiums Ohrdruf. Ohrdruf 1887. Teil 2, in: Programm des Gräflich-Gleichenschen Gymnasiums Ohrdruf. Ohrdruf 1888. UB Augsburg, shelf mark Cod.II.2.4.37 (hereinafter only as Augsburg). See Georg Grupp, Öttingen-Wallersteinische Sammlungen in Maihingen, Handschriften-Verzeichnis 1. Nördlingen 1897, 2, N. 40, adl. 1: Roma – Epitome antiquitatum, XVI p.; 24, adl. 2 Poetik.

[24] Slevogt 1887 (as in n. 23), 1; Gotha, fol. 90v; Augsburg, fol. 294v.

[25] Loserth (as in n. 23), 105 mentions Clingerius as Fischer's teacher in Vienna in 1578. This is a mistake; in fact it must have been 1587, as evidenced by the dating of Fischer's manuscript at fol. 265r. He continued his studies at a German college in Rome, see Andreas Steinhuber, Geschichte des Collegium Germanicum-Hungaricum in Rom 1. Freiburg i.Br. 1895, 311.

[26] Arlenus enrolled at the Jesuit college in Olomouc in October or November 1594, see Libuše Spáčilová / Vladimír Spáčil (ed.), Nejstarší matrika olomoucké univerzity z let (1576) 1590–1651 [The oldest register of the University of Olomouc from the years (1576) 1590–1651]. Olomouc 2016, 85; and studied rhetoric under Cosmas Nicolai (the transcript of his lecture on ancient antiquities forms the second part of the manuscript). It may therefore be assumed that he had previously studied poetics in Vienna under Clingerius. He completed his studies at the University of Würzburg in July 1597 as an alumnus of the Prince-Bishop of Würzburg.

Augsburg manuscript is anonymous; its later owner was Cornelius Gobelius (1611–1654), who may have obtained it from the estate of his uncle of the same name, who studied at the collegium Germanicum in Rome in 1589–1596.[27] Similarities to the *Technopaegnion* can, of course, be found in the *Musaeolum* of Mikołaj Lubomirski as well. Its index explains some terms following Clingerius. An inspection of Lubomirski's entry for "monosyllabi",[28] for example, reveals that the introductory section is considerably abbreviated compared with the manuscripts of the *Technopaegnion*, but it is supplemented by another, expanding passage, which is absent from the manuscripts. This leads to speculations that Lubomirski was either given private lessons on artificia by Clingerius or he took notes in a different way, not literally copying Clingerius's teaching text.

As far as figurative poetry is concerned, most material can be found in the manuscript from Graz, which, however, unlike the manuscripts from Gotha and Augsburg, is unfinished. In addition, another manuscript by Clingerius, the above-mentioned *Tractatus poeticus*, is bound into it. The manuscripts from Gotha and Augsburg are both bound in a convolute, together with the notes from the Olomouc lectures on Roman antiquities by the professor of rhetoric Cosmas Nicolai (ca. 1558–1602), one of which is dated to 1594 in Olomouc (Gotha) while the other is undated (Augsburg). This could mean that the teaching of poetic artificia was also intended for students of rhetoric who had already taken poetry and had the necessary foundations required by the subsequent studies of poetic artificia. Whereas Nicolai's lectures were based quite faithfully on the popular work of Johann Rosinus of Eisenach *Romanarum antiquitatum libri decem*, Clingerius's *Technopaegnion* is far from being a simple excerpt from someone else's work.

It is a systematically organised compendium of poetic artificia, collected from various sources and supported by specific examples. The author himself writes in the afterword that the *Technopaegnion* is a result of eight years of work. In its complete form, it begins with a preface listing the artificia discussed in the volume and with prolegomena without a heading of their own, and it ends with an afterword enumerating recommended authors. In this work, Clingerius made good use of his knowledge of Greek and Latin poets, both secular and sacred,

---

[27] However, the ownership inscription was definitely added by Gobelius the Younger – cf. his signature in the album amicorum of Philipp de Maliverné, Germanisches Nationalmuseum, Nuremberg, shelf mark Hs. 97.791, fols. 157v–158r.

[28] *Musaeolum*, fols. 570v–571v; Gotha, fols. 33v–34r; Graz, fols. 59v–61r. The index of Lubomirski's manuscript, fols. 269–279, says: "Technopaegnion, sive lusus artificiosus poeticus variis usque tum sacris, tum profanis concinnus materiis, authore rev. P. Johanne Clingerio e Soc. Jes.", see Ryczkowski (as in n. 9), 199. Considering the small number of ten folios, it may have been an introduction and prolegomena to *Technopaegnion poeticum*.

from antiquity to his own time. A separate chapter is devoted to Rabanus Maurus and his figurative poetry. The *Technopaegnion* further includes compositions by a number of early modern poets from many lands, regardless of denomination (some non-Catholics, such as Nicolaus Borbonius, on whose work Clingerius drew extensively, are, however, absent from the final list of recommended authors, which we present in Appendix 4), and some excerpts from Clingerius's own work (chronostics marked with his name as well as anonymous poems, which can be attributed to him). In his theoretical considerations, Clingerius draws mainly on Scaliger, but he undoubtedly also used other sources, which he does not always acknowledge. We do not know who inspired Clingerius's interest in poetic artificia because the lists of persons at the Jesuit college in Graz are only partially preserved for the time of his studies in poetry, before 1583, when he is documented there as a student of rhetoric. It could have been the professor of Greek and poetry, Aegidius Martini from Liège, or his compatriot Ludovicus Hailanus/Haillaeus of Namur.[29] Their influence is evidenced by the knowledge of French poetry, clearly evident in the *Technopaegnion*.

In the preface to the *Technopaegnion*,[30] Clingerius compares poetry to visual arts. In his opinion, art, both verbal and visual, is perfected through training and the passage of time. Every artist tries to match his or her model. In their creative works, people thus imitate God the Creator, and if they cannot compete with him, they can at least try to approach divine things.[31] Painters, sculptors and engravers use various techniques to make their works beautiful and pleasing (venustas et gratia) as well as liked by people. They depict substances, light and shadow with such mastery that they seem not to have learnt from nature but to compete with it, even to give it their own rules. And since 'Sacra Poesis' is art, it involves the effort to rival the Muses. No poet who desires to excel can avoid crossing the boundaries defined. According to Scaliger, poetry is an imitation of nature, and nature rarely includes simple things. That is why poets in the past invented various technopaegnia and artificia that we can imitate. According to Clingerius, there is nothing that cannot be achieved through art and intellectual diligence. Therefore, he selected some artificia and poetic techniques, by means of which he will try to bring his students to the gate of the Muses. He dismisses all the opponents of this endeavour who would belittle his work as dumb asses

---

[29] Ladislaus Lukács, SI (ed.), Catalogi personarum et officiorum provinciae Austriae S.I. I. (1551–1600). Romae 1978, 405–406 (Aegidius Martini), 392 (Ludovicus Hailanus) – both are documented in Graz for 1583.

[30] See Appendix 1.

[31] This passage is reminiscent of a quote from Ausonius, *Technopaegnion* 5, 1: "Aemula dis, naturae imitatrix, omniparens ars." (Auson., XXV, 5, 1 [Green 1991, 177]).

(quoting here the adagium "A donkey prefers hay to gold" of Erasmus of Rotterdam, without mentioning the author). People have the unfortunate trait of disparaging whatever they are unable to achieve because of their own stupidity. If poetry were not arduous, it could not be called art and would not enjoy such fame. Its magnificence shines so powerfully precisely because it is not an easy art that even children could master without effort. A comparison between poetry and visual arts resembling that provided by Clingerius is known from the later texts of Antonio Possevino and Jodocus de Weerdt.[32]

At the end of the preface, Clingerius lists artificia, foreshadowing the entrance to an antechamber ("vestibulum"), which the students will explore and try to master. The lists of artificia are not identical in any of the manuscripts. It may thus be assumed that, despite some partial matches, each manuscript was written in a different term. The longest list, unlike the others alphabetically arranged and numbered, is the one in the Augsburg manuscript, which records 76 artificia in the introduction. The manuscript from Gotha does not have numbers in the list, but the artificia are numbered in the text itself in the chapter headings. There are 35 artificia numbered in this way there. A reconstruction of the list of artificia according to the extant manuscripts is given in Appendix 3 of this article, but we would like to draw special attention to some of them.

The first in the list is "artificium Vergilianum".[33] This extensive section deals with the artistic use ("artificioso usu") of units of text, in this case individual letters of the alphabet, in Virgil's work, particularly with respect to their visual and sound qualities. Clingerius considers this artificium to be the basis of the others and the key to their understanding. The unreliability of the earlier edition of Hugo Slevogt is evidenced by his omission of the following sentence, in which Clingerius refers to the work of *Lucullianarum quaestionum libri quinque* of Bartolomeo Maranta as his source of inspiration.[34] The second artificium, entitled *Lucullianum*, is derived from Maranta's work as well.

---

[32] Antonio Possevino, De Poesi et pictura ethnica, humana et fabulosa, collata cum vera, honesta et sacra, in: Bibliotheca Selecta, Romae: ex typographia apostolica Vaticana, 1593, 469–555. The connection between poetry, visual arts and music, as well as the defence of poesis artificiosa in a preface by Jodocus de Weerdt from 1626 are discussed by Walther Ludwig, Wortkunststücke in der frühneuzeitlichen lateinischen Poesie oder über die *Parnassi bicipitis de pace vaticinia* des Jodocus de Weerdt, in: ders., Florilegium Neolatinum. Ausgewählte Aufsätze 2014–2018, edendum curavit Astrid Steiner-Weber. Hildesheim / Zürich / New York 2019, 373–397.

[33] The whole of it, including the epilogue, was published by Slevogt 1887 (as in n. 23), 5–8; Slevogt 1888 (as in n. 23), 1–9.

[34] Slevogt 1887 (as in n. 23), 5; the text is quoted according to Gotha, fol. 6r: "Huic ego artificio Virgiliano iustas ob causas primum locum tribui, ut sit tanquam fundamentum et

Clingerius pays great attention to the artificium entitled *echo*, which is "artificium laboriosum sed vere iucundum, quia rarum et ingeniosum".[35] 'Iucunditas', as one of the main qualities, is nothing new; we should recall Antonio Possevino, mentioned above, who sees the common goals of painting and poetry in "utilitas et iucunditas".[36] The interpretation includes a handy glossary of several pages entitled *Sylvula Austriaca dictionum Echicarum*, which always lists the pair "word – echo". Among the many kinds of echo-poems, the Latin-Greek echo, documented by Clingerius's autobiographical verses from 1588, is highlighted as a witty, learned, and melodious variant:

Potes ne artificia poëtica scribere, Echo? ἔχω.
Qualis tibi videtur esse prosodia? δία.
Nonne discipulos negligentia reddit invisos? ἴσος. [sic]
Decem iam annos teris in Cicerone? ὄνε …[37]

According to Clingerius, the melodiousness of the 'echo artificium' invites us to sing; when reciting echo-verses, he thus recommends intoning and imitating the echo by singing.[38] In the echo chapter, Clingerius includes various kinds of repeated words and syllables, for example solmisation syllables (ut re mi fa sol la):

Cantor vult vino sua guttura saepe lavare,
Fare Thalia melos et modulare, la re.[39]

Another kind of repetition in the echo type concerns the repetition of onomatopoetic words, such as birdcalls. This is a manifestation of Clingerius's penchant for onomatopoetic expressions, pervading all the prints of the Clingerian circle.

clavis caeterorum. Collectae vero sunt hae lucubrationes e Bartholomaei Marandae Venusini Luculliariis quaestionibus, quas ille in divinitate Maroniana observavit."

35 Graz, fol. 71v: "Artificium laboriosum sed vere iucundum, quia rarum et ingeniosum ordine praescripto sequitur …"

36 Possevino (as in n. 32), 469–555.

37 Graz, fol. 79v; Gotha, 44v; Augsburg, 239r. The dating of the poem is determined by the verse: "Mirabilia futura dicunt hoc anno 88 astrologi? Λόγοι." Latin-Greek and Greek-Latin echoes were also included in the collection of poetry *Sylvae* written by students of the Jesuit academy in Dôle in 1592 – see Higgins (as in n. 5), 24 and Diamantopoulou (as in n. 2), 110.

38 Gotha, fol. 48r: "Decorum in recitacione servetur. In sylvis enim liberiores sumus, modo enim loquimur, modo cantamus, quid si Echo ibidem fuerit, hanc vocem quam cantum imitatur. Non igitur absurdum erit in Echus recitatione nonnunquam in cantionem prorumpere …"

39 The author of this ditty may be Clingerius; it was later reproduced by Rodolphus Goclenius, Lexicon philosophicum graecum. Marburg: Rudolph Hutwelcker, Petrus Musculus, 1615, 100, and according to Goclenius – e.g., by Johann Philipp Ebel, Epigrammata palindroma. Ulm: typis Mederianis, 1623, Section V. Echo.

Ausonius had already established the tradition of voces animantium, which reached its perfection in the medieval *Carmen de Philomela*, originally attributed to Ovid.[40] In the early modern period, mention should be made of Guillaume de Salluste Du Bartas's epic poems on the creation of the world, translated from French into Latin and containing long passages devoted to animals and birds.[41] Clingerius illustrates this type with a preface to his echo-poem:

Est natura loci quaedam mirabilis huius,
Quam nuper Nymphae quaedam coluisse putantur,
Haec repetit mea verba sono postrema loquaci:
Si clamo, clamat, fleo flet, si rideo, ridet,
Si canto cantat, si iubilo iubilat illa …
… si cuculo, cuculat, si rugio rugit et illa.[42]

A similar passage with sounds of animals and birds was included in the poem *Stella Bohaemica* (1597). Jan Sixti omitted it in the second edition, making it clear that he was not its author.[43] Wordplay, including bird sounds, can also be found in the Olomouc print of the Clingerian circle *Cuculus Noë*, published in 1598 under the name of Clingerius's compatriot from Greussen, Pancratius Taper.[44] This print illustrates well Clingerius's creative processes and the cultural context of his work. The title page contains a paraphrase of the words of a motet of Iacobus Handl Gallus, beginning with the verse: "Quamvis per multos cuculus cantaverit annos, / At cuculat guggug praetereaque nihil …"[45] The poem, about the contest between a cuckoo and a nightingale judged by a donkey, elaborates on a theme taken from Achille Bocchi's symbolum *Iudex ineptus peste peior pessima*.[46] At the end of the print, the author allowed himself a little joke by parodying the end of the Latin speech, finishing it with "cuculavi" instead of "dixi". The wordplay was duly appreciated in its time, as attested by the commentary of Mikołaj Lubomirski in the index of the *Musaeolum*: "Magis

---

[40] Paul Klopsch, Carmen de Philomela, in: Alf Önnerfors / Johannes Rathofer / Fritz Wagner (ed.), Literatur und Sprache im europäischen Mittelalter: Festschrift für Karl Langosch zum 70. Geburtstag. Darmstadt 1973, 81.

[41] Guillelmi Sallustii Bartasii Hebdomas: opus gallicum a Gabriele Lermeo latinitate donatum. Paris: Michel Gadouleau, 1583.

[42] Gotha, fol. 48r.

[43] Vaculínová (as in n. 11), 485–486 and 490.

[44] Antonín Truhlář / Karel Hrdina / Josef Hejnic / Jan Martínek, Rukověť humanistického básnictví v Čechách a na Moravě [A Handbook of Humanist Poetry in Bohemia and Moravia] 5. Praha 1982, 332–333.

[45] Moralia Iacobi Handl Carnioli. Nuremberg: Alexander Dietrich, 1596, Nr. XXVII. *Permultos liceat cuculus.*

[46] Achille Bocchi, Symbolicarum quaestionum … libri quinque. Bononiae: Societas Typographiae Bononiensis, 1574 (1st ed. 1555), lib. III., XC.

cuculinum carmen, quam hic cuculatum est, si quis forte cuculaverit, omnes totius orbis cuculos suo cuculatu superbit."[47]

In several places in the *Technopaegnion*, Clingerius emphasises the affinity between poetry and music. During his time in Vienna, he composed *Alleluia* for one voice[48] and he undeniably had a background in music theory. His greatest opportunity to develop his passion for music came in Olomouc. Most of his poetry published there was printed by Georgius Handl, brother of Jacobus Handl Gallus and also the publisher of the collection of his motets *Moralia* (1596). In addition, Clingerius's students included members of the court chapel of Rudolf II, Jan Sixti of Lerchenfels and Johann Mollerus.[49] The prints dedicated to Sixti in particular are full of music-related themes; they contain texts of musical compositions performed at the college (unfortunately without musical notation) as well as the various kinds of musical artificia that Clingerius described in the chapter "Artificium musicum" in the *Technopaegnion.*[50] He introduces them with the words: "Ut et Musici in hoc technopaegnion poeticum aliquod ex illorum arte translatum videant, animi gratia et communi Musarum amore novi quid proponetur, ut Cantores, quidnam poetae scripserint, mirentur et imitentur."[51] These are various types of musical rebuses, ranging from simple ones, where the solmisation syllables are represented by notes (this type is known, for example, from a symbolum of Kryštof Harant of Polžice and Bezdružice), to more complex ones, where the notes are replaced by a syllable, a letter, or a word, according to their quantity. Based on the disorganised and crossed-out notes of this artificium in the extant manuscripts, it seems that students had difficulty to understand them. After all, some of them are difficult to decipher even now. Clingerius, in fact, described them as new, and indeed we do not often encounter musical rebuses in 16th-century prints. A likely source for this artificium may be sought in the riddles in the collection *Biggarues* by the poet and musician Étienne Tabourot, first published in Paris in 1572.[52] Clin-

---

[47] *Musaeolum*, fol. 563v.

[48] Graz, fols. 282r–284v. The poem is dated March 1587.

[49] For Sixti and the Olomouc prints, see Marta Vaculínová / Petr Daněk, „Caesaris olim Musicus ille". Jan Sixti z Lerchenfelsu (ca. 1565–1629), zpěvák Rudolfa II. a litoměřický probošt [Jan Sixti of Lerchenfels (ca. 1565–1629), Singer of Rudolf II and Provost of Litoměřice], in: Muzikologické fórum 10/2 (2021), 161–182.

[50] Gotha, fol. 52rv; Graz, fol. 95r–96v; Augsburg, 248r–249r.

[51] Graz, fol. 95r.

[52] Katelijne Schiltz, Music and Riddle Culture in the Renaissance. Cambridge 2015, 342–343; Ulrich Ernst, Carmen figuratum: Geschichte des Figurengedichts von den antiken Ursprüngen bis zum Ausgang des Mittelalters. Köln / Weimar / Wien 1991, 585.

gerius, however, does not cite Tabourot or any other source and gives his own examples and some original types of rebuses.

Clingerius's own invention is probably 'artificium Japonicum'. This wordplay is inspired by the Japanese writing system as described in the letters of the Jesuit missionaries in Japan (published in Leuven in 1569), to which Clingerius also refers in the recommended literature.[53]

A large space in the *Technopaegnion* is occupied by chapters devoted to the combination of poetry and image – i.e., poems of the 'carmina figurata' type, symbola, emblems, and hieroglyphs (artificium hieroglyphicum). However, the treatment of this topic would be worthy of a separate specialised study. Moreover, emblems and symbola were not absent from contemporary Jesuit poetics – they could be found, for instance, in the works of Jacobus Pontanus Spanmüller and later of Alessandro Donati.

Clingerius's favourite artificia included the so-called *Philomelicum*.[54] He introduces it by these words:

> Hoc Philomelicum appellare placuit artificium, non quidem quod de Philomelis ibi sint carmina (quanquam etiam haec celebrari artificio queat), sed mutato saltem nomine a Philomelis. Non enim frustra dictam fuisse arbitror lusciniam a poetis philomelam. Quid enim aliud est φιλὸς [sic], quam amicus charus sive pulcher? Et quid μελὸς [sic] est, nisi cantus, modulatio vel carmen lyricum, unde et poetae melici nomen sortiuntur? Hoc igitur genus artificii cum sit gratum et suave non immerito pulchrum et omnibus charum carmine iocari potest.

Clingerius then explains the principle of artificium, which lies in the fact that certain words that appear in individual verses of a poem are then arranged in order at its conclusion. This method was known before – it was used, for example, by Nicolaus Borbonius,[55] but the term 'philomelicum' is not known from earlier times and it is likely that Clingerius himself invented it. The pieces given as examples have no authors and presumably are also Clingerius's own

---

[53] Epistolae Iapanicae. Leuven: Rutger Velpius, 1569.

[54] Gotha, fols. 29v–29r (bis); Graz, fols. 51r–53v; Augsburg, fols. 217v–220r. Simias of Rhodes referred to his 'figuratum' in the form of an egg 'the cloth of Pandion's daughter' – i.e., Philomela (see Ernst [as in n. 52], 49 and 65), but Clingerius did not use the comparison of poetic artificium to a carpet with a woven message.

[55] Clingerius undoubtedly knew Borbonius's poetry – he quotes his poem *Composui versus, quos nunc sibi vindicat alter* from the collection Nugarum libri. Leiden: Gryphius, 1538, 249: carm., 76, in the section *Thiopoiema*, Gotha, fol. 35rv.

creations, such as *Epigramma de philomela* (Inc.: "Suavis drosta canat" …)[56] etc. The only exception is the poem entitled *Convivii tenuitas accusatur*, which he refers to as "Elegia patris nostri Venegae, insignis poetae". Nevertheless, the author has not been identified – his name was apparently garbled by the students' records. Clingerius also applied the 'philomelicum' to longer compositions – for example, the Olomouc *Philomelicus dialogismus* of 1598.[57]

The nightingale ("philomela" or "luscinia") plays an important role in the Clingerian prints. Lubomirski in *Musaeolum* comments on the *Viridarium lusciniarum*, which Kwapisz considers to be Clingerius's programmatic print, as follows:

> Convenientissima inscriptione et dedicatione, Poetica hilaritate suavique verae amoenitatis odore, mirum in modum alliciens, iucundissima … Unde quam Homeri simulachrum voluit esse antiquitas, eandem natura plane iubente, Clingerio deberi, et nominis ratio postulat cum ne Luscinia segnior sit hortatur, et suavissimi Poëtici Musicique ingenii perfectio, cuius ea est ἱερογλύφικον [sic], suo iure omnino exigit. Clingerius itaque Lusciniae foetus, ego Clingerii.[58]

This symbolic cult of the nightingale, whose pupil Clingerius claimed to be and whose skills he passed on to his students, resonates in poems surviving in manuscript form.[59] The most important of them is the extensive *Encomium lusciniae*, copied in the manuscript from Graz.[60] In one passage, the author vividly describes the beautiful and variable song of the nightingale, before moving on to describe how the nightingale teaches its young to sing:

> Inde suos pullos informat, corrigit, audit
> Discipulos, modulos recitantes adjuvat, auget
> Materiam, verum quod displicet auribus omne
> Reiicit, indignum censens, perfecta requirit
> Carmina …[61]

He calls the nightingale his Muse and expresses his admiration and love for it:

---

[56] Clingerius's authorship of this poem can be considered virtually indisputable, because it was printed in Viridarium lusciniarum. Olomouc: Milichthaler, 1598, fol. A4b, marked with an anagram of Clingerius's name "Ne luscinia segnior".

[57] Philomelicus dialogismus sacris primitiis … d. Simonis Michaelis Silesii. Olomouc: Wüst, 1598.

[58] *Musaeolum*, fol. 570r.

[59] See e.g. Kwapisz 2019 (as in n. 5), 143.

[60] Graz, fols. 287r–290r.

[61] Ibid., fol. 288v.

Te semper mea Musa sequar, tibi luce canenti
Has aures tendam te quaeram nocte dieque
Qui non audierit nec amarit corde lubenti.[62]

Finally, he concludes the encomium with the verses:

Te Deus a cuculo clementer protegat hoste,
A laribusque tuis frondosis arceat omnes
Accipitres corvos noctu bubonis et iras
Confundat, statione tua ut serveris honesta.
Hos Luscinisonos versus Philomelica Musa
Dictavit sanctae Paschae vernantibus horis.

The bird that is superior to the nightingale in Clingerius's allegorical world is, of course, the phoenix (i.e., Christ), whose deeds the nightingale praises.[63] This motif is also repeated in the print *Alleluia paschale* in the separate poem *Luscinecloga allegorica – Phoenix redivivus*. In Clingerius's poems, the nightingale is accompanied by other birds, such as the swan, which appears as 'Musica' in Kochanowski's emblem of the seven liberal arts, or the cuckoo in the abovementioned fable about the contest between the cuckoo and the nightingale. Clingerius's ideas of poetry, the cult of the nightingale and the Sacra Poesis are rather reminiscent of the Alexandrian school, as noted by Jan Kwapisz.[64] They have little in common with the ideas of poetry in contemporary, slightly later Jesuit poetics – those of Pontanus Spanmüller, Sarbiewski, or Donati.[65]

The *Technopaegnion poeticum* concludes with a relatively short afterword,[66] in which Clingerius addresses the lovers of the Sacra Poesis and his students. He mentions that he worked eight years to complete it and regrets that many of the relevant sources were not yet at his disposal. After five years of teaching poetry, he can finally make this work available to his Viennese students. He was not concerned with Ciceronian eloquence but with showing the art of poetry. It will still be quite challenging to study and understand the novelty and variety of artificia. If the work were as perfect as he wishes it to be, it would arouse great interest among poets, who would then be like birds flocking around a wise owl or singers rushing to hear the song of a nightingale.

Updates to the *Technopaegnion* and its Further Fates

[62] Ibid., fol. 290r.
[63] Ibid., fol. 287r: "… soligenae extollat Phoenicis gesta stupenda."
[64] Kwapisz 2019 (as in n. 5), 163.
[65] For the Jesuit poetics, see Volkhard Wels, Jesuitische Poetiken um 1600, in: Der Begriff der Dichtung in der frühen Neuzeit. Berlin / Boston 2009, 82–97.
[66] See Appendix 2.

The *Technopaegnion* originated in 1585. Over time, however, Clingerius updated some of the examples and lengthened the list of artificia, although he did not significantly alter the core of the work. There are noticeable updates, for example, in the chronostics and datable occasional poems (in the Augsburg copy, fol. 294v, there is a chronostic dated 1591). Other influences that Clingerius drew from literature over the years but that are not reflected in the known manuscripts of the *Technopaegnion* are evident in the poetic prints of the second half of the 1590s. Evidence of this is provided by the depiction called Sacra Poesis. This personification of poetry appears in the form of a woodcut in the congratulatory collections for the graduation of individual Olomouc students from 1597–1598, but we know of one copy that might be slightly older and is preserved as a bound-in sheet in a convolute of prints of mostly Viennese and Olomouc provenance with the following accompanying poem:

Maiestatis amans assurgo SACRA POESIS,
Cultori nostro laurea serta fero:
Omnia describo (vario hinc exornor amictu)
Sive sacrata petas, sive Prophana velis.[67]

For Clingerius, Sacra Poesis thus does not mean exclusively religious poetry, as the term is sometimes understood, but poetry that is a gift from God, 'divina', no matter if it deals with secular or religious themes. Clingerius, by the accompanying poem, as well as the depiction itself (whether he himself is the author of the woodcut or whether he had it made to his own design), adopts the idea of the form of poetry as expressed in the *Carmen sub effigiae Poesis dedicatae* by Georgius Bartholdus Pontanus of Breitenberg in 1593.[68] If we compare Pontanus's verses with the Clingerian woodcut, we can see how closely the author of the subject followed Pontanus's model and also that Clingerius's accompanying poem is clearly inspired by this poem written by Pontanus:

Dia triumphalis consurgit honore Poësis
Maiestate potens, fertur sublimis in aulas
His evecta bonis: Viden´, ut rapit una Phalangem

---

[67] In the convolute from the Ludwig-Maximilians-Universität in Munich, the sheet is bound in before the print Vertumnianum artificium. Viennae: Kolbe, 1597. The Kraków copy of this print contains Clingerius's handwritten dedication to Lubomirski – see Kwapisz 2019 (as in n. 5), 148. For more on the woodcut, see Vaculínová (as in n. 6), 85.

[68] Pontanus already treated the topic of 'Poesis effigies' in the 1570s, but these are manuscript versions produced in the community of poets in the Premonstratensian monastery in Louka near Znojmo – see Jana Kolářová, Básnické dílo Jiřího Bartholda Pontana [The Poetic Work of Georgius Bartholdus Pontanus]. Olomouc 2020, 43. The first extant printed version was published in the collection Panegyrica … Rudolpho Secundo. Frankfurt a.M.: Basse, 1593, 21–23.

Innumeram, ut plaudant omnes victricibus armis?
Cur bifidum diadema? Sacrata prophanaque pangit.
Quid crux? Quidve manus monstrans? Notat esse Poësin
Christiadum: quod tot vestis depicta figuris?
Res omnes memorat, rerumque ornatur amictu.
Astra quid et coeli decor? Hunc conscribit Aratus.
Martia signa ferens cur stringit halitheus alvum?
Arma virumque Maro canit, ausus Martis Homerus.
Cur res naturae? Cur picta elementa? Sophiam
Concinit Empedocles: Volucres, regioque, quid arbor?
Quid prope diversis intexta animalia formis?
Intexti flores, quos dat circumfluus humor?
Ista Macer scribit, multi dant caetera vates.
Ad talos humeris cur pendet laena superne
Et Phoebum et Phoeben gerit, astrologoque per ima
Est distincta gradu: sevant et carmina certos
Quaque gradus, astrumque gradusque Poëta recenset.
Laurea serta levat dextra, vatesque coronat.
Solsequium laeva: ac veluti se hoc vertice flectit,
Ad Phoebi radios, sic res imitatur et actus
Et proprium quod rebus inest, moresve, habitusve,
Personas rerumque vices et tempora vates,
Illustratque viros et quod capit orbis et aether,
Immortale facit, summo induit ornamento.

Clingerius was studying theology in Prague in 1589 when Pontanus was awarded the title Count Palatine. The influence of Pontanus's poetry on Clingerius's students is known from Lubomirski's collection, which in its complete form (for it has been preserved only in part) contained "*meditationes ad G. Bart. Pontani Carmina*".[69] Allow us to return to the term 'Sacra Poesis', to which Jan Kwapisz refers the adjective "sacropoeticus" in the title of the Kraków collection *Technopaegnion sacropoeticum.*[70] It may be a designation linked to religious poetry, not to the cult of poetry as such. The *Technopaegnion sacropoeticum* announces already in its title that it was published on the occasion of the Feast of Corpus Christi and contains religious poetry, albeit in the form of artificia and carmina figurata. The same adjective appears in the print *Strenae natalitiae sacropoeticae*, dedicated in the name of Jan Cautus as a New Year's gift to the bishop

[69] Kwapisz 2019 (as in n. 5), 155; Ryczkowski (as in n. 9), 198.
[70] Kwapisz 2019 (as in n. 5), 162.

Stanislav Pavlovský. Here, too, the content is religious – it is a traditional poetic composition with the subject of the Nativity.

In the early modern period, manuscripts could not compete with printed books in terms of their influence on readers and literary and scientific production. In the case of Clingerius and his *Technopaegnion*, however, it is possible to prove the further influence of the manuscript. Several years after Clingerius's death, it was used by the Marburg professor Rudolph Goclenius the Elder when he worked on his encyclopaedic work *Lexicon philosophicum Graecum*, published in Marburg in 1615.[71] Goclenius included many artificia there, and wherever he lacked material from contemporary poetics, especially from Scaliger, he drew information from Clingerius's *Technopaegnion*. The entry φιλομέλισμα begins with the words "In Technopaegnio poetico est carmen ...", and the author goes on to explain the origin of its title with a text taken from Clingerius and abridged: "Appellatur hoc artificio a quodam Philomelicum et Philomelinum, non quod de Philomela illud sit (quanquam etiam Philomela eo celebrari possit), sed translato tantum nomine a Philomela ..."[72] The examples of the poems beginning with the *Epigramma de philomela* are also taken from the *Technopaegnion*. In the entry "de parallelismo versuum", Goclenius includes the epitaph of Vilém Prusinovský by an unknown author and the epitaph of Maximilian II by David Crinitus,[73] the only two examples of Bohemical poetry from the *Technopaegnion*.[74] The section devoted to acrostics contains again the reference "haec ex TechnoPaegnio Poëtico",[75] and the inspiration by the manuscript is evident in a number of other places in the *Lexicon* as well. A comparison of the manuscripts known today shows that Goclenius utilised a variant close to the Gotha manuscript, which has more examples of the artificia used, but his reading is more correct than in the manuscript – he either had a better version or he emended the manuscript text himself. It is almost a rule that those who discussed the artificia also wrote them themselves. This is true, apart from Scaliger, of Goclenius, whose artificia are known from the collection *Liber selectiorum carminum* (Marburg 1606).

---

[71] Goclenius (as in n. 39). The same work was already published in 1613 under the title *Lexicon philosophicum* with the identical typesetting.

[72] Goclenius (as in n. 39), 259. Cf. the note with the quotation after note 50.

[73] David Crinitus wrote poesis artificiosa – e.g., figurative acrostics: see Mirjam Bohatcová, Farbige Figuralakrostichen aus der Offizin des Prager Druckers Georgius Nigrinus (1574/1581), in: Gutenberg-Jahrbuch 57 (1982), 246–262. On his printed poem, see Hejnic (as in n. 4), 97.

[74] Goclenius (as in n. 39), 165. David Crinitus, In obitu divi Maximiliani. Prague: Nigrinus, 1577, No. XIIII. The source of the epitaph of Vilém Prusinovský is unknown.

[75] Goclenius (as in n. 39), 8.

Goclenius's student Johann Heinrich Alsted is known as a proponent of 'technopaegnia'.[76] For his *Encyclopaedia*,[77] Alsted drew heavily on Goclenius's *Lexicon* and thus also transferred the term 'technopaegnion poeticum' into it without referring it to a specific manuscript. Alsted took many of the entries from Goclenius and hence indirectly from Clingerius's *Technopaegnion*, as is evident from the examples of 'philomelicum' and parallelism above.[78] These excerpts can be traced to later writings by Catholic and Protestant intellectuals, for instance Juan Caramuel y Lobkowitz and Christian Stegman.[79] It is also possible to infer the reception of the *Technopaegnion* in a religious school environment, an example of which might be Paschasius and his *Poesis artificiosa*,[80] whose personification in the colophon in the form of a female figure in a starry robe holding a laurel wreath and a book of poetry is reminiscent of the depiction of the Sacra Poesis from the Olomouc prints.

That Alsted drew indirectly on Clingerius is also evident from the development of the definitions of the term 'technopaegnion'.[81] In Clingerius, we read: "Sed ut quid velit Technopaegnion, inscriptio nempe huius operis, declaremus. Notandum est compositam esse dictionem 'ἀπὸ τῆς τέχνης', id est arte et 'παιγνίου' quasi lusu, ut sit veluti ludicrum artis vel artificium ludicrum aut lusus artificiosus, quod ab Ausonio originem trahere videtur, qui quosdam versus, ut suo loco videbimus (quos Monosyllabos vocat), Technopaegnion inscribit."[82] The source of Clingerius's definition was most likely the Greek dictionary of Henri Estienne, which gives this interpretation:

> Technopaignion, Ludicrum artis: vel Artificium ludicrum, aut Ludus artificiosus. Sic inscripsit Ausonius versus quosdam suos qui monosyllaba voce clauduntur.[83]

Goclenius shortens it to:

---

[76] Kühlmann (as in n. 1), 432.

[77] Johannis Henrici Alstedii Encyclopaedia cursus philosophici. Herborn: Corvinus, 1630. The encyclopaedia was published in a smaller version already earlier – e.g., Cursus philosophici encyclopaedia, Herborn: Corvinus, 1620.

[78] Alsted (as in n. 77), 562– 563 ('paralellon'), 564 ('philomelisma').

[79] Bohemical epitaphs are presented by Juan Caramuel y Lobkowitz, Primus calamus ob oculos ponens metametricam. Romae: Falconius, 1663, 50. Christian Stegman was inspired by Alsted, even for the title of his work Technopaegnium poeticum. Wismar: Martini, 1682, 79 ("parallelon") and 83 ("philomelisma").

[80] Poesis artificiosa ... R. P. F. Paschasii. Herbipoli: Zinck, 1668.

[81] On the development of this term, see Kwapisz 2013 (as in n. 5), 9–11.

[82] Gotha, fol. 5rv; Graz, 10v; Augsburg, 195v–196r.

[83] Henricus Stephanus, Thesaurus Graecae linguae, Tom. III. [Genf]: [Henri Estienne II], [1572], 1431.

> Technopaegnion est artificiosus ludus ut Erotopaegnion est amoris lusus. Tale est Acromonosyllabicum carmen.[84]

His definition is then specified and expanded by Alsted:

> Technopaegnion poëticum est artificiosus in re metrica lusus. Lusus ille respicit vel accidentia grammatica et rhetorica, vel affectionem logicam, vel figuram mathematicam.[85]

We have attempted to provide the basic information on the manuscript sources discovered, but there is still much more to be added to create a complete picture of Clingerius's *Technopaegnion*. However, the questions that remain cannot be answered with the existing knowledge of the sources documenting monastic humanism in the 16th century.[86] It is not entirely impossible that Clingerius, in the study of artificia, also had a predecessor, a 'nightingale' from whom he learned poetry and theory. Except for some minor remarks, we have left aside his poetry and discussed him more as a theorist and teacher. His own poetic activities, which should be critically evaluated in future studies, are remarkable not only for their form. In the context of his poetic contemporaries, who cultivated given poetic conventions without much thought, Clingerius can be described as a poet with a distinctive artistic expression.

Transcription of Latin texts

The text of the preface is based on the three extant manuscripts of *Technopaegnion*: Forschungsbibliothek Gotha, Chart. B 1945 (hereinafter only as **Go**); Universitätsbibliothek Graz, Ms. 1278 (hereinafter only as **Gr**); UB Augsburg, Cod.II.2.4.37 (hereinafter only as **Aug**).[87] The Hugo Slevogt edition, based on the manuscript in Gotha, is also taken into account: *Technopaegnion Poeticum ex Codice MS. edidit Hugo Slevogt.* Teil 1, in: Programm des Gräflich-Gleichenschen Gymnasiums Ohrdruf. Ohrdruf 1887, 3–5 (hereinafter only as **Sl**). The basic text for transcription of the preface (Appendix 1) is the **Go** manuscript, which has the best reading. In the textual critical notes we note divergences from the main text in other manuscript versions and in the Slevogt edition. In Appendix 2 we transliterate the afterword[88] that is missing in the **Go** manuscript. The **Gr**

[84] Goclenius (as in n. 39), 239.

[85] Alsted (as in n. 77), Cap. V. *De technopaegnio poetico Latino*, 549.

[86] On monastic humanism in the Czech lands, see Lucie Storchová, Paupertate styloque connecti. Utváření humanistické učenecké komunity v českých zemích [The Shaping of the Humanist Scholarly Community in the Czech Lands]. Praha 2011, 308–314.

[87] **Go**, fol. 9rv; **Gr**, fol. 8r; **Aug**, fol. 192rv.

[88] **Gr**, fols. 263v–264r; **Aug**, fols. 317r–318r.

and **Aug** manuscripts both contain errors to a comparable degree and it was not possible to give preference to one.

Our aim was to reproduce the original text according to the most probable wording, not to classicize or interfere with the orthography. We have also retained the original capitalization, which is a testimony to the contemporary practice. In a similar way, other Latin texts cited in the article are transcribed. The textual critical notes are written according to the principles of the Bibliotheca Teubneriana Latina.

Appendix 1

In Technopaegnion poeticum praefatio.

Cognitum est[89] omnes artes rudiores primum tractatas[90] et deinde tempore[91] politiores effectas fuisse, quemadmodum in omnibus artibus cum liberalibus quam[92] mechanicis comperimus.[93] Nec mirum. Nullus enim artifex aemulo caruit;[94] quippe eo usque pervenitur, ut homines rei universae opificem Deum in suis quibusdam operibus effingendis imitando[95] omnem industriam collocent, et, si[96] non aemulari possunt,[97] propius[98] tamen ad res divinas accedere conantur.[99] Quid enim non pictores, sculptores et[100] caelatores suae arti addiderunt, ut populo placerent? Quasi nihil venustatis[101] et gratiae habiturum sit illud,[102] quod Apellaeum et Daedaleum[103] quid prae se ferat, quo fit, ut lineamenta, lucem, umbrarum recessus exprimant tanto artificio ita, ut[104] non a natura didicisse, sed cum ea certasse, aut potius illi leges dare posse[105] videantur. Sic cum sacra Poësis[106] sit ars, non defuerunt in illa Musarum aemuli. Unusquisque enim poetarum se de Iovis cerebro aut lacte mellisve medulla aliquid

---

[89] Cognitum est **Go**, **Aug**: Cunctis est cognitum **Gr**
[90] tractatas **Gr**: tractata **Go**, tractu **Aug,** tractatu *corr.* **Sl**
[91] tempore **Go**, **Aug**: temporis successu **Gr**
[92] quam **Go**, **Gr**, **Aug**; tum *corr.* **Sl**
[93] comperimus **Go**, **Gr**: comperientur **Aug**
[94] caruit **Go**, **Gr**: caret **Aug**
[95] imitando **Go**, **Gr**: *om.* **Aug**, imitentur in eoque imitando *corr.* **Sl**
[96] et si **Go**: etsi **Gr**, **Aug**, atque si *corr.* **Sl**
[97] possunt **Go**, **Aug**: possint **Gr**
[98] propius **Gr**, **Aug**; *corr.* **Sl**: proprius **Go**
[99] propius tamen … conantur **Go**: *om.* **Gr**; propius tamen … accedunt **Aug**
[100] sculptores et **Go**, **Gr**, **Aug**: sculptores *corr.* **Sl**
[101] venustatis **Go**, **Gr**: vetustatis **Aug**
[102] illud **Go**, **Gr**: *om.* **Aug**
[103] Apellaeum et Daedaleum **Go**, **Gr**: non Apellem prout Daedalum **Aug**
[104] ita, ut **Go**, **Gr**, **Aug**: ut: *corr.* **Sl**
[105] leges dare posse **Go**: dare leges posse **Gr**, **Aug**
[106] sacra Poësis **Go**, **Aug**: poësis **Gr**

libasse demonstrare voluit, unde se quemadmodum pavo[107] aliis avibus[108] ostentaret, quo factum est, ut poetae limitibus suis se[109] non continuerint. Poësis enim (ut loquitur Iulius Caesar Scaliger[110]) est imitatio naturae, natura vero[111] ipsa raro simplicia commentatur. Hinc factum est, ut vates diversa Technopaegnia et diversa[112] artificiorum genera excogitaverint[113] nobisque[114] imitanda reliquerint. Idcirco liceat mihi cum Aristophane exclamare: Quid est, quod non manibus effici[115] queat? Nihil enim est rerum omnium, quod arte necnon ingenii industria non perficiatur. Nos igitur ex[116] multiplici artificiorum genere[117] quasdam artes poeticas proponemus,[118] ut intelligenter et sapienter[119] Castalidum[120] ianuas percurramus,[121] quamvis fortassis a quibusdam ille labor vili pendi possit,[122] sed non nisi ab[123] huius artis ignaris vel aemulis severisque[124] Aristarchis. Asinus enim stramenta mavult quam aurum.[125] Sed condolendum est communi hominum vitio, quicquid enim ipsi vel stupiditate[126] vel[127] negligentia consequi nequeunt, temnere citius[128] quam laudare malunt, sed nihili facienda sunt huiusmodi verborum vana iacula. Maior enim hinc divinae Poëseos clarescit gloria, quae nisi difficilem se praeberet,[129] artis nomine indigna esset. Rem enim facilem, quae a pueris effici potest, non artem statim appellamus,[130] proinde perpetuum splendeat Poëseos maiestas. Haec autem sunt artificiorum nomina,

---

[107] pavo **Gr**: pavi **Go**; pavus **Aug**
[108] aliis avibus **Go**, **Gr**, **Aug**: inter alias aves *corr.* **Sl**
[109] poetae limitibus suis se **Go**, **Aug**: limitibus poetae suis sese **Gr**
[110] Scaliger **Go**, **Gr**: Schaliger **Aug**
[111] vero **Go**, **Gr**: enim **Aug**
[112] diversa **Go**, **Aug**: *om.* **Gr**
[113] excogitaverint **Go**, **Gr**: excogitarint **Aug**
[114] nobisque **Go**, **Gr**: novisque **Aug**
[115] non manibus effici **Go**, **Aug**: manibus effici non **Gr**
[116] nos igitur ex: *corr.* **Sl**: nos igitur et **Go**, **Gr**; hos itaque pro **Aug**
[117] genere **Go**, **Gr**, **Aug**: arte: *corr.* **Sl**
[118] proponemus, ut **Go**, **Gr**, **Aug**: proponemus et operam dabimus: *add.* **Sl**
[119] intelligenter et sapienter **Go**: intelligantur et capiantur **Gr**, **Aug**; intelligenter ac sapienter: *corr.* **Sl**
[120] Castalidum **Go**, **Aug**: Castaliceas **Gr**
[121] percurramus **Go**: aperimus **Gr**; aperiemus **Aug**
[122] possit **Gr**; *corr.* **Sl**: posset **Go**, **Aug**
[123] ab **Go**: *om.* **Gr**, **Aug**
[124] severisque **Go**, **Aug**: vel **Gr**
[125] Erasmus, *Adagia* 3738 (4, 8, 38)
[126] stupiditate **Go**, **Aug**: suppeditat **Gr**
[127] vel **Go**: vel potius **Gr**, **Aug**
[128] temnere citius **Go**, **Gr**, **Aug**: contemnere *corr.* **Sl**
[129] praeberet **Go**, **Aug**: praebeat **Gr**
[130] appellamus **Go**, **Aug**: appelabimus **Gr**

quae in primo vestibuli ingressu omnium[131] obtutibus[132] perlustranda, deinde[133] vero tractanda praefigere voluimus.[134]

Appendix 2

Conclusio Technopaegnii

Haec sunt, sacrae Poeseos[135] amatores et discipuli mei clarissimi, quae octo annorum spatio nocturnis et diurnis lucubrationibus collegi, et me plura non audisse,[136] vidisse et legisse doleo. Opus enim non[137] omnibus numeris perfectum esse censeo, quicquid tamen in secretiori mea Poesi multis hoc quinquennio spatio, quibus artem hanc professus fui, in tribus collegiis occultavi, vobis[138] vienensibus hisce artificiis manifestavi. Quamvis autem non tantam gratiam et venustatem redoleant, quod[139] ad consuetam dicendi rationem formata et ornata non sint nec verborum elegantium in aliis[140] admixtum sit, nulla praeterea sententia adeo argute dicta, nulla industria, nulla Atticae linguae Venere proposita, aut compositionis harmonia aut arte ad amussim elaborata,[141] sed ab his omnibus longe lateque discrepant, sciant lectores operis mei me[142] artem poeticam potius quam Ciceronianam facundiam ostendere voluisse, hanc igitur curam aliis commendo, qui vel ornabunt, augebunt vel amplificabunt. Satis sit novitate et varietate saltem artificiorum insudasse et studuisse. Si ita perfectum esset, ut optarem, atque[143] in publico si appareret, certatim ab omnibus Poetis curaretur,[144] non aliter veluti ad noctuam reliquae aviculae sturnatim et graculatim convolitare aut tanquam ad lusciniam audiendam Philomelici vates approperare solent.[145] Hoc fuit nectar illud poeticum, quod prolibare volui, vos rosas Musarum decerpite, spinas vero relinquite. Ex quibus vero auctorum floribus apum more quaedam sumptum[146] Coronidis et Colophonis loco

---

[131] omnium: omnibus **Aug**

[132] obtutibus **Go**, **Gr**: *om.* **Aug**, obtutu: *corr.* **Sl**

[133] deinde **Gr**, **Aug**: deinceps **Go**

[134] voluimus **Go**, **Gr**: volumus **Aug**

[135] sacrae Poeseos **Gr**: Sacrae poeseos **Aug**

[136] non audisse **Gr**: *om.* **Aug**

[137] non **Gr**: *om.* **Aug**

[138] nobis **Aug**: Nobis **Gr**

[139] quod **Gr**: quo **Aug**

[140] elegantium nihil in illis admixtum sit *corr.*: elegantium in aliis admixtum est **Gr**, elegantiam nihil in illis admixtum est **Aug**

[141] aut … elaborata **Gr**: *om.* **Aug**

[142] me **Aug**: *om.* **Gr**

[143] atque **Aug**: certe **Gr**

[144] curaretur **Aug**: curveretur **Gr**

[145] sturnatim … solent **Gr**: *om.* **Aug**

[146] sumptum **Gr**: superum **Aug**

Catalogum authorum tam sacrorum quam prophanorum adiungere placuit, hi autem sunt qui sequuntur.[147]

Appendix 3

A reconstruction of the content of the original manuscript of the *Technopaegnion poeticum*: Graz / Augsburg / Gotha / Goclenius + Alsted (GA)

In Technopaegnion poeticum praefatio (Graz: Inc.: "Cunctis est cognitum", Gotha + Augsburg: "Cognitum est ..." Expl.: "... tractanda praefigere voluimus".) complemented by a list of artificia.

Graz and Augsburg then have prolegomena without a heading: Inc.: "Pluria[148] quidem artificiorum genera sese nisi ..." (which is incomplete in Gotha, with one or more folios missing; it thus begins: "... satis vel novitatis id omne tenuerit"), Expl. in Graz and Augsburg: "Haec in Prolegomenis, iam ad artificia".

The artificia in Graz are not numbered, Gotha has numbered artificia in the actual text up to number 35, and Augsburg has 76 numbers in the alphabetical list after the preface; when the lists from all manuscripts are combined, there are about 78 artificia in total.

1. Virgilianum / Vergilianum
2. Lucullianum / Luculianum
3. Gryphus / Griphus (GA)
4. Sotadeum / Sothadaeum
5. Diaulonianum (GA)
6. Stichodilecticum / Stychodilecticum
7. Metatheticum / Metatheticon (GA)
8. Philomelicum (GA)
9. Pyrrhichicum / Pyrricum
10. Parallelon (GA)
11. Commatium / Commaticum / Commathium
12. Monosyllabum / Monosyllabicum / Monosyllabi
13. Thiopoema / Tiopoema / Tiopoëma
14. Euryphalicum / Euryphallicum
15. Epomonoeon / Eponomion / Epomoneon / Epomonion
16. Paromoeon / Paromaeon (GA)
17. Syncriticum
18. Apologeticum
19. Symplecticum
20. Echo + vocabula echica (GA)

[147] hi autem ... sequuntur **Aug**: *om.* **Gr**

[148] Pluria **Gr**: Pura **Aug**

21. Musicum
22. Leoninum (GA)
23. Centones (GA)
24. Harmoniacum
25. Parodia (GA)
26. Centaurinum (GA)
27. Metamorphosianum (GA)
28. Proteus / Protheus (GA)
29. Isogrammadistichon / Isogrammastichon seu Rhabanianum / Isogrammatistichon seu Rhabanianum (GA)
30. Acrostichon (GA)
31. Cephalonomaticum / Cephalonomaticon (GA)
32. Silonianum
33. Iaponicum / Japonicum
34. Pangrammata / Pangrammaton
35. Hieroglyphicum / H. imitatum seu figuratum
36. Epizographianum
37. Emblema (GA)
38. Symbolum
39. Elogium / Elogia
40. Epigramma (GA)
41. Anagramma (GA)
42. Distichon
43. Apophoreta
44. Eteostichon (GA)
45. Monostichon
46. Senecianum / Senetianum
47. Aenigma (GA)
48. Logogryphi / Logographi (GA)
49. Paroemiacum
50. Cascum
51. Germanicum
52. Macharonicum / Macaronicum
53. Eponymicum / Epomonicum
54. Heroinum
55. Pandomiphonon / Pantomiphonon
56. Macrocolon (GA)
57. Brachycolon / Brachicolon
58. Anaphoricum / Ephanaphoricum
59. Epanadoticum
60. Epanastrophicum

61. Gomphonianum sive coagmentatum
62. Perileptianum / Perilepsis / Perilepsianum
63. Erotematicum
64. Diameiodia
65. Stichoplagiasmon / Stichoplagiasmus
66. Alleponalium / Allonexalium
67. Palinodia
68. Iconium
69. Politianaeum
70. Climaticum
71. Antitheticum (GA)
72. Paronomasiacum (GA)
73. Anadiplosianum
74. Polyptoticum
75. Periphrasticum
76. Histurgicum
77. Bucolicum
78. Progymnasmaticum

Conclusio Technopaegnii. Inc.: Haec sunt sacrae poeseos amatores et discipuli mei charissimi quae 8 annorum spatio nocturnis et diurnis lucubrationibus collegi … Expl.: Colophonis loco Catalogum auctorum tam Sacrorum quam prophanorum affingere placuit.

Appendix 4

A reconstruction of the list of recommended authors and works.

(**Gr**, fol. 264rv; **Aug**, fols. 317v–318r. **Gr** is used as default manuscript because of its better reading. Alternatives from **Aug** are given after the slash. The name order in both manuscripts is not the same.)

S. Augustinus[149]
S. Ambrosius[150]
Venerabilis Beda[151]
Rhabanus Episcopus Moguntinus[152]
Eustatius[153]

---

[149] Saint Augustine (354–430).
[150] Saint Ambrose (Aurelius Ambrosius, c. 339–c. 397).
[151] Bede the Venerable (c. 672–735), English bishop and writer.
[152] Rabanus Maurus (c. 780–856), Frankish archbishop, theologian and poet.
[153] Eustathius of Thessalonice, a 12th-century bishop, commentator on Homer and Dionysius Periegetes.

Nicephorus / Nicephalus[154]
S. Nazianzenus[155]
S. Hyeronimus[156]
Plato[157]
Aristoteles[158]
Vegetius[159]
Plinius[160]
Bocatius[161]
Higinius[162]
Palephatus[163]
Booetius / Boëtius[164]
Athenaeus[165]
Petrus Crinitus / Crinitus[166]
Sanetes / Santes[167]
Non: Marcellus[168]
Suidas[169]
Naugerius[170]

---

[154] Nicephorus Gregoras, a 13th–14th-century Byzantine historian, commentator on Porphyry, Proclus, and Homer; his work was published by Melanchthon.
[155] Saint Gregory the Great (c. 540–604).
[156] Saint Jerome (c. 342–420).
[157] Plato (c. 424–c. 347 BC).
[158] Aristotle (384–322 BC).
[159] Adam of Fulda or Vegetius († 1505), a composer and theorist, author of a treatise on music, originally a Benedictine monk, later professor at the newly founded University of Wittenberg.
[160] Probably Pliny the Elder (Gaius Plinius Secundus, c. 23–79).
[161] Giovanni Boccaccio (1313–1375), Italian humanist and poet.
[162] Gaius Iulius Hyginus († before 17 AD), a Roman author of writings on mythology and astronomy, poet.
[163] Palaephatus, the fourth-century Greek mythographer.
[164] Anicius Manlius Severinus Boëthius (c. 480–524).
[165] Athenaeus of Naucratis, a Greek grammarian and rhetorician of the turn of the 2nd and 3rd centuries, author of the fragmentarily preserved work *Deipnosophistae* or *The Banquet of the Learned.*
[166] Pietro Crinito (1474–1507), a Florentine humanist and poet, author of the work *De honesta disciplina* (1504).
[167] Probably Santes Pagnino (1470–1541), an Italian Dominican, philologist, and Biblical scholar.
[168] Nonius Marcellus, a late-Roman grammarian and lexicographer of the 4th or 5th century.
[169] The alleged author of the Byzantine lexicon Suda, which was written around 970.
[170] Andrea Navagero (1483–1529), an Italian humanist and poet, editor of Ovid.

Diomedes[171]
Natalis comes[172]
Lilius Gyraldus / prialdus[173]
Nicolaus Perotus / perottus[174]
Hortensius[175]
Petrus Damianus[176]
Servius[177]
Despauterius[178]
Bartolomaeus Riccius[179]
Julius Caesar Scaliger[180]
Claudius Minois[181]
Publius Festus / Vestus[182]
Rubertus Turnerus[183]
Gilbertus Genebrardus / Gelebrandus[184]
Riochus / Triochus[185]
Joannes Rosinus[186]
Ennius[187]

---

171 Diomedes Grammaticus, a Latin grammarian of the late 4th century.
172 Natale Conti (1520–1582), an Italian mythographer and historian.
173 Giglio Gregorio Giraldi (1479–1552), an Italian mythographer, predecessor of Conti, and a poet.
174 Niccolò Perotti (1429–1480), an Italian humanist and the author of the first early modern Latin grammar.
175 Probably Lambertus Hortensius (1500–1574), a Dutch humanist and Catholic clergyman, poet, and historian, commentator on Roman poets.
176 Peter Damian († 1072), an Italian medieval theologian and philosopher.
177 Maurus Servius Honoratus, a late 4th-century and early 5th-century grammarian, commentator on Virgil.
178 Johannes Despauterius (1480–1520), a Flemish Humanist and educator, author of a Latin grammar.
179 Bartolomeo Ricci (1542–1613), an Italian Jesuit.
180 Julius Caesar Scaliger (1484–1558), Italian scholar, author of influential work on poetics.
181 Claude Mignault (Claudius Minos, 1536–1606), a French lawyer and philologist, author of emblem books.
182 Probably Sextus Pompeius Festus, a Roman grammarian of the 2nd century, author of the work *De verborum significatu*.
183 Robert Turner († 1599), originally from Scotland, professor of philosophy and rhetoric at Ingolstadt, later secretary of Archduke Ferdinand II Tyrol, commentator and theologian.
184 Gilbert Génébrard († 1597), Benedictine exegete, and Orientalist-Hebraist.
185 Unidentified, probably 'de Rioja'.
186 Johann Rosinus (1551–1626), a German Protestant theologian and antiquarian.
187 Quintus Ennius (c. 239–c. 169 BC).

Virgilius[188]
Seneca[189]
Juvenalis[190]
Ausonius[191]
Alciatus[192]
Bartholo: Annulus / Anulius[193]
Horatius[194]
Achilles Boschius / Poclesius[195]
Andreas Brusius / Prusius[196]
Joannes Engerdus[197]
Sambucus[198]
Pontanus[199]
Wida / Bida[200]
Bartholo: Maranta Venusinus[201]
Paradinus[202]

---

188 Virgil (Publius Vergilius Maro, 70–19 BC).
189 Probably Seneca the Younger (Lucius Annaeus Seneca, c. 4 BC–65 AD).
190 Juvenal (Decimus Junius Juvenalis, turn of the 1st and 2nd century).
191 Decimus Magnus Ausonius (c. 310–c. 395).
192 Andrea Alciato (1492–1550), an Italian jurist and humanist, founder of the genre of emblems.
193 Barthélemy Aneau (1510–1561), a classmate of Beza and Calvin, professor of rhetoric in Lyon, creator of emblems and translator of Alciato.
194 Horace (Quintus Horatius Flaccus, 65–8 BC).
195 Achille Bocchi († 1562), an Italian humanist, author of the emblem book Symbolicarum quaestionum libri V. Bologna: Academia Bochiana, 1555.
196 Correctly Andreas Frusius (André des Freux, † 1566), a French Jesuit, scholar, and poet. The first Jesuit whose works were published in print.
197 Johann Engerd († 1587), professor of poetry at Ingolstadt, poet and creator of artificia; Clingerius often quotes him in the *Technopaegnion*.
198 Johannes Sambucus (1531–1584), a court historian of Ferdinand I and professor in Vienna, poet and polyhistor, author of emblems.
199 Only in the manuscript from Graz. It may be Jacobus Pontanus Spanmüller (1546–1626), a Jesuit from Most, author of Jesuit poetics and other textbooks, or the Italian humanist and poet Giovanni Gioviano Pontano (1426–1503) or Czech Catholic poet and historian Georgius Bartholdus Pontanus (c. 1550–1614).
200 Marco Girolamo Vida († 1566), an Italian Humanist, author of poetics in verse and a number of religious and didactic epics.
201 Bartolomeo Maranta (1500–1571), an Italian physician, botanist, and literary theorist. Clingerius's first two artificia are based on his work Lucullianae quaestiones. Basel: Oporinus, 1564.
202 Claude Paradin († 1573), a French canon, genealogist, and publisher of emblem books.

Merlinus[203]
Homerus[204]
Picta Poesis[205]
Livius[206]
Epistolae Japonicae[207]
Laurentius Albertus / Alb. Laurent.[208]
Joannes Susambrotus / Jo. Susenbrod.[209]
Castellio[210]
Claius / Chlasius[211]
Martialis[212]
Sanazarius / saccasorius[213]
Ovidius[214]
Sixtus Senensis[215]

---

[203] Jacques Merlin (c. 1480–1541), a French theologian and editor, commentator on Origen.
[204] Homer (born c. 8th century BC).
[205] The book of emblems under this title was written by Barthelémy Aneau, who is already listed above. It is also worth considering *Picta poesis Ovidiana* by N. Reusner and F. Sabaeus (Frankfurt: Feyerabend, 1580) and *Emblematum Tyrocinia sive Picta poesis latinogermanica* by M. Holtzwart (Straßburg: Jobin, 1581).
[206] Livy (Titus Livius, 59 BC–AD 17).
[207] Epistolae Iapanicae, de multorum gentilium in variis insulis … per Societatis Iesu theologos conversione. Leuven: Velpius, 1569.
[208] Only in the manuscript from Augsburg. Laurentius Albertus († after 1583) was linguist and author of a German grammar.
[209] Johannes Susenbrotus († 1542), a German humanist, who wrote the foundations of Latin grammar, a collection of Christian poems and the book on tropes.
[210] The identification is unclear; theoretically, it could be Sébastien Châteillon (1515–1563), a Protestant theologian, opponent of Calvin, and translator.
[211] Johannes Clajus (1535–1592), a German educator, Protestant theologian and grammarian, author of Latin religious poetry, author of Prosodiae libri tres. Wittenberg: Krafft, 1570.
[212] Martial (Gaius Valerius Martialis, between 38 and 41–between 102 and 104).
[213] Jacopo Sannazaro (1458–1530), an Italian humanist and poet.
[214] Ovid (Publius Ovidius Naso, 43 BC–17/18 AD).
[215] Sixtus of Siena (1520–1569), a Jewish convert, Catholic theologian, and biblical scholar; editor of the collection Bibliotheca sancta ex praecipuis Catholicae Ecclesiae auctoribus collecta. Venice: Franciscis, 1566.

Image 1: Sacra poesis, detail of the woodcut used by Clingerius. Artificiosae Musarum gratulationes. Olomouc: Handl, 1597, reverse of title page. National Library of the Czech Republic, 52 C 11/adl.33.

Image 2: Paschasius a Sancto Johanne Evangelista, Poësis artificiosa. Würzburg: Zinck, 1668, detail from the frontispiece. National Library of the Czech Republic, 9 K 62.

Marta Vaculínová Czech Academy of Sciences, Prague/Czech Republic
vaculinova@ics.cas.cz

Original und Kopie?
Zum Verhältnis von John Owens *Epigrammatum libri X* und Henrik Harders satirischen *Epigrammata* (1679)
Eine Annäherung

Mareike Woortmann

Abstract:

Despite accolades by contemporaries beyond Denmark and his ongoing presence in modern Danish literary history, Henrik Harder (1642–1683) has not been researched as a poet of Neo-Latin epigrams. A first attempt of verifying or falsifying Edward Bensly to date unproven thesis of Harder being profoundly influenced by John Owen's epigrams in his own puns and points will be the aim of this paper. For this purpose both authors' epigrams treating fictional characters of the educational system will be contrasted. It becomes apparent that Harder does not merely copy Owen, but that he adds his own tinges in his satirical approach to his target audience – for example with his use of metrics or with his selection of students as his addressees, while the renowned Welsh focuses on the teachers. Nevertheless, in order to evaluate the relation of Harder's epigrams to Owen's œuvre and especially potential regional models in Danish or German Neo-Latin poetry, more detailed studies will be needed.

Keywords:

John Owen, Neo-latin epigram, Henrik Harder, satire on teachers, Danish Neolatin poetry.

Der aus Flensburg gebürtige Dichter Henrik Harder (1642–1683) und seine pointierten, thematisch vielfältigen neulateinischen Epigramme bilden seit geraumer Zeit einen festen Bestandteil derjenigen Nachschlagewerke, die sich der dänischen Literaturgeschichte widmen.[1] Dies ist umso bemerkenswerter, wenn

[1] Für Informationen zu Harders Vita vgl. Øjvind Andreasen, Henrik Harder, in: Dansk Biografisk Lexikon Online (verfügbar unter https://biografiskleksikon.lex.dk/Henrik_Harder; letzter Zugriff 23.03.2022) sowie Johannes Moller, Henricus Harderus, in: Johannis Molleri Flensburgensis Cimbria Literata, Sive Scriptorum Ducatus Utriusque Slesvicensis Et Holsatici, Quibus Et Alii Vicini Quidam Accensentur, Historia Literaria Tripartita. Tomus Primus Scriptores universos Indigenas, hisque immistos complures, qvorum Patria explorari necdum potuit, comprehendens. Kopenhagen: Orphanotrophius Regius, 1744, 235. – Folgende Literaturgeschichtswerke seien hier beispielhaft aufgeführt: Carl S. Petersen u.a. (Hrsg.), Illustreret dansk Litteraturhistorie. Bd. 1: Den danske litteratur fra folkevandringstiden indtil Holberg. Kopenhagen 1929, 916; Frederik J. Billeskov Jansen, Den danske lyrik. Bd. 1: Før 1800. Fran folkeviserne til Jens Baggesen. Kopenhagen [3]1985, 79f. sowie Klaus P. Mortensen / May Schack (Hrsg.), Dansk litteraturs historie. Bd. 1: 1100–1800. Kopenhagen 2007, 424f.

man bedenkt, dass das skandinavische Königreich in der Frühen Neuzeit eine so überaus große Anzahl an (Gelegenheits-)Dichtern hervorbrachte,[2] dass es bereits zeitgenössischen Literatursammlern wie Frederik Rostgaard (1671–1745) nicht leicht fiel, lediglich die besten Vertreter dieser Kunst für eine Anthologie – in Rostgaards Fall die *Deliciae Quorundam Poetarum Danorum* (1693) – auszuwählen.[3] Harders Epigramme, die gemeinsam mit seinen übrigen drei poetischen Werken in diesen *Deliciae* gesammelt wurden,[4] erlangten nicht nur die Bewunderung seiner Zeitgenossen,[5] sondern wurden außerdem vom bekannten dänischen Literaten Ludvig Holberg (1684–1754) geschätzt und rezipiert (s.u.).[6] Insofern ist es sehr erstaunlich, dass diese über ihre Entstehungszeit hinaus so gelobten Gedichte bis heute keine eingehendere Untersuchung aus

---

[2] Vgl. Petersen u.a. (wie Anm. 1), 434 und 914.

[3] Rostgaard selbst beschreibt dieses Problem im Vorwort der Anthologie folgendermaßen (zitiert nach: Deliciae Quorundam Poetarum Danorum collectae et in II. tomos divisae a Friderico Rostgaard. Leiden: Jordan Luchtmans, 1693, Teil 1, V): „Sed obstabat adhuc ipsa bonorum copia, et non horreo messis, sed messi horreum defuit; … ." („Aber immer noch stand die Menge der guten [sc. Dichter] selbst im Weg, und es fehlte nicht die Ernte dem Speicher, sondern der Speicher der Ernte; … .") – Wo nicht anders angegeben, sind alle verwendeten Übersetzungen aus dem Lateinischen selbst angefertigt. Vgl. dazu auch Anm. 9.

[4] Dabei handelt es sich um das *Poemation Hafnia Arctiore Obsidione Liberata* (1660; Delic. 2 [wie Anm. 3], 305–346), den *Panegyricus Ad Dominum Petrum Comitem de Griffenfeld* (1675; Delic. 2, 347–364) und das Tautogramm *Canum cum Catis Certamen Carmine Compositum Currente Calamo C. Catulli Caninii* (undatiert; Delic. 2, 365–368).

[5] Die Anerkennung des dänischen Arztes und Chemikers Ole Borch (1626–1690) für Harders Epigrammdichtung geht eindeutig aus seiner Approbatio vom 7.2.1679 hervor, die dem ersten Epigrammbuch vorangestellt ist (Delic. 2 [wie Anm. 3], 212): „Lectissima haec Clariss[imi] Viri D[omi]ni HENRICI HARDERI Epigrammata Musis propitiis nata sunt et vibrantibus argutiis provocant lectores, digna quae publicis typis in manus plurium perveniant." („Diese überaus lesenswerten Epigramme des hochberühmten Mannes, Herrn Henrik Harder, sind unter günstigen Musen geboren und fordern die Leser durch blitzende Feinheiten heraus, sodass sie würdig sind, durch öffentlichen Buchdruck in die Hände von noch mehr Menschen zu gelangen.") Auch in den vier Jahre später erschienenen *Dissertationes academicae de Poetis* widmet Borch Harder ein paar lobende Zeilen (vgl. Olai Borrichii Dissertationes Academicae de Poetis. Publicis Disputationibus, in Regio Hafniensi Lyceo, assertae. Ab Anno 1676. ad Annum 1681. Nunc iterum evulgatae. Pro Sacrae Regiae Majestatis Daniae ac Norvegiae Librario Daniele Paulli. Frankfurt a.M.: Johann Georg Drullmann, ²1683, 167). – Gratulationsgedichte steuerten außerdem der Kopenhagener Stadtarzt Caspar Kölichen (1635–1687), der Kopenhagener Konrektor Nicolaus Biornscovius sowie der Geistliche Frederik Brandt (1632–1691) bei; vgl. Delic. 2 (wie Anm. 3), 213f. Auf weiteres zeitgenössisches Lob über Dänemarks Grenzen hinaus verweist Moller (wie Anm. 1), 235.

[6] Zu Harders Einfluss auf Holberg vgl. auch Frederik J. Billeskov Jansen, Ludvig Holberg. Woodbridge, Conn. 1974, 107.

latinistischer Perspektive erfahren haben.[7] Auch die erwähnten Literaturgeschichten bedienen sich beispielsweise ausschließlich der dänischen Übersetzungen des Schulrektors Frederik Dahl (1822–1920), obwohl sein Werk *Et Hundrede Epigrammer* (Kopenhagen 1903) erstens, wie der Titel bereits andeutet, lediglich 100 Gedichte aus allen drei Epigrammbüchern enthält und die Übersetzungen zweitens keineswegs dazu geeignet sind zu verdeutlichen, worin die Kunstfertigkeit der lateinischen Pointen besteht:[8] Die lexikalischen Besonderheiten der lateinischen Sprache, die maßgeblich zur Entfaltung des Witzes beitragen, werden schließlich nirgendwo in Betracht gezogen, und dass es ohnehin schwierig ist, Wortspiele ohne Verlust ihrer Qualität von einer Sprache in eine andere zu übertragen, ist evident.[9]

Angesichts dieses eklatanten Mangels an umfassenderen, über wenige ausgewählte Gedichte hinausgehenden Untersuchungen im Allgemeinen und tiefergehender latinistischer Forschung im Besonderen mutet es jedoch umso erstaunlicher an, dass das Verhältnis des neulateinischen Epigrammatikers Harder zum großen frühneuzeitlichen Gattungsvorbild John Owen (gest. 1622) geradezu unerschütterlich festzustehen scheint. Zu Beginn des 20. Jahrhunderts stellte Edward Bensly die Behauptung auf, der Deutsch-Däne sei Owen in höchstem Maße verpflichtet:

---

[7] Sebastian Olden-Jørgensen übersetzt immerhin vier Epigramme politischen Inhalts und nutzt diese Übersetzungen als Basis für eine inhaltliche Auseinandersetzung mit den ausgewählten Gedichten, wobei Harder jedoch immer nur ein Beispiel von mehreren darstellt; vgl. ders., Poesi og politik. Lejlighedsdigtningen ved enevældens indførelse 1660. Kopenhagen 1996, 47f. und 133. Jacques Chomarat bietet neben einer Übersetzung von 48 der insgesamt 421 Epigramme – wenn auch in äußerst knapper Form – Informationen zu den im jeweiligen Gedicht genannten Persönlichkeiten oder zu Bibel- beziehungsweise Martial-Referenzen, ohne jedoch näher auf die sprachlich-stilistischen Dimensionen der Epigramme einzugehen; vgl. ders., Mots et croyances. Présences du latin II. Genf 1995, 197–212. Ethel Seaton wiederum nennt und zitiert auf zwei Druckseiten einige Gedichte, die im Zusammenhang mit Harders Englandaufenthalt stehen; vgl. dies., Literary Relations of England and Scandinavia in the Seventeenth Century. Oxford 1935, 141f.

[8] Dies ist umso mehr der Fall, da die lateinischen Originale der Übersetzung hier nicht einmal gegenübergestellt werden; vgl. Petersen u.a. (wie Anm. 1), 916; Billeskov Jansen (wie Anm. 1), 79f. Dieser Verzicht auf die Originale lässt sich bereits in Dahls Buch beobachten. Sechs englische Übersetzungen ohne Bezug zum Originaltext finden sich außerdem in Francis Pierrepont Barnard, A Fardel of Epigrams, done into English. London 1922, 33 (Nr. 34); 57 (Nr. 70); 62 (Nr. 81); 79 (Nr. 111); 82 (Nr. 115) und 84 (Nr. 118).

[9] Dennoch sollen auch im Rahmen dieser Untersuchung die behandelten Epigramme übersetzt werden, um ein besseres inhaltliches Verständnis der jeweiligen Interpretation zu fördern. Die Übersetzungen verfolgen jedoch nicht den Anspruch, die sprachlichen Feinheiten der Wortspiele abzubilden, denn dies ist angesichts der großen Differenzen zwischen dem Deutschen und Lateinischen in sehr vielen Fällen schlicht nicht möglich.

> In his second and third books in especial, Owen is echoed again and again. We find the same themes, the same points and the same play upon words. Harder shows considerable skill in this style, and, in many cases, if epigrams of his were inserted among Owen's, it would require a close acquaintance with the latter's writings to detect the imposition.[10]

Das Problem besteht nun darin, dass weder Bensly selbst noch nachfolgende Forscher sich darum bemüht haben, dieses Urteil durch Belege und Beweise am Text zu untermauern und es so vom Status einer bloßen Behauptung zu befreien. Stattdessen wurde es ohne Überprüfung weiter verbreitet.[11] Dazu kommt, dass Harders angesehener Landsmann Holberg eine dezidiert andere Meinung vertrat, weil er dessen Epigrammen sogar den Vorzug vor Owens einräumte.[12]

Dieser Aufsatz verfolgt deshalb das Ziel, der Frage nach der kreativen Eigenleistung in Harders zweitem und drittem Epigrammbuch erstmals zumindest annäherungsweise nachzugehen,[13] indem ein inhaltlicher sowie sprachlich-stilistischer Vergleich zwischen seinen und Owens Gedichten unternommen wird:

---

[10] Edward Bensly, Robert Burton, John Barclay and John Owen, in: Adolphus W. Ward / Alfred R. Waller (Hrsg.), The Cambridge History of English Literature. Bd. 4. Cambridge 1909, 267.

[11] So zum Beispiel bei Seaton (wie Anm. 7), 140, in Andreasens Lexikonartikel zu Harder (vgl. Anm. 1) und in Sylvain Durands Kommentar zu Owens Epigrammen. Letzterer behauptet, der Modellcharakter des walisischen Dichters sei in Bezug auf Dänemark bei Harder nachzuweisen; vgl. ders., La récréation poétique. Traduction et commentaire des Epigrammes de John Owen (1564?–1622). Bd. 1. Paris 2012, 25. (Verfügbar unter: http://www.theses.fr/2012PA030143; letzter Zugriff 07.03.2022). – Gleiches gilt übrigens für Andrew R. Anderson, der lediglich ein einziges Mal die häufige Verwendung des Anagramms bei Harder und Owen erwähnt, ohne tiefer ins Detail zu gehen; vgl. ders., Three Modern Latin Epigrammatists, in: The Classical Weekly 18/22 (1925), 177f.

[12] 1737 gab Holberg selbst ein Buch mit lateinischen Epigrammen heraus – als letzter Däne, der auf Latein dichtete (vgl. Petersen u.a. [wie Anm. 1], 916). Im Vorwort dieser Ausgabe urteilt er: „Instar omnium mihi est noster Harderus, quem ipsi Oweno ob acumina, sales et elegantiam styli praeferre non dubitavi." („So gut wie alle [sc. anderen dänischen Epigrammatiker] zusammen ist für mich unser Harder; ich zögere nicht, ihn selbst Owen wegen der Schärfe, des geistreichen Witzes und der Eleganz seines Schreibstils vorzuziehen.") Zitiert nach: Jens Justesen (Hrsg.), Ludvig Holbergs Epigrammer. Oversatte fra den latinske Text. Trondheim 1863, xiii.

[13] Das erste Buch der *Epigrammatum libri tres* enthält lediglich Nacherzählungen biblischer Inhalte in Epigrammform. Da bisher keine textkritische Edition der Epigramme vorliegt, wird der in den *Deliciae Poetarum Danorum* enthaltene Nachdruck (Delic. 2, 209–304) verwendet, da er zumindest eine Nummerierung der einzelnen Gedichte bietet. Da der Text des Nachdrucks im Fall der zu behandelnden Gedichte nicht von der Erstauflage (Henrici Harderi Epigrammatum libri tres. Kopenhagen: Johann Adolph Baxmann, 1679) abweicht, muss diese nicht vergleichend hinzugezogen werden.

Finden sich hier wirklich, wie Bensly behauptet, exakt die gleichen Pointen und Wortspiele?[14] Übernimmt der Deutsch-Däne vielleicht gar ganze Formulierungen vom großen zeitgenössischen Gattungsvorbild? Oder lassen sich vielmehr eigene Nuancierungen in Wortwahl und Inhalt sowie originelle Herangehensweisen ausmachen, was die Entstehung von Witz und Komik betrifft? Zu diesem Zweck erfolgt eine Konzentration auf jene satirisch-kritischen Epigramme, die sich moralisch-mahnend, mit bissigem Humor oder gar invektivisch gegen Angehörige des Schulwesens richten. Da deren Anzahl im Œuvre beider Dichter überschaubar ausfällt, wird es leicht möglich sein, alle Fallbeispiele zu diesem Themenkomplex für den Vergleich heranzuziehen. Eingehender analysiert werden sollen dabei besonders Harders Epigramme, weil sie bisher noch nie eine Untersuchung aus speziell latinistischer Perspektive erfahren haben, wohingegen für Owens zumindest teilweise Sekundärliteratur herangezogen werden kann.[15] Hier fallen die Einzelanalysen entsprechend knapper aus. Angesichts des sehr begrenzten Umfangs des zu untersuchenden Vergleichsmaterials ist zugleich allerdings darauf hinzuweisen, dass die Ergebnisse nicht als repräsentativ oder endgültig bewertet werden können, was die Gegenüberstellung der beiden Dichter betrifft, weil dies der Komplexität dieses Unterfangens nicht gerecht würde. Sie behandeln nur einen inhaltlichen Einzelaspekt und dienen vielmehr dazu, einen ersten Einstieg in einen notwendigen umfassenderen, breiteren Vergleich zu eröffnen.

Angehörige des Schulwesens bei Martial

Was den gewählten Themenkomplex ‚Angehörige des Schulwesens' angeht, gilt es zu beachten, dass er keine Eigenheit der Frühen Neuzeit darstellt, sondern bereits in der antiken Epigrammatik – und außerdem in Juvenals siebter Satire – behandelt wurde.[16] Deshalb soll im Vorfeld ein kurzer Blick darauf geworfen

---

[14] Was die von Bensly postulierte umfassende thematische Gleichheit angeht, bedürfte es sicherlich einer eigenen Untersuchung, die die Themenkomplexe bei Harder und Owen miteinander vergleicht.

[15] Titika Aslanidou gibt einen kurzen Überblick über die Forschung zu Owens Epigrammen bis zum Beginn des 21. Jahrhunderts; vgl. dies., Johannes Audoenus († 1622). Die Bücher VIII–X. Heidelberg 2007, 11–18. (Verfügbar unter: http://www.ub.uni-heidelberg.de/archiv/7612; letzter Zugriff 21.02.2022.) Ihr Ziel ist es, die Einheit der verschiedenen Themen in Owens Œuvre sichtbar zu machen. Zu erwähnen sind außerdem Jansens Vergleich zwischen John Owen und Julien Waudré (vgl. Johannes Jansen, The Microcosmos of the Baroque Epigram. John Owen and Julien Waudré, in: Susanna de Beer / Karl A. E. Enenkel / David Rijser [Hrsg.], The Neo-Latin Epigram. A Learned and Witty Genre. Leuven 2009, 275–300) sowie Durands Kommentar (vgl. Anm. 11).

[16] Vgl. dazu auch Giancarlo Mazzoli, Epigrammatici e grammatici. Cronache d'una familiarità poco apprezzata. In: Sandalion 20 (1997) 99–116.

werden, wie Martial mit diesem Sujet umgeht, denn ihm kommt als Vorbild der frühneuzeitlichen Epigrammatik die bei weitem größte Bedeutung zu.

Insgesamt spielen Angehörige des Lehrberufes auch in Martials 14 Epigrammbüchern nur eine verhältnismäßig kleine Rolle: Als Adressaten oder zumindest eigentliches Thema des Gedichtes erscheinen sie lediglich viermal,[17] ansonsten bleibt es bei bloßen Erwähnungen.[18] Schüler treten sogar in nur einem einzigen Epigramm persönlich auf, doch selbst dort ist ihre Beschreibung als bemitleidenswerte Opfer lediglich das Mittel, um den sie begleitenden Lehrer zu diskreditieren.[19] Der antike Dichter vermittelt ein Bild von dieser Personengruppe, das sich aus folgenden Merkmalen zusammensetzt: Seine Lehrer neigen zum Brüllen sowie zum (allzu) frühen Unterrichtsbeginn und zeigen sich streng, verbittert und bedrohlich.[20] In zwei Fällen deuten sich auch berufliche Inkompetenz beziehungsweise mangelnder beruflicher Erfolg an.[21] Da Martial zu Owens Zeit in England das unangefochtene Maß aller Dinge war, in der Schule als Vorbild gelesen und imitiert wurde sowie 1577 außerdem eine Übersetzung ins Englische erfuhr,[22] wird also zu beobachten sein, inwiefern sich der walisische

---

[17] Vgl. Mart., 9, 68; 10, 60; 10, 62 und 14, 120.

[18] Vgl. ders., 5, 9; 5 84; 7, 32; 8, 3; 9, 29; 10, 104 und 12, 57.

[19] Mart., 5, 9: „Languebam: sed tu comitatus protinus ad me / Venisti centum, Symmache, discipulis. / Centum me tetigere manus aquilone gelatae: / Non habui febrem, Symmache, nunc habeo." („Ich war träge: Aber alsbald kamst du zu mir, / Symmachus, begleitet von einhundert Schülern. / Einhundert vom Nordwind eisgekühlte Hände berührten mich: / Ich hatte kein Fieber, Symmachus; jetzt habe ich es.")

[20] Vgl. Christer Henriksén, A Commentary on Martial. Epigrams Book 9. Oxford 2012, 285.

[21] Im Epigramm 14, 120 wird Sprachlehrern fachliches Unwissen unterstellt, welches sich darin zeige, dass sie anstatt der von sozial hochgestellten Gewährspersonen gebrauchten Form ‚ligula' ‚lingula' verwendeten: „Quamvis me ligulam dicant equitesque patresque, / Dicor ab indoctis lingula grammaticis." („Obwohl mich Ritter und [sc. Stadt-]Väter ‚ligula' nennen, / werde ich von ungelehrten Sprachlehrern ‚lingula' genannt.") – Eine Unterscheidung der Begriffe findet sich beim spätantiken Grammatiker Flavius Sosipater Charisius (4. Jh. n.Chr.), demzufolge sich „lingula" (zur Bezeichnung eines Löffels) von „lingere", „ligula" (zur Bezeichnung der Schuhzunge) aber von „ligare" ableitet; vgl. Thesaurus Linguae Latinae (TLL), s.v. 1. lingula init., 7.2.1453.39–51 (verfügbar unter: https://thesaurus.badw.de/tll-digital/tll-open-access.html; letzter Zugriff 02.04.2022). – Als zweites Beispiel wäre hier der Lehrer Munna zu nennen (10, 60). Bei ihm pflegen sich für gewöhnlich nur zwei Schüler einzufinden, was implizit gegen die Qualität seines Unterrichts spricht: „Iura trium petiit a Caesare discipulorum / Adsuetus semper Munna docere duos." („Das Drei-Schüler-Recht erstrebte Munna vom Kaiser, / der daran gewöhnt war, immer [sc. nur] zwei zu unterrichten.")

[22] Vgl. Durand (wie Anm. 11), 34f. – Dass Martials Gedichte zu Übungszwecken in Schulen verwendet wurden, trifft freilich ebenso auf das europäische Festland und damit auch auf Harders Lektüreerfahrungen zu; vgl. Gideon Nisbet (Hrsg.), Martial. Epigrams with Parallel Latin Text. New York 2015, xxvif. und Jansen (wie Anm. 15), 280.

Dichter der beschriebenen Lehrerdarstellung des antiken Vorbilds anschließt oder nicht.

Satirisch-kritische Lehrergedichte bei John Owen

Von den über 1.000 Gedichten, die John Owens *Epigrammatum libri X* insgesamt enthalten, befassen sich lediglich sechs im engeren Sinne und auf satirisch-kritische Weise mit den Vertretern dieses Berufes, nämlich I 99, II 118, IV 76, IV 196, VII 95 und IX 77.[23] In Übereinstimmung damit, was Sylvain Durand bereits für Epigramme auf die Lehrerfigur festgestellt hat, konzentriert sich der Tadel angesichts der Sprachlehrer (‚grammatici') – neben der charakterlichen Verfehlung der Eitelkeit – hauptsächlich auf ihre fachliche Inkompetenz,[24] d.h. ihre eigene Unkenntnis desjenigen Lehrstoffes, den sie den Schülern vermitteln sollen. Da sie deshalb eklatant vom Ideal eines Lehrers abweichen, bezeichnet Owen sie in der Regel als „grammaticaster".

Der Dichter lässt beispielsweise einen gewissen Hallus auftreten (I 99: *In Hallum Grammaticastrum*), der – wie der Kontext des Distichons impliziert – die Adjektive „famosus" und „infamis" fälschlicherweise vom Begriff „fames" ableitet und seine Inkompetenz dadurch selbst entlarvt, ohne dass ein externer Sprecher ihn dem Spott des Lesers preisgeben muss: „Sum famosus, adhuc jejunus dum foret, Hallus: / Infamis nunc sum, cum satur esset, ait."[25] So wirkt die Kritik deutlich subtiler, als wenn sie direkt formuliert worden wäre. Die im Titel enthaltene Information über seinen Beruf trägt wesentlich zur verschärften Wirkung dieser Kritik bei, weil unmissverständlich klar wird, dass Hallus einer Personengruppe angehört, der solche Sprachfehler unter gar keinen Umständen unterlaufen dürfen. Entsprechend lächerlich macht sich der Grammatikaster Cottula (II 118: *In Cottulam Grammaticastrum*), indem er das griechische Lehnwort „labyrinthus" auf etymologischer Ebene mit der Wendung „labor intus"

---

[23] In manchen Gedichten erscheinen zwar Bezeichnungen für Lehrpersonen im Titel, doch die Gedichte haben eine vollkommen andere inhaltliche Ausrichtung: So wird in VII 94 eine gewisse Gellia als „grammaticastra" bezeichnet (*In Gelliam grammaticastram*), um sie als Schwätzerin zu entlarven, die in der ars loquendi nichts mehr dazulernen müsse (vgl. dazu auch Durand [wie Anm. 11], 213). Ein anderes Beispiel ist Owens allgemeine Kritik an der Selbstsucht der Menschen, die er mit einer Erklärung der Pronomina „ego", „tu" und „ille" verknüpft (II 139: *Ad quendam Grammaticastrum*); vgl. ders. 217. Ein ähnliches, aber tatsächlich unmittelbar gegen den Charakter der Sprachlehrer gerichtetes Epigramm findet sich dagegen bei Harder (s.u.).

[24] Vgl. Durand (wie Anm. 11), 209.

[25] Vgl. ibid. Durands französische Übersetzung kann das Spiel mit den etymologisch falsch gebildeten Ableitungen eher nachahmen als eine deutsche. Sie lautet (ibid.): „Tout le temps qu'il était à jeun, Hallus a dit ‚je suis fameux'; rassasié, il dit ‚à présent, je suis infâme.'" – Die Textbeispiele aus Owens Œuvre werden zitiert nach: John C. R. Martyn (Hrsg.), Ioannis Audoeni Epigrammatum libri I[-X]. Leiden 1976–1978.

verknüpft, sodass die Pointe zugleich ein phonetisches Wortspiel bietet: „Exposuit Graecam Labyrinthi Cottula vocem, / Reddat inaccessum quod Labor intus iter.“[26] Hier liefert der gewählte Personenname bereits einen zusätzlichen Hinweis auf die intellektuellen Schwächen des Adressaten Cottula.[27]

Ein ähnliches Defizit weist der anonyme Sprachlehrer in Owens Epigramm IV 196 (*In quendam Grammaticastrum*) auf: „Grammaticus bonus es, nil praeter grammata nosti, / Scis praeter literas nil; literatus homo es.“[28] Die Beschränkung des Lehrers auf die bloße Kenntnis der Buchstaben („nil praeter“, V. 1 und 2) äußert sich in der inhaltlichen Äquivalenz der chiastisch angeordneten Sätze „nil praeter grammata nosti“ (V. 1) und „Scis praeter literas nil“ (V. 2), wobei der Chiasmus gleichermaßen die gerahmte Abgeschlossenheit dieses Wissens abbildet und die rein lexikalische Variation der Aussage den Zustand der Beschränkung zusätzlich hervorhebt: Für weiterführendes Wissen über das Alphabet hinaus scheint dem Grammatikaster keine intellektuelle Kapazität mehr zur Verfügung zu stehen. Umso ironischer wirkt also das ebenfalls wiederholte, nur scheinbare Lob „Grammaticus bonus es“ (V. 1) beziehungsweise „literatus homo es“ (V. 2), das seinen Witz besonders dadurch erhält, dass die Begriffe „grammaticus“ und „literatus“ direkt von den versimmanent genannten „grammata“ beziehungsweise „literas“ abgeleitet werden. Dadurch erweist sich der Lehrer zweimal als wortwörtlicher Literat. Diese Darstellung deutet einen Bezug zum frühneuzeitlichen Diskurs über den Kompetenz- beziehungsweise Aufgabenbereich des Grammaticus an: Gelehrte wie Julius Caesar Scaliger (1484–1558) oder (in dessen Tradition) der deutsche Philologe Caspar Schoppe (1576–1649) sprachen den Grammatici die Fähigkeit zur Textinterpretation oder -kritik aufgrund mangelnder Bildung ab, wohingegen andere die Bezeichnung ‚grammaticus‘ deutlich positiver werteten, wie es schon Angelus Politianus (1454–1494) getan hatte.[29] Im Sinne der negativen Perspektive scheint jedoch auch Owens anonymer Grammaticus höchstens der bloßen Sprachvermittlung gewachsen zu sein, aber keineswegs der intellektuell anspruchsvolleren Interpretation antiker Literatur.

---

[26] „Cottula legte das griechische Wort ‚Labyrinth‘ so dar, / dass Anstrengung den Weg hinein unzugänglich mache.“ – Vgl. Durand (wie Anm. 11), 209.

[27] Vgl. C. Grant Loomis, Some Name Traditions in Epigrammatic Satire, in: Names. A Journal of Onomastics 7 (1959), 46.

[28] „Du bist ein guter Sprachlehrer, du weißt nichts außer Buchstaben; / außer Lettern weißt du nichts; du bist ein Literat.“

[29] Vgl. Klara Vanek, ‚Ars Corrigendi‘ in der Frühen Neuzeit. Berlin 2007, 126f. und 133f. – Zum antiken Verständnis des Aufgabenbereiches der grammatici seit Aristoteles vgl. Wolfram Ax (Hrsg.), Quintilians Grammatik („Inst. orat. 1,4–8“). Text, Übersetzung und Kommentar. Berlin / Boston 2011, 94f.

Im Gegensatz zu diesen drei Fällen weist das Epigramm *Autores peccati. In Grammaticastros Autores errorum* (IX 77) zwar keine satirischen Züge auf, doch die Darstellung der Grammatici fügt sich harmonisch ins Gesamtbild ein:

Non bene Grammatici confunditis autor et auctor:
Pythagoras quicquid dixerat, αὐτὸς ἔφα.
Peccatum infelix produxit originis arbor;
Unde per exemplum noxius edit Adam.
Peccati serpens autor, dux foemina facti.
Criminis Autor Adam non erat: Auctor erat.[30]

Hier unterstellt Owen den Sprachlehrern insgesamt, die Begriffe ‚autor' und ‚auctor' miteinander zu verwechseln („Non bene Grammatici confunditis autor et auctor", V. 1), und versucht, ihnen den Unterschied anhand des Sündenfalls zu verdeutlichen, obwohl ein solcher de facto gar nicht existiert.[31] Wenngleich der eigentliche Zweck dieses Gedichtes wohl darin besteht, dem Leser grundsätzlich eine Trennung zwischen Urheber und Vollstrecker einer verwerflichen Tat bewusst zu machen, und den Sprachlehrern hier in Wahrheit kein mangelndes Fachwissen vorzuwerfen ist, nimmt Owen das etablierte Motiv des auf eigenem Fachgebiet inkompetenten Grammaticus erneut auf, um mit dessen Hilfe die Gültigkeit seiner Aussage zu suggerieren. Gerade diese (nur scheinbare) lexikalische Differenz erinnert an Martials Kritik bezüglich des Gebrauchs der Form ‚lingula' für ‚ligula' (vgl. Mart., 14, 120), den er als Inkompetenz der Sprachlehrer bewertet.[32] Davon, dass Owen das antike Vorbild hier imitieren würde, kann jedoch keine Rede sein, weil sein Epigramm eine vollkommen andere inhaltliche Ausrichtung zeigt: Während diese Kritik bei Martial den Hauptinhalt des Gedichtes darstellt, ist sie hier – wie bereits erwähnt – im Grunde nicht mehr als eine Nebensache, die der Eröffnung des eigentlichen Themas dient.[33]

Es ist allerdings nicht nur die fachliche Inkompetenz, die die kritisierten Personen davon abhält, ihrem Beruf ordentlich nachzugehen. So beschäftigt sich Owens Epigramm *In Mancinum, inertem Magistrum* (IV 76) mit einem fachlich

---

[30] „Sprachlehrer, auf ungute Weise verwechselt ihr ‚Urheber' und ‚Vermehrer': / Was auch immer Pythagoras gesagt hatte, ‚er sagte es selbst'. / Der unglückselige Baum brachte die Ursünde hervor; / daher zum Beispiel aß Adam als Schuldiger. / [5] Der Urheber der sündigen Tat war die Schlange, ihr Rädelsführer die Frau. / Der Urheber des Verbrechens war Adam nicht: Er war sein Vermehrer."

[31] Vgl. dazu Aslanidou (wie Anm. 15), 49.

[32] Vgl. dazu Anm. 21.

[33] Als weiteres Indiz könnte gelten, dass Owen hier auf die ansonsten so konsequent verwendete Bezeichnung „grammaticaster" verzichtet: Diese findet sich in tatsächlich jedem Titel der übrigen Gedichte, deren Kritik sich explizit gegen Grammatici wendet.

nicht weiter spezifizierten Lehrer, dem sein eigener Lebenswandel im Wege steht: „Qui totum sine fine diem per compita curris; / Ut tamen in studiis per videare vigil, / Accensa de nocte soles dormire lucerna: / Vis, Mancine, Oleum perdere, non operam."[34] Nachdem der Titel bereits das Unvermögen beziehungsweise die Abgeschlagenheit des Mancinus angedeutet hat („inertem Magistrum"),[35] erklärt der einleitende Vers diese mit seinen ausgedehnten, nämlich tagesfüllenden Streifzügen durch die Straßen der Stadt (vgl. V. 1). Dass es ihm deshalb nicht richtig gelingen möchte, bei seinen Studien („in studiis", V. 2) wachsam zu bleiben, bildet Owen visuell ab, indem er das Prädikatsnomen „pervigil" (V. 2) durch den Einschub des Prädikats „videare" (V. 2) unterbricht, wie um ein Gähnen darzustellen, das die Tätigkeit des Mancinus behindert.[36] So erfährt die angestrebte ausdrücklich intensive Wachsamkeit eine klare Ironisierung.[37] Die Pointe schließlich erreicht der Dichter dadurch, dass er die der antiken Komödie entstammende und in der Frühen Neuzeit sprichwörtlich gewordene Formulierung „oleum et operam perdidi" in seinem Sinne einschränkend abwandelt: „Vis Oleum perdere, non operam" (V. 4).[38] Dass der Verlust der Mühe („opera"), den der träge Lehrer verhindern will, sich angesichts seiner Konzentrationsschwäche in Wirklichkeit freilich dennoch nicht aufhalten lässt, verstärkt noch einmal die bereits zuvor etablierte ironische Ausrichtung des Spotts. Diese Technik der überraschenden Korrektur einer sprichwörtlichen

---

[34] „Der du den ganzen Tag endlos durch die Straßen läufst; / damit du bei den Studien trotzdem sehr wachsam scheinst, / pflegst du nachts bei entzündeter Lampe zu schlafen; / du willst, Mancinus, Öl verschwenden, aber nicht die Mühe."

[35] Im Sinne der beliebten Verwendung sprechender Namen in satirischen Epigrammen (vgl. Loomis [wie Anm. 27], 43–48) könnte der Name Mancinus vom Adjektiv „mancus" abgeleitet sein, um die Fehlerhaftigkeit beziehungsweise Kraftlosigkeit des Lehrers zu suggerieren; vgl. TLL (wie Anm. 21), s.v. mancus 2, 8.259.67–76. Gleichermaßen bezeichnet das Attribut „iners" sowohl geistige als auch körperliche Schwäche (vgl. ibid., iners I C a, 7.1.1312.9–58). Zugleich beschreibt es ebenfalls die Vergeblich- oder Nutzlosigkeit einer Person, deren Handeln ohne Auswirkung bleibt (ibid. D 1, 7.1.1313.31–41).

[36] Der spielerische Gebrauch der Tmesis findet sich bereits in mittelalterlichen Sentenzen, die Pierre Laurens zufolge überhaupt ein feines Gespür für Worte aufweisen; vgl. ders., L'abeille dans l'ambre. Célébration de l'épigramme de l'époque alexandrine à la fin de la Renaissance. Paris 1989, 512.

[37] Das Adjektiv „pervigil" drückt gegenüber dem Simplex „vigil" eine deutliche Steigerung der Wachsamkeit aus; vgl. TLL (wie Anm. 21), s.v. pervigil Gloss., 10.1.2.1871.71f.

[38] Der Ausspruch findet sich in der plautinischen Komödie Poenulus (V. 332) und von dort aus beispielsweise in Ciceros Briefen. Erasmus führt ihn in seiner Sprichwörtersammlung *Adagia* (1, 4, 62) auf; vgl. Groupe Renaissance Âge Classique (Hrsg.), Adagia. Desiderius Erasmus. Lyon 2010, 362 (verfügbar unter: https://www.mlat.uzh.ch/browser?path=12132&text=12132:2.1.401; letzter Zugriff 31.03.2022.) – Plautus und Terenz gehörten zu denjenigen Autoren, die Eingang in die frühneuzeitlichen Florilegien fanden und daher sozusagen in aller Munde waren; vgl. Laurens (wie Anm. 36), 513.

Weisheit (Paradiorthosis) findet sich häufiger bei Owen und zeigt seinen originellen Umgang mit solcherlei Gemeinplätzen, die in der Frühen Neuzeit hauptsächlich zu pädagogischen Zwecken vermittelt wurden.[39]

Neben all diesen Beispielen der Unfähigkeit kann allerdings auch eine allzu große Demonstration des eigenen Wissens zum Kritikpunkt an einem Lehrer werden; so geschehen im Fall eines anonymen Sprachlehrers (VIII 95: *In quendam Grammaticastrum*): „Me flocci facis atque pili, nauci atque terunci: / Quanti te faciam scire cupis? Nihili." Hier stellt der Lehrer seine breite Kenntnis von Synonymen zur Schau, die alle auf metaphorischer Ebene einen geringen Wert ausdrücken („flocci", „pili", „nauci", „terunci", V. 1). Der Schüler nimmt dieser auffälligen, inhaltlich redundanten Wissensdemonstration gleichermaßen den Wind aus den Segeln, indem er die enumeratio mit nur einem einzigen, aber konkreten und inhaltlich äquivalenten Wort beantwortet („Nihili", V. 2). Er schlägt also den eitlen Grammaticus mit seinen eigenen Waffen beziehungsweise vor dem Hintergrund eines typischen Lehrinhaltes (der Recherche von Synonymen).[40] Auch bei diesem Gedicht trägt die im Titel erteilte Information über den Beruf des Adressaten zur Verstärkung des Witzes bei, weil sich die beschriebene Situation in einem speziell schulischen Kontext ereignet.

Obwohl Owens Korpus nur eine überschaubare Anzahl an lehrerkritischen Epigrammen enthält, lassen sich insgesamt doch einige Gemeinsamkeiten beobachten. Erstens stellt die fachliche Inkompetenz den hauptsächlich Anlass zur Kritik dar. Inhaltlich setzt der Dichter damit – und das gilt ebenso für den Tadel an den Charakterschwächen der Lehrer – bei der Behandlung dieser Personengruppe trotz der großen zeitgenössischen Popularität sichtlich andere Schwerpunkte als Martial (s.o.). In den meisten Fällen lässt Owen seine Grammatici auf ihrem unumstritten ureigenen Fachgebiet scheitern, nämlich der Sprachvermittlung, während sich eine Positionierung zum zeitgenössisch diskutierten Aufgabenbereich dieser Lehrer nur einmal andeutet. Angesichts dieser Implizität wirkt sein Spott also unabhängig davon, welche Ansicht seine Leser in dieser Frage vielleicht vertreten.

Zweitens spielt die Nennung des Lehrerberufs im Gedichttitel eine entscheidende Rolle bei der Entfaltung der Pointen: Owen verwendet kein berufsspezifisches Vokabular aus dem Wortfeld ‚Schule', sondern stellt berufsspezifische Inhalte dar, die jedoch erst durch die berufliche Zugehörigkeit des Adressaten als solche gekennzeichnet werden. Besonders im Kontext der fachlichen (In)Kompetenz verstärkt die Erwähnung des Berufes das Ausmaß der Kritik, denn wenngleich beispielsweise krude etymologische Herleitungen auch andere

---

[39] Vgl. ibid. und 525–527.
[40] Vgl. dazu Durand (wie Anm. 11), 213.

gebildete, d.h. lateinkundige Personen der Lächerlichkeit preisgeben würden, sind Sprachlehrer davon noch viel stärker betroffen, weil die Vermittlung eben solcher Inhalte unmissverständlich zu ihrem Tätigkeitsbereich gehört. Während die Titel jedoch sehr häufig die klar abwertende Bezeichnung „grammaticaster“ enthalten, verzichtet Owen im Gedicht selbst auf direkte, persönliche Beleidigungen: Stattdessen entlarven sich die kritisierten Lehrer entweder selbst oder er legt ihre Verfehlungen mit Hilfe der Ironie offen, die ja ebenfalls nur eine implizite, das heißt vom ausgesprochenen Gegenteil verborgene Art der Kritik darstellt.

Angehörige des Schulwesens in Henrik Harders Epigrammata

Unter den 302 Gedichten in Harders zweitem und drittem Epigrammbuch finden sich insgesamt sechs, die sich an beziehungsweise gegen Lehrer (II 39 und 143; III 108 und 132) sowie Schüler wenden (II 145 und 146). Interessanterweise betrifft dabei die satirische Kritik an Schülern eine Personengruppe, die weder beim großen antiken Gattungsvorbild Martial noch bei John Owen eigenständig behandelt wird. Weil sich an dieser Stelle also ein direkter Vergleich mangels entsprechenden Materials auf beiden Seiten erübrigt, soll der unten folgende Abschnitt zu den Schülergedichten im Sinne eines kleinen Exkurses schlicht eine weitere Detailuntersuchung zu Harders Epigrammen bieten, die sich thematisch gut an die Lehrergedichte anschließt.

Wie bereits die Titel jeweils vermitteln, handelt es sich beim Adressaten in allen vier Lehrergedichten um einen Grammaticus, doch im Gegensatz zu den Epigrammen des Walisers fehlt hier in jedem Fallbeispiel die abwertende Bezeichnung „grammaticaster“.[41] Drei davon können dennoch als satirische Kritik bezeichnet werden, wohingegen II 143 eher eine gelehrte Reflexion über ein Phänomen der Grammatik darstellt und daher in diesem Rahmen nicht eingehender betrachtet werden soll.[42] Sie lassen sich außerdem – wie Owens Gedichte – den zwei Kategorien ‚Fachliche Inkompetenz‘ und ‚Charakterschwäche‘ zuordnen.

---

[41] Die Titel lauten: *Ad Caecilianum Grammaticum* (II 39); *De Modo ad Grammaticum* (II 143); *Ad Naevolum Grammaticum Scortatorem* (III 108) und *Grammaticus Philautus* (III 132).

[42] Das Epigramm *De Modo ad Grammaticum* lautet wie folgt: „Quid modus est? apto rem claudens tempore finis; / Infinitivum quis putet esse modum?“ („Was ist ein Maß? Das Ende, das eine Angelegenheit zur passenden Zeit beschließt; / wer könnte glauben, dass der Infinitiv ein Maß ist?“) – Solche Spielereien mit Phänomenen der Grammatik finden sich auch bei John Owen: Im Zentrum des Epigramms VII 59 (*Ad Polydorum*) stehen beispielsweise die wörtlichen Bedeutungen der Kasusbezeichnungen Dativ und Ablativ, das Epigramm I 27 (*Impius Atheus*) spielt mit dem Nebeneinander von Tempora und konkreter Zeit. Vgl. dazu auch Durand (wie Anm. 11), 211.

Das erste der drei kritischen Epigramme (II 39) richtet sich an einen Lehrer namens Caecilianus: „Candor et albor idem tibi, Caeciliane, videntur, / Candida mens non est sed tamen alba tibi.“[43] Dreh- und Angelpunkt dieses Epigramms ist der lexikalische Unterschied zwischen den lateinischen Begriffen „candor“ (V. 1) und „albor“ (V. 1), die entsprechend Voraussetzung und – in adjektivischer Form – Aufschluss („Candida“, „alba“, V. 2) prägen.[44] Dass das Sujet also genau mit dem beruflichen Kontext des Adressaten zusammenfällt, vermittelt der Gedichttitel (*Ad Grammaticum*). Dem lateinkundigen Leser wird bereits im Erwartungsvers eine spannungsreiche Dissonanz bewusst: Caecilianus behauptet, beide Begriffe bezeichneten dasselbe („idem tibi, Caeciliane, videntur“, V. 1), obwohl er gerade angesichts seines Berufes wissen müsste, dass ‚candor‘ ein strahlendes, ‚albor‘ dagegen ein mattes Weiß beschreibt.[45] Auf der Feststellung dieser beruflichen Inkompetenz baut Harder die folgende Pointe auf, indem er die feinen, dem Lehrer nicht bekannten Nuancen der zwei Farbtöne benutzt, um dessen Geist nicht als strahlend, sondern als stumpf zu diskreditieren („Candida mens non est, sed alba“, V. 2). Damit schlägt er ihn also auf seinem eigenen Fachgebiet. Besonderes Augenmerk liegt dabei auf dem letzten Wort „tibi“ (V. 2), das erst ganz zum Schluss preisgibt, wessen geistige Schwäche diese Metapher von Strahlen und Mattheit tadelt. Auch der Inhalt der bildhaft verpackten Beleidigung ist auf den Beruf des Caecilianus abgestimmt, denn wer andere Menschen unterrichtet, sollte selbst geistig wach sein. Einen zusätzlichen Hinweis auf die mangelnde Intelligenz des Sprachlehrers bietet darüber hinaus sein Name, der womöglich mit dem Adjektiv „caecus“ in Zusammenhang steht und so seine geistige Blindheit veranschaulichen könnte.[46]

Wie in John Owens Epigrammen gegen die fachliche Inkompetenz der Grammatici verstärkt sich die Kritik angesichts des Berufs des Adressaten, sodass der Titel entscheidend zu ihrer Wirkung beiträgt. Dadurch wird der geschilderte Inhalt klar zu einem berufsspezifischen. Allerdings handelt es sich mitnichten

---

[43] „Strahlendes und mattes Weiß scheinen dir, Caecilianus, dasselbe zu sein. / Du hast keinen strahlenden, sondern einen matten Geist.“

[44] Die Wiederverwendung des zentralen Vokabulars lässt das Einzeldistichon wie einen kurzen Syllogismus wirken; vgl. dazu Laurens (wie Anm. 36), 534.

[45] Vgl. TLL (wie Anm. 21), s.v. albus init., 1.1503.13–16.

[46] Vgl. Loomis (wie Anm. 27), 45. – Für eine solche Verwendung des Namens sprechen auch einige von Martials Epigrammen, in denen sich ein gewisser Caecilianus fälschlicherweise für besonders urban (und damit gepflegt und gebildet) hält (vgl. Mart., 1, 41) oder glaubt, schlauer zu sein als die anderen (vgl. 1, 65 und 73), was das lyrische Ich jedoch spöttisch zu korrigieren weiß. Rosario Moreno Soldevila weist dagegen vor allem auf das antisoziale Verhalten der Personen dieses Namens hin, ohne allerdings auf die etymologische Komponente einzugehen; vgl. ders., Caecilianus en los Epigramas de Marcial nota a IV, 15, in: Latomus 63 (2004), 385–387.

um eine bloße Kopie eines der lehrerkritischen Gedichte aus dem Œuvre des Walisers. Harders Pointe basiert auf den verschiedenen Bedeutungsebenen (eigentlich und übertragen) der zwei Schlüsselbegriffe, nicht aber auf (etymologisch kruden) Ableitungen oder phonetischem Wortspiel. Darüber hinaus entlarvt sich der Kritisierte nicht selbst, sondern wird von einem externen Sprecher – wenn auch nicht explizit – im Hinblick auf seine mangelnde Intelligenz beleidigt. Die Kritiker in Owens Lehrergedichten fällen nie ein solches Urteil, sondern überlassen die Einschätzung der geschilderten Situation gänzlich dem Leser.

Im Fall des Epigramms *Grammaticus Philautus* (III 132) weist das Adjektivattribut „Philautus“ den Leser bereits im Titel auf die Selbstverliebtheit beziehungsweise den Egoismus des Lehrers hin:[47] „Tu bene fac, alter facito bene; Grammaticorum / Personam, jubeam qua mihi, nemo docet.“[48] Im ersten Vers fallen die chiastisch präsentierten Imperativformen der zweiten („bene fac“, V. 1) sowie dritten Person Singular („facito bene“, V. 2) ins Auge. Wiederum legt Harder also seinem Gedicht gegen einen Lehrer ein fachgruppenspezifisches Phänomen zugrunde, wobei der Epigrammtitel hier allerdings keinen weiteren Beitrag zur Interpretation des Inhalts leistet, da der Berufsstand gedicht-immanent genannt wird („Grammaticorum“, V. 1). Dennoch stellt explizit die Verknüpfung von Charakterkritik mit dieser bestimmten Berufsgruppe den Anlass zur Kritik dar, wohingegen Owens Epigramm *Ad quendam Grammaticastrum: Ego, tu, ille* (II 139) zwar eine sehr ähnliche Ausgangslage bietet, den Makel der Selbstliebe jedoch nicht exklusiv auf Grammatici beschränkt, sondern als grundsätzlich menschlichen Fehler betrachtet.[49] Außerdem ist ersichtlich, dass die jeweiligen Gedichte sich unterschiedlicher Grammatikphänomene bedienen, denn der Waliser konstruiert seines um Personalpronomina herum, während Harder Imperativformen in den Mittelpunkt stellt.

---

[47] Das Attribut leitet sich offensichtlich vom griechischen Verbum φιλέω („lieben“) und dem Pronomen αὐτός („selbst“) ab. Dass es sich dabei nicht etwa um einen sprechenden Eigennamen handelt, zeigen vergleichbare Gedichttitel wie *Ad Ponticum Philautum* (III 37) oder *In Coecilium Philautum* (III 67).

[48] „Du handle gut, der andere handle gut: keiner / der Sprachlehrer lehrt die Person, in der ich mir befehlen könnte.“

[49] Dort heißt es: „Nullus homo est qui se non praeferat omnibus unum, / Hinc personarum prima vocatur Ego. / Praesentem laudas, absentem laedis amicum; / Scilicet hinc mihi Tu proximus, Ille tibi.“ („Es gibt keinen Menschen, der sich allein nicht allen vorzieht, / daher wird die erste Person ‚ich‘ genannt. / Den anwesenden Freund lobst du, den abwesenden kränkst du; / natürlich bist du mir daher der nächste, jener dir.“) – Vgl. dazu auch Durand (wie Anm. 11), 217.

Für Harders Pointe spielt die Technik der Unterbrechung eine wichtige Rolle: Erstens wird das weite Hyperbaton „Grammaticorum / nemo" (V. 1 f.), welches das Enjambement zusätzlich spannungsreich ausdehnt, erst zum Gedichtende hin entscheidend aufgelöst. Zweitens bremst die Mittelzäsur des Pentameters die Erkenntnis des Lesers, worin die angekündigte Selbstliebe des Grammatiklehrers konkret besteht, nämlich in der fehlenden Vermittlung eines Imperativs der ersten Person Singular („Personam, jubeam qua mihi", V. 2). Der Witz entfaltet sich wiederum vor dem Hintergrund ausreichender Sprachkenntnisse: Schließlich impliziert die Klage des lyrischen Ichs, dass eine solche Befehlsform in Wahrheit sehr wohl existiere, jedoch aufgrund des beschriebenen lehrertypischen Charakterfehlers nicht gelehrt werde („nemo docet", V. 2). Da der Leser aber weiß, dass dies nicht den Tatsachen entspricht, lacht er nicht nur über die postulierte Selbstverliebtheit der Lehrer, sondern auch über das spitzfindige, aber naive lyrische Ich. Bei genauerer Betrachtung wird die Schärfe der Kritik am selbstverliebten Grammaticus dadurch also abgeschwächt, dass sie eigentlich jeder Grundlage entbehrt.

Einen ungefilterten Fall von klarer Invektive stellt dagegen das zweite der charakterkritischen Epigramme dar: *Ad Naevolum Grammaticum Scortatorem* (III 108). Auch hier benennt der Titel im Prädikatsnomen „Scortator" sogleich auf explizit herabwürdigende Weise den Stein des Anstoßes, nämlich das ausschweifende sowie unehrenhafte Liebesleben des Lehrers Naevolus:

Dic quaecunque putas levibus dicenda puellis;
Duc quacunque licet vel placet ire via;
Fac quaecunque jubet fieri vesana libido;
Denique ne fallat regula, Naevole, fer.[50]

Zieht man Juvenals neunte Satire in Betracht, in der der professionelle Kinäde Naevolus zu den Protagonisten gehört,[51] ist Harders Namenswahl angesichts des erotischen Sujets sicherlich kein Zufall, sondern vielmehr ein Mittel, den Inhalt seines satirischen Epigramms in seiner Wirkung zu unterstützen, indem er den Leser an einen aus der antiken Literatur bekannten, in vergleichbarer Weise moralisch verworfenen Namensträger erinnert.

Dieses Gedicht beschreibt nun in chronologischer Reihenfolge die Schritte, die Lehrer Naevolus einzuhalten pflegt, wenn er sich einem Freudenmädchen zuwendet: Er spricht es an (V. 1), geht mit ihm die Straße entlang (V. 2) und ergibt

---

[50] „An den hurenden Grammatiklehrer Naevolus. / Sag, wovon auch immer Du glaubst, dass man es leichten Mädchen sagen muss; / Führe [sie], auf welchem Weg auch immer es erlaubt ist oder beliebt zu gehen; / Tu, was auch immer die wahnsinnige Lust zu geschehen befiehlt; / schließlich halte durch, Naevolus, damit die Messlatte nicht versagt."

[51] Vgl. Christine Schmitz, Das Satirische in Juvenals Satiren. Berlin / New York 2000, 29f.

sich (zu Hause angekommen) seiner Libido (V. 3f.). Diese diskreditiert der Dichter mit Hilfe des negativ konnotierten Attributs „vesana" (V. 3) klar als vollkommen unkontrolliert,[52] um bildhaft zu veranschaulichen, wie ausschließlich triebgesteuert sich der Lehrer verhält. Dass es sich bei ihm um einen notorischen Schürzenjäger handelt, deutet die dreimalige Verwendung des Beliebigkeit vermittelnden Indefinitpronomens „quicumque" an („quaecunque", V. 1, 3; „quacunque", V. 2), und der parallele Gebrauch der Flexionsformen als zweites Wort des jeweiligen Verses verstärkt den Aspekt der Wiederholungstat zusätzlich. Die Pointe des Gedichtes bereitet der Dichter dabei erneut im berufsspezifischen Kontext des Adressaten vor, indem er in jedem Vers einen der vier unregelmäßig gebildeten lateinischen Imperative gebraucht („Dic", V. 1; „Duc", V. 2; „Fac", V. 3, „fer", V. 4). Dass dieses Mittel nicht zufällig gewählt ist, legt die Nennung des Sprachlehrerberufs im Gedichttitel (*Ad Grammaticum*) nahe. Es geschieht dabei zur Überraschung des Lesers, dass Harder den letzten Imperativ nicht wie die anderen anaphorisch einsetzt und außerdem zusätzlich auf die Ergänzung des Indefinitpronomens verzichtet. Durch diesen Bruch des gewohnten Musters verstärkt der Dichter die Aufmerksamkeit auf die Pointe. Diese liegt in einem drohenden Versagen („ne fallat", V. 4) des Schürzenjägers, dem er auf den ironischen Rat des Gedichtsprechers hin entgegenwirken soll, indem er „durchhält" („fer", V. 4). Die chronologische Darstellung der Ereignisse, die die Auflösung vorbereitet, sowie der Kontext implizieren lediglich, dass es sich um ein dezidiert erotisches Versagen handelt, also eine Erektionsstörung oder gar längerfristige Impotenz.

Harder vermeidet aber die Verwendung eines eindeutig obszönen Begriffs. Stattdessen konstruiert er die Pointe um den mehrdeutigen Begriff „regula" (V. 4) herum: Dieser kann einerseits im übertragenen Sinne als Regel oder Muster verstanden werden,[53] dessen Einhaltung Naevolus durch sein Durchhalten weiterhin gewährleisten soll, denn die Wendung „regula fallit" erscheint häufig in juristischen Kontexten, die die Ausnahme einer ansonsten gültigen Regel behandeln.[54] Diese harmlose Lesart greift also den zuvor entfalteten Aspekt des

---

[52] Zugrunde liegt hier die Vorstellung eines Gemüts, dessen Gesundheit verletzt wurde, sodass es dem Wahnsinn anheimgefallen ist. Daraus ergibt sich im übertragenen Sinne auch eine wahnsinnige, d.h. unkontrollierbar starke negative Kraft; vgl. Peter G. W. Glare, Oxford Latin Dictionary (OLD). Oxford 1968, s.v. uesanus (uae-), 2047.

[53] Vgl. OLD (wie Anm. 52), s.v. regula 2, 1602.

[54] Vgl. Andreae Christophori Schneyders Processus Juris Judicii Provincialis Sueviae, vulgò deß Freyen Kaiserlichen Landgerichts in Obern- und Nidern-Schwaben gerichtlicher Proceß. Frankfurt a.M.: Matthias Enderlin, 1670, 307 und Practicae Observationes A Duobus Clarissimis Iureconsultis Bernhardo Wurmsero A Schafftalßheim, Et Hartmanno Hartmanni Ab Eppingen, partim in iustissimo Electoriali Consistorio Illustrissimorum Comitum Palati-

Wiederholungstäters auf und erklärt die drohende Ausnahme der Regel damit, dass der Lehrer eben aufgrund seiner häufigen erotischen Ausschweifungen inzwischen körperlich erschöpft ist und deshalb vom Sprecher des Gedichtes zum physischen Durchhalten des Geschlechtsaktes ermuntert werden muss. Andererseits ist das Schlüsselwort „regula" ebenfalls im Hinblick auf den Beruf des Adressaten passend gewählt. Da es nämlich im übertragenen Sinne neben der juristischen außerdem eine Grammatikregel bezeichnen kann,[55] erinnert der Dichter den Lehrer daran, die Reihe der vier unregelmäßigen Imperative durch die letzte noch fehlende Befehlsform „fer" zu komplettieren, damit diese Regel korrekt angewandt wird. Neben diese harmlose Lesart tritt jedoch die eigentliche Bedeutung des Begriffs „regula", die das in der Schule gebräuchliche Lineal umfasst.[56] Durch den unmittelbaren erotischen Kontext des Epigramms ist allerdings klar, dass es hier gleichzeitig – und vor allem hauptsächlich – auf euphemistische Weise das erigierte (also nach Art eines Lineals gerade) männliche Glied bezeichnet. So erzeugt der Dichter ein entsprechend intimes Bild im Kopf seiner Leser, das die kompromittierende Situation des kritisierten Lehrers Naevolus noch drastischer vor Augen führt und ihn somit vollkommen der Lächerlichkeit preisgibt. Dass sich der konkrete Inhalt der spöttischen Pointe – die drohende Impotenz – auf die intim-erotische Sphäre konzentriert, ist dem Kritikpunkt der Hurerei angemessen.

Was Harders Verzicht auf explizite Obszönität betrifft, bleibt zu prüfen, ob er sich auch in anderen Epigrammen erotischen Inhalts beobachten lässt. In John Owens Korpus zumindest finden sich neben implizit-subtilen Gedichten durchaus solche, die dieses Thema auf sehr direkte, unverblümte Weise behandeln.[57] Dabei gehören seine Adressaten so gut wie nie einer bestimmten Berufsgruppe an, sondern erscheinen als Privatpersonen.[58] Da dieser Vergleich den Rahmen dieses Aufsatzes jedoch sprengen würde, sollte er Gegenstand einer eigenständigen Untersuchung sein.

---

norum, Lvdovici et Friderici Electorum; partim in amplissimo Camerae imperialis iudicio collectae; in duos libros distributae. Köln: Anton Hierat, 1596, 6 et passim.

[55] Vgl. Anm. 53.

[56] Vgl. OLD (wie Anm. 52), s.v. regula 1, 1602.

[57] Zu den subtilen Gedichten gehören beispielsweise I 75 und I 157. Beispiele expliziter Obszönität dagegen finden sich in I 127, I 130, I 159, II 45, VIII 11, VIII 23 und VIII 41.

[58] Eine Ausnahme stellt das Epigramm II 206 (*Miles*) dar, das den Hang zur Erotik als grundsätzlichen Makel des Soldaten beschreibt, ohne freilich inhaltlich ins Detail zu gehen: „Infligat Mars multa licet tibi vulnera, non tam / Mars nocet armatus, quam tibi nuda Venus." („Mag Mars dir auch viele Wunden zufügen, nicht so sehr / schadet dir der bewaffnete Mars wie die nackte Venus.") – Im Fall der Hofdame Gellia (VI 80: *In Gelliam Aulicam*) wird immerhin noch der soziale Status der Adressatin, d.h. die Zugehörigkeit zum Hof, genannt.

Zusammenfassend ist also festzustellen, dass sowohl Harder als auch Owen die fachliche Inkompetenz und das charakterliche Versagen der Lehrer thematisieren, also deren umfassende Untauglichkeit auf beruflicher wie privater Ebene.[59] Beide wählen bei deren Darstellung andere Schwerpunkte als Martial (s.o.) und vermeiden (abgesehen von im Titel genannten eindeutig negativen Attributen) direkte persönliche Beleidigungen. Die Diskussion um die Aufgabenbereiche der Grammatici spielen bei ihnen im Grunde keine Rolle, denn deren fachliches Scheitern wird bis auf eine kleine Ausnahme ausschließlich auf die Ebene der Lexik beschränkt (s.o.). Allerdings erweist sich keines von Harders Epigrammen als plumpe Kopie, wie etwa an identischem Vokabular, identischen Formulierungen oder identischen Pointen deutlich würde. So verzichtet der Deutsch-Däne beispielsweise in seinen Titeln auf die tendenziöse Bezeichnung „grammaticaster", die Owen sehr häufig verwendet, und er kritisiert nicht exakt dieselben (charakterlichen) Fehler. Es fällt außerdem auf, dass Harder auch dann typische Lehrinhalte des lateinischen Sprachunterrichtes als Mittel der Pointengestaltung einsetzt, wenn er die Charakterschwächen des Grammaticus tadelt, die ja eigentlich außerhalb seiner tatsächlichen Berufsausübung stehen. Bei allen Gemeinsamkeiten zwischen seinen und Owens lehrerkritischen Epigrammen sind also eigene Nuancierungen erkennbar.

Exkurs: Schüler in Henrik Harders Epigrammata

Eine klare thematische Differenz dagegen besteht, wie bereits erwähnt, in Harders zwei satirischen Gedichten auf Schüler (II 145 und 146). Sie wenden sich jeweils nicht direkt an die Adressaten, sondern berichten über sie und ihr Verhalten, wobei auch der Sprecher des Gedichtes – im Gegensatz zum Lehrergedicht *Grammaticus Philautus* (s.o.) – nirgendwo persönlich auftritt. Außerdem unterscheidet sich die metrische Gestaltung insofern von den oben betrachteten Epigrammen, als dass Harder bezüglich der Schüler anstatt des elegischen Distichons den Hendekasyllabus (II 145) beziehungsweise jambischen Trimeter (II 146) verwendet. Das kann als weitere klare Eigenheit gegenüber Owens Gedichten gewertet werden, denn diese sind mit einer einzigen hexametrischen Ausnahme (VIII 50) ausschließlich im elegischen Distichon verfasst und entsprechen damit dem ästhetischen Geschmack seiner Zeit.[60] Es ist im Folgenden

---

[59] Darüber, ob Harder dabei die berufliche oder private Untauglichkeit in den Vordergrund stellt, lässt sich angesichts der geringen Gedichtanzahl keine verlässliche Aussage treffen. Bei Owen überwiegen die Epigramme, die fachliche Inkompetenz kritisieren (s.o.).

[60] Vgl. Durand (wie Anm. 11), 56 und 106 sowie Aslanidou (wie Anm. 15), 137. – Zum Ende des 16. Jahrhunderts hin kam die ‚brevitas' als Ausdrucksform geistreicher Bemerkungen in Mode, weil sich geistige Regsamkeit und Schärfe gerade in der Fähigkeit zur knappen Pointierung zeigten; vgl. Laurens (wie Anm. 36), 532. Diesbezüglich kam gerade dem elegischen Einzeldistichon eine bedeutende Rolle zu, weil es der gattungstypischen Geistesschärfe auf-

also ebenfalls zu berücksichtigen, inwiefern Harders Wahl dieser zwar auch vertretenen, aber seltener genutzten Metren zur Gestaltung der Pointen beiträgt.

Der Titel des Schülergedichtes *In Linum Discipulum Ingratissimum* (II 145) weckt die Neugier des Lesers dadurch, dass der Superlativ „ingratissimum" ein hyperbolisch hohes Maß an Undank anzeigt, sodass die Frage aufkommt, worin sich dieser konkret äußert. Dabei zeigt der bereits von Catull und (in geringerem Umfang) auch Martial verwendete Elfsilbler die spöttische Art und Weise an,[61] auf die Linus im folgenden charakterisiert wird:

Vitam quae faciunt beatiorem,
Et vulgi rudis eximunt tenebris:
Linguas, sacra, scientias et artes
Phileno didicit Linus Magistro,
Sed turpes imitarier cuculos,
Et tantum facere ac loqui, Phileno
Vitam quae faciunt acerbiorem;
Hoc Lino didicit Linus Magistro.[62]

Das Epigramm besteht aus zwei antithetischen Hälften, wie die Verwendung des adversativen „Sed" (V. 5) in der Gedichtmitte verdeutlicht. Dabei enthält die erste ein Lob auf die in der Schule vermittelten Wissensinhalte, die explizit aufgezählt werden („Linguas, sacra, scientias et artes", V. 3), und damit indirekt auch auf den sie vermittelnden Lehrer Philenus („Phileno didicit Magistro", V. 4). Entgegen der oben besprochenen Spottepigramme – und Martials Darstellung – erweist sich dieser so tatsächlich als positives Beispiel für einen Vertreter seiner Berufsgruppe, ohne eine reale Person zu sein.[63] Der Dichter erzeugt eine

---

grund seiner räumlichen Beschränkung den richtigen metrischen Rahmen verleiht; vgl. dazu Stephan Busch, Versus Ex Variis Locis Deducti. On Ancient Collections of Epigrams, in: de Beer / Enenkel / Rijser (wie Anm. 15), 26f.

[61] Vgl. Beate Hintzen, Paul Flemings Kußgedichte und ihr Kontext. Göttingen 2015, 277. – Catull galt den Gelehrten der Frühen Neuzeit ebenfalls als Epigrammatiker und gehörte neben Martial und der *Anthologia Graeca* zu den Gattungsvorbildern; vgl. Jansen (wie Anm. 15), 278f.

[62] „Auf Linus, den äußerst undankbaren Schüler. / Was das Leben seliger macht / und es aus der Dunkelheit des ungebildeten Pöbels befreit / – Sprachen, Religion, Wissenschaften und Künste – / hat Linus vom Lehrer Philenus gelernt. / [5] Aber schändliche Gimpel nachzuahmen / und nur zu machen und zu sagen, was / dem Philenus das Leben bitterer macht: / Das hat Linus vom Lehrer Linus gelernt."

[63] Darauf könnte auch sein Name hindeuten, der sich – unter Berücksichtigung der mittelalterlichen Monophthongierung von oe und ae zu e – aus den griechischen Verben φιλέω („lieben") und αἰνέω („loben") zusammensetzt. Philenus scheint jemand zu sein, der seine Schüler gerne lobt. Damit unterscheidet er sich diametral von Martials rigiden, bedrohlichen Lehrern.

passende erhabene Stimmung durch wirkmächtiges oder bildhaftes Vokabular: So drückt erstens das prädikativ genutzte Adjektiv „beatus" („beatiorem", V. 1) ein sehr hohes Maß an Glück beziehungsweise – im eigentlichen Sinne – eine Bereicherung des Lebens („Vitam", V. 1) aus.[64] Unterweisung in den genannten Wissenschaften lässt den Schüler also einen weiteren Schritt auf die erstrebte vita beata zugehen.[65] Zweitens veranschaulicht die metaphorische Dunkelheit den bedrohlichen, unschönen Zustand der Unbildung („vulgi rudis tenebris", V. 2).

Diese harmonische Verbindung aus ernsthaft-positivem Inhalt und feierlich-panegyrischer Stimmung wird im zweiten Teil jedoch vollkommen gebrochen, denn der im Titel als undankbar charakterisierte Schüler Linus reagiert auf seine Weise auf die verherrlichte Bildung, die Lehrer Philenus ihm angedeihen lässt. Dies geschieht einerseits durch die Verwendung des plautinischen Schimpfwortes „cuculus" (V. 5),[66] das den nun geschilderten Inhalt klar in die Nähe der Komödie rückt. Das negative Attribut „turpes" (V. 5) trägt zusätzlich dazu bei, die erhabene Stimmung der ersten Hälfte rasch in eine profane zu verwandeln. Die eigentliche Pointe (V. 7f.) besteht aber in einer minimalen Abwandlung der zwei Verse, die die panegyrische Hälfte einleiteten (V. 1) beziehungsweise abschlossen (V. 4), also deren Gerüst und Rahmen bilden: In beiden Fällen genügt der Austausch eines einzigen Wortes („beatiorem", V. 1; „acerbiorem", V. 7 und „Phileno Magistro", V. 4; „Lino Magistro", V. 8), um den positiven Inhalt des ersten Teils im zuvor etablierten komischen Kontext zu parodieren. Dieser Minimalismus wird außerdem durch die Beibehaltung der Wortfolge an exakt der gleichen Position im Vers („Vitam quae faciunt", V. 1; 7 und „didicit Lino Magistro", V. 4; 8) wirksam unterstützt.

Insgesamt erreicht Harder den gewünschten komischen Effekt hier also durch einen abrupten Stimmungskontrast sowie einen minimalistischen, von Parallelismus geprägten Wortaustausch, ohne dass dabei speziell zielgruppenbezogenes Vokabular oder zielgruppenbezogene Inhalte eine große Rolle spielen. Die Kritik am undankbaren Schüler Linus zeichnet sich nicht durch moralisierende

---

[64] Vom Verbum „beo" leitet sich das adjektivisch gebrauchte Partizip „beatus" ab, das schließlich sogar zur Bezeichnung seliger Menschen verwendet wird; vgl. TLL (wie Anm. 21), s.v. 1. beo (bes. beatus I 1–6), 2.1908.5–1915.32.

[65] Wichtige und in der Frühen Neuzeit präsente Auseinandersetzungen mit dem philosophischen Konzept des glückseligen Lebens stellen beispielsweise Senecas (4 v.Chr.–65 n.Chr.) Abhandlung *De vita beata* sowie die Rezeption derselben durch die Kirchenväter Augustinus (354–430 n.Chr.) und Lactanz (um 260–340 n.Chr.) dar; vgl. Urs Leo Gantenbein / Michael Baumann / Detlef Roth (Hrsg.), Paracelsus (Theophrastus Bombast von Hohenheim). Theologische Werke I: Vita Beata – Vom Seligen Leben. Berlin 2008, 72–74.

[66] Vgl. Plaut., Persa, 382; Pseud., 96 und Trin., 245.

Ernsthaftigkeit oder eine direkte Beleidigung desselben aus, sondern charakterisiert ihn in einem komödienhaften Kontext eher scherzhaft als unbelehrbaren Plagegeist, der immun gegen die Bemühungen seines lobenswerten Lehrers ist.

Auch der zweite dargestellte Schüler, Phebilus (II 146), ist wahrlich kein Musterknabe:

Desertor ille literarum Phebilus
Tam tarda questus literarum praemia,
Ferulae manum jam liberam subduxerat.
Et mox initiatus sacris Laverniis
Arti studebat isti, quae cultoribus
Labore in ipso dat laboris praemium.
Sed studia cruda cum novus fur et minus
Matura coepit in forum propellere,
Deprensus in foro et notatus stigmate
Invitus en rudisque literatus est.[67]

Inhaltlich unterscheiden sich die beiden Epigramme zwar dadurch, dass Linus lediglich seinen Lehrer mit schlechten Angewohnheiten plagt, während Phebilus die Schule verlässt, um (letztlich erfolglos) eine kriminelle Laufbahn einzuschlagen, weil er sich davon mehr Gewinn erhofft (vgl. V. 1-6). Trotzdem fällt schon auf den ersten Blick eine Gemeinsamkeit mit dem ersten Schülergedicht auf, nämlich die erneute antithetische Zweiteilung des Inhalts durch ein adversatives „Sed" (V. 7). Allerdings deutet der hier gewählte jambische Trimeter in diesem Fall zunächst kein heiteres Spottgedicht an, sondern scheint der Darstellung als Versmaß der Tragödie ein eher ernsthaftes Gewicht zu verleihen. Es zeigt sich jedoch, dass Harder das Metrum nutzt, um wiederum einen parodistischen Kontrast zwischen Form und Inhalt zu erzeugen: Im tragischen Gewand wird die komische Geschichte von Phebilus' unausweichlichem Schicksal und persönlichem Scheitern erzählt.[68]

---

[67] „Weil Phebilus, jener Bildungsdeserteur, / den so späten Lohn der Bildung beklagte, / hatte er die schon freie Hand dem Rohrstock entzogen. / Und nachdem er bald in die heiligen lavernischen Bräuche eingeweiht war, / [5] studierte er die Kunst, die ihren Pflegern / bei der Arbeit selbst den Arbeitslohn gibt. / Aber als der frischgebackene Dieb seine unausgegorenen und weniger / ausgereiften Studien auf den Markt hinauszutreiben begann, / wurde er auf dem Markt ergriffen und mit einem Brandmal gekennzeichnet, / [10] und siehe, so ist er unfreiwillig und ungebildet ein Mann der Lettern geworden."

[68] Im Sinne des parodistischen Kontrasts wäre ebenfalls in Betracht zu ziehen, dass der Name Phebilus mit dem griechischen Verbum φέβομαι („fliehen") in Verbindung stehen könnte. Gerade der Umstand, dass es sich dabei um eine homerische, d.h. epische Nebenform des Verbums φοβέομαι handelt, unterstreicht hierbei den ironischen Charakter der Namenswahl angesichts eines arbeits- bzw. bildungsscheuen Verbrechers.

Diese Komik erzeugt der Dichter bereits in der ersten Gedichthälfte. Hier stellt er den eigentlich profan profitgierigen Schüler („Tam tarda questus literarum praemia“, V. 2) zunächst als einen Ausreißer im militärischen Sinne dar, wie der terminus technicus „Desertor“ (V. 1) andeutet,[69] und verortet die beschriebene Situation dadurch im zeitgenössisch wohlbekannten Kontext der Fahnenflucht. Dass Phebilus sich dabei wie viele Deserteure im 17. Jahrhundert im Spannungsfeld zwischen der Suche nach angenehmeren Lebensumständen und dem materiellen Streben nach mehr Lohn bewegt,[70] verdeutlicht das Attribut „liberam“ (V. 3): Durch seine Doppeldeutigkeit zieht es die nachvollziehbare Bestrebung des Schülers,[71] sich der buchstäblichen Gewalt des Lehrers zu entziehen („Ferulae manum subduxerat“, V. 3), ins Lächerliche, da es nicht nur die Abwesenheit des Rohrstocks bezeichnet, sondern ebenso den zuvor beklagten Mangel am erstrebten materiellen Lohn der Bildung („literarum praemia“, V. 2).[72] Der komische Kontrast wird auch im Anschluss aufrecht erhalten, wenn der Dichter die Hinwendung zur Kriminalität unter Einsatz entsprechenden Vokabulars sowie einer Metonymie euphemistisch als Einweihung in einen Kult umschreibt („initiatus sacris Laverniis“, V. 4; „cultoribus“, V. 5), anstatt die Dinge explizit beim Namen zu nennen und die erhabene tragische Stimmung dadurch zu stören.

Im Gegensatz zum Epigramm auf den undankbaren Linus folgt nun im zweiten Teil (V. 7–10) kein derart harter Bruch in der Gedichtatmosphäre, sondern eine hauptsächlich inhaltliche Wendung. Dennoch sind beide Hälften durch das omnipräsente zielgruppenbezogene Wortfeld „Lernen“ („literarum“, V. 1, 2; „Arti“, V. 5; „studebat“, V. 5; „studia“, V. 7; „rudisque“, „literatus“, V. 10) so stringent miteinander verknüpft, dass dem Leser der Schülerstatus des Phebilus stets bewusst bleibt – auch auf seinem neuen Betätigungsfeld, dem Diebstahl

[69] Vgl. TLL (wie Anm. 21), s.v. desertor init., 5.1.690.33.–44.

[70] Vgl. dazu Michael Kaiser, Ausreißer und Meuterer im Dreißigjährigen Krieg, in: Ulrich Böckling / Michael Sikura (Hrsg.), Armeen und ihre Deserteure. Vernachlässigte Kapitel einer Militärgeschichte der Neuzeit. Göttingen 1998, 52 sowie Peter Burschel, Die Erfindung der Desertation. Strukturprobleme in deutschen Söldnerheeren des 17. Jahrhunderts, in: ibid., 72–80.

[71] Dass Deserteure gerade ab dem späten 17. Jahrhundert Unterstützung durch die Landbevölkerung erfuhren, obwohl die Mithilfe unter Strafe gestellt war, erklärt Michael Kaiser mit einem veränderten Verhältnis der Bevölkerung zur Obrigkeit; vgl. ders., Die Söldner und die Bevölkerung. Überlegungen zur Konstituierung und Überwindung eines lebensweltlichen Antagonismus, in: Stefan Kroll / Kersten Krüger (Hrsg.), Militär und ländliche Gesellschaft in der Frühen Neuzeit. Hamburg 2000, 115–120.

[72] Vgl. TLL (wie Anm. 21), s.v. 2. liber Caput prius I B 3b, 7.2.1284.5–16. – Dafür spricht auch das ergänzte Adverb „ jam“: Der Mangel muss bereits vor der Flucht vor dem Lehrer eingetreten sein.

(„novus fur“, V. 7). Dadurch kann Harder hier erstens mit dem Ausdruck „studia cruda / in forum propellere“ (V. 7f.) auf eine beinah vollständig identische Formulierung in Petrons Satyrica (4, 2) anspielen und sein Gedicht in der satirischen Tradition des bekannten antiken Vorbildes verorten.[73] Dessen Umdeutung veranschaulicht dem gebildeten Leser außerdem das Ausmaß der Unerfahrenheit, mit der der Diebesschüler Phebilus zu Werke geht, sodass seine im folgenden Vers geschilderte Ergreifung („Deprensus in foro“, V. 9) und Bestrafung („notatus stigmate“, V. 9) keineswegs erstaunen. Der Aspekt der Unerfahrenheit ist es nämlich, der den ironischen Witz der doppeldeutigen Pointe vollkommen entfaltet: Denn einerseits verweist das Prädikatsnomen „literatus“ (V. 10) im Sinne seiner plautinischen beziehungsweise komischen Verwendung auf die Brandmarkung, d.h. die zuvor erwähnte Bestrafung des Diebes,[74] andererseits fügt es sich nahtlos in das gedichtübergreifend prominente Wortfeld „Lernen“ ein und erzeugt so das Paradoxon, dass Phebilus trotz seiner Flucht vor der Bildung schließlich doch noch mit Buchstaben in Berührung gekommen und somit ein „literatus“ geworden ist.[75] Die schülerhafte Unerfahrenheit ist damit der Grund für die erste Lesart des Begriffs und der Gegengrund für die zweite.

Dass eine Pointe um die Mehrdeutigkeit des Begriffs „literatus“ herum gestaltet wird und dadurch ein paradoxer Zustand entsteht, lässt sich ebenfalls in Owens Epigramm gegen jenen unfähigen Grammaticus beobachten (Owen IV 196), dessen literarische Kenntnisse sich allein auf die bloße Kenntnis der Buchstaben beschränken (s.o.). Allerdings sind diese Pointen in unterschiedliche konkrete Zusammenhänge eingebettet beziehungsweise dienen unterschiedlichen Zwecken: Bei Harder zielt der Spott auf das doppelte Versagen des Schülers Phebilus sowohl im brotlos-theoretischen Bereich der schulischen Ausbildung als auch auf der lukrativ-praktischen Ebene des Diebstahls. Entsprechend beziehen sich die beiden Verständnisebenen des Begriffs „literatus“ auf eben diese zwei voneinander verschiedenen Kontexte (Schule und Kriminalität). Owen dagegen betont in seinem Epigramm die Beschränkung des Lehrerwissens, indem er denselben Gedanken in zwei Varianten ausdrückt. Daher können dort beide Lesarten demselben Kontext des Wissens (Buchstaben als Bestandteil einer Kulturtechnik) oder Lernens zugeordnet werden.

---

[73] Dort heißt es (Petron., 4): „… cruda adhuc studia in forum [im]pellunt …“.

[74] Vgl. David Christenson, Plautus. Casina. London u.a. 2019, 51. – Eine weitere Erwähnung dieses Begriffs im Zusammenhang mit gebrandmarkten Sklaven findet sich in den *Metamorphosen* des Apuleius (9, 12, 4), die ebenfalls einen komisch-parodistischen Charakter aufweisen.

[75] Vgl. TLL (wie Anm. 21), s.v. litteratus 2a, 7.2.1532.67–1533.30.

Die von Harder dargestellten Schüler sind also daran, was ihre Lehrer vermitteln, in keiner Weise interessiert, sondern schlagen ins genaue Gegenteil des durch Bildung erstrebten Ergebnisses um: Linus ist ein Plagegeist mit schlechten Vorbildern, Phebilus wird sogar tatsächlich kriminell. Passend zu dieser Diskrepanz zwischen Bildungsauftrag und Schülerrealität setzt Harder in beiden Epigrammen die Methode der komischen, parodistischen Kontrastierung ein, die sich jeweils im Spannungsverhältnis zwischen Inhalt und metrischer Gestaltungsform ausdrückt und so zur Enttäuschung der Lesererwartungen beiträgt. Dabei lassen die Konzentration auf Komik und der Verzicht auf direkte Beleidigungen die Kritik am Fehlverhalten der Schüler nicht allzu scharf wirken. Die eigentlichen Pointen erreicht der Dichter einerseits durch minimalistischen Wortaustausch, andererseits – wie im Fall des hurenden Sprachlehrers Naevolus – durch die Doppeldeutigkeit eines adressatenbezogenen Begriffs.

Fazit

Die Analyse der Spottepigramme auf Angehörige des Schulwesens hat gezeigt, dass Benslys Behauptung bezüglich Henrik Harders mangelnder kreativer Eigenleistung beziehungsweise unübersehbarer Abhängigkeit von John Owen in der Form nicht zutrifft: Kein einziges Gedicht weist exakt dieselbe Pointe auf, und das einzige von beiden verwendete Wortspiel entfaltet sich bei genauerer Betrachtung in ganz unterschiedlichen Kontexten und mit unterschiedlicher inhaltlicher Ausrichtung. Berufsspezifisches Vokabular findet sich bei Harder auch dort, wo er die Charakterfehler der Lehrer kritisiert, und seine Epigrammtitel sind deutlich neutraler gestaltet – zumindest, was die Bezeichnung des kritisierten Berufsstandes angeht. Dass darüber hinaus keineswegs identische Herangehensweisen zur Erzeugung von Witz, Komik und Pointen gewählt wurden, trifft in besonderem Maße auf die Schülergedichte des Deutsch-Dänen zu, die ja ohnehin einen klaren eigenen Schwerpunkt gegenüber Owens Spott auf Angehörige des Schulwesens darstellen. Diese Epigramme könnte man allein aufgrund ihrer metrischen Gestaltung niemals dem Œuvre des walisischen Dichters zuordnen.

Hinsichtlich der Gemeinsamkeiten zwischen den Gedichten ist es außerdem nicht zwingend notwendig, sie mit einer Imitation des neulateinischen Gattungsvorbildes Owen zu erklären: So erscheint es nicht völlig überraschend, den Angehörigen einer bestimmten Berufsgruppe – als Ergänzung zur Kritik auf der ohnehin allgemein-menschlichen Ebene des Charakters – im Hinblick auf seine fachliche Inkompetenz zu verspotten, wobei entsprechend berufsspezifische Inhalte oder -spezifisches Vokabular Verwendung finden. Was die gemeinsame Abweichung von Martials Lehrerbild betrifft, wäre es sicherlich interessant, zu ermitteln, wie sich Owens und Harders Darstellung von Lehrern im Medium des satirischen Epigramms zu anderen frühneuzeitlichen Darstellungen innerhalb dieser Gattung verhalten. Auch die Beobachtung, dass beide Dichter innerhalb der Gedichte auf explizite Polemik und scharfe Beleidigungen verzichten, muss in keinem direkten Zusammenhang stehen, sondern könnte schlicht einem entsprechenden Zeitgeist geschuldet sein.

Diese Beobachtungen bieten freilich nur einen kleinen Ausblick auf Harders Epigramme, einen ersten Einstieg in eine notwendige umfassendere Untersuchung von Inhalt und sprachlich-stilistischer Pointengestaltung, mit deren Hilfe seine Abhängigkeit vom Gattungsvorbild Owen oder aber seine Eigenständigkeit als Epigrammatiker einem differenzierteren Urteil unterzogen werden können, als es bisher der Fall war. Es bleibt anhand weiterer Beispiele einerseits zu beobachten, inwiefern die hier beschriebenen Merkmale auch auf seine übrigen Gedichte zutreffen, wie repräsentativ diese Ergebnisse also im Bezug auf sein epigrammatisches Gesamtwerk sind. Andererseits müssten neben Owen auch weitere mögliche deutsche und dänische Inspirationsquellen hinzugezogen werden, um eine qualifizierte Aussage über die kreative Eigenleistung der Harderschen Werke treffen zu können.

Mareike Woortmann Universität Rostock
mareike.woortmann@uni-rostock.de

II. Investigandarum rerum prospectus

Seit Bd. 3 (2001) ist im NLATJB eine Liste der im Vorjahr abgeschlossenen bzw. in Arbeit befindlichen neulateinischen Dissertationen erschienen; seit Bd. 5 wurden auch weitere neulateinische Forschungsprojekte aufgenommen.

Um die Liste stets auf dem neuesten Stand zu halten, wird sie ab Band 23 nicht mehr in gedruckter Form publiziert, sondern nur noch auf der Internetseite des Jahrbuchs veröffentlicht und regelmäßig aktualisiert:

www.philologie.uni-bonn.de/ueber-uns/neulateinisches-jahrbuch-journal-of-neo-latin-language-and-literature

Die Herausgeber appellieren weiterhin an alle, die neulateinische Forschung betreiben, die hier gebotene Möglichkeit des Informationsaustauschs eifrig zu nutzen und die Liste durch entsprechende Mitteilungen aktuell zu halten.

Bitte senden Sie Ihre Meldungen an reinhold.glei@rub.de; sie werden jederzeit entgegengenommen und weitergeleitet.

Angegeben werden sollen mindestens folgende Daten:

- Name der Doktorandin / des Doktoranden bzw. der Projektleiterin / des Projektleiters (bei Verbundprojekten auch mehrerer Personen)
- Thema der Dissertation (ggf. Arbeitstitel) bzw. des Forschungsprojekts
- Universität / Institution, an der das Projekt durchgeführt wird
- Stadium (in Arbeit befindlich / abgeschlossen / publiziert).
- Stand (Datum der Meldung)

Wichtiger Hinweis: Meldungen über abgeschlossene und publizierte Arbeiten werden nach einem Jahr gelöscht; Meldungen über laufende Vorhaben sollten regelmäßig (mindestens jährlich) bestätigt werden, wenn sie noch aktuell sind und ihre Aufnahme weiterhin gewünscht wird.

Die Liste auf der Webseite (Stand: 1. September 2023) beruht wie immer ausschließlich auf den eingegangenen Meldungen. Die Redaktion hat die Angaben nicht überprüft und haftet nicht für ihre Korrektheit. Nicht bestätigte Meldungen des Vorjahres werden hier nicht mehr wiederholt.

Verfasserlexikon der Luxemburger Autoren (VLLux), 1500–1814
Aufruf zur Mitarbeit – Call for Collaboration

Unter der Herausgeberschaft von Dr. Claude D. Conter (BnL), Prof. Dr. Luc Deitz, MAE (BnL/Universität Trier), Prof. Dr. Ingrid De Smet, FBA, MAE (University of Warwick/Centre for the Study of the Renaissance), Prof. Dr. Michael Embach (Stadtbibliothek Trier/Universität Trier) und Prof. Dr. Marc Laureys (Universität Bonn/Centre Ernst Robert Curtius) beabsichtigt die Bibliothèque nationale du Luxembourg (BnL) unter dem Arbeitstitel

Verfasserlexikon der Luxemburger Autoren (VLLux), 1500–1814

ein auf drei Bände angelegtes Nachschlagewerk in deutscher Sprache zu veröffentlichen, welches möglichst alle Autoren, die während der Referenzperiode auf dem Gebiet des frühneuzeitlichen Luxemburg wissenschaftlich und schriftstellerisch tätig waren, bio-bibliographisch zu erfassen und nach Möglichkeit literatur-, wissenschafts- und geistesgeschichtlich einzuordnen versucht.

Damit formulieren die Herausgeber des *VLLux* den klaren Wunsch, ein bisher unbearbeitetes Forschungsdesiderat der Frühneuzeitforschung zu beheben, bestehen doch noch erhebliche Lücken im Verständnis der Funktionsweisen dieses frühneuzeitlichen luxemburgischen Raumes und dessen oftmals komplexem und stratifiziertem Verhältnis zu den umliegenden politischen Gebilden. Als südlichster Provinz der Spanischen (1556–1684; 1698–1714) und später Österreichischen Niederlande (1714–1795) fiel dem Herzogtum Luxemburg eine wichtige vermittelnde Funktion zwischen dem französischen und dem deutschen (z.T. auch dem flämisch-niederländischen) Sprachraum zu, die es in vielerlei Hinsicht noch zu erforschen gilt. Die Bibliothèque nationale du Luxembourg will, als Hüterin des handgeschriebenen und gedruckten Erbes eben dieses Kulturraums, mit dem *VLLux* ein Referenzwerk vorlegen, welches einen ersten Schritt zur Ermöglichung weiterführender Forschungen innerhalb dieses Gebildes darstellen soll.

Den geographischen Rahmen für das *VLLux* bildet das Territorium des Duché de Luxembourg et Comté de Chiny zum Zeitpunkt seiner größten Ausdehnung vor dem im Jahr 1659 abgeschlossenen Pyrenäenfrieden. Dies entspricht, übertragen auf die heutigen politischen Verhältnisse, in etwa einem Gebiet zwischen Schleiden und Durbuy im Norden, Thionville und Umgebung im Süden, Neufchâteau und Orchimont im Westen, Montmédy und Marville im Südwesten sowie Bitburg mit Ausläufern im Osten. In diesem Verständnis nimmt die BnL eine Vorreiterrolle in der Problematisierung einer historisch real existierenden geographischen und kulturellen Entität wahr, die erst im 19. Jahrhundert zum politisch-legitimatorischen Vorgänger des heutigen Luxemburgischen Nationalstaates zurechtgestutzt wurde. Der Bezug zu rezenten Entwicklungen der frühneuzeitlichen (Literatur-)Geschichtsschreibung liegt auf der Hand: Die Neuausrichtung der Forschung auf historische Regionen und die Individuen, die in ihnen wirkten und sich mit ihnen identifizierten, hat in den letzten Jahren einen erheblichen Aufschwung erfahren und manifestiert sich vornehmlich in der Zusammenführung und Interpretation von bisweilen verstreuten (und häufig schwer zugänglichen) lokalen und regionalen Wissensbeständen, wie sie derzeit beispielsweise auch für Tirol,[1] die Schweiz,[2] Mittel- und Osteuropa[3] und andere Gebiete geleistet werden.[4]

Diese Kernproblematik soll denn auch in das *Verfasserlexikon* mit einfließen. Die Frage nach der Operationalisierung des Begriffes ‚Luxemburg' als eines gleichsam räumlichen und qualitativen Konnektivs, das es ermöglichen soll, die in den drei Bänden versammelten Autoren in ein Verhältnis zueinander und zu dem eben skizzierten geographischen Raum zu setzen, wird in erster Annäherung rein pragmatisch beantwortet: Mit ‚Luxemburger Autoren' sind solche gemeint, die in diesem Raum geboren wurden, dort gewirkt oder veröffentlicht haben, sich selbst als Luxemburger bezeichneten oder von anderen als solche bezeichnet wurden. Diese stipulative Definition ist naturgemäß unscharf; in Zweifelsfällen wird ad hoc entschieden werden müssen. Gleichzeitig soll ein weit gefasster Autorenbegriff dazu beitragen, häufig unzulänglich erforschte bis hin zu noch völlig unbekannten Individuen mit ihren Werken erstmals wissenschaftlich auf zuverlässige Weise bio-bibliographisch zu erschließen. Daher gelten als ‚Autoren' nicht nur Verfasser von literarischen (poetischen oder belletristischen) Werken im engeren Sinne, sondern auch und besonders solche von (juristischer, theologischer oder sonstiger) Fachliteratur, deren Schaffen im Allgemeinen – als vermeintlich weniger interessant – heutzutage kaum noch bekannt ist und nur von den allerwenigsten überhaupt noch wahrgenommen wird.

Voraussetzung für die Berücksichtigung im *VLLux* ist die Existenz einer heute noch greifbaren handschriftlichen Überlieferung nicht zum Druck gelangter

---

[1] Martin Korenjak u.a. (Hrsg.), Tyrolis Latina. Geschichte der lateinischen Literatur in Tirol. 2 Bde. Wien u.a. 2012 (online unter: https://library.oapen.org/handle/20.500.12657/ 33075; letzter Zugriff 26.04.2023).

[2] Gemeint ist das von David Amherdt geleitete Projekt *Humanistica Helvetica* (online unter: https://humanistica-helvetica.unifr.ch/fr; letzter Zugriff 26.04.2023).

[3] Lucie Storchová (Hrsg.), Companion to Central and Eastern European Humanism. Vol. 2: The Czech Lands. Part 1: A–L. Berlin u.a. 2020. Weitere Bände sind im Entstehen begriffen.

[4] Vgl. etwa die verschiedenen nach geographischen Gesichtspunkten definierten Teilbereiche des vom Institut de Recherche et d'Histoire des Textes (Paris) und dem Centre d'études supérieures de la Renaissance (Tours) koordinierten Publikationsprojektes *Europa Humanistica* sowie das unlängst an der University of Kent angelaufene und durch Suzanna Ivanič und Tomasz Grusiecki betreute Projekt *Connected Central European Worlds, 1500–1700* (online unter: https://research.kent.ac.uk/emcentraleu/; letzter Zugriff 26.04.2023).

Werke und / oder die Veröffentlichung (ob zu Lebzeiten oder posthum) zumindest eines gedruckten Werks. Paratexte wie Widmungsepisteln, Kasualpoesie und andere Gelegenheitsschriften sollen, sofern sie überhaupt bekannt sind, mitberücksichtigt werden.

Die (in der Gesamteinleitung näher zu begründende) Bandaufteilung ist wie folgt geplant:

Band 1: 1500–1628

Ca. 75 zu berücksichtigende Autoren, zzgl. mehrerer Übersichtsartikel – etwa ‚Grenzziehungen', ‚Klosterbibliotheken', ‚Mäzenatentum', ‚Schulunterricht und Ausbildungsstätten' u.a.

Band 2: 1629–1714

Ca. 200 zu berücksichtigende Autoren, von denen aber knapp die Hälfte nur durch einen oder zwei Titel bekannt und biographisch kaum zu fassen ist [dies bezieht sich auf BnL, Ms 199]; zzgl. mehrerer Übersichtsartikel, etwa ‚Collegium Luxemburgense', ‚Collegium Germanicum', ‚Verwaltungsstrukturen' u.a.

Band 3: 1715–1814

Über 200 zu berücksichtigende Autoren; hier steht die Liste noch nicht endgültig fest.

Der hier veröffentlichte Aufruf bezieht sich zunächst nur auf den ersten Band, da die meisten der dort zu berücksichtigenden Autoren beinahe ausschließlich auf (Neu-)Lateinisch schrieben.[5] Die Herausgeber bitten alle an einer etwaigen Mitarbeit interessierten Kolleginnen und Kollegen, sich zunächst beim Herausgeber des ersten Bandes, Luc Deitz (luc.deitz@bnl.etat.lu), zu melden. Sie bekommen dann auf Wunsch eine ausführliche Projektdarstellung, eine Einstiegsbibliographie und einen Musterartikel zugesandt.

Tom Zago Bibliothèque nationale du Luxembourg
tom.zago@bnl.etat.lu

[5] Die Liste der zurzeit vorgesehenen Lemmata kann über den folgenden Link abgerufen werden: https://www.academia.edu/100089251/Verfasserlexikon_der_Luxemburger_Autoren_VLLA_Call_for_Collaboration_Aufruf_zur_Mitarbeit

III. Librorum existimationes

Verschwörungstheorien und Verschwörungserzählungen der Renaissance

Marta Celati, Conspiracy Literature in Early Renaissance Italy. Historiography and Princely Ideology. Oxford: Oxford University Press, 2021 (Oxford Modern Languages and Literature Monographs). ISBN: 978-0-19-886362-5

Die anzuzeigende Monographie von Marta Celati argumentiert, dass im 15. Jahrhundert „a thematic genre of literature on conspiracies played a prominent part in the process of the literary fashioning of the figure of the ruler and in the creation of a new language and symbology of power“ (249) – eine Entwicklung, die dann von Niccolò Machiavelli in verschiedenen Schriften aufgegriffen und weiterentwickelt worden sei. Vier Texte des 15. Jahrhunderts werden zu diesem Zweck in jeweils einem Kapitel behandelt: Orazio Romanos *Porcaria* (ein Gedicht über den Aufstand des Stefano Porcari gegen Papst Nikolaus V.), Leon Battista Albertis Brieftraktat zum selben Thema, die *Porcaria coniuratio*, Giovanni Pontanos Behandlung der Rebellion der Barone gegen Ferrante von Neapel in seinem *De bello Neapolitano* und das wohl berühmteste Werk dieses Themenfeldes, Angelo Polizianos *Coniurationis commentarium* über die Verschwörung der Pazzi gegen Lorenzo de' Medici. Nach einem Zwischenfazit im fünften Kapitel folgt ein abschließendes sechstes zu Machiavellis Behandlung des Themas ‚Verschwörung' in *Il principe*, den *Discorsi* und den *Istorie fiorentine*.

Ausgehend von Riccardo Fubinis These, dass das 15. Jahrhundert ein Zeitalter der Verschwörungen gewesen sei, entwickelt Celati in der konzeptuell reichen Einleitung ihren methodischen Rahmen, der stark von James Hankins' Forschung zur Entwicklung der politischen Theorie in der italienischen Renaissance inspiriert ist: In dieser Zeit hätten Theoretiker einen pragmatischen Blick auf Herrschaftslegitimation entwickelt, die vor allem auf der (konstruierten oder tatsächlichen) Tugendhaftigkeit der Herrschenden begründet gewesen sei (man vergleiche Hankins' Monographie: Virtue Politics. Soulcraft and Statecraft in Renaissance Italy. Cambridge, MA 2020). Celati will nun zeigen, dass die theoretischen Einlassungen nicht für sich gestanden hätten, sondern eng mit der zeitgenössischen Historiographie und verwandten Gattungen verflochten gewesen seien, dass also theoretische Reflexion und konkrete Schilderung historischer Vorgänge einander bedingten – dies in Absetzung von der von ihr wahrgenommenen Neigung neuerer Forschungsliteratur, humanistische politische Philosophie als lediglich theoretische Konzepte zu imaginieren (14). Ein case study über Verschwörungstraktate sei für dieses Vorhaben besonders geeignet, weil sich in den Texten über Aufstände des 15. Jahrhunderts Schilderungen von individuellen Rebellen und ihrer Taten mit der ideologischen Stabilisierung der bestehenden Herrschaft vermischten. Zudem möchte Celati zeigen, in wie vielfältigen Gattungen (Epyllion, Brief, Historiographie und commentarii) das Thema behandelt werden konnte und welch literarisches Potential es demnach (aufgrund der reichen antiken Prätexte, vor allem Sallust, Livius und Sueton) besaß. Allerdings geht Celati zu weit, wenn sie diese gattungsmäßige Diversität als Innovation der Frühmoderne charakterisiert (15) – die Antike behandelte das Thema durchaus nicht ausschließlich in Historiographie, wie etwa der Fall der Catilinarischen Verschwörung zeigt, von dem wir in Sallusts Monographie und Ciceros Reden noch lesen können, zudem Beschreibungen in den großen Geschichtswerken eines Cassius Dio und Appian; außerdem wusste auch das 15. Jahrhundert, dass Cicero sowohl griechische hypomnēmata als auch ein Epos zum Thema verfasst hatte.

Die vier Kapitel, die sich jeweils einem humanistischen Autor widmen, sind grundsätzlich kenntnisreich und kompetent geschrieben. Allerdings sind sie keine leichte Lektüre, was vor allem am etwas redundanten Schreibstil der Autorin liegt. Celati entscheidet sich dafür, in weiten Teilen kein close reading zu betreiben und ihre Argumente sozusagen bottom up von der Interpretation bestimmter Textabschnitte her zu entwickeln und dann zu verbreiten, sondern ihre Thesen allgemein und sozusagen top down zu benennen und danach Zitate aus den behandelten Texten teilweise (aber beileibe nicht immer) als Beweis anzuführen. Dadurch wird schon zu Beginn der Kapitel viel Wichtiges genannt, der Spannungsbogen aber automatisch weniger interessant. So ist etwa nicht immer deutlich, warum die langen, z.T. etwas additiven Passagen zum Umgang der Autoren mit ihren antiken Prätexten wirklich für das Hauptthema der Monographie notwendig sind. Zudem bleiben manche Zwischenresultate etwas vage, etwa das (in seiner Art durchaus typische) Fazit auf S. 52: „The employment of Claudian's works … enhances the refined nature of the *Porcaria*, which is the result of the conflation of manifold classical models."

Kapitel 1 zu Orazio Romanos *Porcaria* zeigt, wie wenig der Autor an einer religiös-theologischen Verteidigung des Papsttums interessiert ist; Nikolaus V. erscheint als Fürst, dessen Herrschaft weltlich im Kontext einer Tugendethik legitimiert werden soll. Explizit wendet sich Celati gegen Anthony D'Elia, der in seinem Buch: A Sudden Terror. The Plot to Murder the Pope in Renaissance Rome (Cambridge 2009) argumentiert hatte, dass Romano Sympathie mit den Verschwörern durchschimmern lasse. Dagegen zeigt Celati, dass Romano sich ganz hinter den Papst und sein Programm der ‚renovatio urbis' schart. Eine Frage, die die Autorin nicht beantwortet, bleibt: Wenn der Text durch das Konzept der „virtue politics" letztlich eine päpstliche Monarchie bestätigen will, warum fehlt dann Augustus als wichtige antike Exempelgestalt und greift Romano stattdessen vor allem auf spätrepublikanische Modelle zurück? Könnte man nicht eher argumentieren, dass Nikolaus' Herrschaft als ideale (beinahe ciceronianische) Mischform aus Monarchie, Aristokratie und Demokratie imaginiert wird, in der das republikanische Ideal der ‚libertas' (das Celati nie deutlich definiert) verwirklicht sei? Die Figur des Scipio (von Celati 58–59 und 64 behandelt) scheint hierfür ein wichtiges Modell zu sein.

Kapitel 2 zu Albertis Behandlung desselben historischen Kontexts ist m.E. stärker. Celati zeigt, dass Alberti ein objektives Bild des Aufstands zeichnen will, ohne sich von propagandistischen Zielen leiten zu lassen. Darum wahre er, bei gleichzeitiger Verdammung der Revolte, eine kritische Distanz zum Papst, der für ihn, ebenso wie für Romano, ein weltlicher Herrscher („prince") ist. Wie schon im ersten Kapitel verwehrt sich die Autorin auch im Falle von Alberti gegen Tendenzen der Exegese, subversive Dimensionen in seinem Brief lesen zu wollen (s. 73 Anm. 4 für eine Liste von Forschern, die dies vorgeschlagen haben). Gelungen, wenn auch im Einzelnen vielleicht wenig überraschend, ist die detailreiche Nachzeichnung eines sallustischen Einflusses auf Alberti (81–97). Überzeugend ist auch das Argument, dass Alberti vor den Gefahren dialektischer Rhetorik warne und diese in Porcaris Rede vor dem Volk bespielhaft aufzeige (103–104). Die Diskussion der Gattungsfrage des Briefes dagegen bleibt etwas oberflächlich, vor allem da Plinius' semi-historiographische Briefe (etwa diejenigen an Tacitus) als Modell ganz ausgespart bleiben und das nützliche Konzept des Briefs als dialogischer Gattung (80) zu wenig in die eigentliche Analyse einfließt.

Kapitel 3 zu Pontanos *De bello Neapolitano* will vor allem zeigen, wie sich bei diesem Autor politische und moralistische Darstellungsweise vermischen. Pontano wird als eine Art Proto-Machiavellist gezeichnet (etwa 146), dessen theoretische Traktate (vor allem *De principe*) und Historiographie enge Gemeinsamkeiten zeigten, wodurch das Geschichtswerk letztlich als Exemplifizierung und Konkretisierung der in den Traktaten entwickelten politischen Theorie zu verstehen sei. Gerade der erste Teil des Kapitels, der der Gattungsfrage gewidmet ist und Pontano in Bezug zu seinen neapolitanischen Vorgängern Valla und Beccadelli setzt, bleibt dabei ein wenig allgemein und zugleich redundant – es wird etwa zu wenig konkret besprochen, wie die sallustischen und livianischen Modelle genau funktionieren und welche Konsequenzen diese Prätexte für Pontanos Geschichtsmodell haben. Der zweite Teil, der der Interpretation des eigentlichen Aufstands der Barone gewidmet ist, ist dagegen viel besser; Celati zeigt überzeugend, wie die verschiedenen beteiligten Parteien (Fürst, Adel und Volk) sich zueinander verhalten und warum gerade dem Volk in seiner Doppelrolle als Stütze des Herrschenden, aber auch als leicht manipulierbare Masse großes Gewicht in Pontanos Interpretation der Ereignisse zukommt.

Kapitel 4 über Poliziano basiert auf Vorarbeiten der Autorin, die 2015 eine kommentierte Ausgabe des *Coniurationis commentarium* vorgelegt hat, und ist daher, wie zu erwarten, besonders kompetent (z.T. zeigt sich diese Kompetenz allerdings auch darin, dass das Kapitel viel Philologisches enthält, das hier streng genommen entbehrlich gewesen wäre, etwa 160–166 zur Druckgeschichte). Neben dem allbekannten Modell des Sallust zeigt Celati vor allem die Bedeutung der Sueton-Viten als Prätext Polizianos auf, durch die etwa die Figur Caesars als ungerecht verratenem Herrscher zum Typus für Lorenzo und seinen beim Aufstand ermordeten Bruder Giuliano durchscheinen kann. Zudem unterstreicht die Autorin, wie Poliziano durch das Ausblenden von äußeren Gegnern (etwa die Marginalisierung des Papstes, des Ferrante von Neapel oder des Federigo da Montefeltro) den Aufstand als Erhebung weniger schlechter Charaktere marginalisiert, denen sich nicht nur die Medici, sondern das gesamte florentinische Volk widersetzt hätten. Das Volk fungiere somit als wichtiger Lakmustest für die Eignung und Qualität des Herrschers: Die Liebe des Volkes erweise Lorenzo in Polizianos Darstellung als moralisch gefestigten, idealen „princely citizen“ (um den Titel von Francis Kents Lorenzo-Biographie aus dem Jahr 2013 zu zitieren).

Leser, die an den individuellen Autoren und Texten interessiert sind, werden in allen Kapiteln genug Wissenswertes finden. Doch wer das Buch vor allem zur Hand nimmt, um das Thema der „conspiracy narrative“ als thematische Subgattung zu begreifen, sollte nach der Einleitung vielleicht zunächst das zusammenfassende Kapitel 5 lesen, in dem die Autorin die wichtigsten Themen der Einzelanalysen zusammenführt. Hier zeigt sie im Vogelflug die Entwicklung der für diese literarische Gattung entscheidenden Konstituenten: der literarischen Autoren, der Herrscher, der Verschwörer und des Volkes, zudem von wichtigen Themen wie ‚concordia‘ und ‚clementia‘ (196–209). In ihrer Lesart ist das Quattrocento ein Jahrhundert des Übergangs von mittelalterlicher zu moderner politischer Theorie; die Propagierung der „virtue politics“ verstärke dabei die Rolle des Volkes, da politische und soziale Kohäsion im Staat (‚concordia‘) zum Hauptziel guten Regierens stilisiert werde, welche wieder auf der Tugendhaftigkeit des Herrschers beruhe. Dabei verschmölzen abstrakte Theorieformung und die Beschreibung historischer Herrscher, die als Personifikationen des Ideals gezeichnet werden könnten. Der Überblick über die literarischen Aspekte der Gattung der „conspiracy literature“ (190–196), vor allem das Wechselspiel zwischen ‚imitatio‘ und Kreuzung der Gattungen, ist dagegen zu wenig ausführlich (wichtige rezente Arbeiten zur antiken Literatur, etwa von Tony Woodman und seiner Schule, zur Intertexualität in Historiographie und zum Wechselspiel zwischen Historiographie und Epik hätten hier helfen können, den Fokus zu schärfen).

Kap. 6 widmet sich Niccolò Machiavelli und somit dem Schatten des ‚Übervaters', der von Anfang an über der Monographie liegt. Letztlich lässt sich die These des Kapitels in einem Satz zusammenfassen: Machiavelli kannte den Diskurs des 15. Jahrhunderts (ohne dass Celati sich auf die Diskussion einlässt, welche Texte er neben Polizianos *Commentarium* im Detail rezipiert hat) und ließ sich durch ihn inspirieren, veränderte ihn aber gleichzeitig so maßgeblich (etwa durch die innovative Konzeption der ‚discordia' als potentiell produktiver Kraft und zudem dadurch, dass er nicht als Propagandist, sondern als vorgeblich neutraler Beobachter schreibt). Mir persönlich ist die Argumentation des Kapitels etwas zu teleologisch angelegt (ein Satz wie „All these points are recovered and reworked in Machiavelli's *more mature* analysis", 219 [meine Hervorhebung], fasst den Tenor gut zusammen), doch ist Celati sicher zuzustimmen, dass die Traktate des 15. Jahrhunderts eine bisher unterschätzte Inspirationsquelle für Machiavellis Nachdenken über Verschwörungen darstellen.

Als Fazit bleibt festzuhalten, dass Celati ein wichtiges Buch geschrieben hat, das das Thema der Verschwörungsliteratur des 15. Jahrhunderts als lohnendes Genre erschließt und wichtige Schneisen schlägt, um es vor allem ideengeschichtlich besser zu begreifen. Was eine zeitgemäße *literarische* Detailanalyse betrifft, bleibt dagegen noch viel zu tun; doch wird Celatis Buch zukünftigen Forschern dieses Themenfeldes gewiss genug Denkanstöße geben.

Christoph Pieper Universität Leiden/Niederlande
C.Pieper@hum.leidenuniv.nl

Humanismus in den Böhmischen Ländern

Companion to Central and Eastern European Humanism. Volume 2: The Czech Lands. Part 1 A–L. Ed. by Lucie Storchová. Berlin / Boston: Walter de Gruyter, 2020. XVI, 782 S.; ISBN 978-3-11-064642-9; e-ISBN PDF 978-3-11-065018-1; e-ISBN EPUB 978-3-11-064665-8

Als Jan Martínek und Josef Hejnic 1966 den ersten Band Rukověť humanistického básnictví v Čechách a na Moravě / *Enchiridion renatae poesis Latinae in Bohemia et Moravia cultae* herausbrachten, dem bis 1982 fünf weitere folgten, welche 2011 durch einen Supplementband ergänzt wurden, war Bahnbrechendes zur Erschließung der poetischen humanistischen Literatur in den Böhmischen Ländern geschaffen. Rukověť konnte fortan von allen, die der tschechischen Sprache mächtig sind, als Standardwerk benutzt werden, für Interessierte ohne einschlägige Sprachkenntnisse blieb dieses Werk jedoch ohne Hilfe von Übersetzern weitgehend verschlossen. Der 2020 erschienene erste Teil des Companion Bd. 2 bedient sich des Englischen und macht das Werk somit für breite Kreise zugänglich. Erarbeitet wurde der Band 2016 bis 2018 am Institut für Philosophie der Tschechischen Akademie der Wissenschaften in Prag von einem Team aus über 30 Autoren aus vier Ländern. Das mit Mitteln des Tschechischen Wissenschaftsfonds geförderte Opus ist Teil eines größeren Projekts, an dem auch Ungarn partizipiert (Companion Bd. 1, Erscheinungsjahr: 2021).

Der Companion Bd. 2/1 gliedert sich in zwei Teile, deren ersten drei Überblicksdarstellungen zum Humanismus im tschechischen Raum bilden: Petr Voit behandelt die Frühzeit in der ersten Hälfte des 16. Jahrhunderts, Lucie Storchová focussiert die Zeit von den 1550er bis in die späten 1580er Jahre, Jan Malura und Marta Vaculínová machen den Späthumanismus von den 1590er bis in die frühen 1620er Jahre zum Gegenstand ihres Beitrags. Herausgearbeitet werden u.a. der tschechische Sonderweg, die Bedeutung der verschiedenen religiösen Gruppen als Träger des Humanismus, die lokalen Traditionen und die Rolle des Hofes. Den Hauptteil bildet ein anschließendes, alphabetisch geordnetes biographisches Lexikon, das mit über 130 Artikeln die Buchstaben A bis L umfasst. Dieser Katalog humanistischer Verfasser wurde nach drei Kriterien ganz neu erstellt. Maßgeblich waren (1) literarische Tätigkeit zwischen dem letzten Drittel des 15. Jahrhunderts und den 1630er Jahren, (2) tschechische Herkunft, längere Ansiedlung auf tschechischem Boden oder Verbindung zu lokalen Gelehrten und Adligen sowie (3) die Abfassung eines umfänglicheren Œuvres, vornehmlich in griechischer oder lateinischer Sprache, das durch Antikerezeption beeinflusst ist und editorische Tätigkeit sowie Übersetzungen bietet. Berücksichtigt wurde auch eine der raren Autorinnen wie Elisabetha Albertina a Kamenek. Die einzelnen Artikel sind nach dem Schema Biographie, Werkverzeichnis und Bibliographie aufgebaut, wobei erstere das gelehrte Umfeld sehr genau ausleuchtet. Die Hauptansetzung des Namens – lateinisch oder tschechisch – orientiert sich an dem Idiom, in dem die überwiegende Zahl der Werke verfasst ist, und wird in Klammern durch weitere Namensformen ergänzt. Das Werkverzeichnis ist bei größerem Umfang thematisch durch Zwischenüberschriften gegliedert und bietet Charakterisierungen der einzelnen Titel. In einigen Fällen konnte die Werkliste gegenüber Rukovět' vermehrt werden (z.B. Ioannes Colerus, Fridrich Kropilius, s. Companion Bd. 2/1, 293, 670). Im Vergleich zu Rukovět' ist über den Companion Bd. 2/1 auch in Prosa abgefasste Literatur greifbar, zudem nicht nur lateinisches, sondern auch tschechisches und deutsches Schrifttum. Ausführlich sind die bibliographischen Angaben, die Nachschlagewerke, Datenbanken, moderne Editionen und Übersetzungen sowie die neueste Sekundärliteratur umfassen. Beigegeben ist eine Auswahlbibliographie. Zwei Indices – Personen und Orte – runden den Companion Bd. 2/1 ab. Die Handhabung des Ortsindex wird teils durch Mehrsprachigkeit erleichtert (tschechisch-deutsch; tschechisch-deutsch-ungarisch; tschechisch-deutsch-lateinisch; englisch-deutsch u.a.).

Der Companion Bd. 2/1 ist ein unverzichtbares Instrumentarium nicht nur für Wissenschaftler, die sich schwerpunktmäßig mit dem tschechischen Humanismus befassen, sondern durch die leichtfassliche Darstellung auch als Hilfsmittel für Interessierte zum Selbststudium geeignet.

Für den tschechischen Raum stellt das Werk ein Seitenstück zu dem siebenbändigen Lexikon české literatury (1985–2008; [Lexikon der tschechischen Literatur]) dar und ist im internationalen Vergleich ein Pendant zu dem von Franz Josef Worstbrock herausgegebenen ‚Verfasserlexikon Deutscher Humanismus 1480–1520' (3 Bde., 2005–2015) sowie zu dem zeitlich anschließenden, unter Federführung von Wilhelm Kühlmann entstandenen Nachschlagewerk ‚Frühe Neuzeit in Deutschland 1520–1620: literaturwissenschaftliches Verfasserlexikon' (7 Bde., 2011–2019).

Der vorliegende Band des Companion lässt den nächsten mit Spannung erwarten.

Marta Vaculínová / Lucie Storchová / Marcela Slavíková / Bořek Neškudla / Ondřej Podavka / Magda Králová, Bohemian Editors and Translators at the Turn of the 16th Century. Turnhout: Brepols Publishers, 2021 (Bohemia and Moravia III / Europa humanistica 22). 492 S. mit Abb.; ISBN 978-2-503-59859-8

Das zweite hier zu besprechende Werk ist aus der tschechischen Sektion des gesamteuropäischen Großprojekts ‚Europa humanistica' hervorgegangen, das unter französischer Federführung steht. In der gesamten Reihe Europa humanistica wird die Publikation als 22. Band gezählt, im Rahmen des tschechischen Zweigs ist es nach den 2014 erschienenen Bänden I und II (Kamil Boldan / Bořek Neškudla / Petr Voit, The Reception of Antiquity in Bohemian Book

Culture from the Beginning of Printing until 1547 [Europa humanistica 12]; Lucie Storchová, Bohemian School Humanism and its Practices [Europa humanistica 16]) bereits der dritte Band, der sich mit Böhmen und Mähren beschäftigt. Dieser wurde wie der Companion am Institut für Philosophie der Tschechischen Akademie der Wissenschaften erarbeitet und ist hier aus dem Projekt ‚Europa Humanistica II. Editing and translating ancient classics in the Czech lands at the turn of the 16th century' des Zentrums für klassische Studien hervorgegangen. Wie der Companion erfuhr auch Bohemia and Moravia III eine Förderung vom Tschechischen Wissenschaftsfonds (GACR, Projektnr. 19-04340S). Abhandlungen und Kommentare sind hier ebenfalls in englischer Sprache verfasst. Wie es dem Typ dieser Reihe entspricht, gehen die Autoren in diesem Band in die Tiefe, was Quellen und Information betrifft. Es werden fünf ausgewählte Editoren bzw. Übersetzer im Detail in den Blick genommen.

Auch diese Arbeit bietet eine von Lucie Storchová verfasste Einführung. Thematisiert wird dabei ausführlich der Umgang mit antiken Texten durch Autoren aus den Böhmischen Ländern um 1500 unter den drei Gesichtspunkten Editionen, Kommentare und Übersetzungen. Der anschließende Hauptteil gliedert sich in folgende Einheiten:

(1) das editorische Œuvre zweier Lehrer, die außerhalb des Königreiches Böhmen wirkten und mit der Universität Leipzig in Verbindung standen: Paulus Niavis / Schneevogel (ca. 1453–1517) und Ioannes Honorius Cubitensis (ca. 1465–1504), die von Marta Vaculínová bzw. Marcela Slavíková bearbeitet wurden. Niavis setzte insgesamt zehn Ausgaben von acht Autoren ins Werk, die kaum Nachdrucke erfuhren. Das editorische Profil des Honorius Cubitensis ist dagegen mit dreiundzwanzig Ausgaben von achtzehn Autoren ungleich reicher. Sowohl Niavis als auch Honorius Cubitensis greifen auf Übersetzungen aus der italienischen Renaissance zurück, gemeinsam ist ihnen ferner, dass am Anfang ihrer editorischen Tätigkeit ein Druck von Basilius d. Gr. *De legendis antiquorum libris* in der Übertragung von Leonardo Bruni steht. Aufgegriffen werden darüber hinaus rhetorische und philosophisch-didaktische Schriften, bei Honorius Cubitensis zudem vermehrt antike Dichtung, die alle, verbunden mit einer Vermittlung der Inhalte, der praktischen Beherrschung der verschiedenen Stilebenen des Lateinischen dienen sollten. Die edierten Texte umfassen, einschließlich der Dubia, sowohl bei Niavis als auch bei Cubitensis ein zeitliches Spektrum von der heidnischen und christlichen Antike bis in die italienische Renaissance, teilweise handelt es sich dabei um Pseudepigraphica (Plato, Pseudo-Plato, Lukian, Cicero, Basilius d. Gr., Pseudo-Petrarca, Buonaccorso da Montemagno, Maffeo Vegio bzw. Hesiod, Cicero, Vergil, Horaz, Valerius Maximus, Persius, Martial, Prudentius, Leonardo Bruni, Maffeo Vegio, Francesco Griffolini, Bonino Mombrizio, Battista Mantovano, Antonio Mancinelli, Domenico

Mancini, Johannes Maius von Römhilt). Ergänzend zu Honorius Cubitensis' editorischem Schaffen sind Einblattdrucke von Vorlesungsankündigungen in Prosa und Vers zu Horaz, Statius, Ovid, Alexander de Villa Dei und Valerius Maximus beigegeben, die den Leser über die Editionen hinaus einen Blick in den Lehrbetrieb werfen lassen (166–174). Flankiert werden die Quellentexte zu Cubitensis zudem durch einige Gedichte, die sich außerhalb seiner Editionen finden (174–182). Eine systematische Dokumentation der Gedichte des Honorius Cubitensis ist ein Desiderat.

Bořek Neškudla präsentiert (2) die übersetzerische Tätigkeit überwiegend des Řehoř Hrubý z Jelení (Gregorius Gelenius) (ca. 1460–1514) sowie die des Václav Písecký (ca. 1482–1511). Ersterer ist zwar nur über sein Werk greifbar, gilt jedoch in dem hier interessierenden Zeitraum als bedeutendster Übersetzer. Die Übertragungen sind in der Mehrzahl handschriftlich tradiert (darunter auch autograph). Die beiden Übersetzer brachten mit insgesamt zweiundzwanzig tschechischen Versionen von dreizehn namentlich bekannten Autoren und Anonyma sowohl Übertragungen aus dem Griechischen als auch aus dem Lateinischen hervor, wobei Písecký mit seiner Wiedergabe von Pseudo-Isokrates' *Ad Demonicum* (Πρὸς δημονικὸν παραίνεσις) insgesamt die erste Übertragung aus dem Altgriechischen ins Tschechische bietet. Als weiteres Stück ist die Vorrede des Gelenius zu seiner größeren Sammlung von Übertragungen angefügt. Die chronologische Bandbreite der übertragenen lehrhaften und erbaulichen Schriften reicht auch hier von der heidnischen über die christliche Antike bis in die Renaissance (Pseudo-Isokrates, Cicero, Agapet, Johannes Chrysostomus, Basilius d. Gr., Gregor d. Gr., Vitae Patrum, Petrarca, Lorenzo Valla, Giannantonio Campano, Marsilio Ficino, Giovanni Pontano, Erasmus).

Es schließt sich (3) eine Präsentation der bemerkenswerten Edition von Martianus Capellas' *De nuptiis Mercurii et Philologiae* des Ioannes Dubravius (ca. 1486–1553) an, mit der sich das Autorenkollektiv Lucie Storchová, Ondřej Podavka und Magda Králová befasst hat. Für sein Erstlingswerk bringt Dubravius abwechselnd ein Zitat aus der editio princeps des Martianus Capella (Vicenza 1499) und dann seinen eigenen, hier abgedruckten Kommentar, jeweils unter der Rubrik „Martianus" bzw. „Dubravius". Der Text aus Martianus Capella ist im vorliegenden Band mit Incipit und Explicit sowie dem Verweis auf die kritische Edition von James Willis, Leipzig 1983, angegeben.

Die einzelnen Autorencorpora sind nach folgendem Schema angelegt: Am Anfang steht ein Vorspann mit einer Vita des jeweiligen Editors, ferner Bemerkungen zum Werk sowie eine Bibliographie, die sich in Lexika, Überblicksdarstellungen, moderne Ausgaben, Sekundärliteratur und Bemerkungen zu den Editionsrichtlinien gliedert. Dem Editionsteil geht zudem eine chronologische Übersicht der zu behandelnden Werke voraus, es folgen die Titelaufnahme der editio princeps mit bibliographischen Angaben, ein Regest in englischer Sprache, der Paratext selbst, ggf. mit Textkritik, ferner ein Stellenkommentar zu den wichtigsten Namen und eine Erschließung der Zitate. Gegebenenfalls ist Spezialliteratur zu dem Werk angefügt. Aufgenommen werden sodann weitere Editionen bzw. Nachdrucke zu Lebzeiten und postume Ausgaben, gegebenenfalls mit weiteren Paratexten. Sofern Abweichungen von der Erstausgabe vorliegen, wird auf diese verwiesen. Angemerkt werden ferner orthographische Besonderheiten, buchgeschichtliche Angaben zum Exemplar wie singuläre Überlieferung und Eigenheiten rezeptionsgeschichtlicher Art wie handschriftliche Anmerkungen eines Benutzers.

Abgeschlossen wird Bohemia and Moravia III wie der Companion durch eine Auswahlbibliographie, einen Index der erwähnten Personen und Orte (ebenfalls teils mehrsprachig) sowie insgesamt 21 Tafeln, die dem Leser visuell illustrieren, was zuvor dargelegt wurde. Durch Niavis' und Cubitensis' Bezug zu Leipzig ist das Werk auch für die Humanismusforschung auf deutschem Boden interessant. Es ist zu hoffen, dass aus dem Projekt weitere Bände hervorgehen.

Susann El Kholi Bad Neuenahr-Ahrweiler
s.elkholi@t-online.de

Leichtsinn der Weiber oder Triumph der Liebe? Ein lateinisches Opernlibretto nach Petron und Plautus

Iani Novák Patibularia. Quam comoediam brevem primum edidit Theodericus Sacré. With an English Translation by Nicholas De Sutter. Marneffe: Melissa, 2022 (Pluteus Neolatinus, vol. II). 239 S. ISSN: 9782872900312

„La donna è mobile" – Verdis berühmte Arie verdankt sich letztlich dem Mercurius des Vergil (Aen., 4, 569f.): „varium et mutabile semper femina". Die schönste Illustration dazu gab aber nicht dessen Dido, die ihrem verstorbenen Ehemann untreu wurde, sondern die ungleich keckere ‚Witwe von Ephesos', deren Gesinnungswandel Petron (Satyr., 111f.) beschrieben hat: Untröstlich scheint diese Frau nach dem Tod ihres Gatten, zum Selbstmord entschlossen; da kommt ein kecker Soldat, beschwatzt und verführt sie; und nicht genug damit: Als diesem, der die Leichname von ein paar gekreuzigten Verbrechern zu beaufsichtigen hatte, einer davon gestohlen wird, stiftet die Witwe, um ihren neuen Liebsten vor der Todesstrafe zu retten, den toten Körper des Ehemaligen als Ersatz. Und da hängt er nun.

Diese Geschichte, so frivol wie keine sonst aus den ‚Sagen des klassischen Alterthums', hat immer wieder Dichter gereizt, sie nachzuerzählen, zu dramatisieren (Sacré 143f.),[1] ja, in neuerer Zeit sie auch zu Opern zu verarbeiten. Zu nennen sind Karl Amadeus Hartmann (1929/30), Eugen d'Albert (1930), Hermann Reutter (1954/1966). Auch der tschechische Lateinkomponist Jan Novák (1921–1984)[2] dachte an eine Vertonung und schrieb sich selbst (wie Albert Lortzing und Richard Wagner) das Textbuch, natürlich ein lateinisches. Im Jahr 1967 schickte er eine erste Fassung dieses Librettos unter dem Titel *Cruciaria* (A) an seinen Löwener Brieffreund Jozef IJsewijn, seinerzeit den Matador der neulateinischen Philologie: Er möge das Werk begutachten bzw. ihn, Novák, von dieser ‚poetica insania' abhalten, damit er seine Zeit sinnvoller mit Komponieren zubringe (Sacré 137). Das war nicht nur ein Scherz. Trotzdem feilte Novák am Libretto weiter und reichte es 1970, ohne die musikalische Bestimmung anzugeben, als schiere Komödie, jetzt *Patibularia* (B) betitelt, beim Amsterdamer Dichterwettbewerb *Certamen Hoeufftianum* ein (Sacré 139f., 164–167), wo ihm schon zuvor für sein Gedicht *Furens tympanotriba* ein Preis zuerkannt worden war (Sacré 83–89). Diesmal aber waren die Meinungen der gutachtenden Professoren geteilt: Jan H. Waszink wollte das Stück, weil es der lateinischen Literatur neue Wege erschlossen habe, wiederum ausgezeichnet wissen; Hendrik Wagenvoort und Anton D. Leeman beanstandeten trotz

---

[1] Mehr bei Elisabeth Frenzel, Stoffe der Weltliteratur. Stuttgart [4]1976, 781–784; Ernst A. Schmidt, Das süßbittre Tier: Die Liebe in Dichtung und Philosophie der Antike. Frankfurt a.M. 2016, 489f.

[2] Ein vollständiges Verzeichnis seiner Werke (mit den lateinischen Texten samt deutscher Übersetzung) und ein Literaturverzeichnis findet man bequem über die Homepage ‚Wilfried Stroh', dasselbe jetzt auch als selbständiger Artikel „Jan Novák (1921–1984): https://stroh.userweb.mwn.de/novak/jan_novak.htm" (letzter Zugriff 30.10.2022).

allem Respekt technische Mängel, so dass es denn weder zu der erhofften ‚Magna laus' noch zu einer Drucklegung kam. Vielleicht aus Enttäuschung darüber gab Novák die Arbeit an dieser Petron-Oper vorläufig auf und machte sich in den siebziger Jahren an die Vertonung des *Dulcitius* der Hrosvitha von Gandersheim.

Theodericus (Dirk) Sacré, Schüler und Nachfolger IJsewijns, seit langem vertraut mit Nováks Gedichten, hat nun dieses Werk, das praktisch unbekannt war, in seinen beiden Fassungen aufgestöbert, die erste, *Cruciara* (A), in IJsewijns Nachlass, die zweite, *Patibularia* (B), im Harlemer Archiv des erwähnten *Certamen*; er hat es kritisch ediert und kurz kommentiert (Sacré 168–234, dazu Anhänge: Sacré 235–239) sowie mit einer ausführlichen Einleitung *De vita Iani Novák* (Sacré 9–135) und einer Gesamtwürdigung *De Cruciaria sive Patibularia Nonákiana* (Sacré 136–167) versehen. Da das entstandene Buch insgesamt in einem eleganten, nicht ganz anspruchslosen Latein verfasst ist – eine Ausnahme macht nur die englische Übersetzung des reinen Komödientexts, die Nicholas De Sutter, ein Schüler Sacrés, beigesteuert hat –, richtet es sich naturgemäß fast nur an Philologen. So betrifft auch die Darstellung von Nováks bewegtem Leben, so ziemlich die umfangreichste, die hierzulande vorhanden ist, vor allem den Lateiner Ianus. Außer dem schon bekannten Quellenmaterial[3] konnte Sacré dabei die zahlreichen Briefe verwenden, die Novák an IJsewijn geschrieben hatte. (Von seinen Antwortbriefen scheint IJsewijn keine Kopien angefertigt zu haben.) So sei auch hier die bewegte Vita Nováks nach Sacrés Schwerpunkten kurz nacherzählt.

Novák, geboren am 8. Februar 1921 in einer kleinen Stadt Mährens, lernt an einem Jesuitengymnasium Latein und Griechisch, ohne sich zunächst sonderlich für diese Sprachen zu interessieren. Er studiert in Prag und Brünn Musik; unterbrochen durch Zwangsarbeit in Deutschland. Nach dem Krieg darf er dank einem Stipendium in Amerika vor allem bei Bohuslav Martinů, seinem Vorbild und Freund, studieren. Er kehrt zurück in die mittlerweile kommunistische Tschechoslowakei und heiratet die Pianistin Eliška Novák, von der er zwei Töchter hat. Das damals wenig erfreuliche Musikleben in seiner Heimat beschreibt er später (1971) in einem Aufsatz *De statu musicae Bohemoslovacae.* Doch kann er in Brünn trotz freimütiger Äußerungen als selbständiger Musiker sein Auskommen finden, da er besonders als Filmkomponist benötigt wird (Sacré 9–18).

Wie im Widerstand gegen den verordneten Sozialistischen Realismus, nach dem z.B. Jazz und Dodekaphonie verpönt waren, entdeckt er nun erst etwa in der Mitte seiner Dreißigerjahre „amore subitaneo" das Latein (Sacré 18), er verliebt sich in die Sprache, er spricht Latein, schreibt Latein (besonders auch in den westeuropäischen Lateinzeitschriften) und sammelt einen Zirkel von Lateinfreunden um sich.

---

[3] Nicht zugänglich war Sacré die tschechisch geschriebene Dissertation der Musikwissenschaftlerin Eva Nachmilnerová, Jan Novák (1921–1984): Kapitoly z tvurcí biografie [Chapters from His Creative Years]. Prag 2013.

Bevor aber noch eigene lateinische Gedichtsammlungen von ihm erscheinen (*Ludicra*, 1965; *Suaviloquia*, 1966; dazu Sacré 36–40, 44–53) wird nun auch (beginnend mit *Horatii carmina*, 1959) der Großteil seiner Kompositionen lateinisch: In ihnen verarbeitet er die lateinische Literatur in ihrer ganzen Ausdehnung von Plautus bis zur Gegenwart, wobei er – dies ergänze ich (zu Sacré 25–27) – als erster Komponist seit den Humanisten des 16. Jahrhunderts (Senfl, Hofhaimer u.a.) in metrischen Texten das Versmaß, d.h. die Silbenquantitäten sorgfältig beachtet, ohne sich allerdings, wie jene, streng an Quintilians 2:1-Schema zu halten[4] (Sacré 18–69).

Als die Staaten des Warschauer Pakts 1968 den sog. Prager Frühling, in dem sich Novák als Dissident weit vorgewagt hatte, mit Panzern niederwalzen (Sacré 70–74), ist er gerade auf Konzerttournee im toskanischen Arezzo. Er beschließt, nicht heimzukehren, vielmehr auch seine Familie zu sich in den Westen nachzuholen. Aber der Einschnitt in seinem Leben bewirkt keine Veränderung seines Schaffens. Nach etwas lauem Empfang durch die deutschen Humanisten – so die Witwe Novák mündlich – bietet das dänische Aarhus dem Ehepaar eine Zeitlang gute Verdienstmöglichkeiten; dann aber zieht es Novák im Herbst 1969 in die Wahlheimat Italien (Sacré 75–78), erst nach Rovereto, dann auch in das nahe Riva del Garda, wo zwar das Auskommen durch Klavierunterricht kärglich war, dafür sich aber in der Academia Lentulorum lateinsprechende Freunde finden und ein gleichgesinnter Verleger sich um seine Werke kümmert. In Rovereto gründet er einen Lateinchor, mit dem er auch den Papst besucht, und veranstaltet 1972 das völlig neuartige musikalische Festival *Feriae Latinae* (Sacré 98–102), zu dem er aus aller Welt die Lateiner zusammenruft (Sacré 70–117).

Es sind vor allem wirtschaftliche Gründe, die Novák, der inzwischen italienischer Staatsbürger geworden ist, veranlassen, 1977/78 etappenweise in das ungeliebte Deutschland umzuziehen (sehr summarisch Sacré 117–119), wo sich schließlich für das Ehepaar Arbeitsmöglichkeiten in Ulm und Stuttgart ergeben. Großen Erfolg hat beim Trierer Lateinkongress 1981 seine Phaedruskantate *Aesopia* (Sacré 120–122). Noch weit stärkere Resonanz in der Öffentlichkeit finden die LVDI LATINI, die Novák zusammen mit mir, W. Stroh, nach dem Muster der einstigen *Feriae Latinae* 1983 auf Schloss Ellwangen veranstaltet. Nachdem sich auch der berühmte Dirigent Rafael Kubelik seines Werks annimmt, scheint ein förmlicher Durchbruch erreicht, was man auch daraus erkennt, dass die aus den LVDI erwachsenen, sogleich nach Nováks Tod publizierten *Cantica latina* (Sacré 126–130) einen geradezu sensationellen Verkaufserfolg erzielen. Aber alle frischen Hoffnungen und Pläne vereitelt ein im Frühjahr 1984 diagnostizierter Gehirntumor, der am 17. November zum Tode führt (Sacré 117–131).

---

[4] Seine Prinzipien erläutert er in: Musica poetica Latina, ed. Valahfridus. München 2001.

Unter drei Gesichtspunkten hat Varro (Men., 399) die römischen Komödiendichter klassifiziert: Handlung („argumenta"), Charaktere („ethe"), Sprache („sermones"). Ihm folgend beginnen wir mit der Handlung, zu der hier schon der Titel gehört. Laut Petron (111, 5) hatte der zuständige Provinzstatthalter einige Banditen ans Kreuz schlagen („crucibus affigi") lassen. Warum ändert also Novák den Titel *Cruciaria* der Erstfassung (A) in das schwerer verständliche *Patibularia* (B)? Sacré sieht richtig den Bezug beider Titel zu plautinischen Werktiteln *Asinaria* usw. (S. 141). Aber warum die Änderung? Sie ergab sich wohl aus einem der skurrilen Einfälle, mit denen Novák Petrons Geschichte bereichert hat. Er lässt nämlich nach dem Klagegesang der Witwe die Leichen der Hingerichteten ein fideles Lied singen (V. 72–95) des Inhalts, dass sie es nunmehr genießen, nach der Mühsal des Lebens baumeln zu dürfen und vom Wind geschaukelt zu werden (V. 87f. „iocosam o oscillationem"). Mit einer regelrechten Kreuzigung, bei der ja auch die Füße befestigt sein müssten, ließ sich das nicht vereinen, wohl aber mit einem bloßen Hängen am „patibulum", dem über den Nacken des Delinquenten laufenden Querbalken, mit dem dieser zu seiner Schande durch die Stadt getrieben wurde. Daran, dass das „patibulum", wenn es zur eigentlichen Hinrichtung kam, an einem Pfahl emporgezogen und so zum Kreuz erweitert wurde (Christoph H. Brecht, RE XVIII 4 [1949], 2168), darf man allerdings nicht denken, sondern sollte sich eher einen heutigen Galgen vorstellen (so übersetzt auch De Sutter einmal „patibulum" mit „gallows": Sacré 218, vgl. 168).

Plautus verwendet mit einer Ausnahme keine Chöre. Novák aber gebraucht sie, nicht nur zur Gliederung der Handlung (wie in Senecas Tragödien), sondern auch, um Prolog und Epilog vorzutragen. Dabei wechselt (wie gelegentlich bei Seneca) das Personal. Den Prolog (V. 1–55) singen zwei Angehörige des einen der aufgehängten Banditen im Auftrag des poeta (wie bei Terenz), um die Wahl der lateinischen Sprache zu rechtfertigen – es gehe „ein bisschen um die Unsterblichkeit" – und um (wie bei Plautus) in die Handlung einzuführen. Am Schluss fordern sie, wiederum extra personam, die Beleuchtungstechniker auf, „radiis electricis" die jammernde Witwe zu illuminieren. So also in B; in der Version A (die Sacré 221 witziger findet) hatten die Choreuten den Dichter sogar wegen mangelnder Originalität getadelt. Trotz der senarii iambici, eigentlich einem Sprechvers, ist auch dieser Prolog als gesungener zu denken, nicht nur wegen der Ankündigung „chorus … decantat", sondern auch, weil Novak in seinem *Planctus Troadum* (einer Kantate nach Seneca, Tro., 1–163 in Auszügen), 1969, die Trimeter der Hecuba nicht anders als die Anapäste des Chors vertont hat. Nováks *Patibularia* sollte sicherlich durchkomponiert werden.

Es folgt die angekündigte Klage der Witwe, der keine unbestimmte Magd („ancilla"), wie bei Petron, sondern eine Amme („nutrix") assistiert. Dann, in groteskem Gegensatz zu dem Heulgesang, beschließt, mit Wechsel der Beleuchtung, das schon behandelte Gaudilied der Gehenkten (V. 72–95) den ersten Teil, so dass der zweite (V. 96–277) mit dem auf sie wachthabenden Soldaten („miles“) passend anschließt. Das Notturno, das sich dieser (wie ein Archilochos auf der Wache) singt, wird unterbrochen von der erneuten Klage der Witwe, die den Soldaten, als er sie sieht, zuerst in Gespensterangst versetzt. Soweit ließ sich Petron mühelos umsetzen. Dann aber lässt Novák sogleich die Amme eingreifen: Sie erklärt die Lage, bittet um Trost, ja um einen Schluck Wein. Jetzt erst erkennt der Soldat, mit welch schöner Frau er es zu tun hat. Und als die Amme ihn anfleht, ihre Herrin vom Tod zu erretten, widmet er dieser nicht nur einen kurzen therapeutischen Zuspruch, sondern offeriert ihr auch die eigene Weinflasche. Sie, als dezidiert Untröstliche, weist alles zurück, bis auf den Wein – nicht um einen profanen Durst zu stillen, sondern (wie fromm!) um für ihren Tränenstrom die Flüssigkeit zu supplieren. Aber der Wein schert sich nicht um diesen Vorsatz, sondern bewirkt (wie der Liebestrank in Wagners *Tristan*) einen ruckartigen Gefühlsumschwung. Die Witwe spürt neue Glut in ihren Adern, preist den Soldaten als Lebensretter; und, nachdem sich auch dessen Sympathie während der Tränkung in Liebe gewandelt hat, wirft sie sich ihm förmlich an den Hals. Und die Amme muss einen Zwischenvorhang („siparium“) einziehen lassen, um der Witwe ihren verbliebenen Rest an Scham zu belassen. (Der Opernkenner denkt an den Schluss des ersten *Walküre*-Akts, wo Wagner nicht grundlos vorschreibt „Der Vorhang fällt schnell“.) – Dies alles stammt aus Petron, ist aber verkürzt besonders um die langen Suasorien, mit denen im Original erst der Soldat (111, 8), dann die Magd (111, 11f.) auf die Witwe einreden, um sie zum Leben, dann auch zur Liebe zu bekehren. Wer will sich in einer Oper schon lange Argumentationen anhören? Bei Novák erledigt das Meiste der Alkohol.

Nun gliedert wieder ein Chorlied (V. 278–302) die Handlung: Die beiden Angehörigen, die schon den Prolog gesungen haben, marschieren singend zum „Galgen“, hängen den Leichnam ab und marschieren wieder zurück. Dann hört man noch hinter dem Vorhang die Verliebten Jubellieder singen. Der Vorhang öffnet sich. (Die drei Liebesnächte Petrons musste Novák dramengemäß auf eine einzige reduzieren, vgl. Sacré 145.) Nun, da das Liebespaar genötigt ist, sich für ein Weilchen zu trennen, dehnt Novák, der in der Verführungsszene eben noch gekürzt hatte, die gefühlvollen Abschiedsgesänge des Paars in die Länge, wozu die Witwe am Ende sogar mit einem Schnupftuch („sudarium“) wedelt. Ganz neu ist nun auch die folgende groteske Szene, in der der Soldat nach den Leichen sieht, wobei er sich seiner Sache so sicher wähnt, dass er zunächst nicht einmal die Augen hebt, sondern wie ein Feldwebel die Einzelnen aufruft, worauf sie auch mit „Zur Stelle“ („Adsum“) antworten – bis natürlich auf den letzten, den Geklauten. Die folgende Verzweiflung erst des Soldaten, der einen Selbstmord plant, dann der Doppelwitwe, die mit ihm sterben will, gibt nun wieder Gelegenheit zu gefühlvollen Gesängen, die Petron nicht vorgesehen hatte, bis die Amme, nicht die Witwe selbst, auf die rettende Idee kommt, dem gestohlenen Banditen den toten Ehemann zu substituieren. Was dann, wieder unter Gesängen, auch geschieht.

Hier endete das Stück in der ersten Fassung (A) mit dem Vergil („Omnia vincit Amor") variierenden „Amoris est victoria". Die zweite Fassung (B) bietet dazu noch einen Epilog, den die zwei Angehörigen zusammen mit dem von ihnen Abgehängten vortragen und der, wie es heißt, das „Fabula docet" enthält. Während hier nun der Petronleser erwarten würde, dass über den Leichtsinn der Weiber (Petron 110, 6 „in muliebrem levitatem", vgl. 113, 2!) losgezogen wird (richtig Sacré 157) – auch an Mozarts *Così fan tutte* könnte man denken –, überrascht Novák mit zwei überzwerchen, an alle Todeskandidaten (V. 444 „O moriture") unter den Ehemännern gerichteten Weisheiten: Man solle nicht sterben, solange die Gattin noch knusprig und verliebt in einen ist; und falls man doch stirbt, solle man ja die Bahre nicht verlassen!

Aus den für die Musikbühne nötigen Modifikationen der Handlung ergaben sich auch Retuschen bei den Charakteren. Da die Witwe rasch dem Soldaten erliegen sollte, steigert Novák schon vorher ihre sinnliche Empfänglichkeit, indem sie bei ihrer Klage um den Toten besonders dessen süße Liebkosungen (V. 57f.) und Küsse (V. 65f.) hervorhebt (gut bemerkt von Sacré 148, wo man allerdings besser von Prüderie als von „pudicitia" sprechen sollte). Dass nicht sie, sondern die Amme auf den rettenden, aber ja doch bedenklichen Einfall mit der Leichensubstitution kommt, hebt sie moralisch ein wenig, mehr noch aber ihre sofortige Bereitschaft zum gemeinsamen Liebestod (V. 405 „Nexuque sic coniuncti amoris ultimo", auch hier denkt man an Wagners *Tristan*), und zeigt wiederum, wie stark sie von ihren Emotionen bestimmt ist. Mehr als die „levitas muliebris" verkörpert sie eigentlich die „victoria Amoris", mit deren Siegeszeichen das Stück ursprünglich (in A) enden sollte.

Ein Gegenstück zu ihr ist die mit besonnener Altersweisheit (V. 421 „longaeva ... peritia") ausgestattete Amme, zu der Novák Petrons etwas farblose „ancilla" umgestaltet hat. Sie vertritt weniger, wie Sacré (146f.) meint, den „servus callidus" des Plautus, denn auch der Trick mit dem Leichnam ist keine typisch plautinische Intrige, vielmehr haben wir hier eine „nutrix" nach dem Vorbild von Senecas *Medea* und *Phaedra*. Wie beim stoischen Tragiker die Ammen ihre Herrinnen zur Mäßigung des Zorns (Med., 150–154, 380f.) bzw. zur Bekämpfung der Liebe (Phaedr., 129–177; 195–217) anhalten, so versucht Nováks Amme von Anfang an, der Jammersucht ihrer Herrin zu wehren (V. 49–53). Und während sich Petrons Magd erst nach Genuss von Speis und Trank die menschenfreundliche Maxime von Didos Schwester Anna aneignet (Petron, 111, 12 = Aen., 4, 34 „Glaubst du, das kümmere die Toten?"), bittet die „nutrix" von sich aus um Wein und um Trost für die totgeweihte Herrin (V. 144–147, 165f.). So wird durch diese Stimme des common sense sowohl die rasche Umstimmung der Witwe als auch der Einfall, den toten Gatten aufzuhängen, geschickt vorbereitet. Der mit der Amme rasch kooperierende Soldat war mit seiner Gespensterfurcht schon bei Petron etwas ängstlich (111, 7), was seiner Kopflosigkeit nach entdecktem Versäumnis entsprach. Novák steigert das zu einer Fluchtarie des Verängstigten (V. 118–131), der sich zuvor mit einem Liedchen Mut angesungen hatte (V. 96–113, vgl. Sacré 147f.). Ein feiger Weiberheld wie der *miles gloriosus* des Plautus ist er aber nicht: Es ist echte Liebe, die ihn überwältigt: Auch für ihn gilt: „victoria Amoris", Nováks Leitidee.

Sorgfältig untersucht Sacré die Sprache von Nováks Komödie (153–157, vgl. bes. die ergiebigen Anmerkungen 221–234). Es war zu erwarten, dass er archaische Eigentümlichkeiten in der Morphologie des Plautus, wie „dicier" oder „cuia vox", übernehmen würde, aber er übertreibt solche Entlehnungen nicht, um verständlich zu bleiben. Nach Sacré 155 (vgl. 141) will er überhaupt nur einen „dimidiatus Plautus" liefern. Sein Streben nach klassischer Korrektheit zeigen die in B gegenüber A vorgenommenen Verbesserungen. Krude Modernismen wie das quasi-italienische „pergunt in amore faciundo" (nach V. 277) sind rar. Aber auch Deftigeres wird nicht gemieden, von der als Kissen fungierenden „mammula turgidula" (V. 250–261) bis zum unverblümten „miles perforat" (V. 281). Erfinderisch ist Novák in den bei Plautus so beliebten Wortspielen, die bis zu Kalauern gehen, wie (V. 27) „propinquos haud propingues", und hier auch einmal die Grenze des Erlaubten streifen (V. 267): „cum *Venere sua Marx*!" Seinen Hass auf die marxistischen Bosse des Ostblocks entlädt er in den Namen der aufgehängten Banditen (V. 356–362) „Con*stalin*opolitanus", „Ulbricles cum barba caprina" und „barbarussus Leonides" (Leonid Breschnew). Sacré erläutert dies alles kundig. Hinzuzufügen ist, dass in dem wiederholten „Adsum pendulo" bzw. „Abest pendulo" (V. 357–365) offenbar ein von Novák (in Analogie zu „sedulus" – „sedulo", vgl. V. 359!) neugebildetes Adverb vorliegt: „Hier bin ich – im Hängemodus."

Mit der Metrik nähern wir uns der intendierten Musik. Novák, der, wie gesagt, eine durchkomponierte Oper im Blick hat (vgl. Sacré 138f., 158f.), übernimmt die bei Plautus noch durch die Verwendung der Musik gebotene Dreiteilung in Senare, Langverse und Cantica, wovon die letzteren bei ihm so weit überwiegen, dass die „numeri innumeri", deren sich Plautus gerühmt haben soll (Gell., 1, 24, 3), fast noch überboten werden. Sacré bietet auch hier meist befriedigende Auskunft (159–163, 221–234). Nur an zwei Stellen finden sich horazische, genauer gesagt sapphische Strophen (V. 303–314, 336–347) zum Ausdruck der (schon durch den Namen Sappho suggerierten) Verliebtheit; auch aus Anapästen werden Strophen gebildet (V. 249–268). Glyconeen werden stichisch gereiht (V. 154–162 u.ö.), ebenso Phalaeceen (V. 223–227 u.ö.). Viele Cantica basieren auf je einem Metrum bzw. dessen Substituten (so daktylisch V. 96–113: der Nachtgesang des Soldaten; oder anapästisch, V. 132–147, der Hilferuf der Amme). Peinlich genau abgezirkelt sind die 4 x 10 ionici a minore (ein Lieblingsmaß Nováks, richtig dazu Sacré 226), mit denen die Witwe zum Leben zurückkehrt (V. 190–200). Extravaganter sind die vier zur Stichomythie aufgeteilten Distichen (V. 202–210), in denen jeweils die Amme in vier gluckernden Pyrrhichii zum Trinken lockt, der alternierende Soldat dagegen in je einem Phalaeceus sich seiner Gefühle bewusst wird.

Auch größere respondierende Strophen (in Analogie zur griechischen Tragödie) finden sich. Wenn die Angehörigen des Banditen beim Abhängen der Leiche gleichmäßig schreiten oder sich bewegen, dann wird dies in 3 Strophen aus je 4 oder 5 spondeischen bzw. daktylischen Hexametern nachgebildet (V. 278–281, 287–291, 297–301), so dass sich die für den geraden Takt nötige Isochronie ergibt (unrichtig Sacré 163 und 228f.: „senarii trochaici"); in den Pausen singen diese Leichenräuber dagegen Jamben (richtig Sacré). Dasselbe leicht verkürzte Schema wiederholt sich, wenn der Leichnam des Ehemanns aufgehängt wird (V. 426–443), natürlich zur selben Musik, die man sich vorzustellen hat. Bei den Klagelauten der Witwe (V. 37, 39, 41, 45) „O o. oho oho, o o, o" usw. scheinen die von Novák gesetzten Kommata auf dreieinhalb Takte von je 4 Moren hinzudeuten, zu skandieren also q q | ww ww | q q | q (anders Sacré 223: „ithyphallici"); dieses Taktgefüge ändert sich nicht durch die Daktylen in den Versen 38, 40, 41–44; erst die Cretici in V. 43f. bringen die Klage aus dem Takt. Regelmäßig ist dann wieder die Fortsetzung der Klage in den V. 54–71, wo die strikt fünfmorigen Cretici bzw. Paeones (richtig Sacré 223) einen Fünfertakt ergeben (wie bei der Vertonung von Plaut., Curc., 147–154 in Nováks *Cantica latina*). Eine quasi-militärische Isochronie wird auch hergestellt in dem Verzweiflungslied des Soldaten (V. 369–375), das aus Octonaren besteht, in denen sich viermorige Füße, also Anapäste, Daktylen und Spondeen, munter mischen (unrichtig Sacré 232: „dimetri cretici acatalectici") und an einer Stelle sogar eine imaginierte Trommel den Versschluss liefert (V. 371*):* „Quid agam, nescio. Fugiam? Maneam? Consilium unde petam -tam -tam -tam?" (an da an an da da sp sp). Aber Novák war auf das Taktschema nie festgelegt.

Den Amsterdamer Preisrichtern, die angesichts der Anonymität des Verfahrens nicht ahnten, dass sie es mit dem Libretto eines Musikers zu tun hatten, wurde etwa bei diesem „-tam -tam -tam" an Humor einiges abverlangt. Was die von ihnen bemängelten „naevi" angeht (dazu Sacré 164–167), ist billigerweise zwischen echten Fehlern, die sehr selten sind, und bloßen Freiheiten, die Novák sich nimmt, zu unterscheiden.

Unkorrekt ist die kurz gemessene erste Silbe von „ignota" (V. 224, notiert von Sacré), außerdem das kurz gemessene „hoc" in V. 191 und 248 (wo auch in „curoque" die erste Silbe nicht lang sein sollte). Dazu kommt die lang gemessene erste Silbe von „libidinibus" in V. 301. Metri causa war nötig „lalabimus" in V. 264, wo Sacré unrichtig zu „lallabimus" ‚korrigiert'. Über „relinquero" (V. 318), das Sacré zu „reliquero" verbessert, kann man vielleicht streiten (vgl. ThlL VII, 2, 1460, 19f., Fulgent., Hist., p. 6, 4 Halm). – Zu den Freiheiten gehört etwa, dass gelegentlich der Sinneinschnitt im Senar den Vers halbiert (V. 5 „Latinis versibus | nostram comoediam") oder gleichmäßig dreiteilt (V. 15 „tam notae erat | pudicitiae, | quod feminas"). Auch mit den Zäsuren im Sapphiker verfährt Novák großzügig: „laxioribus utebatur … habenis", wie Sacré (159) schreibt. Störender ist, dass er manchmal Präpositionen nachstellt.

Aber insgesamt sind das, wie man heute sagt, peanuts. Allein die Tatsache, dass einer der einstigen Juroren, die ja den Verfasser nicht kannten, auf C. Arrius Nurus (Harry C. Schnur), diesen peniblen Handwerker, riet, zeigt, dass man auch in Amsterdam die technischen Qualitäten Nováks nicht unterschätzt hat. Wir erfahren von Sacré (167), dass ein Plan bestand, unter Bruch der von der Satzung gebotenen Geheimhaltung den ja nicht dekorierten Novák in einem Brief eigens zu loben und zur Behebung kleiner Mängel zu ermuntern. Hätte man sich dazu entschlossen, wäre vielleicht die Welt um eine höchst originelle Lateinoper reicher geworden. So bleiben uns dafür, um immerhin die Koryphäen zu nennen, nur Mozart (mit *Apollo et Hyacinthus*) und Strawinsky (mit *Oedipus Rex*). Aber auch von diesen hat sich keiner um die lateinische Metrik gekümmert.

Geben wir trotzdem die Hoffnung nicht auf, dass sich einmal ein lateinkundiger Komponist um dieses in der Geschichte der Oper wie der Literatur einzigartige Libretto kümmert. Sacré hätte ihm mit seiner wahrhaft wissenschaftlichen Edition eines zeitgenössischen Lateiners trefflich zugearbeitet.

Wilfried Stroh Universität München
stroh@klassphil.uni-muenchen.de

IV. Quaestiones recentissimae

Odysseus gründete Uelzen

In lateinischen Ortsnamenlexika kann man lesen, daß der lateinische Name für die Stadt Uelzen in Niedersachsen „Ulyssea" gewesen sei.[1] Die älteren deutschen Bezeichnungen der Stadt wechselten viel. Man schrieb Ülzen, Ultzen, Uls(s)en, Ul(l)essen und Ullishusen. Den Namen „Ulyssea" hatten die Bearbeiter der Lexika als Druckort gefunden. Der Drucker Michael Cröner, der 1575–1609 in Uelzen tätig war (er war der einzige dortige Drucker im 16. und 17. Jahrhundert),[2] gab den Namen des Druckorts in deutschen Veröffentlichungen mit Ulssen, in lateinischen mit der Lokativform „Ulysseae" an. Im Jahr 1575 erschienen gleich drei lateinische Bücher und ein deutsches aus seiner Presse.[3] Er wurde oft auch von Lüneburger Autoren als Drucker gewählt, weil diese benachbarte Stadt erst 1616 einen Drucker bekam.[4] Der lateinische Ortsname wird in einem Druck schon 1588 als Herkunftsname für eine Person verwendet: *Cantica sacra … accomodata et edita ab Francisco Elero Ulysseo*. Hamburg 1588, ND Hildesheim 2002 („Franciscus Eler Ulcensis" wurde 1580 in Rostock immatrikuliert).

Cröner könnte den Namen „Ulyssea" als einen in Uelzen bereits bekannten Namen übernommen haben. Vor 1530 ist er aber in Urkunden und vor 1575

---

[1] Dieser lateinische Ortsname findet sich bei Johann Georg Theodor Graesse, Orbis Latinus Online, http://www.columbia.edu/acis/ets/Graesse/contents.html (letzter Zugriff 17.04.2023), und in den Druckauflagen des Buches Dresden 1861, 1909 und Braunschweig 1972 s.v. Ulyssaea, Ulsena sowie auch in Pierre C. E. Deschamps, Dictionnaire de Géographie ancienne et moderne. Paris 1870, ND Hildesheim 1994, s.v. Ulyssea.

[2] Vgl. Josef Benzing, Die Buchdrucker des 16. und 17. Jahrhunderts im deutschen Sprachgebiet. Wiesbaden 1963, 440.

[3] Der Katalog VD 16 Online, https://www.gateway-bayern.de/TouchPoint_touchpoint/start.do?SearchProfile=Altbestand&SearchType=2 (letzter Zugriff 17.04.2023), nennt: ein Epithalamium von „Iohannes Meyerus Lucchoniensis", eine juristische Arbeit von „Iohannes Henricus Goebelius" (*Annotata ad Constitutiones Imperatorias*), einen theologischen Text für junge Geistliche des Herzogtums Lüneburg ohne Verfasserangabe (*Formulae quaedam …*) und eine deutsche Predigt von „M. Christoffen Fischer" (Christoph Fischer/Vischer/Piscator, Mag. Wittenberg 1543, Superintendent Schmalkalden 1552–1571, Hofprediger Celle 1574–1577, später Generalsuperintendent ebd., † 1597 oder 1600, s. Heinrich Kellner, Christoph Fischer/Vischer, in: Allgemeine Deutsche Biographie 1896, Online-Fassung https://www.deutsche-biographie.de/ [letzter Zugriff 17.04.2023]; Cröner, der 1570–1573 Drucker in Schmalkalden gewesen war, kannte Fischer bereits aus ihrer gemeinsamen Zeit in Schmalkalden [1570–1571], wo er bereits Schriften von ihm gedruckt hatte [auch noch 1572], und er wird in Uelzen bis 1609 noch 14 weitere Schriften von ihm drucken).

[4] Vgl. Benzing (wie Anm. 2), 287.

in Drucken noch nicht belegt.[5] Seine Verwendung in städtischen Urkunden zwischen 1530 und 1575 ist noch nicht überprüft, aber unwahrscheinlich. Wahrscheinlich hat Cröner selbst ihn 1575 zuerst in die Öffentlichkeit gebracht. Diese Vermutung wird bestätigt durch die Immatrikulationen an der Universität Rostock, an der sich viele Uelzener einschreiben ließen. Der Herkunftsname wurde hier meist mit „de Ultzen", dann auch mit „Ulcensis" angegeben.[6] Doch 1577/78 erscheint erstmals „Ulisseus" bei Bernhardus Pomarius, 1582/83 „Ulyssaeus" bei Ioannes Rofsac, 1585 „Ulyssaeus" bei Henricus Elers,[7] 1590 „Ulisaeus" bei Balthasar Wilhelmi, 1591/92 „Ulisseus" bei Bernhardus Bertramus, 1598 „Ulyssaeus" bei Albertus Dracmeister und 1599/1600 „Ulyssaeus" bei Balthasar Flugelius. Diese Formen des Herkunftsnamens verschwinden dort jedoch völlig nach 1600, und die Herkunft wird mit „Ulcensis" oder „Ultzensis" angegeben. An der Universität Wittenberg immatrikulierten sich mit den Herkunftsnamen „Ulyssaeus" oder selten „Ulissaeus" 1581, 1592 und 1595 je ein Student, 1611 vier Studenten, 1613 einer, 1614 zwei, 1616/17 wieder zwei und 1617/18 und 1619 je einer. An der Universität Jena immatrikulierten sich nur zwei Studenten mit diesem Herkunftsnamen: 1616 „Christianus Besenthal Ulyssaea Saxo" und 1619 „Henricus Becker Ulyßaeâ Luneburg". Das zeigt, daß der Ortsname „Ulyssea" bald nach dem Beginn der Drucke von Cröner in Immatrikulationen aufkam. Nach 1600 scheint jedoch dieser Name einer steigenden Zurückhaltung ausgesetzt gewesen zu sein, so daß diese Form der Herkunftsbezeichnung in den Immatrikulationen in Rostock nach 1600 und in Jena und Wittenberg nach 1619 fehlt. In lateinischen Drucken wurde die Ortsangabe „Ulysseae" von Cröner bis 1603 sowie 1636 in einem Epithalamium auf eine „Ulysseae" gefeierte Hochzeit eines Henricus Leo verwendet (keine Druckerangabe). Auch wurde 1630 in Lüneburg „Typis Sternianis" eine *Flosculi Musarum* betitelte Gedichtsammlung auf die „Ulysseae" gefeierte Hochzeit des Johannes Versmannus mit der Witwe des Ernestus Wilhelmi, „civis Ulyssensis primarii", gedruckt, und derselbe Johann Versmann erhielt 1636 in Celle gedruckte *Carmina ad … Johannem Versmannum, Civem Reipubl. Ulysseae meritissimum* wegen des Todes seiner kaum dreijähigen Tochter Maria Anna (er

---

[5] In Thomas Vogtherr, Urkundenbuch der Stadt Uelzen. Hildesheim 1988, das Urkunden von 1270–1529 enthält, findet sich der Name ‚Ulyssea' noch nicht. Uelzen wird dort meist als Ulessen oder Ulssen bezeichnet. Vor 1575 gab es in Uelzen keine Druckerei.

[6] Im Matrikelbuch (Online: matrikel.uni-rostock.de/simplesearch.action#top, letzter Zugriff 17.04.2023) steht, da U damals mit V wiedergegeben wurde, „de Vltzen" und „Vlcensis". Hier wird an solchen Stellen stets U geschrieben.

[7] Eine *Elegia* zur Hochzeit des Lüneburger Patriziers Hartwig von Dassel mit Anna Düsterhop von Henricus Elerus Ulysseus wird in Hartwig von Dassel, Poematum Libri IV. Bremen: Johannes Wesselius, 1603, 118–121, veröffentlicht. Elerus wird „Philosophus et medicus" genannt als Autor eines libellus de partu. Lüneburg 1626.

selbst hatte sich 1614 in Wittenberg als „Iohannes Versmannus Ulyssaeus Saxo" immatrikuliert).[8] Der Ausdruck hielt sich also in der gehobenen poetischen Sphäre länger.

Cröner dürfte sich 1575 bei der Aufnahme dieses lateinischen Ortsnamens auf die Empfehlung eines Humanisten gestützt haben, der ein Autor der 1575 gedruckten Bücher gewesen sein könnte. In einer näheren Beziehung scheint er seinen Drucken zufolge zu dem Hofprediger Mag. Christoph Fischer in Celle gestanden zu haben. Der Urheber des Namens ‚Ulyssea' läßt sich jedoch leider nicht sichern.

Wie konnte es aber überhaupt zu dieser Bezeichnung kommen? Das so auffällig eingeführte y läßt an ‚Ulysses', eine Schreibvariante zu ‚Ulixes' und ‚Ulisses', also an Odysseus denken, und das ist offenbar beabsichtigt. In der Antike hatten sich Vorstellungen gebildet, die die Wanderungen des Odysseus weit über seine Reiseroute in der homerischen Odyssee hinausführten.[9] Strabon (ca. 63 vor–nach 23 nach Chr.) wies in seiner griechisch verfaßten Geographie auf Spuren von Odysseus auf der iberischen Halbinsel hin. Eine Stadt sei nach ihm benannt (gemeint ist Lissabon, alt: ‚Olisipona'/‚Olesipona'); auch später wurde behauptet, sie sei von Odysseus gegründet und nach ihm benannt worden.[10] Daß eine Stadt nach ihrem Gründer benannt wird, war in der Antike geläufig. Eine andere dortige Stadt nennt Strabon Ὀδύσσεια und beschreibt sie als in einer bergigen Gegend liegend. Asclepiades Myrleanus zufolge enthalte der dortige Athena-Tempel Erinnerungsstücke an Odysseus.[11] Strabons Text war zuerst von Guarinus Veronensis ins Lateinische übersetzt worden (Rom 1459); eine Aldina erschien 1516, eine italienische Übersetzung von Alfonso Buonaccivoli 1562 in Venedig. In Deutschland dürfte erst die Strabon-Ausgabe mit lateinischer Übersetzung von Guilielmus Xylander (Basel 1571) eine weitere Verbreitung gefunden haben. Xylander übersetzte den griechischen Ortsnamen mit „Ulissea", was Johann Philipp Siebenkees 1796 beim Abdruck von Xylanders Übersetzung mit „Ulyssea" wiedergab (!).[12] In Tacitus, Germ., 3, konnte

---

[8] S. Katalog VD 17 Online, http://www.vd17.de/ (letzter Zugriff 17.04.2023), Stichwort ‚Ulysseae'.

[9] Vgl. Ernst Wüst, Odysseus, in: RE, Bd. 17, 2. Stuttgart 1937, Sp. 1905–1996, hier 1989–1996.

[10] Strabon, 3, 2, 13, vgl. Isidor, orig., 15, 1, 70: „Olisipona ab Ulixe est condita et nuncupata."

[11] Strabon, 3, 4, 3. Die englische Übersetzung Strabons von H. C. Hamilton und W. Falconer in der Perseus Digital Library, http://www.perseus.tufts.edu/hopper/ (letzter Zugriff 17.04.2023), identifiziert die Stadt Ὀδύσσεια in den Bergen irrtümlich auch mit Lissabon.

[12] Strabonis rerum geographicarum libri septemdecim a Guilielmo Xylandro Augustano magna cura recognita ac mendis quae adhuc invaserant innumeris maiore ex parte fideliter ac laboriose sublatis sibi restituti. Basel: Heinrich Petri, 1571, 165, Strabonis rerum geo-

man sogar etwas über Odysseus in Germanien lesen: „ceterum et Ulixen quidam opinantur longo illo et fabuloso errore in hunc Oceanum delatum adisse Germaniae terras." Vorsichtig fügte Tacitus hinzu: „Quae neque confirmare argumentis neque refellere in animo est: ex ingenio suo quisque demat vel addat fidem." Der unbekannte deutsche Latinist, der den Namen ‚Ulyssea' für Ulssen erfand, wollte also diesen Ort im Blick auf die Tacitusstelle und wohl auch in Kenntnis von Xylanders Strabon-Übersetzung als von dem sogar in Germanien umherirrenden Odysseus gegründet und benannt bezeichnen. Er entdeckte gewissermaßen in der deutschen Ortsbezeichnung mit Hilfe von Tacitus und vermutlich von Strabon die Entstellung des vermeintlich ursprünglichen Ortsnamens ‚Ulyssea'. Die Vorstellung fand zunächst Anklang, erregte nach einigen Jahrzehnten aber so große Skepsis, daß man den lateinischen Ortsnamen, der Uelzen mit Odysseus als Gründer und Namengeber verband, aufgab und später auch vergaß, was er bedeutet hatte.

Walther Ludwig Universität Hamburg
Walther.Ludwig@uni-hamburg.de

graphicarum Libri XVII … recensuit, … illustravit, Xylandri versionem emendavit Ioannes Philippus Siebenkees, Tomus primus. Leipzig: Libraria Weidmanniana, 1796, 419.

„Quid moror?" Ein vermeintliches Epitaph Pietro Bembos für Jacopo Sannazaro Oder: Woher kam das neunte Epigramm?

In der Kirche Santa Maria del Parto im neapolitanischen Stadtteil Mergellina kann noch heute das Grabmal des Bauherrn eben jenes Gotteshauses, Jacopo Sannazaro, besichtigt werden.[1] Inschriftlich verewigt findet sich darauf ein Epitaph, welches sein Zeitgenosse und Dichterkollege Pietro Bembo verfasst hat: „Da sacro cineri flores! Hic ille Maroni / Sincerus Musa proximus ut tumulo."[2] Angespielt wird hierin einerseits auf Sannazaros poetisches Schaffen, andererseits auf die geographische Nähe seines Grabes zur angeblichen ewigen Ruhestätte Vergils in Neapel.[3] Ebenso wie die sepulchrale Situierung dieses Gedichts kann auch seine Zuschreibung an Bembo als in Stein gemeißelt angesehen werden. Zwar posthum, aber mit der Autorität von Bembos venezianischem Testamentsvollstrecker Girolamo Querini versehen, erschien 1552 die editio princeps des *Carminum Libellus*.[4] Darin findet sich das fragliche Gedicht versehen mit dem Titel *Iacobi Synceri Sannazari Epitaphium*.[5] Bereits sechs Jahre früher, also noch zu Lebzeiten Bembos, erschienen Paolo Giovios *Elogia veris clarorum virorum imaginibus apposita*, worin unter dem Eintrag zu Jacopo Sannazaro das genannte Epitaph zitiert wird.[6]

Während dieses Gedicht also als „kanonisches"[7] Epitaph Bembos für Sannazaro angesehen werden kann, findet sich in den Appendices moderner Editionen von Bembos Werk ein weiteres Grabgedicht für Sannazaro, das angeblich aus seiner Feder stammt:[8] „Quid moror? Aeterni te suspicit umbra Maronis /

---

[1] S. z.B. die folgende Abb. https://upload.wikimedia.org/wikipedia/commons/9/96/Tomba_sannazaro%2C_view.JPG (letzter Zugriff 19.04.2023).

[2] „Bring' der heiligen Asche Blumen! Hier liegt jener Sincerus, / Maro am nächsten durch die Muse wie durch das Grab."

[3] https://bit.ly/3MIf0i4 (letzter Zugriff 19.04.2023).

[4] Carlo Dionisotti, Bembo, Pietro, in: Mario Caravale (Hrsg.), Dizionario biografico degli italiani. 8. Bellucci – Beregan. Rom 1966, online unter https://www.treccani.it/enciclopedia/pietro-bembo_%28Dizionario-Biografico%29/ (letzter Zugriff 19.04.2023); Petri Bembi Carminum Libellus. Venedig: Gualtero Scotto, 1552–1553, online unter https://www.digitale-sammlungen.de/de/view/bsb10190622?page=4,5 (letzter Zugriff 19.04.2023).

[5] Bembo (wie Anm. 4), 50.

[6] Paolo Giovio, Elogia veris clarorum virorum imaginibus apposita, quae in musaeo Ioviano Comi spectantur. Venedig: Michele Tramezzino, 1546, 50v.

[7] So die Formulierung bei Marco Pecoraro, Per la storia dei Carmi del Bembo. Una redazione non vulgata. Venedig 1959, 25f.

[8] Rosanna Sodano (Hrsg.), Pietro Bembo. Carmina. Turin 1990, 120; Mary Chatfield (Hrsg.), Pietro Bembo. Lyric Poetry. Etna. Cambridge, Mass. / London 2005, 188.

et tibi vicinum donat habere locum."[9] Nun wäre es in der humanistischen Tradition zwar alles andere als unüblich, dass ein Autor mehrere Epitaphien für ein und dieselbe Person verfasst hat, allerdings erscheint schon die rhetorische Frage zu Beginn dieses Distichons doch zumindest ungewöhnlich. Dementsprechend wird das Gedicht in Mary Chatfields Edition von Bembos lyrischem Werk, wenngleich ohne weiteren Kommentar, unter *Poems variously attributed to Bembo* geführt. In ihren *Notes on the Text* gibt sie an, sich bei ihrer Edition maßgeblich auf die Ausgabe Rosanna Sodanos gestützt zu haben.[10] Sodano wiederum merkt in einer Fußnote an, dass dieses Distichon erstmals 1608 in Frans Sweerts' *Selectae Christiani Orbis Deliciae* Bembo zugeschrieben worden sei. Außerdem habe Anton Federico Seghezzi 1729 in seiner Ausgabe von Bembos opera omnia Zweifel an der Zuschreibung angemeldet.[11] Ein Blick in den vierten Band dieser Edition liefert weitere Aufschlüsse. Die beiden zitierten Gedichte wurden hier direkt untereinander auf einer Seite positioniert, wobei Seghezzi bezüglich des Quid moror?-Distichons in einer Fußnote anmerkt, dass er dieses Epigramm im erwähnten Werk Sweerts' gelesen habe. Daran anschließend führt er allerdings aus, dass dieses Gedicht seiner Meinung nach nicht von Bembo stamme, da es auch unter dem Namen eines anderen Autors umginge und zudem derjenige, welcher es Bembo zuschriebe, sich in diesen Dingen sehr oft irren würde.[12] Der Weg führt uns also weiter zurück zu den bereits zweimal erwähnten *Deliciae* des Frans Sweerts, dessen Urteil laut Seghezzi nicht unbedingt zu trauen sei. Diese nach Ländern und Orten eingeteilte Sammlung von Gedichten diverser Autoren führt unter den *Monumenta Neapolitana* beide Epigramme, zunächst das eingangs zitierte Epitaph unter dem Titel *Actii Synceri Sannazarii nobilis poetae* und auf der Folgeseite das andere Distichon, versehen mit der Überschrift *Petrus Bembus de Sannazario.*[13] Nähere Angaben zu seinen Quellen macht Sweerts an dieser Stelle nicht. Auf den ersten Seiten seines Sammelwerks bietet er jedoch eine Liste von Autoren, deren Werke er sich bei der Zusammenstellung bedient habe.[14]

---

[9] „Was zögere ich? Der Schatten des unsterblichen Maro nimmt dich auf / und gewährt dir, den Nachbarsplatz einzunehmen."

[10] Chatfield (wie Anm. 8), 251.

[11] Sodano (wie Anm. 8), 120 Anm. 1.

[12] Anton Federico Seghezzi (Hrsg.), Opere del Cardinale Pietro Bembo. Ora per la prima volta tutte in un corpo unite. Tomo quarto. Contenente i brevi Scritti a nome di Lione X, le Lettere famigliari, i tre Dialoghi, il trattato della Imitazione e i Versi latini. Venedig: Francesco Hertzhauser, 1729, 354 Anm. n. Diese Zweifel teilt auch Pecoraro (wie Anm. 7), 25f.

[13] Selectae Christiani Orbis Deliciae ex Urbibus, Templis, Bibliothecis, et aliunde. Per Franciscum Sweertium F. Antverpiensem. Köln: Bernhard Walter, 1608, 94f.

[14] Sweerts (wie Anm. 13), 6v–7v. Genannt werden nur die Autoren, nicht deren Werke.

Sweerts' Quellenangaben allein sind allerdings viel zu vage, um ohne das Durchforsten der gesammelten Werke aller von ihm aufgeführten Autoren zur gesuchten Quelle zu gelangen. Vielmehr war es der Zufall, der uns auf den Ursprung dieser problematischen Überlieferungskette stieß, welche nun Thema dieses Beitrages ist. Bereits weiter oben wurden Paolo Giovios *Elogia* erwähnt. Nach Giovios Ableben wurde dieses Werk 1557 von Johannes Latomus erstmals in einer erweiterten Fassung herausgegeben, der 1561, 1571 und 1577 weitere, bezüglich des Textcorpus unveränderte Editionen folgten.[15] Die Erweiterung bestand vornehmlich darin, dass Latomus zu jedem der darin vorkommenden 146 Gelehrten zumindest ein Epigramm verfasste und zudem weitere sammelte, die sodann, zusätzlich zu den vielen bereits bei Giovio vorhandenen, an die jeweiligen Prosa-Elogien angeschlossen wurden.[16] Jacopo Sannazaro wurde in der Edition von 1546 mit zwei Gedichten bedacht: dem bereits genannten Epitaph Bembos und einem weiteren Epigramm aus der Feder des Marco Antonio Flaminio.[17] Latomus erweiterte diese Zahl beträchtlich, sodass sich unter dem Elogium Sannazaros 1557 ganze acht Epigramme finden.[18] Auffällig ist nun, dass die ansonsten identische Edition, welche fünf Jahre später erschien, neun Epigramme für Sannazaro aufweist.[19] Dasselbe gilt für die Ausgaben von 1571 und 1577.[20] Es wird nun nicht verwundern, dass es sich bei diesem neunten Gedicht um das ominöse Quid moror?-Distichon handelt. In der *Elogia*-Edition von 1561 sowie in den folgenden ist es mit der Autoren-

---

[15] Die Edition von 1577 unterscheidet sich von den vorhergehenden dadurch, dass sie mit Holzschnitt-Portraits der darin behandelten Gelehrten illustriert war.

[16] Die gesammelten Epigramme können neuerdings als digitale Edition inklusive Übersetzung und Analysen unter https://paologiovio.univie.ac.at/ (letzter Zugriff 19.04.2023) eingesehen werden.

[17] Giovio (wie Anm. 6), 50v.

[18] Elogia doctorum virorum ab avorum memoria publicatis ingenii monumentis illustrium. Authore Paulo Iovio Novocomense, Episcopo Nucerino. Praeter nova Ioannis Latomi Bergani in singulos Epigrammata adiecimus ad priora Italicae editionis, illustrium aliquot Poetarum alia. Antwerpen: Joannes Bellerus, 1557, 176–178.

[19] Elogia doctorum virorum ab avorum memoria publicatis ingenii monumentis illustrium. Authore Paulo Iovio Novocomense, Episcopo Nucerino. Praeter nova Ioannis Latomi Bergani in singulos Epigrammata adiecimus ad priora Italicae editionis, illustrium aliquot Poetarum alia. Basel: [?] 1561, 187–189.

[20] Elogia doctorum virorum ab avorum memoria publicatis ingenii monumentis illustrium. Authore Paulo Iovio Novocomense, Episcopo Nucerino. Praeter nova Ioannis Latomi Bergani in singulos Epigrammata adiecimus ad priora Italicae editionis, illustrium aliquot Poetarum alia. Basel: [?] 1571, 187–189; Johannes Latomus (Hrsg.), Pauli Iovii Novocomensis Episcopi Nucerini Elogia Virorum literis illustrium, quotquot vel nostra vel avorum memoria vixere. Ex eiusdem Musaeo (cuius descriptione una exhibemus) ad vivum expressis imaginibus exornata. Basel: Pietro Perna, 1577, 150f.

angabe ‚Bembi' zu finden. Ein Abgleich mit der Autoren-Liste in Sweerts' *Deliciae* ergibt zudem, dass sich dort sowohl Paolo Giovio als auch Johannes Latomus finden.[21] Insofern kann wohl davon ausgegangen werden, dass Sweerts sich einer der Editionen ab 1561 bei der Zusammenstellung seines Werkes bediente.

Eine wichtige Frage bleibt jedoch: Woher kam das neunte Epigramm? Der Text der Editionen nach 1557 wurde lediglich hinsichtlich mancher Schreibweisen oder einiger Druckfehler angepasst. Zu einer textlichen Addition kam es nicht mehr. Bei näherer Betrachtung zeigt sich, dass dies auch bei Sannazaro nicht der Fall war. Das Quid moror?-Distichon scheint nicht, wie bei einer Zugabe eventuell zu erwarten, am Ende der Reihe an Epigrammen auf. Vielmehr nimmt es die sechste Stelle ein, eingeschoben zwischen zwei längeren Gedichten von Basilio Zanchi und Nicolaus Grudius. Ein vergleichender Blick auf die Edition von 1557 zeigt, dass das fragliche Distichon auch dort tatsächlich an derselben Position zu finden ist, allerdings ohne als Werk Bembos ausgewiesen zu sein.[22] Es bildet dort den Abschluss von Zanchis Epigramm, welches somit aus fünf statt vier Distichen besteht. Inhaltlich verleiht diese Zuordnung der rhetorischen Frage am Versbeginn einen klar ersichtlichen Sinn. In den vorausgehenden Versen werden in Form einer Klimax zunächst literarische Figuren aus dem Werk Sannazaros und sodann die personifizierten Mergellina und Neapel aufgeführt, wie sie dem verstorbenen Dichter trauernd Gaben und Grab weihen.[23] In diesem Kontext stellt die Bewunderung durch den „unsterblichen Maro", der zudem die Bestattung in seiner unmittelbaren Nachbarschaft gewährt, freilich die ultimative Würdigung dar, deren Erwähnung durch den Autor nicht länger hinausgezögert werden darf. Auf der Ebene der textuellen Überlieferung kommt zudem hinzu, dass sich das Quid moror?-Distichon nicht in der Ausgabe von Bembos *Carmina* aus dem Jahr 1552 findet. Die *Poematum libri VII* Zanchis hingegen, die 1553 noch zu dessen Lebzeiten herausgegeben wurden, führen das genannte Epigramm für Sannazaro inklusive des fünften Distichons im siebten Buch unter dem Titel *Tumulus Actii Sinceri Sannazarii* an, wie es auch in der *Elogia*-Edition von 1557 zu finden ist.[24]

---

[21] Sweerts (wie Anm. 13), 7v–7r.

[22] Latomus 1557 (wie Anm. 18), 177.

[23] Text und Übersetzung s. wieder unter https://paologiovio.univie.ac.at/current/web/node/398 (letzter Zugriff 19.04.2023).

[24] Basilii Zanchii Poematum Libri VII. Rom: Antonio Blado, 1553, 106r–106v. Interessanterweise bildet die Einleitung zu dieser Ausgabe ein Brief Bembos an Zanchi aus dem Jahr 1540, worin er sich sehr erfreut über die Zusendung von *De horto Sophiae* zeigt und dieses sowie Zanchis poetisches Schaffen generell ausgiebig lobt. Dasselbe gilt für eine um ein Buch erweiterte Ausgabe der *Poemata*, welche 1555 erschien. S. das Gedicht auf Sannazaro in Basilii

Wenn insofern die Autorenschaft Zanchis als gesichert angesehen werden kann, wie kam es dann dazu, dass wohl beginnend mit der *Elogia*-Edition von 1561 die Fehlzuschreibung tradiert wurde, bei dem Quid moror?-Distichon handle es sich um ein eigenständiges Epigramm Pietro Bembos? In Ermangelung handfester Beweise lässt sich eine eindeutig belegbare Antwort darauf zwar nicht geben, jedoch erscheint folgender Ablauf der Ereignisse denkbar: In der *Elogia*-Edition von 1557, welche in Antwerpen gedruckt wurde, steht Bembos tatsächliches Epitaph für Sannazaro auf Seite 176 recht weit oben, unterhalb der drei letzten Zeilen der Vita (Abb. 1). Auf der folgenden Seite 177 steht direkt zu Beginn das Quid moror?-Distichon (Abb. 2). Die Edition von 1561 wurde, ebenso wie die zwei folgenden, in Basel gedruckt, mit anderer Schriftart und Seitenzahl (Abb. 3). Es scheint nun nicht abwegig, dass der Basler Setzer, welcher sich wohl einer Ausgabe von 1557 als Textvorlage bediente, im Zuge seines workflow auf Seite 177 ein vermeintlich einzelnes Distichon ohne Autorenangabe erblickte, dieses setzen wollte, dann verwundert einen erneuten, schnellen Blick auf die Vorlage warf, versehentlich auf Seite 176 hängen blieb, dabei das „Maroni" am Ende des ersten Verses mit dem „Maronis" des Quid moror?-Distichons an gleicher Stelle verwechselte und daher meinte, ein Epigramm des Pietro Bembo vor sich zu haben. Eine kurze aberratio oculi hätte insofern weitreichende und insbesondere langfristige Folgen gehabt.[25]

Doch wie auch immer es sich tatsächlich zugetragen haben mag, die fälschliche Abtrennung des Quid moror?-Distichons, die ebenso irrige Zuschreibung an Pietro Bembo sowie der wahrscheinliche Ursprung dieser fehlerhaften Überlieferung wurden in diesem Beitrag hoffentlich nachvollziehbar dargelegt. Seghezzi hatte es bereits vermutet, und zukünftige Editionen von Bembos *Carmina* mögen sich davon leiten lassen.

Matthias Baltas / Snezana Rajic — Universität Wien/Österreich
matthias.baltas@univie.ac.at
snezana.rajic@univie.ac.at

Zanchii Bergomatis Poematum Libri VIII. Laurentii Gambarae Brixiani Poematum Libri III. Basel: Johann Oporinus, 1555, 226.

[25] Der Irrtum wurde, wie erwähnt, von den beiden modernen Bembo-Editionen Sodanos (wie Anm. 8) und Chatfields (wie Anm. 8) übernommen. Letztere wird z.B. auch von zwei relativ rezenten Dissertationen (Susan Nalezyty, Il collezionismo poetico. Cardinal Pietro Bembo and the Formation of Collecting Practices in Venice and Rome in the Early Sixteenth Century. Philadelphia, PA 2011, 138 und Roberto Nicosia, Il giardino dei sentieri incrociati. Pietro Bembo a scuola di Greco. New Brunswick, NJ 2013, 123 Anm. 295) zitiert, welche dabei das Quid moror?-Distichon fälschlicherweise als Bembos Epitaph für Jacopo Sannazaro anführen.

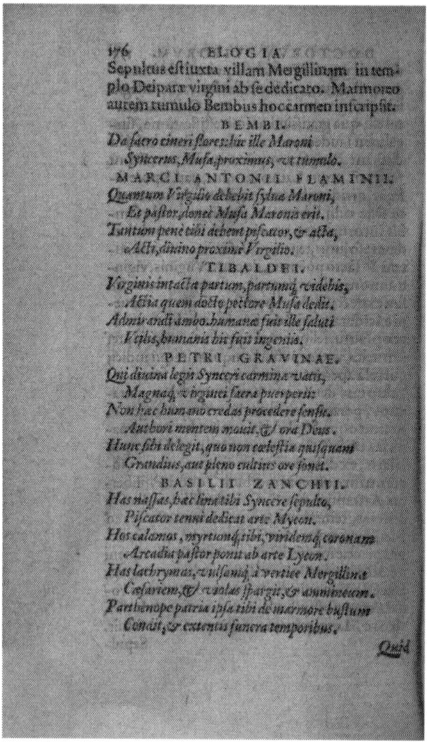

176 ELOGIA

Sepultus est iuxta villam Mergillinam in templo Deiparæ virgini ab se dedicato. Marmoreo autem tumulo Bembus hoc carmen inscripsit.

BEMBI.

Da sacro cineri flores: hic ille Maroni
Syncerus, Musa, proximus, ut tumulo.

MARCI ANTONII FLAMINII.

Quantum Virgilio debebit sylua Maroni,
Et pastor, donec Musa Maronis erit.
Tantum pene tibi debent piscator, & alta,
Acti, diuino proxime Virgilio.

TIBALDEI.

Virginis intactæ partum, partumq; videbis,
Actia quem docto pectore Musa dedit.
Admirandi ambo. humanæ fuit ille saluti
Vtilis, humanis hic fuit ingeniis.

PETRI GRAVINAE.

Qui diuina legis Synceri carmina vatis,
Magnaq; virginei sacra puerperii:
Non hæc humano credas procedere sensu.
Authori mentem mouit, & ora Deus.
Hunc sibi delegit, quo non cælestia quisquam
Grandius, aut pleno cultius ore sonet.

BASILII ZANCHII.

Has nassas, hæc lina tibi Syncere sepulto,
Piscator tenui dedicat arte Mycon.
Hos calamos, myrtumq; tibi, viridemq; coronam
Arcadia pastor ponit ab arte Lycon.
Has lachrymas, vulsamq; à vertice Mergillina
Cæsariem, & violas spargit, & amaracum.
Parthenope patria ipsa tibi de marmore bustum
Condit, & extentis funera temporibus.

Quid

Abb. 1: S. 176 der *Elogia*-Edition von 1557.

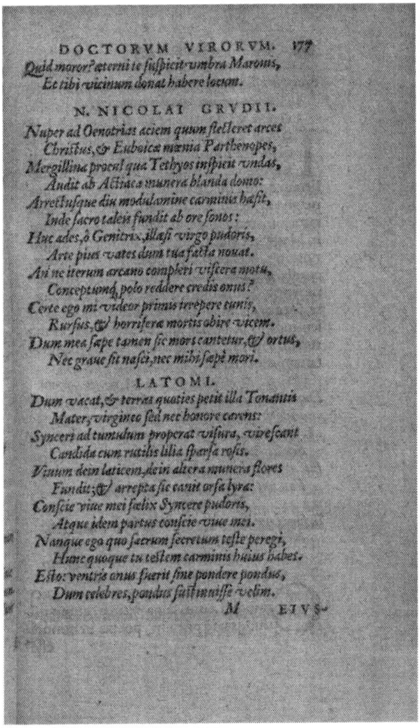

DOCTORVM VIRORVM. 177

Quid moror? æterni te suspicit umbra Maronis,
Et tibi vicinum donat habere locum.

N. NICOLAI GRVDII.

Nuper ad Oenotrias aciem quum flecteret arces
Christus, & Euboicæ mœnia Parthenopes,
Mergillina procul qua Tethyos inspicit vndas,
Audit ab Aestiaca munera blanda domo:
Arrectusque diu modulamine carminis hæsit,
Inde sacro taleis fundit ab ore sonos:
Huc ades, ô Genitrix, illæsi virgo pudoris,
Arte pius vates dum tua facta nouat.
An ne iterum arcano compleri viscera motu,
Conceptumq; polo reddere credis onus?
Certe ego mi videor primis irrepere cunis,
Rursus, & horrifera mortis obire vicem.
Dum mea sæpe tamen sic mors canetur, & ortus,
Nec graue sit nasci, nec mihi sæpè mori.

LATOMI.

Dum vacat, & terras quoties petit illa Tonantis
Mater, virgineo sed nec honore carens:
Synceri ad tumulum properat visura, virescant
Candida cum rutilis lilia sparsa rosis.
Vinum dein laticem, dein altera munera flores
Fundit; & arrepta sic canit orsa lyra:
Conscie viue mei fœlix Syncere pudoris,
Atque idem partus conscie viue mei.
Nanque ego quo sacrum secretum teste peregi,
Hunc quoque tu testem carminis huius habes.
Esto: ventris onus fuerit sine pondere pondus,
Dum celebres, pondus supponisse velim.

M EIVS-

Abb. 2: S. 177 der *Elogia*-Edition von 1557.

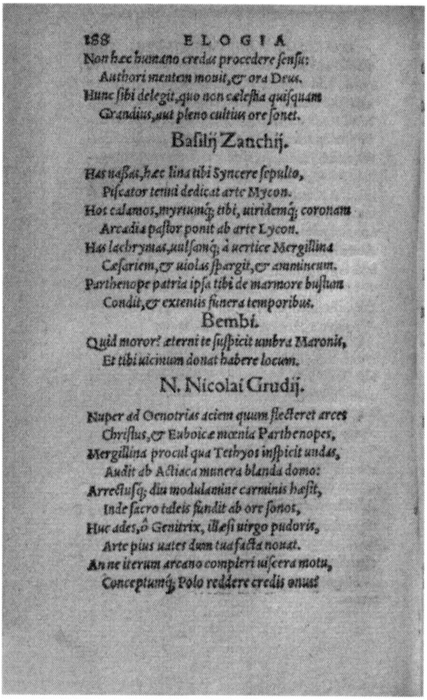

188 ELOGIA

Non hæc humano credas procedere sensu:
Authori mentem mouit, & ora Deus.
Hunc sibi delegit, quo non cælestia quisquam
Grandius, aut pleno cultius ore sonet.

Basilij Zanchij.

Has naßas, hæc lina tibi Syncere sepulto,
Piscator tenui dedicat arte Mycon.
Hos calamos, myrtumq́; tibi, uiridemq́; coronam
Arcadia pastor ponit ab arte Lycon.
Has lachrymas, uulsamq́; à uertice Mergillina
Cæsariem, & uiolas spargit, & ammineum.
Parthenope patria ipsa tibi de marmore bustum
Condit, & extentis funera temporibus.

Bembi.

Quid moror? æterni te suspicit umbra Maronis,
Et tibi uicinum donat habere locum.

N. Nicolai Grudij.

Nuper ad Oenotrias aciem quum flecteret arces
Christus, & Euboicæ mœnia Parthenopes,
Mergillina procul qua Tethyos inspicit undas,
Audit ab Actiaca munera blanda domo:
Arrectusq́; diu modulamine carminis hæsit,
Inde sacro tales fundit ab ore sonos,
Huc ades, ô Genitrix, illæsi uirgo pudoris,
Arte pius uates dum tua facta nouat.
An ne iterum arcano compleri uiscera motu,
Conceptumq́; Polo reddere credis onus?

Abb. 3: S. 188 der *Elogia*-Edition von 1561.

V. Nuntii

Two newly constituted committees of the International Association for Neo-Latin Studies (IANLS)

1. The IANLS Committee for Digital Resources

As the International Association for Neo-Latin Studies recognized some time ago the increasing importance of digital resources for the field, the decision was taken by the Executive Committee of the IANLS in 2007 (during the presidency of Philip Ford) to establish a Committee for Digital Resources, in order to formalize the digital activities of the IANLS, which had been undertaken so far by the webmaster of the IANLS, Johann Ramminger (webmaster since 2000). The members were, besides the webmaster as the Chair, the president and the secretary of the IANLS ex officio. The Chair of the Committee for Digital Resources regularly participated in the meetings of the Executive Committee, with a lengthy informational session during the meeting of the Executive Committee in 2010 (during the presidency of Minna Skafte Jensen). Apart from maintaining the website, the Chair organized sessions with a focus on digital developments in the field of Neo-Latin studies: in Münster 2012 "Digital Technology and Neo-Latin Research" (5 papers), and in Albacete 2018 "Neo-Latin Language Studies: Fields & Methodologies" (6 papers on linguistic topics, some of them with a strictly digital focus). In the meantime, the digitally-driven methods in scholarship became so pervasive and indispensable, and the digital resources so ample and diverse, that the Executive Committee of the IANLS decided to expand the Committee and broaden its activities. At the Business Meeting held in Leuven in August 2022, during the Eighteenth Congress of the IANLS, the Association appointed a new Committee, whose members are the following: Šime Demo (University of Zagreb, Chair), Johann Ramminger (Centre for Danish Neo-Latin, Aarhus), Kristi Viiding (Estonian Academy of Sciences, Tallinn), Alexander Winkler (Zuse-Institute, Berlin), and Stefan Zathammer (University of Innsbruck, webmaster). The Committee, gratefully acknowledging the freedom to shape its tasks and goals, has been planning its activities roughly along the following lines:

1. Redesigning and maintaining a functional website of the IANLS, with the prospect of presenting a structured view of the organization's past, present, and future.
2. Organizing physical and virtual events – such as seminars, lectures, and conference panels – about digital resources and methods relevant for Neo-Latin studies.

3. Securing the presence of the IANLS and its Committee for Digital Resources on social media.
4. Creating an online database of digital resources, which is intended to become a starting point for researchers interested in digitally-assisted approaches to Neo-Latin topics (https://ianls.com/resources-2/).
5. Building the digital archive of the IANLS, comprising detailed information about the congresses, Acta, as well as the decisions made by the Executive Committee and in the Business Meetings.
6. Developing guidelines for digitally relevant projects, e.g. taking care of personal data protection, implementing workflows that respect the FAIR principles, drawing attention to topics such as research data management, as well as outlining best practices for creating digital editions and interoperable databases.
7. Working on various side projects, such as the digital bibliography of Neo-Latin studies.
8. Fostering cooperation between the members by creating a user-generated membership database.

On a more general note, the Committee would like not only to share existing information, but also to be a catalyst of community engagement in creating and enhancing useful digital resources. In order to achieve these goals, it hopes for an active cooperation by the broader research community, the IANLS members and all Neo-Latin scholars at large. All readers of the Neulateinisches Jahrbuch are warmly invited to get in contact with the Chair of the Committee (sdemo@hrstud.hr) and share relevant data, propose new ideas and promote digital initiatives.

2. The IANLS Committee for the Teaching of Neo-Latin

During the last congress of the International Association for Neo-Latin Studies in Leuven (August 2022), the assembly of the IANLS members approved the installment of a renewed Committee for the Teaching of Neo-Latin. It consists of the following members: Christoph Pieper (Universiteit Leiden, Chair), Valéry Berlincourt (Universität Basel/Université de Genève), Miguel Ángel González Manjarrés (Universidad de Valladolid), Trine Arlund Hass (University of Aarhus/Oxford University), Thomas G. Hendrickson (Stanford Online High School), Ivan Lábaj (Univerzita Komenského, Bratislava), and Claudia Schindler (Universität Hamburg). The board's aim is to promote the teaching of Neo-Latin both in schools and at Universities.

In order to learn about the wishes and expectations of the IANLS members, the Committee organized two events during the Leuven congress: a special session dedicated to didactic issues with three papers (Christian Peters, Maria de Lourdes Santiago-Martínez, and Matthias Korn, who, however, had to cancel his paper at the last moment) and a round-table discussion about the opportunities of teaching Neo-Latin in universities. In this panel, Thomas Hendrickson, Outi Merisalo, Marianne Pade, and Joaquín Pascual Barea debated with Christoph Pieper, Chair, and an engaged public. The positive reactions we received after these events show us that questions of teaching and didactics are thriving in the community of Neo-Latinists. Therefore, we will again propose at least one special session dedicated to this theme at the next IANLS congress in 2025 in Aix-en-Provence.

For the current triennium (2022–2025), the Committee has set itself an agenda of three major fields in which it wants to engage:

1. In order to make the often dispersed material more easily accessible, the Committee has started to collect links to already existing digital didactic material on the website of the IANLS. It is hoped that these links will prove to be useful and inspiring for teachers both at high school and university level. The links can be found here: https://ianls.com/resources/
   The Committee is always happy to get in touch with colleagues or teachers who know about or have developed material that would be suited for our website. If you want to share a link, please contact the Chair of the Committee, Christoph Pieper (c.pieper@hum.leidenuniv.nl).
2. In the spring of 2024, the Committee will organize a masterclass on Neo-Latin for MA students in Rome (3–10 May). This event will be co-organized by the Royal Netherlands Institute in Rome (Koninklijk Nederlands Instituut Rome) and its Vice-Director Dr. Susanna de Beer and will be especially open for students from universities who do not have access to courses on Neo-Latin topics in their own institutions. Depending on the evaluations and the interest of the participants, we plan to offer similar masterclasses at least once within a triennium.
3. The Committee wants to promote spoken Latin as a useful didactic aim when teaching (Neo-)Latin both in high schools and universities. Therefore, it has organized a first online workshop for high school teachers without any experience with spoken Latin in order to help them find their way and to give useful tips how best to start. It was held on 20–21 June, 2023.

For further activities and news, please consult the website of the IANLS: https://ianls.com

Šime Demo University of Zagreb/Croatia
sdemo@hrstud.hr
Christoph Pieper Leiden University/The Netherlands
c.pieper@hum.leidenuniv.nl
Johann Ramminger Centre for Danish Neo-Latin, Aarhus/Denmark
j.ramminger@gmail.com

Bericht über eine Tagung in Estland

Am 21.–22. September 2023 fand in Tallinn (Estland) die Konferenz ‚Representing Crisis in Early Modern Literature' statt, organisiert vom Under und Tuglas Literaturzentrum der Estnischen Akademie der Wissenschaften und vom Institut für Philosophie der Tschechischen Akademie der Wissenschaften. Damit gipfelte das dreijährige interakademische Forschungsprojekt ‚Literary Representations of Early Modern Crisis in Central and North Eastern Europe', dessen Ziel es war, die Reaktionen auf frühneuzeitliche Krisen auf der Ebene literarischer Darstellungen in Nordost- und Mitteleuropa zu erforschen und ihre transnationalen, regionalen und fiktionalen Elemente herauszufinden.

Anstelle der traditionellen Betrachtungsweise, nach der die neulateinische und vernakuläre Literatur der Frühen Neuzeit als Informationsquelle zur Rekonstruktion und Beschreibung der Ereignisse benutzt wird, haben die Konferenzteilnehmer aus zehn Ländern (Dänemark, Estland, Finnland, Italien, Kroatien, Österreich, Polen, Schweden, Tschechien und Ungarn) die Krise als ein kulturell produktives Phänomen analysiert: wie sie durch die Literatur wahrgenommen, reflektiert und vermittelt wurde, wie die in den literarischen Werken benutzten Bilder, Topoi und rhetorischen Mittel wiederum das soziale und private Leben dieser Zeitperiode, einschließlich der Identität der Autoren, beeinflussten.

Der Plenarvortrag ‚Representations of Crisis in Chronological, Astrological and Theological Discourses: Comenius' *Sorrowful* and other Bohemian texts reflecting on the post-1620 developments' wurde von Vladimír Urbánek (Tschechische Akademie der Wissenschaften, Institut für Philosophie) gehalten und fokussierte darauf, wie Johann Amos Comenius, der berühmte tschechische Universalgelehrte und Reformpädagoge, in seinem vierbändigen dialogischen Werk *Der Traurige* (*Truchlivý*) die gesamtgesellschaftliche Krise, das individuelle sowie kollektive Leiden und seine eigene Exilerfahrung nach dem Ausbruch des Dreißigjährigen Krieges reflektiert hat. Urbánek widmete sich auch den chronologischen, astrologischen und theologischen Kontexten dieses Werkes und wies auf eine längere Tradition dieser Kontextualisierung in den böhmischen Ländern hin.

Das erste Panel befasste sich mit den Darstellungen der Krise in der frühneuzeitlichen Geschichtsschreibung Mitteleuropas. Péter Kasza (Szeged, Innsbruck) wies darauf hin, wie der Wiener Hofhumanist Wolfgang Lazius in seinem berühmten Werk *Rerum Pannonicarum libri quattuor* (ca. 1548) Sallust als Modell für die Beschreibung der politischen Krise im Königreich Ungarn benutzte. Angesichts des Prestiges und der politischen Interessen seiner Habsburger Mäzene musste Lazius sehr überlegt und strategisch die jüngsten Ereignisse des erfolglosen Krieges gegen die osmanische Armee beschreiben. Gábor Petneházi (Budapest) zeigte danach, wie die Wittenberger Geschichtsauffassung mit ihren chronologischen Schemen und eschatologischer Interpretation unter den vom Protestantismus beeinflussten deutschen und ungarischen Intellektuellen (wie Johannes Sleidanus, Samuel Budina und Ferenc Forgách) zu einem weit verbreiteten Deutungsmuster wurde und wie sich dieses mit dem christlichen Humanismus erasmischer Art verbinden ließ.

Die zweite Gruppe der Vorträge fokussierte auf die Intersektionen zwischen der Darstellungsweise der Krise und den frühneuzeitlichen konfessionellen Diskursen. Astrid Nilsson (Lund) konzentrierte sich auf den Lebenslauf der gelehrten Brüder Johannes und Olaus Magnus, die zwar als Autoren von umfangreichen Bänden zur Geschichte Skandinaviens bekannt sind, aber zugleich als fromme Katholiken und für die meiste Zeit ihres Lebens auch als Exulanten stark gegen das sich in Schweden durchsetzende Luthertum polemisierten und diese konfessionelle Situation als ein Kennzeichnen der sowohl politischen als auch persönlichen Krise thematisierten. Nilsson hob dabei besonders die Verwendung der Feuermetapher hervor. Lucie Storchová (Prag) analysierte am Beispiel des literarischen Feldes der Prager Universität in der zweiten Hälfte des 16. Jahrhunderts thematische, diskursive und rhetorische Parallelen zwischen den Darstellungen der Krise in der neulateinischen Dichtung, die die Krise als einen Zerfall der Weltordnung (‚machina mundi') beschrieb, und der Weisen, wie der sog. Jüdische Krieg als ein Modell der politischen Krise kurz vor dem Weltende in der vernakulären Literatur thematisiert wurde. Storchová deutete diese thematischen und rhetorischen Parallelen als eine der Strategien, wie man in diesem Zeitraum ein politisches System legitimierte und reproduzierte, das auf der Vorstellung der Leibeigenschaft und der von Gott gegebenen gesellschaftlichen Rollen gründete.

Marcela Slavíková (Prag) widmete sich der Art und Weise, wie das Erdbeben als ein Zeichen von verschiedenen Formen der gesellschaftlichen Krise sowie ein eschatologisches Motiv in der frühneuzeitlichen böhmischen Literatur funktionierte. Obwohl die seismische Aktivität in dieser Region nur selten zu sehen ist, wurden Erdbeben in mehreren lateinischen sowie auch vernakulären Gattungen besprochen, einschließlich der Universitätsschriften, Predigten und Dichtung. Slavíková schloss ihren Vortrag mit einem Vergleich der böhmischen Quellen mit einem im livländischen Kontext entstandenen Werk des Theologen Georg Manzel über das Erdbeben von 1616, das 1619 gedruckt worden ist und das Erdbeben als ein Vorzeichen der kommenden Krise interpretiert hat.

Im dritten Panel ‚Krise und politischer Diskurs' analysierte zuerst Jakub Wolak (Warschau) eine der anschaulichsten literarischen Allegorien der politischen Krise, die in den Werken der polnisch-litauischen Schriftsteller des 16. und 17.

Jahrhunderts zu finden ist – die Allegorie der Rzeczpospolita als eines Körpers, der anfällig für Krankheit und Tod ist. Neben den polnischen Werken des Redners Stanisław Orzechowski und des Poeten Stanisław Samuel Szemiot behandelte Wolak die neulateinische politische Schrift *Facies perturbatae et afflictae Reipublicae*, verfasst 1564 von Jan Dymitr Solikowski, die erst 1626 unter dem Titel *Apocalipsis* von Stanisław Orzechowski veröffentlicht wurde und mehrmals bis 1882 auch in Prosa auf Polnisch und Latein neu herausgegeben worden ist. Diese Allegorie, die die Geschichte der Krankheit und der Heilung der Republik erzählt, wurde von Solikowskis detaillierten Zeichnungen begleitet. Neben den klassischen Vorlagen dieser Allegorie behandelte Wolak die genderspezifischen Darstellungsweisen (die Republik wurde als Mutter dargestellt bzw. der König als ihr Verteidiger) sowie „caritas", „custodia vocationis" und „autarkeia" als ihre Heilungsmittel.

Martina Kramarić (Zagreb) lenkte die Aufmerksamkeit des Publikums auf das Übersetzen der neulateinischen Werke in die Vernakularsprachen als eine Strategie, zeitgenössische Krisen zu besprechen. Am Beispiel der zwei tschechischen Übersetzungen des Buches des kroatischen neulateinischen Poeten Marcus Marulus (Marco Marulić), *De institutione bene vivendi per exempla sanctorum* (1504) in den 1620er Jahren, zeigte Kramarić, wie die Teilübersetzung des tschechischen Schriftstellers Šimon Lomnický z Budče (1621, *Cesta do nebe*) mit den sozialen und politischen Ereignissen in Prag, dem zweiten Prager Fenstersturz 1618 und der Schlacht am Weißen Berg 1620 korrespondierte: die Widmung an den defenestrierten Vilém Slavata; die Auswahl der Kapitel, in denen es um Märtyrertum und Geduld geht, die Praktiken der Mehrsprachigkeit. Laut Kramarić brachte dieser Übersetzer mit seiner Strategie vor allem die Sorge um das tschechische Volk und den ausgebrochenen Bürgerkrieg zum Ausdruck, während die zweite Übersetzung desselben Werkes von einem anonymen Autor (*Historiae aneb Kniha o ustanovanie a řízení pobožného života*, entstanden 1620–22, nicht veröffentlicht) dem Bewusstsein von der politischen Krise nicht entsprach.

Mirella Saulini (Rom) berichtete am Beispiel von drei Barocktragödien über diese Gattung als Spiegel der politischen Krise Italiens im 17. Jahrhundert: *La Reina di Scotia* (1587–1591) von Federico Della Valle, *Flavia Tragoedia* (1600) von Bernardino Stefonio und *Svevia Tragoedia* (1629) von Alessandro Donati. Die beiden letztgenannten wurden von Jesuiten verfasst und stimmen mit der Staatsräson nicht überein, fällen implizit auch ein historisch begründetes Urteil über die Krise. Obwohl in allen behandelten Tragödien die Protagonisten als Opfer der Staatsräson sterben, formulieren alle drei Dramatiker in ihrer Unzufriedenheit mit der politischen Lage Italiens einen Vorschlag für einen politisch und moralisch perfekten Herrscher.

Im Panel ‚Krise und Recht' exemplifizierte Aira Võsa (Tallinn) am Beispiel des ersten Theologieprofessors und mehrmaligen Rektors der Dorpater Akademie Andreas Virginius die Gattung der gelehrten Selbstapologie als eine erfolgreiche Strategie zur Lösung der persönlichen Krise. Virginius verfasste eine solche Apologie gegen das Gerücht, er habe sich zu Unrecht einen Adelstitel angemaßt und damit ein Verbrechen der Urkundenfälschung („crimen falsi") begangen. Võsa untersuchte den Argumentationsstil und die Rhetorik von Virginius und wies auf die Bedeutung der gelehrten und juristischen Zitate sowie der Sprichwörter unterschiedlichen Ursprungs hin.

Im zweiten Vortrag des Panels verglich Rasmus Gottschalck (Kopenhagen) die lateinische und dänische Version der Dänischen Königlichen Verfassung von 1665, die in der tiefsten Krise der dänischen Königsmacht vom königlichen Sekretär und Humanist Peder Schumacher (nobilitiert Griffenfeld) geschrieben wurde. Obwohl die extreme Gefahr und der Angriff von Schweden als Hintergrund für die Einführung des Absolutismus in Dänemark-Norwegen im Geleitbrief beider Versionen besprochen wurden, ist die Argumentation sowie die Darstellung des Feindes und des dänischen Königs in der offiziellen dänischen Fassung grundlegend geändert: Die stoischen Ideen und die Metapher des ‚theatrum mundi' sind verschwunden, während die christlichen Themen und Ausdrücke hervorgetreten sind. Im Vortrag wurde gefragt, ob die Unterschiede rein sprach- bzw. gattungsbedingt waren oder noch weitere Gründe haben konnten.

Im Panel ‚Krise und Poesie' diskutierte Marta Vaculínová (Prag) die poetischen und emblematischen Reflexionen der Krisenprävention. Von drei bekannten Allegorien des menschlichen Lebens (*Tabula Cebetis*, das pythagoreische Y und Herkules am Scheideweg) war im frühneuzeitlichen Böhmen die Geschichte des Herkules am Scheideweg sowohl in neulateinischer als auch vernakulärer Poesie und Prosa, besonders in den pädagogischen Schriften, am beliebtesten. Im 16. Jahrhundert war auch das pythagoreisches Y weit verbreitet, während *Tabula Cebetis* selten und erstmals Mitte des 17. Jahrhunderts in den Werken von Johannes Amos Comenius dokumentiert ist. Vaculínová erklärte diesen Fund vor allem mit konfessionellen und buchhistorischen Gründen, u.a. auch mit dem eigenartigen und später verbreiteten Fehler eines Herausgebers (Beneš Optát), den Begriff ‚Tabula Cebetis' für das Einmaleins zu verwenden.

Maria Łukaszewicz-Chantry (Wrocław) konzentrierte sich auf die Krisenmotive und -figuren in der Sammlung *Lyricorum libri* (1625) des polnischen Dichters Maciej Kazimierz Sarbiewski: „excessus ex rebus humanis" beim Abflug, die Tragödie auf der Bühne des ‚theatrum mundi', die Vision der Sintflut und andere Wassermetaphern, meistens inspiriert von der Bibel oder von den Werken klassischer Autoren und oft als eine Liste der Adynata strukturiert. Ein Lieblingsmotiv von Sarbiewski – die Vermeidung von (Orts)namen in der Poesie –

war auch in seiner Kriseninterpretation verbreitet: Die Namensgebung bedeute einerseits den Verzicht auf moralische Unschuld der Dinge und Phänomene, andererseits verhindere die Namenlosigkeit, den Umfang der Krise zu begreifen. Zur Lösung der allgemeinen moralischen Krise des frühen 17. Jahrhunderts empfiehlt Sarbiewski die Distanzierungsstrategie sowie das Gebet um die Vernichtung der Zivilisation durch die Sintflut und um den Neubeginn der Welt(geschichte).

Raija Sarasti (Helsinki) und Kristi Viiding (Tallinn) behandelten die Darstellung der Krisen in akademischen Reden und Disputationen. Sarasti präsentierte eine lateinische politische Dissertation *De annonae saevitia ac fame ejusque praesagiis, causis, effectis atque remediis* über die große Hungersnot in Finnland in den Jahren 1695–1697, verteidigt 1698 vom künftigen Kaplan Johan Bjur unter dem Vorsitz von Johannes Munster, Professor für Philosophie und Geschichte an der Königlichen Akademie von Turku. Sarasti untersuchte, wie die Erfahrungen der jüngsten Krise, die laut dem Disputanten zuvor in keiner wissenschaftlichen Dissertation behandelt worden seien, gelehrt analysiert wurden. Sie stellte im Krisendiskurs vom Ende des 17. Jahrhunderts einerseits die barocke Akkumulation der Stilfiguren, andererseits die zunehmende Rationalisierung von Maßnahmen zur Krisenbewältigung fest. Viiding problematisierte anhand einer in der Form der akademischen Rede verfassten Reisebeschreibung des Rostocker Geschichtsprofessors livländischer Herkunft Christoph von Sturtz (1599–1600) die weitverbreitete Vorstellung von den frühneuzeitlichen gelehrten Reisen als faszinierenden, methodisch geleiteten Ereignissen. Sie zeigte, dass die akademische Reisebeschreibung eines 24 Jahre im Exil lebenden und akademisch tätigen adligen Livländers in seiner Heimat als eine kumulative und didaktische Krisendarstellung konzipiert werden konnte, um den Studenten anhand verschiedener Krisen in den Institutionen und Ländern auf seiner Reiseroute ‚prudentia civilis' und ‚patientia' als Warnung beizubringen und die Zuhörer auf die Eigenart der moralischen, politischen und rechtlichen Krise aufmerksam zu machen.

Obwohl die Schlussfolgerungen der Tagung nur sehr vorläufig sind und noch eine detaillierte Diskussion benötigen, kristallisierten sich in den Vorträgen sowie während der zahlreichen Diskussionen einige gemeinsame Fragestellungen und Themen heraus. Von den als Krise empfundenen Ereignissen ragten fünf als für die Literatur fruchtbar hervor: die Entstehung der deutschen protestantischen Tradition, die Aktivität des Jesuitenordens, die osmanische Invasion in Europa, der Dreißigjährige Krieg und die kleine Eiszeit und deren Nachwirkungen. Es lässt sich außerdem beobachten, dass die literarischen Krisenrepräsentationen besonders häufig zwischen 1590 und 1630 aufgekommen sind, um in den nächsten Dekaden eine langfristige Auswirkung zu haben. Es scheint, dass der Protestantismus – und insbesondere die protestantische Eschatologie – die früheste Phase der Krisenimagination stark beeinflusste, was aber auf keinen Fall bedeutet, dass auch optimistische, auf die positiven Veränderungen orientierte Deutungen und Zugänge nicht möglich wären.

Von verschiedenen Diskursen der Krisenimagination, die auch politische Konsequenzen haben konnten, erschienen in Vorträgen vor allem Medizin, Astronomie, Geschichte und konfessionelle Theologie. Obwohl sich die Anzahl von vernakulären Werken nach 1600 wesentlich erhöhte, haben die einzelnen Vorträge sowie die ganze Diskussion gezeigt, wie wichtig das klassische Latein, die klassischen (antiken) Deutungsmuster und literarischen Modelle, einschließlich der poetischen, für die frühneuzeitliche Krisenimagination waren. Auch ein Fokus auf die Mehrsprachigkeit und das Code-Switching in den Krisendarstellungen erschien als ein höchst wichtiger analytischer Zugang.

Kristi Viiding
kristi.viiding@gmail.com
Under und Tuglas Literaturzentrum
der Estnischen Akademie der Wissenschaften
Tallinn/Estland

Lucie Storchová
storchova@flu.cas.cz
Philos. Institut d. Akademie der Wissenschaften
der Tschechischen Republik
Prag/Tschechien

NlatJb 25 (2023)

Conspectus rerum

IV. Quaestiones recentissimae

V. NUNTII